中国改革开放史料丛书

中国社会主义市场经济体制形成与发展

彭 森 主编

中国工人出版社

"中国改革开放史料丛书"编委会

主　　任：魏礼群

副主任：陈锡文　彭　森　张卓元　迟福林

编　　委：王娇萍　刘尚希　李小雪　杨　睿

　　　　　吴晓灵　吴海龙　宋晓梧　迟福林

　　　　　张占斌　张卓元　陈　薇　陈锡文

　　　　　林兆木　郑新立　徐善长　曹远征

　　　　　彭　森　董　宽　魏礼群

（以姓氏笔画为序）

总序

铭记改革开放历史
奋进新时代新征程

历史是一面镜子，也是一部教科书。重视历史，研究历史，借鉴历史，是中华几千年文明的一个优良传统。当代中国是历史中国的延续和发展，书写着中国人民和中华民族不懈奋斗的宏伟篇章。历史的无穷魅力在于包含了大量丰富的史料。史料是保存历史、记述历史、再现历史的基本素材和重要依据。重视历史的学习、研究和传承，必须重视史料的收集、整理、汇辑。

改革开放是中国人民和中华民族发展史上一次伟大革命，正是这场伟大革命推动了中国特色社会主义事业的伟大飞跃。1978年底，中国共产党召开具有重大历史意义的十一届三中全会，开启了改革开放历史新时期。从那时以来，中国共产党带领全国人民以一往无前的进取精神和波澜壮阔的创新实践，谱写了壮丽史诗。改革开放40多年来，从农村到城市，从生产到投资、流通、分配、消费，从所有制结构到企业形式，从经济领域到生产关系和上层建筑的某些环节，都进行了系统和全面改革，成功实现了从高度集中的计划经济体制到充满活力的社会主义市场经济体制的伟大历史性转变；对外开放从建立经济特区到沿海、沿江、沿边，从东部到中西部地区，再到加入世界贸易组织，从大规模"引进来"到大踏步"走出去"，成功实现了从封闭半封闭到全方位开放的伟大历史性转变。我们在深化经济体制改革的同时，不断深化政治体制、文化体制、社会体制、生态文明体制改革和其他领域改革，不断推进国家治理体系和治理能力现代化。在改革开放推动下，我国经济和社会发展取得了举世瞩目的辉煌成就，实现了人民生活由温饱不足到小康宽裕的伟大历史性转变。事实雄辩地证明，改革开放是决定当代中国前途命运的关键一招，是当代中国发展进步的动力之源，是大踏步赶上时代前进步伐的重要法宝，为实现中华民族伟大复兴提供了充满新活力的体制保障和快速发展的物质条件，中华民族迎来了从站起来、富起来到强起来的伟大飞跃。

现在，我国在广袤大地上全面建成小康社会，正阔步迈向全面建设社会主义现代化国家的新征程。在庆祝中国共产党成立100周年大会上，习近平总书记强调，"以史为鉴，可以知兴替。我们要用历史映照现实、远观未来，从中国共产党的百年奋斗中看清楚过去我们为什么能够成功、弄明白未来我们怎样才能继续成功，从而在新的征程上更加坚定、更加自觉地牢记初心使命、开创美好未来"。改革开放以来的岁月将彪炳于中华民族发展的壮丽史册。40多年来，中国共产党从理论到实践的伟大创造，探索和积累的宝贵经验是党和人民弥足珍贵的精神财富，对于新时代坚持和发展中国特色社会主义有着极为重要的指导意义，应当倍加珍惜。

总序

2022年，党的二十大召开；2023年，我们迎来改革开放45周年。"中国改革开放史料丛书"的出版，为了铭记改革开放以来的光辉历史过程，收集、保存、传承40多年的宝贵历史资料，也为了以实际行动落实党中央关于加强改革开放史教育的部署要求，展示改革开放历史的史料价值。

这套丛书共有20卷。分别是：《中国社会主义市场经济体制形成与发展》《计划投资体制改革》《农业农村改革》《对外开放》《行政体制改革》《财政税收体制改革》《价格体制改革》《经济特区发展》《城市改革与发展》《国有企业改革》《金融体制改革》《教育体制改革》《收入分配改革》《科技体制改革》《外贸体制改革》《商品与要素市场改革》《就业体制改革》《社会保障体制改革》《民营经济发展》《改革开放大事记》，力求从不同领域、不同角度，全面、系统、客观记录我国改革开放40多年的历史进程，重点收录具有重要价值的史料，特别是历史文献、重要人物和事件、实物和口述史料，以期在服务全面深化改革开放事业、加强改革开放史研究和教育中提供参考、发挥作用。

这套丛书的各卷主编和参与者大多是相关领域知名的专家学者，也是我国改革开放的亲历者、见证者。丛书集结了他们长期亲历和研究我国改革开放的重要成果，凝聚了他们对改革开放伟大事业的深厚情怀和责任担当。中国工人出版社对这套丛书的出版给予了大力支持，集全社之力，不舍昼夜，为本书如期付梓出版不辞辛劳；中国（海南）改革发展研究院作为30多年如一日勇立改革开放潮头、以建言改革为己任的改革智库，为此书的策划、组织和出版作出了重要贡献，彰显出改革智库记录好、传播好改革开放历史的初心使命。我作为这套丛书的编委会主任，在此向为本套丛书付出艰辛努力的各位编委会成员、作者，对中国工人出版社的领导、编辑表示由衷的敬意和感谢！

  这套丛书内容时间跨度大，涉及领域多，涵盖方面广，力图史料全面、翔实、准确，任务艰巨。由于时间较紧，难免有不足之处，恳请读者批评指正。

魏礼群

2024 年 3 月

前言

自1978年12月召开党的十一届三中全会开启了改革开放的伟大进程以来,从历史进程与理论创新的角度可以大体划分为三个阶段:第一阶段从1978年党的十一届三中全会到1992年党的十四大,历经14年。这是解放思想、踔厉奋发,在改革发展实践中重新认识计划经济、商品经济和市场经济,探索中国改革开放的方向和目标的阶段。这一阶段重要的理论成果,就是邓小平理论的创立,包括深刻揭示社会主义的本质、确立社会主义初级阶段基本路线,制定"三步走"发展战略,成功开创中国特色社会主义。第二阶段从1992年到2012年党的十八大,历时20年。这是确立社会主义市场经济的目标模式,并以此初步建立并不断完善社会主义市场经济的阶段。这个阶段在初步建立社会主义市场经济基本框架的同时,还坚持全方位对外开放,积极参与全球化，开创全面改革开放新局面。第三个阶段从 2012 年党的十八大至今。以习近平同志为核心的党中央全面深化改革，不断推进中国式现代化，马克思主义中国化时代化实现创新和飞跃。党和国家各项事业取得历史性成就、发生了历史性变革，中国特色社会主义进入新时代。

通过波澜壮阔的改革开放，中国的综合国力和国际影响力实现了历史性跨越，从 1978 年到 2023 年，中国国内生产总值从 3600 多亿元增长到 126 万亿元，占世界经济比重从 1.8% 跃升到 18%。中国经济在世界排位由第 11 位上升到第 2 位，货物贸易总额居全球第一位。人均GDP从 200 多美元上升到 1.27 万美元。实践证明，改革开放是党和人民大踏步赶上时代的重要法宝，是决定当代中国前途命运的关键一招。

风雨沧桑，大道无垠。回顾总结改革所走过的历史进程，有一些最基本的重要经验，是我们必须时时牢记的：一是坚持解放思想、实事求是的思想路线，正确处理好改革的问题导向与目标导向的关系；二是坚持以经济建设为中心，正确处理好改革与发展稳定的关系；三是坚持市场化改革的方向，正确处理好政府与市场的关系;四是坚持以人民为中心，正确处理好改革的顶层设计与基层探索创新的关系；五是坚持高水平对外开放的方针，正确处理改革与开发相互促进的关系；最后，也是最重要一条经验，是始终坚持党对改革事业的坚强领导，这是中国改革最本质的特征和最基本的经验。

当前，我们面临着严峻复杂、风高浪急的国际环境，百年未有之大变局加速演进，世界政治、经济、安全格局继续发生深刻的变化，地缘政治冲突和危机持续来袭。与此同时，世界经济复苏步履维艰，美国等发达国家货币政策紧缩的外溢效应不断显现，世界经济和贸易增速低速下行，我国外部环境的复杂性、严峻性、不确定性上升。

从国内来看，新冠疫情后的经济恢复是一个波浪式发展、曲折式前进的过程。一方面，从中央到地方一系列拼经济、稳增长、稳就业、防风险、提信心的宏观政策措施密集出台，从减税降费、降息降准到增发国债，调整优化房地产政策，一些推动经济回升向好的政策开始显效。2023年，中国经济实现了5.2%的增长，对世界经济的贡献超过30%。2024年第一季度GDP增长5.3%，持续延续回升向好态势。另一方面，经济回升恢复发展的基础还很不稳固，推动我国经济回升向好尚需克服很多困难和挑战。特别是有效需求不足、社会预期偏弱、国内大循环存在堵点，经济增长仍存在很大的下行压力。

面对这种形势，从短期可以靠宏观政策的"组合拳"解决一些问题，逐步实现"稳预期、稳增长、稳就业"的目标。但从中长期看，要实现高质量增长，我们必须向改革要动力，用市场化改革的办法破解发展中的矛盾和问题。国家之间的竞争最根本的是制度的竞争。必须通过深化改革补齐制度短板、增强体制弱项，加快完善社会主义市场经济各项制度，才能在激烈的国际竞争中立于不败之地。2023年底，中央经济工作会议明确指出，必须把坚持高质量发展作为新时代的硬道理。而高质量发展的动力何在？回答是：必须坚持依靠改革开放增强发展内生动力，统筹推进深层次改革和高水平开放，不断解放和发展社会生产力，激发和增强社会活力。说到底，改革开放还是推动高质量发展，早日实现中国式现代化的"关键一招"。

党的十八届三中全会做出全面深化改革的决定已经十周年了。目前，社会普遍期待着党中央对下一个十年的新一轮改革作出重要决定，再次开启以改革开放推动中国高质量发展和中国式现代化的新征程。当前，为了迎接新一轮改革，我们应在思想上、制度上、工作上做好准备。

第一，一定要坚持解放思想、实事求是的思想路线，大胆探索，守正创新。解放思想是改革开放的前提条件，也是40多年来中国改革的基本经验。解放思想的关键是实事求是。不仅重大理论研究要实事求是地探索创新得出中国化时代化的新结论。改革实践中更要求真求实，一切从实际出发。为了迎接新一轮改革开放的到来，我们一定要始终高举解放思想、实事求是的旗帜，在思想理论上做好准备。

第二，一定要坚持市场化改革的方向，突出重点，在重点领域和关键环节取得突破。经过40多年改革，中国改革取得的成就是历史性、革命性、开创性的。但距离建成一个成熟、高水平的社会主义市场经济体制还有差距，"重点领域还有不少硬骨头要啃"。下一轮深化改革要突出抓住三个重点：一是在全面深化改革各项任务中，坚持以经济体制改革为重点；二是在经济体制改革中坚持以市场化改革为重点；三是在推进市场化改革中，要重点聚焦在培育有活力、创造力、竞争力的市场主体方面，聚焦在要素市场化配置改革方面，聚焦在进一步完善市场经济基础性制度，如产权制度、市场准入负面清单制度、公平竞争审查制度等方面。

第三，一定要坚持重大改革摸着石头过河和加强顶层设计相结合，通过基层改革试验为全局提供可复制可推广的经验。试点先行，"摸着石头过河"是中国改革的一条基本经验，也是改革创新中实事求是思想路线的体现与实践。近几年来，党中央先后批准深圳、浦东、浙江、厦门等地开展综合授权改革试点，通过清单式批量式申请和批复，按照法定程序一揽子综合授权进行试点，把解决一些重大体制机制问题需要的权力真正交给试点地区。这种通过立法机关综合授权改革试点的方式，为突破"无人区""深水区"重大体制机制问题的改革提供了法律依据。可以说，"综合授权、先行先试，清单式批量式改革试点"正在成为推动改革的新模式。人民群众是历史的创造者，也是改革与中国式现代化的主体和动力。必须尊重基层的改革积极性创造性，鼓励差异化改革试验。

　　作为改革征程的亲历者和见证者，全面总结梳理我国社会主义市场经济体制的形成和发展历程，为我国社会主义市场经济体制发展编写一部"信史"，既是沉甸甸的责任，也是义不容辞的使命。在本书编写过程中，我们始终坚持"信史"原则，尊重历史事实，做到来源可信、客观公正。在历史叙事方面，突出社会主义市场经济体制形成和发展的这条主线，既从宏观上准确反映社会主义市场经济体制发展历程的全貌，又从重要历史文献、大事记等方面对宏观叙事给予印证和支撑，也便于读者循着改革历史的足迹，深入探索，得出结论。

　　感谢中国（海南）改革发展研究院和中国工人出版社约请我们撰写本书，感谢国家发改委、中国经济体制改革研究会给予的大力支持。特别是中国宏观经济学会会长、国家发展改革委体改司原司长徐善长，在本书拟定大纲和组织编写中发挥了重要作用。参与具体编写工作的人员有：车文、王任飞、王伟龙、李宝华、李云轩、李侨、李政德、刘洪安、许华勇、朱曌、张小军、张璐琴、周园丁、胡玉平、徐飞、夏冰清、冀朝旭等（排名不分先后），在此一并致谢。

彭森

2024 年 6 月 18 日

目录

第一部分
历程篇

总　论	伟大的创造：发展社会主义市场经济	3
第一章	**启动与探索社会主义市场经济**	**23**
第一节	经济体制改革序幕拉开	23
第二节	计划经济为主、市场调节为辅	37
第三节	有计划的商品经济	47
第四节	国家调节市场、市场引导企业	56
第二章	**初步建立社会主义市场经济体制**	**69**
第一节	经济体制改革目标确立	69
第二节	市场在国家宏观调控下对资源配置起基础性作用	75
第三节	确立社会主义初级阶段基本经济制度	88
第三章	**完善社会主义市场经济体制**	**103**
第一节	提出"两个毫不动摇"概念	103

I

第二节　完善社会主义市场经济体制的目标和任务　　110
　第三节　从制度上更好发挥市场在资源配置中的基础性作用　　122

第四章　构建高水平社会主义市场经济体制　　137
第一节　市场在资源配置中起决定性作用和更好发挥政府作用　　137
第二节　深化供给侧结构性改革　　149
第三节　构建市场机制有效、微观主体有活力、宏观调控有度的
　　　　经济体制　　159
第四节　推动有效市场和有为政府更好结合　　170

主要参考资料　　183

第二部分
史料篇

口述资料　　187
李铁映：中国的改革——纪念改革开放30周年　　187
于光远：十一届三中全会的台前幕后　　208
杜润生：从包产到户到家庭联产经营责任制　　217
高尚全：《中共中央关于经济体制改革的决定》是如何产生的　　224
杨启先：中国经济体制改革的理论与实践　　229
吴敬琏：80年代经济改革的回忆与反思　　255
陈锦华：计划与市场两份重要内参　　280
王梦奎：社会主义市场经济体制改革第一个总体设计　　289

II

目录

高尚全：完善社会主义市场经济体制　　　　　　　　　　305
彭　森：中国改革开放40年的回顾与总结　　　　　　　309

政策法规　　　　　　　　　　　　　　　　　　　　**323**
国务院关于实行"划分收支、分级包干"财政管理体制的通知　323
中共中央批转《全国农村工作会议纪要》　　　　　　　328
中共中央关于经济体制改革的决定　　　　　　　　　　344
国务院关于沿海地区发展外向型经济的若干补充规定　　368
中共中央关于建立社会主义市场经济体制若干问题的决定（节选）　374
国务院关于金融体制改革的决定　　　　　　　　　　　399
国务院关于建立城镇职工基本医疗保险制度的决定　　　410
中共中央关于国有企业改革和发展若干重大问题的决定（节选）　416
中共中央关于完善社会主义市场经济体制若干问题的决定（节选）　437
国务院关于鼓励支持和引导个体私营等非公有制经济发展的
　若干意见　　　　　　　　　　　　　　　　　　　　455
国务院关于进一步促进中小企业发展的若干意见　　　　466
中共中央、国务院关于推进价格机制改革的若干意见　　476
关于深化混合所有制改革试点若干政策的意见　　　　　487
中共中央、国务院关于构建更加完善的要素市场化配置体制
　机制的意见　　　　　　　　　　　　　　　　　　　492
中共中央、国务院关于新时代加快完善社会主义市场经济
　体制的意见　　　　　　　　　　　　　　　　　　　501
中外合资经营企业登记管理办法　　　　　　　　　　　519
城乡个体工商户管理暂行条例　　　　　　　　　　　　521
全民所有制工业企业承包经营责任制暂行条例　　　　　526
中华人民共和国个人独资企业法　　　　　　　　　　　534
企业国有资产监督管理暂行条例　　　　　　　　　　　542

III

个体工商户条例　552

报刊摘要　557

关于我国社会主义所有制形式问题　557

论社会主义经济中计划与市场的关系　557

企业本位论　558

阳关道与独木桥——试谈包产到户的由来、利弊、性质和前景　558

以价格体制的改革为中心，带动整个经济体制的改革　559

论我国价格体系改革方向及其有关的模型方法　559

关于社会主义制度下我国商品经济的再探索　560

特区建设和沿海城市开放的几个问题　560

论具有中国特色的价格改革道路　561

改革：我们面临的挑战与选择
　　——城市经济体制改革调查综合报告　562

关于体制改革总体规划的研究　562

我国所有制改革的设想　563

股份制是明确企业财产关系的最好形式　563

灰市场理论　564

论作为资源配置方式的计划与市场　564

企业与银行关系的重建　565

为什么要提出"劳动力市场"　565

中国各地区市场化相对进程报告　566

图书著作　567

《中国社会主义经济问题研究》　567

《政治经济学社会主义部分探索（二）》　567

《论社会主义商品经济》　568

《社会主义经济论稿》 568

《中国农村经济改革》 569

《中国改革大思路》 569

《中国经济体制改革的模式研究》 570

《非均衡的中国经济》 570

《论竞争性市场体制》 571

《市场经济总构想》 571

《社会主义市场经济概论》 572

《新价格模式的建立与市场发育的关系》 572

《中国社会主义初级阶段的经济》 573

《论社会主义的企业模式》 573

《中国改革20年规划总集：构筑社会主义市场经济的蓝图》 573

《薛暮桥经济文选》 574

《中国经济中长期发展和转型》 575

《中国改革开放四十年——回顾与思考（上、下）》 575

重要文献索引 **577**
政策文件 577
法律规章 584
报刊文章 587
图书著作 591

中国社会主义市场经济体制形成与发展大事记 **595**

第一部分
历程篇

总 论
伟大的创造：发展社会主义市场经济

▼

发展社会主义市场经济是我们党领导这次伟大革命中从理论到实践的伟大创造。从高度集中的计划经济体制到充满活力的社会主义市场经济体制，是新中国成立以来党的历史上具有深远意义的伟大转折。这一伟大转折的背后，是中国共产党人对在社会主义条件下发展市场经济这一命题的理论思考与实践探索。

一、中国社会主义市场经济体制形成与发展的主要历程

改革开放 40 多年来，党带领全国各族人民逐步探索、建立并不断完善社会主义市场经济体制，破除了社会主义和市场经济相对立的思想教条，走出了一条社会主义与市场经济有机结合的全新道路，极大调动了亿万人民的积极性，极大促进了社会生产力发展，极大增强了党和国家的生机活力，创造了经济快速发展和社会长期稳定"两大奇迹"，大踏步地赶上了时代。归纳起来，这一历程大体可以分为四个阶段。

（一）启动与探索社会主义市场经济

这一阶段是从 1978 年党的十一届三中全会到 1992 年邓小平南方谈话。党的十一届三中全会恢复了解放思想、实事求是的思想路线，把党和国家的工作重心转移到社会主义现代化建设上来，拉开了经济体制改革序幕，为在社会主义条件下发展市场经济提供了有力的思想和组织保障。1982 年 9 月，党的十二大提出，正确贯彻以计划经济为主、市场调节为辅的原则，是经济体制改革中的一个根本性问题。1984 年 10 月，党的十二届三中全会提出，我国社会主义经济是在公有制基础上的有计划的商品经济，强调商品经济的充分发展，是社会主义经济发展不可逾越的阶段。1987 年 10 月，党的十三大提出，社会主义有计划商品经济的体制应该是计划和市场内在统一的体制，明确了"国家调节市场，市场引导企业"的新的经济运行机制。

在这一时期，改革从农村率先突破，转向城市经济体制改革并全面铺开，逐步在企业、投资、财政、金融、外贸等领域引入市场机制，解放和发展了社会生产力，国民经济的运行机制开始发生实质性变化，市场经济的运行机制对经济活动的影响日益扩大，并逐渐占据了主导地位。在这一时期，"大引进"拉开了对外开放的序幕，从引进成套设备到利用外资，到吸引外商直接投资，再到经济特区的筹建，对外开放的领域不断扩大，初步形成了"经济特区—沿海开放城市—沿海经济开发区—内地"的对外开放格局。

（二）初步建立社会主义市场经济

这一阶段是从 1992 年邓小平南方谈话到 2002 年党的十六大召

开之前。邓小平在南方谈话中提出，计划经济不等于社会主义，资本主义也有计划；市场经济不等于资本主义，社会主义也有市场。计划和市场都是经济手段[①]，从根本上解除了把计划经济和市场经济看作属于社会基本制度范畴的思想束缚，实现了理论和认识上的重大突破。1992年10月，党的十四大第一次明确我国经济体制改革的目标是"建立社会主义市场经济体制"，提出要使市场在社会主义国家宏观调控下对资源配置起基础性作用。1993年11月，党的十四届三中全会明确了社会主义市场经济体制的基本框架，提出20世纪末初步建立社会主义市场经济体制的目标。1997年9月，党的十五大确立了公有制为主体、多种所有制共同发展的基本经济制度。

在这一时期，我国经济体制改革主要围绕构建社会主义市场经济体制的基本框架展开，进入建立社会主义市场经济体制阶段，国有企业改革深入推进，主要由市场形成价格的机制开始确立，宏观调控手段逐步完善，基本经济制度、分配制度、社会保障制度、对外开放格局基本形成，市场在资源配置中的基础性作用进一步发挥，充满活力与生机的社会主义市场经济机制初步建立。在这一时期，我国加快发展开放型经济，对外开放由南到北、由东到西，层层推进，基本形成了"经济特区—沿海开放城市—沿海开放经济带—沿江和内陆开放城市—沿边开放城市"这样一个全方位、多层次、宽领域、有重点、点面结合的对外开放格局。1995年7月，我国正式提出加入世界贸易组织的申请，由过去有限范围和有限领域

[①] 邓小平：《在武汉、深圳、珠海、上海等地的谈话要点》，《邓小平文选》（第二卷），北京：人民出版社，1993年版，第373页。

的市场开放，转变为全方位的市场开放，由过去以试点为主的政策性开放，转变为在法律框架下的可预见的开放，标志着我国改革开放的历史进程实现了关键性的跨越。

（三）完善社会主义市场经济体制

这一时期是从 2002 年党的十六大到 2012 年党的十八大召开之前。2002 年 11 月，党的十六大明确我国初步建立社会主义市场经济体制，并提出了完善社会主义市场经济体制的任务，系统阐述了"坚持和完善公有制为主体、多种所有制经济共同发展"的社会主义基本经济制度，首次提出"毫不动摇地巩固和发展公有制经济"以及"毫不动摇地鼓励、支持和引导非公有制经济发展"，这成为新时期完善社会主义基本经济制度的原则和方针。2003 年 10 月，党的十六届三中全会进一步明确了完善社会主义市场经济体制的目标和任务，提出要"更大程度地发挥市场在资源配置中的基础性作用，增强企业活力和竞争力，健全国家宏观调控"。2007 年 10 月，党的十七大提出，"从制度上更好发挥市场在资源配置中的基础性作用，形成有利于科学发展的宏观调控体系"。

在这一时期，经济体制改革由侧重解决经济体制内在问题向关注经济社会整体协调发展转变，市场在资源配置中的基础性作用日益明显，我国国民经济的市场化程度明显提高，社会主义市场经济理论实现了向深度和广度的延伸发展。在这一时期，坚持以开放促改革促发展，适应经济全球化和加入世贸组织的新形势，在更大范围、更广领域和更高层次上参与国际经济技术合作和竞争，充分利用国际国内两个市场，优化资源配置，拓宽发展空间，坚持"引起来"的同时，积极实施"走出去"战略，全面提升对外开放水平。

（四）构建高水平社会主义市场经济体制

党的十八大以来，习近平总书记稳掌重舵、力担千钧，用全局观念、系统思维创造性地谋划新时期的改革开放，推动新一轮经济体制改革大潮涌起。党的十八大提出，加快完善社会主义市场经济体制，要求更大程度更广范围发挥市场在资源配置中的基础性作用，完善宏观调控体系。2013 年 11 月，党的十八届三中全会作出全面深化改革的战略部署，首次提出使市场在资源配置中起决定性作用和更好发挥政府作用，明确了经济体制改革是全面深化改革的重点，其核心问题是处理好政府和市场的关系。2017 年 10 月，党的十九大强调使市场在资源配置中起决定性作用，更好发挥政府作用，提出着力构建市场机制有效、微观主体有活力、宏观调控有度的经济体制。2019 年 10 月，党的十九届四中全会对基本经济制度进行了新的概括和发展，将社会主义市场经济体制上升为基本经济制度的一部分。2020 年 10 月，党的十九届五中全会明确了构建高水平社会主义市场经济体制，提出充分发挥市场在资源配置中的决定性作用，更好发挥政府作用，推动有效市场和有为政府更好结合。2020 年以来，中共中央、国务院先后印发《关于构建更加完善的要素市场化配置体制机制的意见》《关于新时代加快完善社会主义市场经济体制的意见》《关于加快建设全国统一大市场的意见》等一批重要的改革指导性文件。2021 年，党中央提出我国发展已经到了扎实推动共同富裕的历史阶段，要坚持基本经济制度，加快完善社会主义市场经济体制，推动发展更平衡、更协调、更包容。

在这一时期，在以习近平同志为核心的党中央坚强领导下，社会主义市场经济体制的理论认识有了新飞跃，发展实践进入了新境界，重要领域和关键环节改革取得决定性成果，经济体制更加系统完备、更加成熟定型，国家治理体系和治理能力现代化加快推进，党和国家事业取得历史性成就、发生历史性变革。

二、中国社会主义市场经济体制的伟大成就

建立社会主义市场经济体制，将社会主义基本制度同发展市场经济有机结合，是马克思主义中国化的重大理论成果，也是马克思主义政治经济学发展史的伟大创新。经过改革开放40多年的努力，我国经济体制改革从理论到实践不断创新突破，由计划经济为主、市场调节为辅，到有计划的商品经济，再到建立社会主义市场经济体制，党的十八大以来加快完善社会主义市场经济体制，成功实现了从高度集中的计划经济体制到充满活力的社会主义市场经济体制的伟大转变。

（一）坚持"两个毫不动摇"，激发各类市场主体活力

确立并不断完善公有制为主体、多种所有制经济共同发展的基本经济制度。国有企业是中国特色社会主义的重要物质基础和政治基础，是我国国民经济中的中流砥柱，也是我国支柱产业的重要支撑。国有资本持续向关系国家安全、国民经济命脉和国计民生的重要行业和关键领域集中，向前瞻性、战略性产业和有核心竞争力的优势企业集中，国有经济规模效益显著提升，布局结构不断优化。截至2021年底，国有企业在工业门类中形成较为完整的产业链条。中央企业国有资本多数分布在关系国家安全和国民经济命脉的重要行业和关键领域，通过直接出资、战略入股、发起设立创投

基金等方式大力支持战略性新兴产业发展，战略性新兴产业投资稳步上升。

经过多年国有企业改革，产权清晰、权责明确、政企分开、管理科学的现代企业制度日臻完善，市场化经营机制改革持续深化，国有企业日益成为依法自主经营、自负盈亏、自担风险、自我约束、自我发展的独立市场主体，总体上同市场经济相融合，运行质量和效益稳步提升，支撑创新驱动发展战略的能力不断增强，在关键核心技术攻关、支持大众创业万众创新、促进互联网与制造业深度融合等多个方面均发挥了重要作用，在国际国内市场竞争中涌现出一批具有核心竞争力的骨干企业，特别是在载人航天、探月工程、深海探测、高速铁路、特高压输变电、移动通信等领域取得了一批具有世界先进水平的重大科技成果，掌握了一大批关键核心技术，成为我国参与国际竞争的中坚力量。2021年，全国国有及国有控股企业营业总收入75.55万亿元，其中中央企业总收入41.73万亿元，占国有及国有控股企业营业总收入的55.23%，地方国有企业收入33.83万亿元，占国有及国有控股企业营业总收入的44.77%；利润总额4.5万亿元。2022年，共有99家国企上榜《财富》世界500强，其中，国务院国资委监管的中央企业（含招商局集团下的招商银行）有47家，地方国资委监管的地方国有企业39家。电力、石油、天然气、铁路、民航、电信、军工等重要领域的国有企业先行开展混合所有制改革试点。2016年以来，先后推出4批200多家混改试点。通过改革，试点企业治理体制和经营机制都发生实质性改变，治理能力和发展活力显著提升。通过国有资本"实力"优势和社会资本市场"活力"优势的有机结合，实现了经营效益和国有资本效率双提升。

支持非公有制经济发展的制度和政策体系基本形成，非公有制经济发展环境持续优化。非公有制经济从无到有、从小到大、从弱到强，已经成为社会主义市场经济的重要组成部分。改革开放40多年来，民营经济以巨大的就业包容量在吸纳我国国有企业下岗职工、大学毕业生、农村剩余劳动力、退伍军人就业方面发挥了不可替代的作用，成为吸纳就业的主渠道。2019年，民营经济对国家财政收入的贡献占比超过50%；对GDP的贡献占比超过60%；对企业技术创新和新产品的贡献占比超过70%；对城镇就业的贡献占比超过80%，对新增就业的贡献超过90%。除了大型民营企业外，更多的民营中小微企业分布在国民经济各行各业，其中不少企业成长为细分行业的龙头，成为我国经济结构优化升级的重要动能。

（二）建立现代市场体系，市场在资源配置中的决定性作用日益增强

经过改革，我国已经建立起主要由市场决定价格的机制。1978年，我国社会消费品零售总额中政府直接定价的比重高达97%，自由市场价格比重约为3%。2021年，97%以上的商品和服务价格已由市场决定，政府管理的价格比重仅为2.99%，基本限定在重要公用事业、公益性服务和网络型自然垄断环节。我国市场体系建设取得重要进展，产权制度、市场准入负面清单制度、公平竞争审查制度等基础性制度不断健全，为建设全国统一大市场奠定良好制度基础。产权制度加快完善，《中华人民共和国民法典》于2021年1月正式实施，成为新中国成立以来第一部以法典命名的法律，在法律体系中居于基础性地位，也是市场经济的基本法，平等保护产权

作为规范财产关系的基本原则在《中华人民共和国民法典》中得到充分体现。知识产权保护制度逐步健全，形成涵盖专利、商标、著作权、商业秘密等比较完备的知识产权法律体系，为我国科技创新提供了重要法律保障。农村集体产权制度改革加快推进，在明晰农村集体产权、引导农民发展股份合作的同时，不断完善集体产权权能，赋予农民对农村集体资产股份占有、收益、有偿退出及抵押、担保、继承等相关权能。实行统一的市场准入制度，各类市场主体可依法平等进入负面清单之外领域。

2018年，市场准入负面清单制度在全国全面实施，全国层面破除隐性壁垒工作台账逐步建立完善，推动破除各类清单之外准入门槛和隐性限制。竞争政策基础地位不断强化，由《中华人民共和国反垄断法》、《中华人民共和国反不正当竞争法》、公平竞争审查制度等组成的制度框架和政策工具，形成了针对市场垄断、行政性垄断、不正当竞争等领域的全方面覆盖的基础性经济政策和制度，有效维护了市场秩序公平竞争、保障了市场机制有效运行。公平竞争审查制度在国家、省、市、县四级政府全覆盖，审查权威和效能持续提升，为优化营商环境、推动高质量发展、推进国家治理体系和治理能力现代化提供了有力支撑。

要素市场化配置加快推进。土地、劳动力、资本、技术等要素市场得到快速发展，市场配置要素能力显著增强。城乡统一的建设用地市场逐步形成。农村土地制度改革取得突破性进展，农村承包地"三权分置"改革全面推进，促进农村承包地流转。截至2020年底，全国2838个县（市、区）、3.4万个乡镇、55万多个行政村已基本完成承包地确权登记颁证；15亿亩承包地被确权给2亿农户，全国农村承包地颁证率已超过96%。建设用地供给方式不断完善、规模持续扩大，形成城市建设用地节约集约用地制度框架，建设用地使用权转让、出租、抵押二级市场不断完善，基本形成以政府供应为主的土地一级市场和以市场主体之间转让、出租、抵押为主的土地二级市场，有力促进了土地资源的优化配置和节约集约利用。在坚持权属管制、用途管制和规模管控的前提下，规划空间管制和计划总量控制制度基本形成。劳动力要素流动壁垒加快突破，户籍制度改革深入推进，各地普遍降低落户门槛，推动农业人口向城镇转移。常住人口城镇化率由 1978 年的 17.92%，提高到 2021 年底的 64.72%。经过长期持续努力，统一规范的人力资源市场体系基本形成，全国 90% 以上省份、88% 以上地市和 85% 的县区统一市场管理职能，省市两级和 85% 以上的县区设立了公共就业和人才服务机构。多层次资本市场不断完善，先后设立新三板、科创板、北京证券交易所，合并深交所主板和中小板。资本市场形成涵盖沪深主板、科创板、创业板、北交所、新三板、区域性股权市场、私募股权基金在内的多层次股权市场，以及债券市场和期货衍生品市场。以信息披露为核心的注册制架构基本建立，发行、上市、交易、持续监管等基础制度不断完善。截至 2021 年 12 月 31 日，中国 A 股市场有 4685 家上市公司，沪深两市市值达到 99.08 万亿元。技术要素流通配置不断丰富活跃，技术要素的配置方式和交易形式，从传统的技术开发、技术转让、技术咨询和技术服务，逐步向技术作价入股、技术并购、科技创业等多元化方向发展。全国技术合同成交额从 1984 年的 7 亿元增长到 2021 年的 3.73 万亿元，30 多年增长了 5000 多倍。2021 年，全国共登记技术合同 67 万多项。

（三）建立宏观治理体系框架，更好发挥政府作用

科学有效的宏观经济治理，是构建高水平社会主义市场经济体制的重要组成部分。改革开放以来，我国宏观治理取得了举世瞩目的成就，推动中国市场经济实现了持续40多年的高速平稳增长。1993年11月，党的十四届三中全会首次提出，要建立计划、金融、财政之间相互配合和制约的机制，加强对经济运行的综合协调。党的十八大以来，在传统宏观调控体系的基础上，我国逐步形成由三层架构组成的宏观经济治理体系，第一层是作为战略导向的国家发展规划，第二层是作为主要手段的财政政策和货币政策，第三层是作为必要政策工具的就业、产业、投资、消费、环保、区域等政策。规划制度体系基本建立，国家中长期规划和年度计划对宏观政策形成引导约束作用，制定实施五年规划纲要，每年制定国民经济和社会发展年度计划，开展五年规划中期评估和终期评估，增强国家中长期规划对年度计划、公共预算、金融信贷、国土开发、公共服务、产业发展等的引导功能和统筹功能，实现宏观调控目标和手段的有机结合，发挥国家发展规划和战略导向作用。创新完善"区间调控""定向调控""相机调控"等调控方式，为我国建立、完善和创新宏观调控方式奠定坚实基础。以财政政策、货币政策为主，逐步形成以产业政策、区域政策、投资政策、消费政策、价格政策协调配合的政策体系为特征的中国特色宏观调控工具体系。

（四）对外开放不断扩大，全方位对外开放格局基本形成

市场经济是开放型经济，开放是市场经济发展过程中带有普遍性和规律性的显著特征。党的十四大和十四届三中全会提出，对外

开放的地域要扩大，形成多层次、多渠道、全方位开放的格局，充分利用国际国内两个市场、两种资源，积极推进以质取胜和市场多元化等战略措施。在党中央、国务院大力推进下，我国扩大开放沿海城市和内陆边境城市、沿江城市和省会城市，建立起一批经济技术开发区和保税区，同时明确了以上海浦东新区为龙头带动长江流域经济起飞的发展战略，确定在21世纪初将上海建成国际经济、金融、贸易中心。到1997年，从沿海到沿江、从沿边到内陆，多层次、多渠道、全方位开放的新格局逐步形成。

2001年11月10日，世界贸易组织第四届部长级会议通过了我国加入世界贸易组织的决定。12月11日，我国正式成为世贸组织成员。"入世"20多年来，我国全面履行"入世"承诺。截至2021年底，关税总水平由15.3%降至7.4%，低于9.8%的"入世"承诺；贸易总额在20年里增至当初的9.1倍，大幅超过世界贸易总额的增幅；在世界贸易中所占份额从2001年的约4%增长至2020年的约13%。

党的十八大以来，我国实施自由贸易试验区、海南自由贸易港建设等重大开放战略，加大对外开放压力测试力度，在投资贸易自由化便利化、金融创新服务实体经济、政府职能转变等方面展现出前所未有的改革力度。目前，我国已经设立21个自由贸易试验区及海南自由贸易港，推出一大批高水平制度创新成果，建成一批世界领先的产业集群，成为扩大对外开放的新高地。2022年1月，我国参与签订全球最大自贸协定《区域全面经济伙伴关系协定》正式生效，带动全球近三分之一的经济体量形成统一的超大规模市场。截至2022年上半年，我国与26个国家和地区签署了19个自由贸易协定，自由贸易伙伴覆盖亚洲、大洋洲、拉丁美洲、欧洲和非洲，贸易额占我国对外贸易总额的比重达到35%左右。

三、中国社会主义市场经济体制的历史经验

我国的经济体制改革，是党领导亿万人民的实践创造，积累了许多鉴往知来、取用不竭的历史经验。

（一）坚持党的领导是根本保障

党是领导我们事业的核心力量。历史和现实都证明，没有中国共产党，就没有新中国，就没有中华民族伟大复兴。治理好我们这个世界上最大的政党和人口最多的国家，必须坚持党的全面领导特别是党中央集中统一领导，坚持民主集中制，确保党始终总揽全局、协调各方。社会主义市场经济体制是党的集中统一领导优势在经济体制改革方面的具体体现。

党的历次全会，根据国际国内形势发展变化，从我国发展新要求出发，始终遵循把握生产力发展规律，不断调整和变革生产关系，一以贯之对推进改革开放和社会主义现代化建设作出全面部署，坚决推进经济体制改革，不断探索和改进经济工作方法，确保了在中国共产党领导和社会主义制度的大前提下发展市场经济，确保了市场经济积极功能的发挥，促进国家长远发展的大政方针和战略规划稳定持续。在构建高水平社会主义市场经济体制的新征程上，必须牢牢把握中国共产党领导这一中国特色社会主义最本质的特征、中国特色社会主义制度的最大优势，坚持以习近平新时代中国特色社会主义思想为指导，增强"四个意识"、坚定"四个自信"、做到"两个维护"，不断提高政治判断力、政治领悟力、政

治执行力，牢记"国之大者"，自觉在思想上政治上行动上同以习近平同志为核心的党中央保持高度一致，努力建设更有活力、更有效率、更加公平、更加包容、更有利于人的全面发展的更高水平的社会主义市场经济体制。

（二）坚持走中国特色社会主义道路的根本方向

方向决定前途，道路决定命运。举什么旗，走什么路，是事关前途和命运的根本抉择。以习近平同志为核心的党中央牢牢把握改革开放的前进方向，改什么、怎么改始终以是否符合坚持和完善中国特色社会主义制度为根本尺度，保障了全面深化改革事业始终走得正、行得稳。

我国社会主义市场经济体制的形成和发展，始终以坚持和完善中国特色社会主义制度、推进国家治理体系和治理能力现代化为主轴，坚持和完善社会主义基本经济制度，处理好政府与市场的关系，既要发挥市场经济的长处，又要发挥社会主义制度的优越性。在构建高水平社会主义市场经济体制的新征程上，要完整、准确、全面学习领会习近平新时代中国特色社会主义思想，始终坚持把以经济建设为中心同四项基本原则、改革开放这两个基本点统一于新时代中国特色社会主义伟大实践，既不走封闭僵化的老路，也不走改旗易帜的邪路，该改的、能改的我们坚决改，不该改的、不能改的坚决不改。

（三）坚持以人民为中心的根本立场

人民群众是历史的创造者，是推动社会发展的决定性力量，是经济体制改革和社会主义现代化建设的主要动力和推动者。人民群众也是实践和认识的主体，一切智慧的源泉都在群众的实践中，只有尊重人民群众在改革开放中的首创精神，到群众中去，总结和汲取群众在实践中创造的经验，改革开放才能不断开拓进取、克服一个又一个难点。充分发挥人民群众的主观能动性，尊重人民群众的首创精神，是中国社会主义市场经济体制的鲜明特征。改革开放初期，四川、安徽农民所创造的家庭联产承包责任制点燃了农村改革的星火，乡镇企业主要从苏南地区的社队企业中生长出来，在非公有制经济成为社会主义基本经济制度重要组成部分的制度创新中作出了重要贡献。这些经济体制改革试验，充分体现了人民群众的首创精神。

党的十八大以来，以习近平同志为核心的党中央明确人民对美好生活的向往就是我们的奋斗目标，坚持紧紧依靠人民推进改革，从人民的实践创造中完善改革政策。坚持人民群众关心什么、期盼什么，改革就抓住什么、推进什么，做到人民有所呼、改革有所应，使改革符合广大人民群众意愿、得到广大人民群众拥护，全方位提升人民群众幸福感和获得感，进一步彰显中国特色社会主义的优越性。在构建高水平社会主义市场经济体制的新征程上，必须坚持以人民为中心的发展思想，坚持共同富裕的本质要求，强化宗旨意识，践行群众路线，尊重和鼓励人民群众的首创精神，推动改革发展成果更多更公平惠及全体人民，不断增强人民群众获得感、幸福感、安全感，充分激发蕴藏在人民群众中的创造伟力。

（四）坚持解放思想、实事求是、开拓创新

解放思想是党在历次重大历史关头和历史抉择中能够不断与时俱进、开拓创新的根本原因。只有解放思想，才能真正做到实事求

是。回顾我国社会主义市场经济体制的形成过程，最大的思想解放，就是坚持从中国国情出发，把坚持马克思主义基本原理同推进马克思主义中国化结合起来，赋予当代中国马克思主义勃勃生机。党的十一届三中全会以后，围绕处理好政府和市场关系这一经济体制改革核心问题，党从建设我国社会主义的实践和时代特征出发，坚持和发展马克思主义，从"计划经济为主、市场调节为辅"到"国家调节市场、市场引导企业"，从"市场在国家宏观调控下对资源配置起基础性作用"到"从制度上更好发挥市场在资源配置中的基础性作用"，通过不断基于解放思想的伟大实践，我国实现了从高度集中的计划经济体制到充满活力的社会主义市场经济体制的转变。

党的十八大以来，从"使市场在资源配置中起决定性作用和更好发挥政府作用"到"推动有效市场和有为政府更好结合"，再到党的十九届六中全会将"使市场在资源配置中起决定性作用，更好发挥政府作用"作为习近平新时代中国特色社会主义思想核心要义的"十个明确"之一。我们对政府和市场关系的认识不断有新突破，推动社会主义市场经济体制进入一个新阶段。在构建高水平社会主义市场经济体制的新征程上，面对新形势新任务，我们要统筹中华民族伟大复兴战略全局和世界百年未有之大变局，把开拓创新作为一种常态，坚持一切从实际出发，保持锐意创新的勇气、敢为人先的锐气、蓬勃向上的朝气，解决中国发展面临的一系列突出矛盾和问题，冲破思想观念的障碍、突破利益固化的藩篱，不断推进中国特色社会主义制度自我完善和发展。

（五）坚持以发展为第一要务

发展是解决我国一切问题的基础和关键，解放和发展生产力是社会主义的本质要求和根本任务。离开生产力的发展谈生产关系的适应性，与离开一定的经济基础谈上层建筑的先进性一样，都是"空中楼阁"。邓小平反复强调"三个有利于""发展是硬道理""一百年不动摇"，就是对社会主义初级阶段不可跨越、改革的根本任务是解放和发展生产力的深刻理解。解放和发展生产力的最后落脚点是解放劳动和劳动者，中国的现代化是中国人民用双手积累和创造的，只有不断解放、保护劳动和劳动者，才能发挥社会主义优越性，才能实现解放生产力、发展生产力的历史任务。

党的十八大以来，正是因为牢牢抓住经济建设这个中心，毫不动摇地坚持"发展是硬道理"，坚定不移贯彻新发展理念、推动高质量发展，才能全面增强我国经济实力、科技实力、综合国力和国际影响力，才能为坚持和发展中国特色社会主义、实现中华民族伟大复兴奠定雄厚物质基础。在构建高水平社会主义市场经济体制的新征程上，必须聚焦解放和发展社会生产力、解放和增强社会活力，围绕解决好人民群众日益增长的美好生活需要和不平衡不充分发展之间的矛盾，紧扣贯彻新发展理念、构建新发展格局、推动高质量发展，提高改革的战略性、前瞻性、针对性，推动改革和发展深度融合、高效联动。

（六）坚持改革与开放相互促进

改革和开放不可分割，相互促进，二者统一于建立和完善社会主义市场经济体制的实践之中。实践证明，关起门来搞改革，是不能成功的。开放推动改革深化。通过对外开放，积极参与全球化进程，充分借鉴国外发达市场经济有益经验，充分利用国外的资金、市场、技术、资源和智力，不仅促进了国内经济活动同世界市场及高效率的经济管理体制和运作规则的对接，也使建设中的新体制有效地摆脱旧体制落后、封闭的特性，而容纳一些世界先进管理体制的优点，不断推动国内改革的深化。通过国内改革创新体制和政策，能够不断创造对外开放的条件和环境，提升对外开放的广度和深度，提高对外开放的水平，改革与开放相互促进，相得益彰。

党的十八大以来，党中央更加注重全面深化改革与全面提升开放型经济新水平的辩证统一、协同联动，不仅为充分利用"两个市场""两种资源"进而推动实现高质量发展目标提供源源不竭动力，而且成为中国特色社会主义市场经济理论创新的重要组成部分，为我国牢牢抓住和用好重要战略机遇期提供了重要的理论基石。在构建高水平社会主义市场经济体制的新征程上，必须坚持对外开放的基本国策不动摇，坚持以开放促改革、促发展、促创新，构建互利共赢、多元平衡、安全高效的开放型经济新体制，以对外开放的主动赢得经济发展和国际竞争的主动，推动构建人类命运共同体，推动经济全球化朝着更加开放、包容、普惠、平衡、共赢的方向发展。

（七）坚持正确的改革方法论

党历来重视工作方法，在社会主义市场经济体制的形成和发展过程中，形成了丰富的改革方法论，推动改革不断向前进。坚持适应生产力发展的"渐进式改革"，坚持立破结合，合理把握改革的力度、发展的速度和社会可承受程度，正确处理改革、发展、稳定的关系，这是社会主义市场经济体制得以形成并发展的必要条件。先农村后城市，先局部探索再全面推开，先引入市场机制、计划与市场机制并存，再到探索和发展社会主义市场经济体制，不断地摸索实践，渐进地推进改革，是符合国情和规律的重要改革方式方法。

党的十八大以来，习近平总书记深刻把握改革规律，运用马克思主义立场观点方法解决实际问题，开创了科学有效推进改革的新路径、新方法。坚持全面推进和重点突破相结合，坚持增强改革的系统性、整体性、协同性，坚持顶层设计和摸着石头过河相结合，坚持问题导向和目标导向相结合，坚持法治思维、底线思维，推动改革更好对接发展所需、基层所盼、民心所向。体现了辩证唯物主义与历史唯物主义的哲学精髓，是推动改革落实的科学指导和行动指南。在构建高水平社会主义市场经济体制的新征程上，必须坚持辩证唯物主义和历史唯物主义世界观和方法论，解放思想、实事求是，坚持系统观念，加强前瞻性思考、全局性谋划、战略性布局、整体性推进，以钉钉子精神抓好落实，推动构建高水平社会主义市场经济体制，在一个更高平台上争取到更有利的内外部发展环境，赢得新的发展机遇期。

第一章
启动与探索社会主义市场经济

▼

  1978 年 12 月，党的十一届三中全会重新确立解放思想、实事求是的思想路线，把工作重心转移到社会主义现代化建设上来，为经济体制改革提供了有力的思想和组织保障。从此，以农村改革为发端和重点，从实行家庭联产承包责任制、乡镇企业异军突起，到国有企业放权让利、股份制改革试点，国有企业改革成为经济体制改革的中心环节；从兴办经济特区，到沿海开放城市、沿海经济开发区，由点至面，多层次对外开放格局初定，拉开了改革开放的大幕。

第一节 经济体制改革序幕拉开

  1978 年 12 月，党的十一届三中全会作出了把党和国家的工作重心转移到经济建设上来、实行改革开放的历史性决策。全会公报指出，实现四个现代化，要求大幅度地提高生产力，也就必然要求多方面地改变同生产力发展不适应的生产关系和上层建筑，改变一切不适应的管理方式、活动方式和思想方式[1]，直接开启了改革开放的航程。

一、具有深远影响的中央工作会议

1978年5月10日，中共中央党校《理论动态》刊载《实践是检验真理的唯一标准》，《光明日报》第二天以特约评论员名义发表此文，新华社于当天转发，《人民日报》等各大报转载。文章在全党引起了强烈反响，掀起了真理标准问题大讨论。6月2日，邓小平在全军政治工作会议上讲话，批评"两个凡是"观点，强调马列主义、毛泽东思想的基本原则任何时候都不能违背，但一定要实事求是，从实际出发，理论和实践相结合。6月24日，《人民日报》发表《解放军报》特约评论员文章《马克思主义的一个最基本的原则》，从理论上系统回答了对实践是检验真理标准提出的责难，认为怎样对待马列主义、毛泽东思想，不是一个小问题，而是一个真捍卫还是假捍卫毛泽东思想的问题。真理标准问题的大讨论，打破了长期以来禁锢人们思想的僵化局面，对提高全党、全国人民的思想水平和认识能力起到了重要促进作用，为顺利实现党和国家工作重心的转移创造了前提条件，为作出改革开放的历史决策提供了必要的思想理论准备。

1978年11月10日到12月15日，中央工作会议在北京召开。在会议闭幕式上，邓小平发表题为《解放思想，实事求是，团结一

---

[1] 《中国共产党第十一届中央委员会全体会议公报》，北京：人民出版社，1978年版，第5页。

致向前看》的讲话，他开宗明义地指出，"解放思想是当前的一个重大政治问题"，"不打破思想僵化，不大大解放干部和群众的思想，四个现代化就没有希望"①。这个讲话共分四个部分②：

一是解放思想是当时的一个重大政治问题。只有解放思想，才能正确地以马列主义、毛泽东思想为指导，解决一系列问题；一个党，一个国家，一个民族，如果一切从本本出发，思想僵化，迷信盛行，那它就不能前进，它的生机就停止了。

二是民主是解放思想的重要条件。在党内和人民内部的政治生活中，只能采取民主手段，不能采取压制、打击的手段；应让地方和企业、生产队有更多的经营管理自主权；为保障人民民主，必须使民主制度化、法律化。

三是处理遗留问题为的是向前看。这次会议解决了一些过去遗留下来的问题，分清了一些人的功过。这是解放思想的需要，也是安定团结的需要。正是为了向前看，正是为了顺利实现全党工作重心的转变。

四是研究新情况，解决新问题。要研究新情况，解决新问题，在管理方法上要克服官僚主义；在经济政策上要学会用经济方法管理经济；在管理制度上要特别注意加强责任制。

当时我国的经济管理体制权力过于集中，应该有计划地大胆下放，发挥国家、地方、企业和劳动者个人四方面的积极性，实现现

---

① 邓小平：《解放思想，实事求是，团结一致向前看》，《邓小平文选》(第二卷)，北京：人民出版社，1983年版，第141-143页。
② 邓小平：《解放思想，实事求是，团结一致向前看》，《邓小平文选》(第二卷)，北京：人民出版社，1983年版，第141-150页。

代化的经济管理和提高劳动生产率。这个讲话提出了先富与共富的最早论述，即"在经济政策上，要允许一部分地区、一部分企业、一部分工人农民，由于辛勤努力成绩大而收入先多一些，生活先好起来。一部分人生活先好起来，就必然产生极大的示范力量，影响左邻右舍，带动其他地区、其他单位的人们向他们学习。这样，就会使整个国民经济不断地波浪式地向前发展，使全国各族人民都能比较快地富裕起来"[①]。

《解放思想，实事求是，团结一致向前看》是在"文化大革命"结束以后，中国面临向何处去的重大历史关头，冲破"两个凡是"的禁锢，开辟新时期新道路、开创建设有中国特色社会主义新理论的宣言书。

二、党的十一届三中全会开启改革开放新征程

1978年12月18日至22日，党的十一届三中全会在北京召开。会议决定，从1979年起把全党工作的着重点和全国人民的注意力转移到社会主义现代化建设上来。这一决策解决了在无产阶级掌握政权、建立了社会主义基本制度以后，究竟应把党和国家主要精力放在什么上面的问题，具有重大而深远的意义。

根据全党工作着重点的转移形势，全会提出了改革开放的任务。会议强调，实现四个现代化，要求大幅度地提高生产力，也就必然要求多方面地改变同生产力发展不适应的生产关系和上层建

[①] 邓小平：《解放思想，实事求是，团结一致向前看》，《邓小平文选》（第二卷），北京：人民出版社，1983年版，第152页。

筑，改变一切不适应的管理方式、活动方式和思想方式，因而是一场广泛、深刻的革命，必须根据新的历史条件和实践经验，采取一系列新的重大的经济措施，对经济管理体制和经营管理方式着手认真地改革，在自力更生的基础上积极发展同世界各国平等互利的经济合作，努力采用世界先进技术和先进设备，并大力加强实现现代化所需要的科学和教育工作。

党的十一届三中全会初步分析了传统经济体制的弊端，提出了经济体制改革的要求，为经济体制改革指导思想的形成与目标模式的演变奠定了思想基础。针对我国经济管理体制中存在的权力过于集中的问题，提出应该有计划地大胆下放权力，让地方和工农业企业在国家统一计划的指导下有更多的经营管理自主权；应该着手大力精简各级经济行政机构，把它们的大部分职权转交给企业性的专业公司或联合公司，应该坚决实行按经济规律办事，重视价值规律的作用；应该在党的一元化领导之下，认真解决党政不分、以党代政、以政代企的现象，实行分级分工分人负责，加强管理机构和管理人员的权限和责任，减少会议公文，提高工作效率，认真实行考核、奖惩、升降等制度。认真执行按劳分配原则，按照劳动的数量和质量计算劳动报酬，克服平均主义；任何人不得乱加干涉社员自留地、家庭副业和集市贸易；较大幅度提高粮食等主要农产品收购价格，降低农用工业品价格；积极发展农村社队工副业；等等。

党的十一届三中全会在坚持社会主义道路的前提下，为经济体制改革和对外开放迈出了具有决定意义的一步。这是新中国成立以来，党和人民在社会主义道路的探索中历经坎坷而积聚的思想、理论、实践力量的一个集中释放和总结，是改革开放水到渠成的里程碑。

三、首提"市场经济"

1979年11月，邓小平会见美国不列颠百科全书出版公司编委会副主席吉布尼和加拿大麦吉尔大学东亚研究所主任林达光时说："市场经济只存在于资本主义社会，只有资本主义的市场经济，这肯定是不正确的。社会主义为什么不可以搞市场经济，这个不能说是资本主义……我们是计划经济为主，也结合市场经济，但这是社会主义的市场经济。"[①] 这是党的领导人第一次提出市场经济的概念。

早在1978年，邓小平在为中央工作会议闭幕式讲话亲自草拟的提纲上写下："自主权与国家计划的矛盾，主要从价值法则、供求关系（产品质量）来调节。"[②] 对于社会主义经济中的价值规律问题，理论界已经开始研讨。1979年4月，300多位学者齐聚江苏无锡，举行"社会主义经济中价值规律问题"大型理论研讨会。这次研讨会提出了许多创新性的观点，如"社会主义既然实行商品制度，那么社会主义经济在本质上就不能不是一种特殊的市场经济"，"计划经济和市场经济应该互相结合，你中有我，我中有你，计划经济要充分利用市场经济"，"社会主义市场经济是建立在生产资料公有制基础上的新型市场经济"等。

[①] 邓小平：《社会主义也可以搞市场经济》，《邓小平文选》（第二卷），北京：人民出版社，1983年版，第231页。
[②] 中共中央文献研究室编：《邓小平年谱（1975—1997）》（上），北京：中央文献出版社，2004年版，第445页。

四、农村改革率先突破

1978年之前,在人民公社体制下,农村长期实行统一经营、集中劳动、平均主义分配的体制。这种农村经济体制脱离了农村生产力水平和农业生产实际,严重束缚了农民生产积极性,造成了农业生产长期低水平徘徊,1978年人均粮食占有量还停留在1957年的水平,农民收入增长缓慢,生活较为贫困。

1978年,安徽省遭遇大旱,为赶上秋季小麦播种,一些生产队突破规定,以借地种麦、借地度荒的名义将土地包给农民分组耕种,甚至分户耕种。同年9月,安徽省委召开紧急会议,大胆作出了支持"借地度荒"的决定。"借地度荒"本为临时性变通办法,但在"借"字的启发下,一些地方和农民自发实行包干到组或包产到户责任制。1978年12月,安徽凤阳县梨园公社小岗生产队与18户农民约定:把应该交给国家、留给集体的粮食固定下来,收获以后收多收少都是农民自己的。这种包干到户的做法简单易行,在当地推行后,深受农民欢迎。与此同时,广东、四川、贵州、云南等地的许多生产队也采取了类似做法,并得到了当地省委的支持,由此拉开了我国农村改革的序幕。

1979年9月,党的十一届四中全会通过《中共中央关于加快农业发展若干问题的决定》,明确指出政策是否符合发展生产力需要,要看这种政策能否调动劳动者的生产积极性;允许社、队在国家统一计划的指导下因时因地制宜,保障自主权,发挥主动性。这为鼓励广大农民在实践中创造新经验、进行农村体制改革敞开了大门。

1980年4月2日,邓小平在同中央负责有关同志谈话时明确指出，"农村政策要放宽；有的可包给组，有的可包给个人，这个不用怕，这不会影响我们制度的社会主义性质。在这个问题上要解放思想，不要怕"[①]。同年5月31日，邓小平再次指出，"农村政策放宽后，一些适宜搞包产到户的地方搞了包产到户，效果很好，变化很快"。"有同志担心，这样搞会不会影响集体经济。我看这种担心是不必要的。"[②]这有力地推动了农村改革发展。

1980年9月14日至22日，党中央召开各省、市、自治区党委第一书记座谈会，讨论形成《中共中央关于进一步加强和完善农业生产责任制的几个问题》，肯定在边远山区和贫困落后地区，群众要求包产到户的，应支持群众的要求，可以包产到户，也可以包干到户。这是第一次在党的正式文件中认可"包产到户"能解决农村贫困问题。

在党中央的支持下，各种形式的家庭联产承包责任制迅速发展，到1981年下半年，全国各地包产到户的生产队已占32%，1982年达到了全国生产队总数的86.7%。1981年12月，中共中央政治局讨论通过《全国农村工作会议纪要》，以中央一号文件印发，明确指出当时实行的各种责任制，包括小段包工定额计酬，专业承包联产计酬，联产到劳，包产到户、到组，包干到户、到组，等等，都是社会主义集体经济的生产责任制，是社会主义农业经济的组成部分。同时，还提出了两个"长期不变"的方针：土地等基本生产资

[①] 中共中央文献研究室编：《邓小平年谱（1975—1997）》（上），北京：中央文献出版社，2004年版，第616页。
[②] 邓小平：《社会主义首要发展生产力》，《邓小平文选》（第二卷），北京：人民出版社，1994年版，第315页。

料公有制长期不变，集体经济要建立生产责任制长期不变。

农村家庭联产承包责任制充分调动了农民的生产积极性，促进了农业生产的迅速发展，释放了大量剩余劳动力和积累大量资金，为农民发展多种经营提供了需要和可能。粮食总产量从1978年的3.05亿吨增加到1984年的4.07亿吨，农村社会总产值年均增长16.4%，农民实际收入年均增长15.1%；而同期城镇居民人均收入年均增长7.93%，城乡收入差距在这一时期明显缩小。1983年12月1日，我国宣布取消实行30年之久的棉布、絮棉凭票定量供应制。1994年，粮油零售价格全面放开，全国取消粮票，使用了30多年的商品票证最终退出历史舞台。农村改革和发展的突出成就，为城市经济体制改革提供了宝贵的经验，为我国经济体制改革的深化奠定了基础。

五、国有企业放权让利改革

伴随着农村改革的步伐，以扩大企业自主权为开端的国企改革也如火如荼地展开，国家指令性计划逐步减少，传统计划经济体制的缺口缓缓打开。1978年10月，四川省委选择了不同行业有代表性的宁江机床厂、重庆钢铁公司、成都无缝钢管厂、四川化工厂、新都县氮肥厂、南充丝绸厂6家企业作为改革试点企业。同年12月，四川省委在试点的基础上，制定《关于扩大企业权力，加快生产建设步伐的试点意见》，提出要使企业拥有利润提留权、扩大再生产权、联合经营权、外汇分层权、灵活使用奖金权等。四川试点通过允许国有企业在生产计划、产品销售、资金使用、中层干部任用等方面拥有部分权力，调动了国营企业积极性，提高了企业效益。1979 年 5 月，国家经委等六部委在试点基础上，选择首都钢铁公司、天津自行车厂、上海柴油机厂等 8 家企业承包进行扩大企业自主权改革试点。同年 7 月，国务院印发《关于扩大国营工业企业经营管理自主权的若干规定》《关于国营企业实行利润留成的规定》等系列文件，指导企业进行改革，并要求地方和部门再选择一些企业承包进行试点。1979 年底，全国试点企业扩大到 4200 家，1980 年 6 月发展到 6600 家，约占全国预算内工业企业的 16%，产值和利润分别占 60% 和 70% 左右。

扩大企业自主权改革在传统计划经济体制上打开了一个缺口，初步改变了企业只按国家指令计划生产、不了解市场、不关心产品销路和盈利亏损的情况，增强了企业的经营和市场意识，但试点仍然没有解决政企关系问题，扩大企业自主权开始转向推行以利润留成、盈亏包干和以税代利、自负盈亏的经济责任制等为基本形式的经济责任制。

经济责任制明确了企业的责、权、利，是国企改革扩大企业自主权的延伸和拓展，也是国企改革明晰政企关系的初步探索。1981年春，经济责任制改革首先由山东省在企业中试点。同年 10 月至 11 月，国务院先后批转《关于实行工业生产经济责任制若干问题的意见》《关于实行工业生产经济责任制若干问题的暂行规定》，提出通过在工业企业中实行经济责任制，把企业和职工的经济利益同他们所承担的责任和实现的经济效益联系起来。在实行经济责任制的具体实践中，绝大部分企业选择了"盈亏包干"的办法。经济责任制很快推行到全国 3.6 万家企业，到 1981 年底增加到 4.2 万家。

六、多种经济成分共同发展

以个体经济为代表的多种经济成分的探索与发展，经历了较长时间。个体经济是指劳动者个人占有生产资料，并以自己的劳动为基础从事个体劳动与经验。1979年，知识青年"上山下乡"运动结束，全国2000多万个待业人员中，有回城青年700多万个、留城待业青年320多万个，返城"知识青年"的就业问题成为重大社会问题，必须突破传统思想束缚，广开就业门路。1979年6月，20多名知青在北京前门箭楼西侧搭棚盘灶、烹茶迎宾，大碗茶"青年茶社"开门营业，"个体户"由此成为人们耳熟能详的词语。与此同时，浙江温州的章华妹在自家门口支了一张小桌子，摆上针头线脑，成为个体户。1980年，温州成立工商所，章华妹成为温州第一个获得执照的个体户，这个执照是改革开放以来全国第一张个体户营业执照。

1980年8月，全国劳动就业会议召开。随后，中共中央转发会议文件《进一步做好城镇劳动就业工作》，提倡大力发展城镇集体和个体经济。政策的放开促使多种经济形式发展起来。到1980年底，全国先后吸收了城镇待业人员651万人就业，其中，从事个体工商业的有40万人，占6%[1]。1981年6月，党的十一届六中全会通过的《中共中央关于建国以来党的若干历史问题的决议》明确提出，社会主义生产关系的变革和完善必须适应于生产力的状况，有利于生产的发展。国营经济和集体经济是我国基本的经济形式，

---

[1] 刘仲黎：《奠基——新中国经济五十年》，北京：中国财政经济出版社，1999年版，第348页。

一定范围内的劳动者个体经济是公有制经济的必要补充[①]。这是我们对社会主义所有制形式的新认识。1981年10月，中共中央、国务院作出了《关于广开门路，搞活经济，解决城镇就业问题的若干决定》，明确了在社会主义公有制经济占优势的根本前提下，实行多种经济形式和多种经营方式长期并存，是我党的一项战略决策，绝不是一种权宜之计。1983年4月，国务院印发《关于城镇集体所有制经济若干政策问题的暂行规定》，对集体企业实行扶持政策，城镇集体企业和个体经济开始快速发展。

七、财政"分灶吃饭"

改革开放之前，为适应高度集中的计划经济体制和经济建设的需要，采取了"统收统支"*的财政管理体制。从1978年起，国家分别在一些省市进行了局部的财政体制改革，改革的方式有"收支挂钩，总额分成""增收分成，收支挂钩""固定比例包干"等，但在财政管理体制上长期形成的统收统支方式仍占主导地位。为了进一步调动地方、企业和职工的积极性，推动城市经济体制改革，从1980年开始，国家决定在全国实行"划分收支、分级包干"的财政管理体制，扩大了地方的经济自主权。这种管理体制打破了"统收统支"的传统，被称为"分灶吃饭"，主要内容是按照经济管理体制规定的隶属关系，明确划分中央和地方财政的收支范围。

1980年2月1日，国务院下发《关于实行"划分收支、分级

---

* 统收统支：是我国高度集中型财政管理体制下的收支管理办法。包括两方面含义。一是在中央和地方的财政关系上，地方预算收入统一上缴中央，地方支出按计划由中央统一核拨，地方收支不挂钩。二是在国家和企业的分配关系上，企业当年实现的利润全部或绝大部分上缴财政，企业用于扩大再生产所需基本建设投资、增拨流动资金和四项费用，基本上由财政供给。

---

① 《关于建国以来党的若干历史问题的决议》，《人民日报》，1981年7月1日。

包干"财政管理体制的通知》，决定从 1980 年起，实行"划分收支、分级包干"的财政管理体制。随后，国务院印发《关于实行"划分收支、分级包干"财政管理体制的暂行规定》。"分灶吃饭"对国家财政状况的改善起到了良好的作用。在实行"分灶吃饭"后的第二年，即 1982 年，财政收入比 1981 年增长了 6.4%，1983 年再增长 11.7%，增长幅度逐年加大，到 1985 年达到 25.2%。将"统收统支"改为"分灶吃饭"是对传统财政管理体制的一次重大变革，打破了原来僵化的体制，释放了地方和企业的生产积极性，有力地支持了价格、外贸、金融等其他领域的改革，但也存在一些弊端，如造成中央财政困难、财政预算外资金大幅度增加、助长地方保护主义和市场分割等问题。

八、开启对外开放

1978 年，"大引进"的政策实施开启了对外开放的序幕，从引进成套设备到利用外资，到吸引外商直接投资，再到经济特区的筹建，对外开放的领域不断扩大。1978 年 4 月，国家计委、外贸部派遣经济贸易考察组赴香港、澳门实地考察后向中央建议，借鉴港澳经验，在靠近港澳的广东宝安县、珠海县实行特殊管理办法，力争在三五年时间内将两地建成对外生产基地、加工基地和吸引港澳游客的游览区。

1979 年 1 月，中共中央、国务院决定设立蛇口工业区，同年 7 月 15 日，中共中央、国务院批转广东省委、福建省委《关于对外经济活动实行特殊政策和灵活措施的两个报告》，批准在深圳、珠海两地各划出一定区域试办出口特区，实行"特殊政策和灵活措施"，这是中国对外开放的重要一步。1980年5月，党中央决定在广东省的深圳市、珠海市、汕头市和福建省的厦门市，各划出一定范围的区域，试办经济特区。经济特区采取与内地不同的体制和政策，按照市场化取向的改革要求，在计划、投融资、流通、财税、金融和政府管理等各方面进行一系列改革探索，有力地促进了特区的经济发展，为全国改革提供了有益的经验和借鉴，从而推动了中国经济体制改革的进程。

在各种利用外资的方式中，外商直接投资更具有开放性质，但遇到的观念障碍也大得多。观念禁区的最初突破是从引进汽车项目开始的。1978年6月，国家计委等部门向国务院上报的《关于开展对外加工装配业务的报告》中提出，引进一条轿车装配线，拟安排在上海，对上海轿车工业进行改造。与此同时，一机部也在同外商谈判重型汽车项目的技术引进。在洽谈中，外商建议项目以中外合资经营形式为好。1978年10月，美国通用汽车公司来我国谈判投资事宜，董事长汤姆斯·墨菲提出，为什么只谈技术引进，而不谈合资经营？谈判组按程序将汤姆斯·墨菲的建议写进了给国务院引进新技术领导小组办公室的简报中，引起了党中央、国务院的重视。1979年7月，邓小平在第五次驻外使节会议上作报告时说："现在比较合适的是合资经营，比补偿贸易好，因为合资经营风险是双方承担。搞补偿贸易，我们得不到先进的东西。搞合资经营，对方就要经济核算，它要拿出先进的技术来。"[①] 为了尽快吸引外资，保障中外合资企业的合法权益，1979年、1980年先后制定了

---

① 中共中央文献研究室编：《邓小平年谱（1975—1997）》（上），北京：中央文献出版社，2004年版，第533页。

《中华人民共和国中外合资经营企业法》《中华人民共和国中外合资经营企业登记管理办法》《中外合资经营企业劳动管理规定》《国务院关于中外合营企业建设用地的暂行规定》《中华人民共和国中外合资经营企业所得税法》等，从法律上规范了中外合资经营企业的权利义务。

1979—1984 年，广东、福建两省利用外资迈出了较大的步伐，兴办了一大批中外合资经营、中外合作经营及外商独资企业；实际利用的外商直接投资占全国的五分之二以上。经济特区发挥邻近港澳地区的优势，运用特殊的优惠政策，在吸收外资、引进技术、扩展对外贸易、发展经济等方面取得了较好的成绩。截至 1984 年底，4 个经济特区与外商签订的各种经济合作协议累计达 4700 多项，外商协议投资额达 20 亿美元，实际利用的外资为 8.4 亿美元。深圳实际利用外资 5.8 亿美元，办起了 70 多家中外合资经营、中外合作经营和外商独资企业，引进的技术和设备都是我国需要的，其中有三分之一属于国际或国内先进水平。经济面貌也发生了显著变化。1984 年，深圳特区内的工业产值达 13 亿元，比 1979 年增长 20.2 倍；财政收入达 4.5 亿元，比 1979 年增长 10.6 倍。人民生活大大改善，边境秩序空前安定。事实说明，党中央对广东、福建两省实行的"特殊政策和灵活措施"取得了显著效果。

第二节　计划经济为主、市场调节为辅

1982 年 9 月，党的十二大召开，这是改革开放后首次召开的党的全国代表大会。大会将继续推进经济建设作为全面开创新局面

的首要任务，确定了坚持国营经济主导地位和发展多种经济形式，贯彻计划经济为主、市场调节为辅，坚持自力更生为主和扩大对外经济技术交流等重要原则问题。党的十二大后，在继续巩固农村改革成果基础上，经济体制改革的重点逐步转向城市，城市经济体制改革全面铺开。

一、提出"建设有中国特色社会主义"的重大命题

党的十二大总结了党的十一大以来取得的历史性胜利，并为全面开创社会主义现代化建设新局面，确定了继续前进的正确道路、战略部署和方针政策。邓小平在党的十二大开幕词中第一次正式提出"走自己的道路，建设有中国特色的社会主义"的重大命题，强调现代化建设必须从中国实际出发，这是对新中国成立以来我国社会主义建设经验教训的深刻总结，是对我国国情进行深刻思考后的新的思想。邓小平于1979年3月对我国国情作了简要概括。他指出，我国至少有两个特点必须看到：一是底子薄，由于底子太薄，现在中国仍然是世界上最贫穷的国家之一；二是耕地少，人口多特别是农民多，这种情况是不容易改变的。[1] 1981年3月，邓小平会见坦桑尼亚总统时指出，向穷的方面发展，这不能叫社会主义；社会主义总要使人民生活逐步改善，人民群众的收入不断增加。[2] 走

---

[1] 邓小平：《坚持四项基本原则》，《邓小平文选》（第二卷），北京：人民出版社，1994年版，第163–164页。
[2] 中共中央文献研究室编：《邓小平年谱（1975—1997）》（下），北京：中央文献出版社，2004年版，第724–725页。

自己的道路，建设有中国特色的社会主义，是将马克思主义的普遍真理同中国的具体实际结合起来，是对中国过去的教训和长期历史经验总结得出的基本结论。这一重大命题的提出，回答了"改革开放后中国走什么道路"这一国内外最关注的重大问题，是改革开放全面展开条件已经成熟的标志。"建设有中国特色社会主义"成为党和国家各项事业发展全部理论创新和实践创造的主题，成为中国共产党和中国人民的旗帜。

党的十二大报告正式提出了我国20世纪末达到小康水平的目标，"小康"取代"四个现代化"成为奋斗目标，力争使全国工农业的年总产值翻两番，即由1980年的7100亿元增加到2000年的2.8万亿元左右。报告指出，实现了这个目标，中国国民收入总额和主要工农业产品的产量将居于世界前列，整个国民经济社会的现代化过程将取得重大进展，城乡人民的收入将成倍增长，人民的物质文化生活可以达到小康水平。党的十二大提出"小康"，创造性地描述了我国社会主义建设蓝图和发展战略，赋予"小康"鲜明的时代特征，"小康"成为建设有中国特色的社会主义话语体系中的特有名词。

党的十二大把继续推进经济建设作为全面开创新局面的首要任务，确定至20世纪末全国工农业的年总产值翻两番，明确提出了"两步走"战略部署，即前十年主要打好基础，积蓄力量，创造条件；后十年要进入一个新的经济振兴时期。会议还确定了继续改善人民生活，坚持国营经济主导地位和发展多种经济形式，贯彻计划经济为主、市场调节为辅原则，坚持自力更生和扩大对外经济技术交流等重要原则问题。

党的十二大将20世纪50年代以来党提出的在20世纪末全面

实现四个现代化奋斗目标，调整为符合我国实际情况的小康目标。一方面，解决了新中国成立后在社会主义建设发展速度和发展目标上欲速不达的问题；另一方面，用人均国内生产总值作为指标，将原本抽象的社会发展目标具体化，便于人民群众理解，也便于同世界各国横向比较。这对我们党科学制订和完善现代化发展战略有十分深远的意义，体现了党对什么是社会主义和怎样建设社会主义的认识进一步深化。

二、提出"计划经济为主、市场调节为辅"的观点

党的十二大报告指出，正确贯彻计划经济为主、市场调节为辅的原则，是经济体制改革中的一个根本性问题，我国在公有制基础上实行计划经济。有计划地生产和流通，是我国国民经济的主体。同时，允许对于部分产品的生产和流通不做计划，由市场来调节，也就是说，根据不同时期的具体情况，由国家统一计划划出一定的范围，由价值规律自发地起调节作用。这一部分是有计划生产和流通的补充，是从属的、次要的，但又是必需的、有益的。[①] 此前的1981年6月，党的十一届六中全会通过《中共中央关于建国以来党的若干历史问题的决议》（以下简称《决议》）。《决议》指出，社会主义生产关系的变革和完善必须适应生产力的状况，有利于生产的发展。国营经济和集体经济是我国基本的经济形式，一定范围的劳动者个体经济是公有制经济的必要补充。必须实行适合于各种经济

---

① 《开创社会主义现代化的新局面》，载中共中央文献研究室编：《十二大以来重要文献选编》（上），北京：中央文献出版社，1986年版，第22页。

成分的具体管理制度和分配制度。必须在公有制基础上实行计划经济，同时发挥市场调节的辅助作用。要大力发展社会主义商品生产和商品交换。我们的任务是要根据我国生产力发展的要求，在每一个阶段上创造出与之相适应和便于继续前进的生产关系的具体形式。[①]

关于"计划经济为主、市场调节为辅"，社会各界有不同的探讨。对此，1982年5月，国家经济体制改革委员会组织在北京经济学家、有关部委和相关企业等研究经济体制改革理论问题。当时，主要有两种不同观点，第一种观点是"计划调节与市场调节相结合"，第二种观点是"计划经济为主、市场调节为辅"，认为我国现阶段的社会主义经济是生产资料公有制为基础、存在商品生产和商品交换的计划经济，反对将"计划调节和市场调节相结合""在国家的计划指导下充分发挥市场调节的作用"作为体制改革的指导方针，认为如果按照商品经济原则进行改革，忽视或者否定指令性计划，与社会主义制度不相容。党的十二大报告肯定了第二种观点，指出由于有些改革措施不配套，相应的管理工作没有跟上，因而削弱和妨害国家统一计划的现象有所滋长。这是不利于国民经济正常发展的。要继续注意发挥市场调节的作用，但决不能忽视和放松国家计划的统一领导[②]。可见，当时已不再排斥市场机制，并初步肯定了市场的调节作用。

[①]《中共中央关于建国以来党的若干历史问题的决议》，《人民日报》，1981年7月1日。
[②]《开创社会主义现代化的新局面》，载中共中央文献研究室编：《十二大以来重要文献选编》(上)，北京：中央文献出版社，1986年版，第22页。

三、四个中央一号文件基本确立农村基本经营制度

1982—1985 年，中共中央连续出台四个中央一号文件，基本确立了农村基本经营制度，主要内容是稳定和完善家庭联产承包责任制。1982 年 1 月 1 日，中共中央批转《全国农村工作会议纪要》，这是第一个中央一号文件，明确当时实行的各种责任制，包括小段包工定额计酬，专业承包联产计酬，包产到户、到组，包干到户、到组，等等，都是社会主义集体经济的生产责任制，是社会主义农业经济的组成部分。1982 年 12 月底，中共中央印发《当前农村经济政策的若干问题》，并作为 1983 年中央一号文件印发。文件将各地实行的"包产到户""包干到户"等正式统称为"联产承包责任制"，将其称为"分散经营和统一经营相结合的经营方式"，明确联产承包责任制是在党的领导下我国农民的伟大创造。1984 年 1 月 1 日，中共中央印发《关于一九八四年农村工作的通知》（即 1984 年中央一号文件），要求在稳定和完善生产责任制的基础上，努力提高生产力水平、梳理流通渠道、发展商品生产，明确延长土地承包期至 15 年以上，鼓励农民增加投资，培养地力，实现集约经营。当年全国粮食总产量达到 4073 亿公斤，人均 393 公斤，首次实现了粮食的自给自足。1985 年 1 月 1 日，中共中央印发《关于进一步活跃农村经济的十项政策》（即 1985 年中央一号文件），首要改革措施就是改革农产品统派购制度，明确从当年起，除个别品种外，国家不再向农民下达农产品统购派购任务，按照不同情况，分别实行合同定购和市场采购。

粮食、棉花取消统购，改为合同定购。由商业部门在播种季节前与农民协商，签订定购合同。定购的粮食，国家确定按"倒

三七"比例计价,即三成按原统购价,七成按原超购价。定购以外的粮食可以自由上市。如果市场粮价低于原统购价,国家仍按原统购价敞开收购,保护农民的利益。定购的棉花,北方按"倒三七",南方按"正四六"比例计价。定购以外的棉花也允许农民上市自销。生猪、水产品和大中城市、工矿区的蔬菜,也要逐步取消派购,自由上市,自由交易,随行就市,按质论价,放开的时间和步骤,由各地自定。放开以后,国营商业要积极经营,参与市场调节。同时,采取切实措施,保障城市消费者的利益。其他统派购产品,也要分品种、分地区逐步放开。

至此,持续 30 多年的农副产品统购统销制度成为历史。截至 1985 年 6 月,原实行统购或派购的粮食、棉花等 39 种农副产品,除个别品种外,分别实行合同定购和市场收购;国家计划按合同收购的 1500 多亿斤粮食和 8500 万担棉花,基本落实到农户或生产单位;26 个省区市放开了猪肉销售价格,大中城市的蔬菜价格也全部或部分放开。[①]

四、乡镇企业异军突起

农村改革的不断深化使得农村劳动效率大幅度提升,农户剩余劳动力和资金使多种经营成为可能,乡镇企业由此发端。全国各地先后出现了有技术特长和生产经营能力的专业户、专业村、专业乡镇、专业市场等,掀起了农民个人筹资或联合筹资办企业的热

---

① 《统购派购制度改革给农村经济带来新活力,农民开始按照市场需求发展商品生产》,《人民日报》,1985 年 6 月 27 日。

潮。到 1983 年，全国农民合资经营的社队企业达 50 多万家。1983 年 12 月，全国农村工作会议指出，农民转入小工业和小集镇服务业，可为农业生产向深度和广度进军、为改变人口和工业布局创造条件，要求各地农村社队企业整顿，促进其健康发展。1984 年 3 月，中共中央、国务院转发农牧渔业部《关于开创社队企业新局面的报告》，首次将"社队企业"更名为"乡镇企业"，强调其是多种经营的重要组成部分，要求各地对乡镇企业和国营企业要一视同仁，给予必要的支持。至 1987 年，全国乡镇企业年产值达 4764 亿元，占当年农村社会总产值的 50.5%，极大地促进了农村经济发展。

五、以"利改税"为主的国企改革

1980—1984 年，为解决国营企业活力问题，开始探索以"利改税"为主的国企改革。改革开放初期，以利润留成为主要内容的经济责任制，在短期内起到了刺激企业盈利动机的作用，但没有从根本上解决国营企业自我约束的问题，在实践中也难以确保利润基数的科学性和公平性。为解决国营企业活力问题，开始探索以"利改税"为主的国企改革。1980 年至 1981 年底，湖北、广西等 18 个省（区）456 家国企先后进行"利改税"探索。1983 年，国务院决定停止以利润分成为主的经济责任制，从当年 6 月 1 日起全面实行"利改税"。同时，各地也零星开展对国营企业股份制改革的探索。

在探索国家与企业利益分配关系的过程中，国家尝试将基本建设投资拨款改为贷款，简称"拨改贷"。1979 年，"拨改贷"首先在北京、上海、广东3个省（市）及纺织、轻工、旅游等行业进行试点。1980年，国家扩大了"拨改贷"的范围，规定凡是实行独立核算、有还贷能力的建设项目，都要进行"拨改贷"改革。从1985年1月起，"拨改贷"在全国各行业全面推行。

六、城市经济体制综合改革"试验田"

1981年7月，国务院批准湖北沙市进行经济体制改革综合试点，开始进行工业管理体制、计划体制、劳动工资体制、财政体制、银行体制、商业体制、物资体制、价格体制、科技体制和城市建设体制10个方面的配套改革，沙市成为全国第一个城市经济体制改革试点城市。1982年3月，国务院批准江苏常州进行经济体制综合改革试点，开展了放开经营方式，下放管理权限，放宽经济政策、利改税、厂长负责制、企业工资制度，改革流通体制、基建管理体制、科技体制、计划体制、经济调节手段、信贷制度等以搞活企业、搞活流通为中心的改革。湖北沙市、江苏常州作为城市经济体制改革试点，对企业"扩权"，逐步开放农副产品流通市场，进行了计划体制、经济调节手段和信贷制度等方面的探索性改革。

七、建立中央银行制度

改革开放之初，我国四大银行（中国人民银行、中国银行、中国人民建设银行、中国农业银行）各有分工。其中，中国人民银行负责货币的发行、吸收城市存款、发放流动资金和小量固定资产投资贷款；中国银行承担外汇收支管理及外汇存贷业务；中国人民建设银行负责管理财政部门对固定资产投资的拨款及贷款；中国农业银行负责农村存款和支援农业的贷款等。改革开放之前，四大银行业务竞争关系不大。但随着社会资金的增加，银行自有资金富裕可用于放贷，各家银行的竞争开始产生了业务摩擦。

1981年1月，国务院印发《关于切实加强信贷管理 严格控制货币发行的决定》，指出人民银行要认真执行中央银行的职责。在实践中，中国人民银行同时行使央行和商业银行的职能，可以利用其优势地位与其他银行争夺市场，开展揽储放贷业务，这既不利于金融管理，也不利于开展市场竞争。经过反复讨论，各方面认为中央银行的核心任务是确保财政信贷收支综合平衡，承担宏观经济调节职能；就中央银行与商业银行的关系问题，达成的共识是中央银行应当作为"银行的银行"。在具体筹建问题上，经过反复酝酿和论证研究，最终决定采纳国务院经济研究中心提出的建议：由人民银行承担中央银行职责，不再直接经营信贷业务。

随着社会资金增加，银行的作用日益重要。为改变当时资金管理多头、使用分散的状况，1983年9月，国务院公布《关于中国人民银行专门行使中央银行职能的决定》，决定由中国人民银行专门行使中央银行职能，不再兼办工商信贷和储蓄业务，目的是加强信贷资金的集中管理和综合平衡，更好地为宏观经济决策服务，成立中国工商银行承担原来由人民银行办理的工商信贷和储蓄业务。1985年1月，中国工商银行正式从中国人民银行分离出去，中国人民银行成为国务院领导和管理全国金融事业的国家机关，负责研究和做好全国金融的宏观决策，加强信贷资金管理，保持货币稳定，脱离具体信贷和储蓄业务，行使中央银行职能。

第三节　有计划的商品经济

党的十二届三中全会提出，社会主义经济是在公有制基础上的有计划的商品经济，突破了把计划经济同商品经济对立起来的传统观念，是对马克思主义政治经济学的重大创新和贡献，标志着党对社会主义经济建设规律的认识达到了新的高度。全会确立了改革的重点逐渐由农村转向城市，明确了以城市为重点的经济体制改革的方向、性质、任务和各项基本方针政策，为中国特色社会主义理论的形成奠定了重要基石。

一、提出"有计划的商品经济"的观点

1984年10月，党的十二届三中全会审议通过《中共中央关于经济体制改革的决定》（以下简称《决定》），提出改革计划体制，首先要突破把计划经济同商品经济对立起来的传统观念，明确认识社会主义计划经济必须自觉依据和运用价值规律，是在公有制基础上的有计划的商品经济。①《决定》对我国经济体制的基本点作出四点概括：第一，就总体来说，我国实行的是计划经济，即有计划的商品经济，而不是那种完全由市场调节的市场经济；第二，完全由市场调节的生产和交换，主要是部分农副产品、日用小商品和服务修理行业的劳务活动，它们在国民经济中起辅助的但不可缺少的作用；第三，实行计划经济不等于指令性计划为主，指令性计划和

---

① 《中共中央关于经济体制改革的决定》，北京：人民出版社，1984年版，第17页。

指导性计划都是计划经济的具体形式；第四，指导性计划主要依靠运用经济杠杆的作用来实现，指令性计划则是必须执行的，但也必须运用价值规律。按照这些基本点改革计划体制，就要有步骤地适当缩小指令性计划的范围，适当扩大指导性计划的范围。[①] 按照这个原则，1985 年 9 月，中共中央印发《关于制定国民经济和社会发展第七个五年计划的建议》，进一步勾画出中国经济体制改革的基本轮廓，即建立新型的社会主义经济体制，主要是抓好互相联系的三个方面：第一，进一步增强企业特别是全民所有制大中型企业的活力，使它们真正成为相对独立的，自主经营、自负盈亏的商品生产者和经营者；第二，进一步发展社会主义的有计划的商品市场，逐步完善市场体系；第三，国家对企业的管理逐步由直接控制为主转向间接控制为主，主要运用经济手段和法律手段，并采取必要的行政手段，来控制和调节经济运行。

党的十二届三中全会的《决定》是指导中国经济体制全面改革的纲领性文件。有计划的商品经济的提出，在理论上突破了把社会主义和商品经济对立起来的传统观念，商品经济的充分发展，是社会经济发展的不可逾越的阶段，是实现我国经济现代化的必要条件。

二、"计划经济和市场经济相结合"的体制改革模式

随着改革的全面展开，1985 年 6 月，国家体改委组建了经济

---

① 《中共中央关于经济体制改革的决定》，北京：人民出版社，1984 年版，第 18 页。

体制改革总体规划研究小组，起草形成《经济体制改革总体规划构思（初稿）》，其核心是市场体系的建设，改革的市场化取向已相当明显，在"体制改革的目标模式"有关内容的研究中提出社会主义是有计划的商品经济。经济体制改革的实质就是在坚持社会主义道路的前提下，彻底承认我国经济的商品经济性质，改变计划与市场互相分离、互相对立的状态，打破宏观和微观大一统的局面，建立一个计划与市场、宏观与微观相对独立、有机统一的经济体制。[①]

1985年9月，国家经济体制改革委员会、中国社会科学院和世界银行联合举办的"宏观经济管理国际讨论会""巴山号"轮船上召开，有60余位中外重要经济学家和官员参加，后被称为巴山轮会议。会上，学者们认为经济体制改革必须有一个明确的中长期目标和比较近期的具体措施。我国的经济管理体制现在还处在从直接行政控制向间接行政控制的过渡阶段，要达到宏观控制下的市场协调模式，还需要有一个长期的过程。实行宏观经济间接控制的主要手段为：金融货币、财政税收、收入分配和国际收支等，其中金融货币具有关键性的作用。而实行间接控制还必须满足一个重要的条件：有比较完善的市场体系，特别是要建立健全商品市场和资金市场。巴山轮会议的讨论结果，使经济学家们对形势的判断和认识逐渐统一。

1985年9月，党的十二届四中全会原则通过《中共中央关于制定国民经济和社会发展第七个五年计划的建议》，提出力争用5

[①] 中国经济体制改革研究会编：《见证重大改革决策——改革亲历者口述史》，北京：社会科学文献出版社，2018年版，第277页。

年或者更长一些的时间，基本上奠定具有中国特色的、充满生机和活力的社会主义经济体制的基础。国家体改委总体规划组向中央汇报了《"七五"期间经济体制改革的设想》，提出坚持有计划的商品经济的改革方向，逐步实现计划经济与商品经济、计划与市场的有机结合。在"新经济体制的基础"的相关论述中，提出要初步建立统一、开放、竞争性的社会主义市场体系。

1985年10月，邓小平在会见美国高级企业家代表团时，对市场经济问题作出了进一步的阐述。他说："社会主义和市场经济之间不存在根本矛盾。问题是用什么方法才能更有力地发展社会生产力。我们过去一直搞计划经济，但多年的实践证明，从某种意义上说，只搞计划经济会束缚生产力的发展。把计划经济和市场经济结合起来，就更能解放生产力，加速经济发展"[1]，"我们吸收资本主义中一些有用的方法来发展生产力。现在看得很清楚，实行对外开放政策，搞计划经济和市场经济相结合，进行一系列的体制改革，这个路子是对的"[2]。

三、城市经济体制改革的全面展开

党的十一届三中全会特别是党的十二大以后，党中央在城市经济体制改革方面进行了不少探索和尝试，采取了若干重大措施，积

---

[1] 邓小平：《社会主义和市场经济之间不存在根本矛盾》，《邓小平文选》（第三卷），北京：人民出版社，1994年版，第148页。
[2] 邓小平：《社会主义和市场经济之间不存在根本矛盾》，《邓小平文选》（第三卷），北京：人民出版社，1994年版，第149页。

累了很多经验，但城市经济体制中政企不分、条块分割的状况依然存在，行政手段和指令性计划依然是管理经济的主要手段，企业经营自主权未能得到充分发挥；分配中平均主义和吃"大锅饭"现象依然突出。党的十二届三中全会审议通过的《中共中央关于经济体制改革的决定》（以下简称《决定》）分析了我国现行经济体制的基本特征，提出制定全面改革蓝图，加快改革步伐，推动以城市为重点的整个经济体制的改革等任务。《决定》强调，具有中国特色的社会主义，首先应该是企业有充分活力的社会主义，把增强企业活力作为以城市为重点的整个经济体制改革的中心环节，全面开启了城市经济体制改革的进程。

《决定》明确提出所有权同经营权是可以适当分开，并赋予企业六大生产经营自主权，即在服从国家计划和管理的前提下，企业有权选择灵活多样的经营方式，有权安排自己的产供销活动，有权拥有和支配自有资金，有权依照规定自行任免、聘用和选举本企业的工作人员，有权自行决定用工办法和工资奖励方式，有权在国家允许的范围内确定本企业产品的价格。[①] 要求推动企业真正成为相对独立的经济实体，成为自主经营、自负盈亏的社会主义商品生产者和经营者。《决定》对我国社会主义经济性质、计划与市场关系的全新认识，为全面深入推进以城市为重点的经济体制改革提供了根本理论指导。

[①]《中共中央关于经济体制改革的决定》，北京：人民出版社，1984年版，第13页。

四、国有企业改革成为经济体制改革的中心环节

党的十二届三中全会以后，改革的重点逐渐从农村转向城市，以搞活国有企业为中心环节全面展开。对国有企业实施了承包制、租赁制等改革措施，积极进行以厂长负责制、工效挂钩、劳动合同制为内容的企业领导、分配、用工等管理制度改革，增强企业内在活力。国企放权让利的改革改善了企业激励机制，但由于国家与企业的关系仍然没有明确，企业盈利大部分被工资、奖金和福利侵蚀。同时价格改革尚未实现根本突破，企业盲目追求计划外生产和提高产品价格的冲动，在一定程度上造成了宏观经济的不稳定。因此，国企改革从放权让利转向所有权和经营权的分离。

1984年，北京天桥百货商场改制为股份有限公司，成为全国第一家正式注册的商业股份制企业。1984年4月，国家经济体制改革委员会在江苏省常州市召开了城市经济体制改革试点工作座谈会，会后印发的座谈会纪要指出，对城市集体企业和国营小企业要进一步放开，允许职工投资入股，年终分红，股份制改革试点开始零星地在商业、金融业及轻工业等领域展开。1984年11月，以生产喇叭为主的上海飞乐电声总厂为解决扩大生产资金短缺问题，提出搞股份制、通过发行股票向其他单位和内部职工集资的想法，得到上海市委、市政府的支持。11月14日，经中国人民银行上海分行批准，上海飞乐音响股份有限公司成立，向社会公众及职工发行股票，成功发行1万股，每股面值50元，其中35%由法人认购，65%向社会公众公开发行。飞乐音响股票成为"中国改革开放第一股"。1986年12月，国务院印发《关于深化企业改革增强企业活力的若干规定》，明确指出各地可以选择少数有条件的全民所

有制大中型企业，进行股份制试点，进一步推动了股份制试点工作。

五、价格"双轨制"

1985年是宣布进行以城市为重点进行全面改革的第一年，《政府工作报告》明确提出当年经济体制改革两大任务：一是工资制度改革，二是价格改革。1985年1月，国务院下发的《关于国营企业工资改革问题的通知》规定国营企业实行职工工资总额同企业经济效益按比例浮动，将职工收入与职工个人的贡献和企业的经营效果挂钩，扩大了企业在工资、奖金分配上的自主权。6月4日，中共中央、国务院下发《关于国家机关和事业单位工作人员工资制度改革问题的通知》，初步建立起能够较好体现按劳分配原则、便于管理和调节的新工资制度。这一改革措施，彻底结束实行了几十年的行政级别工资模式*。当年，国民收入增长速度达到12.3%，为"六五"时期的次高。

伴随着收入水平的提升，价格改革也在同步推进。从1979年至1984年，价格改革虽然已经采取了一些措施，但主要方式是有计划地调整价格，并逐步放开小商品价格。工业品方面，1982年9月，国家物价局召开12个省（市）小商品座谈会，确定放开六类160种小商品价格，少数省（市）放开400多种。1983年、1984年又进一步放开，至1986年，小商品价格全部放开。农副产品方面，大规模提高价格，同时减少国家统一定价，扩大地方、企业定价和市场调节；放宽三类农副产品的价格管理，对粮食、棉花、生猪等国家统购派购的重要农产品，允许完成国家收购计划以后上市

* 自20世纪50年代起，党政机关和事业单位实行行政级别工资模式，将工作人员的工龄、资历等因素合并在一起定级，与实际担任的职务和现实贡献无关，因此常有低职务人员工资反而高于领导干部的现象。

销售或议价购销，鼓励农民从事经商活动。1984年7月，国务院批转国家体改委、商业部、农牧渔业部《关于进一步做好农村商品流通工作的报告》，继续减少统购派购品种，将商业部系统当时管理的一、二类农副产品由21种减为12种。这就在农产品领域形成计划内与计划外双轨流通的格局，并形成双重或多重价格。剩下长期实行的粮棉等统购派购制度没有触动。在扩大企业自主权的背景下，一部分超计划生产的工业品生产资料也进入市场。1985年以后，生产资料价格改革走双轨制的路子更加明确。1985年1月，国家物价局和国家物资局发出《关于放开工业生产资料超产自销产品价格的通知》，取消了只准生产企业加价20%的限制，企业可按稍低于市场价的价格出售超市产品，生产资料领域中的价格双轨制全面推开。在此期间价格改革采取了"调放结合"的方针。到1986年，国家统一定价的商品减少到25种，各类商品实行浮动价和市场价的比重，农副产品占65%，工业消费品占35%，生产资料占40%。价格双轨制作为一种渐进的改革方式，对刺激生产、搞活流通和逐步理顺价格体系起到了积极作用。尤其是生产资料价格的双轨制，对于在计划体制之外的乡镇企业、个体经营经济的发展起到了至关重要的作用。

六、对外开放格局的形成与扩大

党的十二大以后，对外开放不断推进。1984年1月22日至27日，邓小平视察了深圳、珠海、厦门经济特区和广州、上海，肯定了经济特区的发展势头，并为深圳、珠海、厦门经济特区分别题词："深圳的发展和经验证明，我们建立经济特区的政策是正确的""珠海经济特区好""把经济特区办得更快些、更好些"[①]。同年2月24日,邓小平强调,建立经济特区,实行开放政策,有个指导思想要明确,就是不是收,而是放;特区是个窗口;特区成为开放的基地,不仅在经济方面、培养人才方面得到好处,而且会扩大对外影响。他还明确表示,除现在的特区之外,还可以考虑再开放几个港口城市,如大连、青岛。这些地方不叫特区,但可以实行特区的某些政策。还要开发海南岛,如果能把海南岛的经济迅速发展起来,那就是很大的胜利。[②] 1984年3月26日至4月26日,中共中央书记处、国务院召开沿海部分城市座谈会,讨论进一步开放沿海港口城市、办好经济特区、搞好海南岛开发建设的问题。同年5月,中共中央、国务院印发《沿海部分城市座谈会纪要》,正式确定在大连、青岛、天津、福州、广州、宁波、上海等14个沿海港口城市实行以下政策和措施:放宽利用外资建设项目的审批权限;增加外汇使用额度和外汇贷款;积极支持利用外资、引进先进技术改造老企业;对中外合资、合作经营企业和外商独资企业给予优惠,凡属技术密集、知识密集型的项目,或外商投资在3000万美元以上的项目,企业所得税可减按15%的税率征收;在这些城市中,有些可以划定一个有明显地域界限的区域,兴办新的经济技术开发区;这些城市在经济管理体制改革方面,可以参照经济特区的某些成功经验等。

---

① 中共中央文献研究室编:《邓小平年谱(1975—1977)》(下),北京:中央文献出版社,2004年版,第957-958页。
② 邓小平:《办好经济特区,增加对外开放城市》,《邓小平文选》(第三卷),北京:人民出版社,1993年版,第51-52页。

1984年11月,国务院在对东南沿河地区进行实地考察的基础上,形成了题为《关于沿海地区经济发展的几个问题》的报告,指出经济特区、沿海开放城市、经济开放区应当成为我国对外开放的桥头堡;上海、广东应当在对外开放中发挥对内对外辐射两个扇面、经济特区和开放城市居中起枢纽作用,并建议应该开放珠江三角洲和长江三角洲,进而陆续开放辽东半岛、胶东半岛,北起大连港、南至北海市,构成一个对外开放的经济地带。1985年1月,长江三角洲、珠江三角洲和闽南厦门、漳州、泉州三角地区座谈会召开。2月,中共中央、国务院批转《长江、珠江三角洲和闽南厦漳泉三角地区座谈会纪要》,决定分两步开辟沿海经济开放区。第一步先开放长江三角洲、珠江三角洲和闽南厦漳泉三角地区;第二步在长江三角洲、珠江三角洲和闽南厦漳泉三角地区取得沿海经济开放经验后,可在适当时机再将辽东半岛、胶东半岛开辟为沿海经济开放区,逐步形成"贸—工—农"型生产结构。大力发展出口,增加外汇收入,成为对外贸易的重要基地。同时,要求这些开放地区加强同内地的经济联系,带动内地经济的发展,成为扩展对外经济联系的窗口。

在这一时期,我国初步形成了"经济特区—沿海开放城市—沿海经济开发区—内地"这一多层次、有重点、点面结合的对外开放格局。

第四节　国家调节市场、市场引导企业

党的十三大明确了社会主义有计划商品经济的体制,应该是计

划与市场内在统一的体制，实行"国家调节市场，市场引导企业"新的经济运行机制。我国经济体制改革在计划和市场关系上的认识得到了进一步深化，改革实践上也取得了进一步突破。

一、提出"社会主义初级阶段"

1987年10月，党的十三大报告系统阐述了社会主义初级阶段的理论，明确概括了党在社会主义初级阶段的基本路线，提出了分"三步走"的经济发展战略部署。我国正处在社会主义的初级阶段这个论断，包括两层含义。第一，我国社会已经是社会主义社会。我们必须坚持而不能离开社会主义。第二，我国的社会主义社会还处在初级阶段。我们必须从这个实际出发，而不能超越这个阶段。在近代中国的具体历史条件下，不承认中国人民可以不经过资本主义充分发展阶段而走上社会主义道路，是革命发展问题上的机械论，是右倾错误的重要认识根源；以为不经过生产力的巨大发展就可以越过社会主义初级阶段，是革命发展问题上的空想论，是"左"倾错误的重要认识根源。[①] 社会主义初级阶段不是泛指任何国家进入社会主义都会经历的起始阶段，而是特指我国在生产力落后、商品经济不发达条件下建设社会主义必然要经历的特定阶段。我国从20世纪50年代生产资料所有制的社会主义改造基本完成，到社会主义现代化的基本实现，至少需要上百年时间，都属于社会主义初级阶段。在社会主义初级阶段中，主要矛盾是人民日益增长

---

① 《沿着有中国特色的社会主义道路前进》，北京：人民出版社，1987年版，第7页。

的物质文化需要同落后的社会生产之间的矛盾。党和国家的主要任务是发展生产力，推进社会主义现代化建设。社会主义初级阶段理论的提出，成为我们党制定正确路线方针政策的基本依据，为坚持改革开放、坚持和发展中国特色社会主义提供了有力的理论武器。党的十三大前夕，邓小平明确提出，"我们党的十三大要阐述中国社会主义是处在一个什么阶段，就是处在初级阶段，是初级阶段的社会主义。社会主义本身是共产主义的初级阶段，而我们中国又处在社会主义的初级阶段，就是不发达的阶段。一切都要从这个实际出发，根据这个实际来制订规划"。[①]

从社会主义初级阶段这一新的认识出发，党的十三大确定了党在社会主义初级阶段的基本路线是：领导和团结全国各族人民，以经济建设为中心，坚持四项基本原则，坚持改革开放，自力更生，艰苦创业，为把我国建设成为富强、民主、文明的社会主义现代化国家而奋斗。概括起来说，它的主要内容就是"一个中心、两个基本点"，即以经济建设为中心，坚持四项基本原则，坚持改革开放。实践证明，以经济建设为中心是兴国之要，四项基本原则是立国之本，改革开放是强国之路，这个基本路线是党和国家的生命线、人民的幸福线。

党的十三大的另一个重大贡献，是制定了"三步走"现代化发展战略。党的十三大报告提出，党的十一届三中全会以后，我国经济建设的战略部署分三步走：第一步，实现国民生产总值比1980年翻一番，解决人民的温饱问题。这个任务已经基本实现。第二

[①] 邓小平：《一切从社会主义初级阶段的实际出发》，《邓小平文选》（第三卷），北京：人民出版社，1993年版，第252页。

步，到20世纪末，使国民生产总值再增长一倍，人民生活达到小康水平。第三步，到21世纪中叶，人均国民生产总值达到中等发达国家水平，人民生活比较富裕，基本实现现代化。①"三步走"发展战略，对中华民族百年图强的宏伟目标做了积极而稳妥的规划，既体现了党和人民勇于进取的雄心壮志，又反映了从实际出发、遵循客观规律的科学精神，是中国共产党探索中国特色社会主义建设规律的重大成果。

二、提出"国家调节市场，市场引导企业"机制

党的十三大报告提出，社会主义有计划商品经济的体制，应该是计划与市场内在统一的体制。第一，社会主义商品经济同资本主义商品经济的本质区别，在于所有制基础不同。建立在公有制基础上的社会主义商品经济为在全社会自觉保持国民经济的协调发展提供了可能，我们的任务就是要善于运用计划调节和市场调节这两种形式和手段，把这种可能变为现实。社会主义商品经济的发展离不开市场的发育和完善，利用市场调节决不等于搞资本主义。第二，必须把计划工作建立在商品交换和价值规律的基础上。以指令性计划为主的直接管理方式，不能适应社会主义商品经济发展的要求。不能把计划调节和指令性计划等同起来。应当通过国家和企业之间、企业与企业之间按照等价交换原则签订定货合同等多种办法，逐步缩小指令性计划的范围。国家对企业的管理应逐步转向以间接

---

① 《沿着有中国特色的社会主义道路前进》，北京：人民出版社，1987年版，第14-15页。

管理为主。第三，计划和市场的作用范围都是覆盖全社会的。新的经济运行机制，总体上来说应当是"国家调节市场，市场引导企业"的机制。国家运用经济手段、法律手段和必要的行政手段，调节市场供求关系，创造适宜的经济和社会环境，以此引导企业正确地进行经营决策。实现这个目标是一个渐进过程，必须为此积极创造条件。①

党的十三大报告提出了当时深化改革的主要任务是：围绕转变企业经营机制这个中心环节，分阶段地进行计划、投资、物资、财政、金融、外贸等方面体制的配套改革，逐步建立起有计划商品经济新体制的基本框架。②

1988年，国家体改委同中国社科院、国务院发展研究中心、国务院农村发展中心、国家计委、国家科委等单位，成立8个规划起草小组，开展《1988—1995年经济体制改革纲要》研究制定工作。《1988—1995年经济体制改革纲要》分为三年（1988—1990年）、五年（1988—1992年）、八年（1988—1995年）三个阶段，因此又称为"三、五、八规划"。改革纲要的目标可归纳为：通过新、旧体制的转轨，确立社会主义商品经济新体制的主导地位。这种新经济体制的基本框架是"国家调节市场、市场引导企业"，它包括相互联系的三方面内容，即经济运行的市场化、企业形态的公司化、宏观调控的间接化。"三、五、八规划"包含经济体制改革方方面面的内容，其中一些改革设计被采纳，而更多的改革设计及设计思想在20世纪90年代对我国改革决策起到了重要影响。

---

① 《沿着有中国特色的社会主义道路前进》，北京：人民出版社，1987年版，第26-27页。
② 《沿着有中国特色的社会主义道路前进》，北京：人民出版社，1987年版，第27页。

三、推行国有企业承包经营责任制

企业"扩权"与实行"利改税"在传统计划经济体制上打开了缺口,但是国有资产所有权和经营权不分,企业日常生产经营活动明显受到政府指令性计划的干预,经营自主权难以真正落实。由于价格改革滞后,企业初始条件不同,经济核算和审计制度不健全,使得"利改税"无法绕开一户一率的调节税和"鞭打快牛""苦乐不均"现象。1986年12月,在总结企业改革实践经验的基础上,国务院出台《关于深化企业改革增强企业活力的若干规定》,明确提出要推行各种形式的承包责任制,给经营者以充分自主权,作为深化企业改革、增强企业活力的重要内容。1987年4月,国家经委受国务院委托召开全国承包经营责任制座谈会,开始全面部署在全国范围内普遍推行承包经营责任制。到1987年底,全国预算内工业企业承包面已达78%,其中大中型企业达到82%。1988年2月,国务院印发《全民所有制工业企业承包经营责任制暂行条例》,开始按照所有权和经营权分离的原则,以承包经营合同的形式,确定国家和企业的责权利关系。1988年4月,七届全国人大一次会议通过《中华人民共和国全民所有制工业企业法》,对"两权分离"改革原则作了更为明确的论述,将企业的责权利用法律的形式明确下来,为企业承包制改革提供了法律上的保障。从改革实践看,承包制能够调动企业经营者和职工的积极性,在短期内能够产生一定的增产增收效应。1987年和1988年,全国工业企业推行承包经营责任制增创利税350亿元,相当于1980年至1986年6年的企业利税总和。① 在这一时期，推行国有企业承包经营责任制有着客观原因，在前期实行企业"扩权"和"利改税"的情况下，政府的税收没有像设想的那样稳定增加，反而 1985 年后财政收入出现滑坡。因此，企业改革回到以承包制为主，是在当时情况下不得不作的选择。这种承包让企业在一定程度上实现了所有权和经营权的分离，起到了调动积极性、刺激生产力发展的作用。但承包制的普遍实行是计划经济下的国营企业向市场经济下的国有企业转化迈出的第一步，使企业初步完成了从面向计划到面向市场的转变，承包制并没有真正解决国有企业政企不分、预算软约束*等制度性弊端，从长期看无法提高国有企业经营效率和效益。

* 在国民经济中的国有企业一旦发生亏损，政府常常要追加投资、增加贷款、减少税收，并提供财政补贴，这种现象被亚诺什·科尔奈称为预算软约束。

四、加快建设和培育市场体系

党的十三大报告指出，社会主义的市场体系，不仅包括消费品和生产资料等商品市场，而且应当包括资金、劳务、技术、信息和房地产等生产要素市场；单一的商品市场不可能很好地发挥市场机制的作用。社会主义的市场体系还必须是竞争的和开放的；垄断的或分割的市场不可能促进商品生产者提高效率，封闭的市场不利于发展国内的合理分工和促进国际贸易。建立社会主义市场体系，必须积极而稳步地推进价格改革，理顺商品价格和各种生产要素价格。要逐步建立少数重要商品和劳务价格由国家管理，其他大量商品和劳务价格由市场调节的制度。

---

① 章迪诚：《中国国有企业改革编年史（1978—2005）》，北京：中国工人出版社，2006年版，第 258 页。

1985年3月,中共中央在《关于科学技术体制改革的决定》中提出,要以市场经济体制为基础,开拓技术市场,承认和确立技术的商品属性和生产要素地位,使得技术要素能够像商品一样进行有偿流转,使得智力劳动同体力劳动一样能够创造个人财富,从而改变了社会观念,极大地激发出社会大众投身创新创业的热情与活力。1987年底,深圳首开土地市场,公开拍卖一幅面积8588平方米地块50年的使用权。这是我国城市土地使用制度的一次重要改革,标志着无偿无限期使用国家城市土地时代的终结,土地开始成为商品进入市场。1990年12月,上海证券交易所正式开业,这是改革开放以来在大陆开业的第一家证券交易所,是我国经济金融体系从单一的间接融资体系走向间接融资与直接融资双轨并驾齐驱的突破性举措。1991年7月,深圳证券交易所正式开业。这两家交易所的运营实现了股票的集中交易,形成了全国性的沪市、深市两个证券交易市场,推动了股份制的发展。1990年10月,郑州粮食批发市场开业并引入期货交易机制,成为中国期货交易的开端。

五、实施价格"闯关"

1987年,被称为"过五关斩六将"的副食品价格改革,引发了较为严重的通货膨胀。1988年8月,中央政治局第十次全体会议讨论通过了《关于价格、工资改革的初步方案》(以下简称《方案》)。《方案》指出,价格改革的总方向是转换价格形成机制,扩大市场调节范围,逐步实现"国家调控市场、市场引导企业"的要求。《方案》的消息公布后,立即引起国内外的广泛关注,对物价改革"闯关"还来不及做好心理准备的人们受到震动,误以为9月

1 日物价要全面放开，出现了几乎覆盖全国所有城市和部分乡村的抢购风潮。1988 年零售物价总指数和居民消费价格总指数同比增长分别达到 18.5% 和 20.7%，是 1950 年以来物价上涨幅度最大的一年。人民群众对物价上涨的恐惧心理和由此导致的抢购风潮，成为这次价格改革闯关难以逾越的障碍。为迅速扭转这一严峻局面，党中央立即采取了一系列措施。1988 年 8 月 30 日，国务院召开第二十次常务会议，重提"稳定经济，深化改革"的方针，特别申明价格改革方案中提到的"少数重要商品和劳务价格由国家管理，绝大多数商品价格放开，由市场调节"，指的是经过 5 年或更长一点时间的努力才能达到的长远目标。在这里，将原来提出的"5 年左右的时间"修订为"5 年或更长一点时间"。同日，国务院下发《关于做好当前物价工作和稳定市场的紧急通知》（以下简称《紧急通知》），宣布将采取有力措施，确保 1989 年社会商品零售价格上涨幅度明显低于 1988 年；同时要求各地坚决贯彻执行国务院关于 1988 年下半年不出台新的涨价措施的决定；组织好市场供应，严格市场管理。这次会议和印发的《紧急通知》，无异于一次"急刹车"，为此次价格改革画上了句号。这次价格改革"闯关"遭受挫折，但为我国经济体制改革积累了宝贵的经验。

六、加快沿海地区对外开放

20 世纪 80 年代后期，世界产业结构形成新一轮调整。为应对国际形势变化，国务院向中共中央提出了关于加快沿海地区对外开放和经济发展的报告。中共中央同意了国务院在报告中提出的构想。国务院立即着手发展外向型经济战略的实施。1988 年 3 月，国务院召开沿海地区对外开放工作会议，指出我国已经形成"经济特区—沿海开放城市—沿海经济开发区—内地"这样一个多层次、有重点的对外开放格局。3月23日，国务院颁发《关于沿海地区发展外向型经济的若干补充规定》，批准将沿海234个市县列入沿海经济开放区。至此，沿海开放地区范围有293个市县、42.6万平方公里面积、2.2亿人口。

1987年12月，在海口市召开了由国务院所属16个部门、海南建省筹备组及广东省负责同志、新华香港分社和香港中资集团负责人参加的专门会议，讨论海南建省和建设海南岛经济特区的有关方针和政策问题。

一是立足开发利用岛内资源，大力发展生产，扩大出口，逐步建立有自己特色的外向型经济；

二是在对外经济贸易活动方面，建议国家允许外商投资者在海南成片开发经营土地（租用土地使用权的最高期限延长至70年），对矿产资源和自然资源有偿开发，对国家、集体企业承包、参股和投标购买；

三是建议国家扩大海南的经济管理权限和外商投资项目的审批限额；

四是允许海南和国内其他地区的群众以个人集资或合股举办工业生产企业和零售商业以及其他社会服务业，给个体、私营经济以较大的发展空间；

五是考虑到海南底子薄，建议国家在财政信贷、税收等方面，在5年内给予支持，包括从海南征收的能源建设基金全部留给海南安排建设。

1988年4月，七届全国人大一次会议作出《关于设立海南省的决定》和《关于建立海南经济特区的决议》，我国最大的经济特区正式诞生。随后，国务院印发《关于海南岛进一步对外开放加快经济建设座谈会议纪要》和《关于鼓励投资开发海南岛的规定》。

1990年6月，中共中央、国务院印发《关于开发和开放浦东问题的批复》，指出开发和开放浦东是深化改革、进一步实行对外开放的重大部署，是一件关系全局的大事，一定要切实办好。党中央决定把开发开放上海浦东新区列为我国20世纪90年代经济建设的重点。这是党中央全面研判国际国内大势，统筹把握改革发展大局作出的重大决策，由此掀开了我国改革开放向纵深推进的崭新篇章。党中央随后开放武汉、重庆等6个沿江城市及合肥、长沙、南昌、成都4个沿江省会城市，形成了以上海浦东新区为龙头的长江流域经济开放带。1991年，开放满洲里、丹东、绥芬河、珲春4个北部口岸，共同构成东北开放带。

伴随着这一阶段的对外开放，以外贸企业承包制、取消出口补贴、外贸行政管理体制改革等为主要内容的外贸管理体制改革循序渐进地推行。从1985年到1988年初，试点先行，后在全国外贸行业推行承包经营责任制，扩大地方、部门和企业的外贸经营权。自1985年起，中央主管部门不再编制和下达指令性的出口货源收购和调拨计划。自1991年起，从实行自负盈亏入手，进一步深化外贸体制改革，使外贸逐步走上统一政策、平等竞争、自主经营、自负盈亏的轨道。随着改革开放政策、措施的全面贯彻实行，吸收和利用外资的规模上了一个新的台阶。

从党的十一届三中全会作出把党和国家的工作重心转移到经济建设上来、实行改革开放的历史性决策，到党的十二大的"计划经济为主，市场调节为辅"，党的十二届三中全会的"公有制为基础的有计划的商品经济"，再到党的十三大的"国家调节市场，市场引导企业"，我国经济体制改革在理论和政策层面不断突破，在实践层面不断探索前进。这是我国经济体制改革的启动和探索阶段。这一时期的经济体制改革具有鲜明特征，可以归纳为"以破为主，破中有立"。"以破为主"，即改革的重点是冲破高度集中的计划经济体制和管理模式对生产力的束缚；"破中有立"，即破除旧的体制机制后，探索逐步引入市场机制作用，形成新的体制机制。这十余年的改革实践，从农村到城市，从经济领域到其他各个领域，改革的进程势不可当地展开。改革首先在农村基层开始探索，形成了以家庭联产承包经营为基础、统分结合的双层经营体制，农民的积极性被真正调动起来，极大地解放了农村生产力水平。农村经济体制的突破，对城市经济改革形成示范，城市逐步成为经济体制改革主战场，国有企业成为改革的中心环节，财政、价格、计划、物资、投资及金融等体制改革伴随国企改革协同推进。同时，对外开放格局初定，有力地推动了中国经济体制改革的进程。经济体制改革促进了生产力水平的极大发展。生产力水平的极大发展，对生产关系又提出了新的要求，亟须在企业制度、分配制度、社会保障制度、市场体系、宏观调控体系等方面进一步推进改革，逐步建立社会主义市场经济体制，推进先进生产关系与生产力相适应，进一步解放和发展社会生产力。

第二章
初步建立社会主义市场经济体制

▼

20世纪80年代末到90年代初,党中央在积极应对错综复杂的国际局势、努力保持国内政治经济社会稳定的同时,认真思考研究加快经济发展和深化改革开放的重大问题。从1992年2月邓小平南方谈话,到2002年11月党的十六大顺利召开,我国经济体制改革主要围绕构建社会主义市场经济体制的基本框架展开,进入建立社会主义市场经济体制阶段。

第一节 经济体制改革目标确立

20世纪90年代初,关于改革开放姓"资"还是姓"社"的讨论非常激烈,在这一关键时刻,邓小平视察南方并发表重要讲话,高屋建瓴地对改革发展实践中提出的重大问题给予回应。1992年10月,党的十四大召开,第一次明确提出我国经济体制改革的目标是建立社会主义市场经济体制,以利于进一步解放和发展生产力。经济体制改革开始步入新的阶段。

一、邓小平南方谈话

1990年2月,《人民日报》刊出题为《关于反对资产阶级自由化》的文章,提出一个重大问题:是推行资本主义化的改革,还是推行社会主义的改革?文章认为,资本主义化的改革有两个内容,"一个是取消公有制为主体,实现私有化;一个是取消计划经济,实现市场化"。[①] 这是20世纪90年代最早提出改革开放姓"社"还是姓"资"问题的文章之一。此后,关于改革开放姓"社"姓"资"的大争论持续不断。1990年12月,邓小平与几位中央负责同志谈话时指出,"社会主义也要有市场经济,资本主义也要有计划控制"。[②] 1991年春节前夕,邓小平在视察上海时约谈讲话中指出,"不要以为,一说计划经济就是社会主义,一说市场经济就是资本主义,不是那么回事,两者都是手段,市场也可以为社会主义服务"。[③]

1992年1月至2月,邓小平的南方谈话科学地总结了党的十一届三中全会以来的基本实践和基本经验,以一系列振聋发聩的新思想、新观点、新论断,从理论上深刻回答了长期困扰和束缚人们思想的许多重大认识问题,澄清了前进道路上的迷雾,从根本上解除了把计划经济和市场经济看作属于社会基本制度范畴的思想束缚,促进了全党全国人民的又一次思想大解放,为继续推进改革开

[①] 《关于反对资产阶级自由化》,《人民日报》,1990年2月22日。
[②] 邓小平:《善于利用时机解决发展问题》,《邓小平文选》(第三卷),北京:人民出版社,1993年版,第364页。
[③] 邓小平:《视察上海时的谈话》,《邓小平文选》(第三卷),北京:人民出版社,1993年版,第367页。

放和社会主义现代化建设伟大事业注入了新的生机和活力。其内容主要集中在六个方面：

一是毫不动摇地坚持党的"一个中心、两个基本点"的基本路线，坚持不懈推进改革开放。革命是解放生产力，改革也是解放生产力。过去，只讲在社会主义条件下发展生产力，没有讲还要通过改革解放生产力，不完全。应该把解放生产力和发展生产力讲全了。要坚持党的十一届三中全会以来的路线、方针、政策，关键是坚持"一个中心、两个基本点"。不坚持社会主义，不改革开放，不发展经济，不改善人民生活，只能是死路一条。基本路线要管一百年，动摇不得。有了这一条，中国就大有希望。

二是进一步明确什么是社会主义，怎样建设社会主义这一重大理论问题。改革开放迈不开步子，不敢闯，说来说去就是怕资本主义的东西多了，走了资本主义道路。要害是姓"资"还是姓"社"的问题。判断的标准，应该主要看是否有利于发展社会主义社会的生产力，是否有利于增强社会主义国家的综合国力，是否有利于提高人民的生活水平。计划多一点还是市场多一点，不是社会主义和资本主义的本质区别。计划经济不等于社会主义，资本主义也有计划；市场经济不等于资本主义，社会主义也有市场。计划和市场都是经济手段。社会主义的本质，是解放生产力，发展生产力，消灭剥削，消除两极分化，最终达到共同富裕。

三是提出"发展才是硬道理"这一论断。能发展就不要阻挡，有条件的地方要尽可能搞快点，只要是讲效益，讲质量，搞外向型经济，就没有什么可以担心的。对于我们这样发展中的大国来说，经济要发展得快一点，不可能总是那么平平静静、稳稳当当。要注意经济稳定、协调地发展，但稳定和协调也是相对的，不是绝对的。发展才是硬道理。我们国内条件具备，国际环境有利，再加上发挥社会主义制度能够集中力量办大事的优势，在今后的现代化建设过程中，出现若干个发展速度比较快、效益比较好的阶段，是必要的，也是能够办到的。

四是提出要坚持"两手抓、两手都要硬"，一手抓改革开放，一手抓打击各种犯罪活动。不仅经济要上去，社会秩序、社会风气也要搞好，这才是有中国特色的社会主义。在整个改革开放过程中都要反对腐败。

五是提出正确的政治路线要靠正确的组织路线来保证。中国的事情能不能办好，社会主义和改革开放能不能坚持，经济能不能快一点发展起来，国家能不能长治久安，从一定意义上说，关键在人；要注意培养人，要按照"革命化、年轻化、知识化、专业化"的标准，选拔德才兼备的人进班子。

六是提出社会主义经历一个长过程发展后必然代替资本主义，这是社会历史发展不可逆转的总趋势。如果从新中国成立起，用一百年时间把我国建成中等水平的发达国家，那就很了不起。从现在起到 21 世纪中叶，将是很要紧的时期，我们要埋头苦干。

1992 年 3 月，中央政治局全体会议召开，讨论我国改革和发展的若干重大问题，完全赞同邓小平的南方谈话，认为南方谈话不仅对当时的改革和建设，对开好党的十四大，具有十分重要的指导作用，而且对整个社会主义现代化建设事业具有重大而深远的意义。5 月 16 日，中共中央政治局会议通过《关于加快改革，扩大开放，力争经济更好更快地上一个新台阶的意见》。6 月 24 日至 27 日，国务院召开长江三角洲及长江沿江地区经济规划座谈会，贯彻落实邓小平南方谈话精神。

二、提出"社会主义市场经济"

1992年6月9日,江泽民在中央党校省部级干部进修班上作了题为《深刻领会和全面落实邓小平同志的重要谈话精神,把经济建设和改革开放搞得更快更好》的讲话。江泽民指出,"十一届三中全会以来,我们对计划与市场问题及其相互关系的认识,有一个发展过程。十二大时,讲的是计划经济为主、市场调节为辅;十二届三中全会《关于经济体制改革的决定》提出了社会主义经济是在公有制基础上的有计划的商品经济的新概念;十三大时,提出了社会主义有计划商品经济的体制应该是计划与市场内在统一的体制;十三届四中全会以来,提出了建立适应有计划商品经济发展的计划经济和市场调节相结合的经济体制和运行机制","最近经过学习小平同志的重要谈话,在对计划与市场和建立新经济体制问题的认识上,又有了一些新的提法。他举出了三种:一是建立计划与市场相结合的社会主义商品经济体制,二是建立社会主义有计划的市场经济体制,三是建立社会主义市场经济体制"。[①]

6月12日,江泽民向邓小平汇报了关于使用"社会主义市场经济体制"这个提法,得到了邓小平的赞同。邓小平说:"实际上我们是在这样做,深圳就是社会主义市场经济。不搞市场经济,没有竞争,没有比较,连科学技术都发展不起来。"他还说:"在党校的讲话可以先发内部文件,反映好的话,就可以讲。这样十四大也

---

① 江泽民:《深刻领会和全面落实邓小平同志的重要讲话精神,把经济建设和改革开放搞得更快更好》,载中共中央文献研究室编:《十三大以来重要文献选编》(下),北京:人民出版社,1993年版,第2072–2073页。

就有一个主题了。"①结果，经过讨论，全国30个省、自治区、直辖市的党委都同意这个提法。

三、明确社会主义市场经济体制改革目标

1992年10月，党的十四大报告明确我国经济体制改革的目标是建立社会主义市场经济体制。我国经济体制改革目标和模式的确立，是关系社会主义现代化建设全局的重大问题，这个问题的核心是正确认识和处理计划与市场的关系。社会主义市场经济体制是同社会主义基本经济制度结合在一起的，要使市场在社会主义国家宏观调控下对资源配置起基础性作用，使经济活动遵循价值规律的要求，适应供求关系的变化；通过价格杠杆和竞争机制的功能，把资源配置到效益较好的环节中去，并给企业以压力和动力，实现优胜劣汰；运用市场对各种经济信号反应比较灵敏的优点，促进生产和需求的及时协调。同时也要看到，市场有其自身的弱点和消极方面，必须加强和改善国家对经济的宏观调控。围绕社会主义市场经济体制建立，党的十四大会议决定，要制定总体规划，有计划、有步骤地进行相应体制改革和政策调整。

社会主义市场经济是对市场经济理论的重大突破，首次把社会主义基本制度同市场经济结合起来，是党对马克思主义理论的重大发展，也是世界社会主义发展史上的历史性突破。在所有制结构上，以公有制包括全民所有制和集体所有制经济为主体，个体经

---

① 中共中央文献研究室编：《邓小平年谱（1975—1997）》（下），北京：中央文献出版社，2004年版，第1347–1348页。

济、私营经济、外资经济为补充，多种经济成分长期共同发展，不同经济成分还可以自愿实行多种形式的联合经营。国有企业、集体企业和其他企业都进入市场，通过平等竞争发挥国有企业的主导作用。在分配制度上，以按劳分配为主体，其他分配方式为补充，兼顾效率与公平。运用包括市场在内的各种调节手段，既鼓励先进，促进效率，合理拉开收入差距，又防止两极分化，逐步实现共同富裕。在宏观调控上，能够把人民的当前利益与长远利益、局部利益与整体利益结合起来，更好地发挥计划和市场两种手段的长处。国家计划是宏观调控的重要手段之一。更新计划观念，改进计划方法，重点是合理确定国民经济和社会发展的战略目标，搞好经济发展预测、总量调控、重大结构与生产力布局规划，集中必要的财力物力进行重点建设，综合运用经济杠杆，促进经济更好更快地发展。

第二节　市场在国家宏观调控下对资源配置起基础性作用

1993年11月，党的十四届三中全会审议通过《中共中央关于建立社会主义市场经济体制若干问题的决定》，将党的十四大提出的经济体制改革目标和基本原则进一步具体化，勾画出社会主义市场经济体制的基本框架，设计了建立社会主义市场经济体制的总体蓝图，成为20世纪90年代推进经济体制改革的行动纲领。

一、社会主义市场经济体制基本框架

党的十四大明确提出的建立社会主义市场经济体制，是建设有中国特色社会主义理论的重要组成部分，对于我国现代化建设事业具有重大而深远的意义。在 20 世纪末初步建立起新的经济体制，是全党和全国各族人民在新时期的伟大历史任务。

建立社会主义市场经济体制的基本任务和要求是：社会主义市场经济体制是同社会主义基本制度结合在一起的。建立社会主义市场经济体制，就是要使市场在国家宏观调控下对资源配置起基础性作用。为了实现这一目标，必须坚持以公有制为主体、多种经济成分共同发展的方针，进一步转换国有企业经营机制，建立适应市场经济要求，产权清晰、权责明确、政企分开、管理科学的现代企业制度；建立全国统一开放的市场体系，实现城乡市场紧密结合，国内市场与国际市场相互衔接，促进资源的优化配置；转变政府管理经济的职能，建立以间接手段为主的完善的宏观调控体系，保证国民经济的健康运行；建立以按劳分配为主体，效率优先、兼顾公平的收入分配制度，鼓励一部分地区、一部分人先富起来，走共同富裕的道路；建立多层次的社会保障制度，为城乡居民提供同我国国情相适应的社会保障，促进经济发展和社会稳定。

这些主要环节是相互联系和相互制约的有机整体，构成社会主义市场经济体制的基本框架。始终坚持以是否有利于发展社会主义社会的生产力，是否有利于增强社会主义国家的综合国力，是否有利于提高人民的生活水平，作为决定各项改革措施取舍和检验其得失的根本标准。

二、建立现代企业制度

党的十四届三中全会明确提出，建立现代企业制度，是发展社会化大生产和市场经济的必然要求，是我国国有企业改革的方向。自此，按照建立社会主义市场经济体制的要求，我国国有企业改革的重点，开始从落实企业经营自主权向转换经营机制、建立现代企业制度转变。1993年12月，为适应建立现代企业制度的需要，八届全国人大常委会第五次会议通过了《中华人民共和国公司法》。1994年11月，国务院决定，在百户国有大中型企业中开展现代企业制度试点。试点内容主要围绕五个方面：一是理顺产权关系，明确投资主体；二是改制，主要是实行有限责任公司的财产组织形式；三是建立规范的法人治理结构；四是在清产核资的基础上核定和增加企业资本金；五是逐步解决企业历史形成的不合理债务等。截至1994年底，除国务院确定的百户试点企业外，省、市两级政府确定的现代企业制度试点企业达到近2000家。

1996年3月，八届全国人大四次会议批准《中华人民共和国国民经济和社会发展"九五"计划和二〇一〇年远景目标纲要》，明确提出以建立现代企业制度为目标，把国有企业的改革同改组、改造和加强管理结合起来，构造产业结构优化和经济高效运行的微观基础。全面准确把握"产权清晰、权责明确、政企分开、管理科学"的现代企业制度基本特征，加大改革力度，使大多数国有大中型骨干企业在20世纪末初步建立起现代企业制度，成为自主经营、自负盈亏、自我发展、自我约束的法人实体和市场竞争实体。建立现代企业制度试点，从国有大中型企业和国有小企业两个方面开展。

一方面，国有大中型企业建立现代企业制度试点。1993年11月，党的十四届三中全会通过的《中共中央关于建立社会主义市场经济体制若干问题的决定》明确提出国有企业改革要建立适应市场经济要求，产权明晰、责权明确、政企分开、管理科学的现代企业制度。建立现代企业制度是发展社会化大生产和市场经济的必然要求，是我国国有企业改革的方向。建立现代企业制度改革目标的提出，标志着国有企业改革进入制度创新的新阶段。《中华人民共和国公司法》的颁布，使国有大中型企业的改革进入制度创新阶段。1994年11月，国务院决定，在百户国有大中型企业中进行现代企业制度试点。到1997年底，在参加试点的2500多家企业中，有2082家完成了公司制改革。在总结现代企业制度试点工作的基础上，《中华人民共和国国民经济和社会发展"九五"计划和二〇一〇年远景目标纲要》首次提出了20世纪末使大多数国有大中型骨干企业初步建立现代企业制度的改革目标。在国有大中型企业建立现代企业制度试点的同时，股份制试点工作迅速推开，现有的股份公司按照《中华人民共和国公司法》进行规范，重新登记，积极扩大国有企业股份制试点的范围，促进国有企业向现代企业制度转变。推行股份制对促进我国市场规则的建立起到了积极作用。

另一方面，以产权制度改革为核心的国有小企业进行改革。从1992年开始，以产权制度改革为核心的国有小企业改革在全国范围内迅猛发展。各地采取了改组、联合、兼并、股份合作制、租赁、承包经营和出售等多种形式。改革的第一种方式是采取公司制改组，将国有资本与其他性质的资本相融合，在所有者权益不断扩大的同时，国有资本亦随之增值。第二种方式是出售，把国有资本从低效运营的企业中投入国有经济需要加强的领域中去。第三种方式是进行股份合作制改造。从实际结果看，以产权制度改革为核心的国有小企业改革进行得比较彻底，走出一条成功的道路。

从1992年开始，以产权制度改革为核心的国有小企业改革在全国范围内迅猛发展。1996年6月，国家体改委印发《关于加快国有小企业改革的若干意见》，指出进一步放开放活国有小企业是深化国有企业改革的重要内容，是实施国有企业战略性改组的重要措施，对于整体上搞活国有经济具有重要意义。鼓励国有小企业要加快改革和改组的步伐，根据企业的具体情况，不拘一格，大胆实践；鼓励优势企业跨地区、跨行业、跨所有制地对国有小企业进行兼并。从1996年开始，各地采取了改组、联合、兼并、股份合作制、租赁、承包经营和出售等多种形式，掀起了国有小企业改革的热潮。通过前几年的改革实践，各地探索出一些国有小企业改革的经验做法，比如山东诸城、广东顺德、黑龙江宾县、四川宜宾等地的改革经验，都相继被政府推广。其中尤以山东诸城的经验，在全国引起了广泛的讨论。截至1997年底，许多省市半数以上的国有小企业进行了改制改组，进展较快的山东省改制比例已经达到了80%。

三、形成统一的商品市场

1992年下半年，国家物价局公布了新的价格管理目录，中央直接管理价格的商品由737种减为89种，工业生产资料大部分并轨实行单一的市场价格，放开了原来尚未放开的工业消费品价格。随着价格改革的不断推进，商品价格基本放开，计划价格仅占极少部分。党的十四届三中全会指出，发挥市场机制在资源配置中的基础性作用，必须培育和发展市场体系。这一阶段的市场体系建设中，商品市场进一步完善，要素市场化的进程明显加快。

在进一步健全商品流通市场方面，1993年2月，国务院下发《关于加快粮食流通体制改革的通知》，提出了"统一政策、分散决策、分类指导、逐步推进"的总体原则，争取在两三年内全部放开粮食价格。1993年，全国95%的县（市）放开了粮食价格。1995年，国务院又进一步强调坚持和完善省长、自治区主席、直辖市市长负责制，明确划分中央和地方粮食事权，将粮食部门政策性业务和商业性经营分开，长达30多年的粮食统购统销制度彻底结束。

在要素市场建设方面，资本市场快速发展，自1990年建立深圳、上海证券交易所后，至1998年底，境内上市公司数量（A、B股）由1993年的183家增至851家，开户人数由1992年的216.65万户增至1998年的4295.88万户，股票市价总值由1048.14亿元增至19521.81亿元，成交额也由1992年的683亿元增至1998年的23527.31亿元，增幅达30倍以上，全国证券公司由3家增加到90家，证券营业部2412家，从事证券业务的会计师事务所107家，律师事务所286家，资产评估机构116家。劳动力市场稳健发展，1994年7月，八届全国人大常委会第八次会议通过《中华人民共和国劳动法》，国务院先后发布了一系列劳动法规和规章，初步构建了适应市场发展需要的劳动法律法规体系，到1997年，城镇从业人口中，国有经济单位从业人员的比重下降至54.65%，在城镇新增就业人员中有68.17%的人进入非公有经济单位。土地市场开始起步，20世纪80年代后期，国家批准上海等地进行土地使用权有偿出让试点，此后，我国制定了一系列关于土地出让转让的法律法规，形成了以政府垄断出让为特征的一级市场与以土地使用权转让、出租、抵押等交易形式为特征的二级市场。

四、财政"分税制"改革

20世纪90年代初的中央财政占全国税收收入约两成。在这样的背景下，1993年4月，中央财经领导小组会议听取国家税务总局关于税改问题的汇报。同年12月，国务院作出《关于实行分税制财政管理体制的决定》，宣布自1994年1月1日起，改革地方财政包干体制，对各省、自治区、直辖市以及计划单列市实行分税制财政管理体制。

分税制主要内容：一是中央与地方的事权和支出划分。中央财政主要承担国家安全、外交和中央国家机关运转的必需经费，调整国民经济结构、协调地区发展、实施宏观调控所必需的支出以及由中央直接管理的事业发展支出。地方财政主要承担本地区政权机关运转所需支出及本地区经济、事业发展所需支出。二是中央与地方收入的划分。根据事权与财权相结合的原则，按税种划分中央与地方收入。将维护国家权益、实施宏观调控所必需的税种划为中央税；将同经济发展直接相关的主要税种划为中央与地方共享税；将适合地方征管的税种划分为地方税，并充实地方税种，增加地方税收入。[①]

1993年12月，国务院相继公布《中华人民共和国增值税暂行条例》《中华人民共和国消费税暂行条例》《中华人民共和国营业税

[①]《国务院关于实行分税制财政管理体制的决定》，载中共中央文献研究室编：《十四大以来重要文献选编》（上），北京：人民出版社，1996年版，第587—588页。

暂行条例》《中华人民共和国企业所得税暂行条例》《中华人民共和国土地增值税暂行条例》《中华人民共和国资源税暂行条例》。随后，财政部、国家税务总局陆续制定印发相关实施细则和规定。

财税体制改革非常成功，在实施第一年（即1994年）就收到可观实效，当年税收增长了900多亿元。使财政实现增收，财政收入占GDP比重逐年下降的局面得到扭转，从实行改革后的1994年至2002年，财政收入的增速快于经济增速，全国财政收入年均增长17.5%。财政收入占GDP的比重开始上升，由1993年的12.6%提高到18.5%。中央财政收入占全国财政收入比重下降的局面得到扭转，中央财政收入占全国财政收入的比重比改革前提高了33.7个百分点，即从1993年的22%提高到1994年的55.7%。中央财力充实后，对重点工程建设的投资力度明显加大，除税收返还和体制性补助外，中央向地方的转移支付金额年均增长36%。

五、建立现代金融制度体系

1993年12月，国务院印发《关于金融体制改革的决定》，落实党的十四届三中全会对金融体制改革的部署，明确了金融体制改革的目标，即"建立在国务院领导下，独立执行货币政策的中央银行宏观调控体系；建立政策性金融与商业性金融分离，以国有商业银行为主体、多种金融机构并存的金融组织体系；建立统一开放、有序竞争、严格管理的金融市场体系"[1]。

---

[1] 《国务院关于金融体制改革的决定》，载中共中央文献研究室编：《十四大以来重要文献选编》（上），北京：人民出版社，1996年版，第593页。

一是建立中央银行宏观调控体系。《关于金融体制改革的决定》指出，中国人民银行的主要职能是：制定和实施货币政策，保持货币的稳定；对金融机构实行严格的监管，保证金融体系安全、有效地运行。[①] 1995年3月，八届全国人大三次会议通过《中华人民共和国中国人民银行法》，在法律上确立了中国人民银行的中央银行地位，明确其职责，保证了国家货币政策的正确制定和执行，为建立和完善中央银行宏观调控体系奠定了基础。《中国人民银行法》还规定中国人民银行依法监测金融市场运行情况，对金融市场实施宏观调控，促进其协调发展。

二是完善金融组织体系。1994年之前，我国的政策性金融业务主要由中国工商银行、中国农业银行、中国银行和中国人民建设银行承担。《关于金融体制改革的决定》及相关文件提出，要建立政策性银行，实现政策性金融和商业性金融分离，以解决国有专业银行身兼二任的问题；割断政策性贷款与基础货币的直接联系，确保人民银行调控基础货币的主动权。1994年3月，国家开发银行成立，注册资本为500亿元，主要办理政策性国家重点建设（包括基本建设和技术改造）贷款及贴息业务。同年7月，中国进出口银行成立，注册资本为33亿元，主要为大型机电成套设备进出口提供信贷服务。同年11月，中国农业发展银行成立，注册资本为200亿元，主要承担国家粮棉油储备和农副产品合同收购、农业开发等政策性贷款业务。在政策性业务分离出去后，工、农、中、建四大专业银行要尽快转变为国有商业银行，按现代商业银行经营机

---

① 《国务院关于金融体制改革的决定》，载中共中央文献研究室编：《十四大以来重要文献选编》（上），北京：人民出版社，1996年版，第593页。

制运行。1995年5月，八届全国人大常委会十三次会议审议通过《中华人民共和国商业银行法》，规范商业银行的行为，提高信贷资产质量，加强监督管理，保障商业银行的稳健运行，维护金融秩序，促进社会主义市场经济的发展。

三是完善金融市场体系。《关于金融体制改革的决定》在完善货币市场和证券市场方面作出了一系列规定。1992年10月，国务院证券委和中国证监会宣告成立。中国证监会成立后，先后出台《股票发行与交易管理暂行条例》《公开发行股票公司信息披露实施细则（试行）》《禁止证券欺诈行为暂行办法》《关于严禁操纵证券市场行为的通知》等一系列法规和政策。1995年6月，八届全国人大常委会第十四次会议通过《中华人民共和国保险法》。1998年11月，中国保监会成立，是全国商业保险的主管机关，根据国务院授权履行行政管理职能，依照法律法规统一监督管理保险市场。1998年12月，九届全国人大常委会第六次会议审议通过《中华人民共和国证券法》，于1999年7月1日起正式施行。

六、改革外汇管理制度

党的十四届三中全会提出，改革外汇管理体制，建立以市场为基础的有管理的浮动汇率制度和统一规范的外汇市场。逐步使人民币成为可兑换的货币。这一阶段的主要任务是汇率并轨和实现人民币经常项目可兑换。

实行汇率并轨。改革开放之初，我国汇率体制从单一汇率制转为双重汇率制，经历了官方汇率与贸易外汇内部结算价并存、官方汇率与外汇调剂价格并存两个汇率双轨制时期，这一时期人民币汇率由国家实行严格的管理和控制。1993年12月，国务院印发《关于进一步改革外汇管理体制的通知》，提出实现汇率并轨，实行以市场供求为基础的、单一的、有管理的浮动汇率制；实行银行结汇和售汇制，取消外汇留成和上缴；建立银行间外汇交易市场，改进汇率形成机制等要求。1994年1月，人民币官方汇率与外汇调剂价格正式并轨。企业和个人按规定向银行买卖外汇，银行进入银行间外汇市场进行交易，形成市场汇率。人民银行设定一定的汇率浮动范围，并通过调控市场保持人民币汇率稳定。

人民币实现经常项目可兑换。1993年12月，国务院印发《关于进一步改革外汇管理体制的通知》，指出我国外汇管理体制改革的长期目标是实现人民币可兑换，现阶段先实现经常项目（主要包括贸易和非贸易项下的经营性支付）下人民币可兑换。1994年实行的国内企业向银行结售汇制度不包括外商投资企业。外资企业的外汇买卖需通过当地的外汇调剂中心进行。1996年3月，国家外汇管理局在江苏和深圳、上海、大连等"一省三市"开展外资企业结售汇试点。1996年7月，试点经验向全国复制推广，外商投资企业的经常项目外汇收支被纳入银行结售汇体系。1996年12月，我国宣布接受国际货币基金组织协定第八条款，实行人民币经常项目可兑换。实现经常项目可兑换后的第一年，全国进出口总值就比上年增加了12.2%，增速比1996年的3.2%提高了9个百分点。

七、建立医疗、养老保险制度

以"两江"试点为突破，中国开始建立医疗保险制度。1994年，国务院决定选择江苏省的镇江市和江西省的九江市进行医疗保险制度改革试点，首次将社会统筹与个人账户相结合的模式引入医疗保险制度，对劳保医疗和公费医疗同步进行改革。1996年，国务院又在全国范围选择50多个城市扩大试点，积极探索不同的医疗保险模式。具有代表性的模式有"两江"的"三段通道"统账结合模式、海南的"双轨并行"模式、深圳的"混合型"模式等。建立多层次的社会保障体系，按照社会保障不同类型确定其资金来源和保障方式，是党的十四届三中全会提出来的重要举措，对于深化企业和事业单位改革，保持社会稳定，顺利建立社会主义市场经济体制具有重大意义。

在探索医疗保险制度的同时，建立了养老、失业等保险制度。养老保险制度方面，1995年3月，国务院下发《关于深化企业职工养老保险制度改革的通知》（以下简称《通知》），确定了我国企业职工养老保险制度的改革目标，以及保障水平要与我国社会生产力发展水平及各方面的承受能力相适应的改革原则。《通知》指出，基本养老保险费用由企业和个人共同负担，实行社会统筹和个人账户相结合，鼓励建立企业补充养老保险和个人储蓄性养老保险。失业保险制度方面，1993年4月，国家公布了《国有企业职工待业保险规定》，这是对1986年出台的《国营企业职工待业保险暂行规定》的补充，扩大了适用企业和享受对象的范围、调整了待遇标准、增加了救济内容。

八、发展开放型经济

1992年，国务院决定以上海浦东为龙头，开放芜湖、九江、岳阳、武汉、重庆5个沿江城市，进一步加快发展开放型经济。而后进一步开放哈尔滨、长春、呼和浩特、石家庄等 4 个边境、沿海省会城市，开放珲春等 13 个沿边城市，开放太原、合肥等 11 个内陆省会城市。随后几年，中国的对外开放由南到北、由东到西，层层推进，基本形成了"经济特区—沿海开放城市—沿海开放经济带—沿江和内陆开放城市—沿边开放城市"这样一个全方位、多层次、宽领域、有重点、点面结合的对外开放格局。

加快发展开放型经济是党的十四届三中全会的重大决策部署，要坚定不移地实行对外开放政策，加快对外开放步伐，充分利用国际国内两个市场、两种资源，优化资源配置。要实行全方位开放，进一步改革对外经济贸易体制，建立适应国际经济通行规则的运行机制。

经济开发区的快速推进，成为中国新一轮对外经济开放的重要标志。从 1992 年到 2002 年，国家级经济技术开发区增加到 54 个（含享受国家级开发区政策的上海金桥出口加工区、苏州工业园区、宁波大榭岛开发区、海南洋浦开发区和厦门海沧台商投资区），规划面积达到 725 平方公里。2002 年，全国经济技术开发区生产总值接近 3500 亿元，是 1992 年的 20 多倍，占全国GDP的比重提高到 3.4%；工业总产值是 1992 年的 30 倍，工业增加值占全国的比重达到 5%。电子信息、汽车、装备制造、化工等一系列资本密集型和技术密集型的制造业积聚发展，已经成为我国乃至全球重要的高新技术产业基地。同时，物流、金融、服务外包等生产性服务业也初具规模。全国各省会、首府城市及中心城市都有国家级开发区，布局更加合理，能更好地发挥窗口、辐射、示范、带动作用。国务院还批准建立了 53 个国家级高新技术产业开发区、15 个国家级出口加工区、14 个国家级保税区和 14 个国家级边境经济合作区。同时，中国主动改善与周边国家和地区的关系，边境小额贸易、边民互市贸易和边境旅游得到迅速发展。这些经济技术开发区成为所在地经济发展的新增长点和外商投资集中地区，在扩大开放、发展外向型经济、调整产业结构等方面起到了窗口、辐射、示范和带头作用。

第三节　确立社会主义初级阶段基本经济制度

1997年，面对国际国内的复杂形势和各种思想、观点的争论，我国的改革开放如何继续，向何处去的问题，再次成为国内外关注的焦点。1997年5月29日，江泽民在中央党校省部级干部进修班的毕业典礼上指出，在社会主义改革开放和现代化建设的新时期，在跨越世纪的新征途上，一定要高举邓小平建设有中国特色社会主义理论的伟大旗帜，用这个理论来指导我们的整个事业和各项工作，这是党从历史和现实中得出的不可动摇的结论。[①] 1997年9月，党的十五大召开，大会作了题为《高举邓小平理论伟大旗帜，把建设有中国特色社会主义事业全面推向二十一世纪》的报告。大会首次使用"邓小平理论"概念，提出了社会主义初级阶段的基本纲领，规划了跨世纪发展的战略部署。

---

① 《高举邓小平建设有中国特色社会主义理论伟大旗帜　抓住机遇开拓进取把我们事业全面推向二十一世纪》，《人民日报》，1997年5月30日。

第二章　初步建立社会主义市场经济体制

一、确立邓小平理论为党的指导思想

党的十五大首次把邓小平建设有中国特色社会主义理论称为"邓小平理论"，把邓小平理论确立为党的指导思想。党的十五大报告指出，邓小平是伟大的马克思主义者，在社会主义改革开放和现代化建设的新时期，在跨越世纪的新征途上，一定要高举邓小平理论的伟大旗帜，用邓小平理论来指导我们整个事业和各项工作，这是党从历史和现实中得出的不可动摇的结论。[1]

邓小平理论是马克思主义在中国发展的新阶段。第一，邓小平理论坚持解放思想、实事求是，在新的实践基础上继承前人又突破陈规，开拓了马克思主义的新境界。第二，邓小平理论坚持科学社会主义理论和实践的基本成果，抓住"什么是社会主义、怎样建设社会主义"这个根本问题，深刻地揭示社会主义的本质，把对社会主义的认识提高到新的科学水平。第三，邓小平理论坚持用马克思主义的宽广眼界观察世界，对时代特征和总体国际形势，对世界上其他社会主义国家的成败，发展中国家谋求发展的得失，发达国家发展的态势和矛盾，进行正确分析，作出了新的科学判断。第四，邓小平理论形成了新的建设有中国特色社会主义理论的科学体系。它第一次比较系统地初步回答了中国社会主义的发展道路、发展阶段、根本任务、发展动力、外部条件、政治保证、战略步骤、党的领导和依靠理论以及祖国统一等一系列基本问题，指导我们党制定

---

[1] 江泽民：《高举邓小平理论伟大旗帜，把建设有中国特色社会主义事业全面推向二十一世纪》，载中共中央文献研究室编：《十五大以来重要文献选编》（上），北京：人民出版社，2000年版，第9、12页。

了在社会主义初级阶段的基本路线。邓小平理论是比较完备的科学体系，又是需要从各方面进一步丰富发展的科学体系。[①]

二、社会主义初级阶段基本经济制度

党的十五大提出了党在社会主义初级阶段的基本纲领，对"社会主义初级阶段"的科学概念作了系统的理论解释，明确指出这是一个不可逾越的阶段，社会主义的根本任务是发展社会生产力，在这个历史阶段，尤其要把集中力量发展社会生产力摆在首位，要把改革作为推进建设有中国特色社会主义事业各项工作的动力，要正确处理改革、发展同稳定的关系。

党的十五大在社会主义所有制结构的认识方面实现了又一次思想大解放，指出公有制为主体、多种所有制经济共同发展，是我国社会主义初级阶段的一项基本经济制度。这一制度的确立，是党在认真总结十一届三中全会以来在所有制问题上的经验教训，立足逐步消除所有制结构不合理对生产力的羁绊，进一步解放和发展生产力的基础上提出的，是由社会主义性质和初级阶段国情决定的。第一，我国是社会主义国家，必须坚持公有制作为社会主义经济制度的基础；第二，我国处在社会主义初级阶段，需要在公有制为主体的条件下发展多种所有制经济；第三，一切符合"三个有利于"的所有制形式都可以而且应该用来为社会主义服务。要全面认识公有

[①] 江泽民：《高举邓小平理论伟大旗帜，把建设有中国特色社会主义事业全面推向二十一世纪》，载中共中央文献研究室编：《十五大以来重要文献选编》（上），北京：人民出版社，2000年版，第10—12页。

制经济的含义，公有制不仅包括国有经济和集体经济，还包括混合所有制经济中的国有成分和集体成分。公有制的主体地位主要体现在：公有资产在社会总资产中占优势；国有经济控制国民经济命脉，对经济发展起主导作用。公有制的实现形式，可以而且应当多样化，一切反映社会化生产规律的经营方式和组织形式都可以大胆利用，要努力寻找能够极大促进生产力发展的公有制实现形式。非公有制经济是我国社会主义市场经济的重要组成部分。[①]

三、国企改革攻坚

党的十五大报告指出建设现代企业制度是国有企业改革的方向，明确提出对国有大中型企业实行规范的公司制改革。1999年9月，党的十五届四中全会通过《中共中央关于国有企业改革和发展若干重大问题的决定》（以下简称《决定》），国企改革进入全面攻坚和整体推进阶段。

推动国有企业建立现代企业制度。《决定》肯定了股份制是公有制的有效实现形式，鼓励国有大中型企业尤其是优势企业实行股份制，要求国有大中型企业实行规范的公司制改革，明确提出公司法人治理结构是公司制的核心，要明确股东会、董事会、监事会和经理层的职责，形成各负其责、协调运转、有效制衡的公司法人治理结构。到2001年底，占全国国有及国有控股企业净资产70%

---

① 江泽民：《高举邓小平理论伟大旗帜，把建设有中国特色社会主义事业全面推向二十一世纪》，载中共中央文献研究室编：《十五大以来重要文献选编》（上），北京：人民出版社，2000年版，第20–21页。

的 4371 家骨干企业，有 3322 家进行了公司制改革，改制面达到 76%。公司制已成为国有企业建立现代企业制度的重要组织形式。但困扰国有企业改革发展的体制性障碍还没有取得真正突破，政企不分、政资不分、多头管理、出资人不到位、责任不落实等问题仍很突出，制约着国有企业改革和发展。

国有经济布局和结构调整。《决定》指出，从战略上调整国有经济布局，要同产业结构的优化升级和所有制结构的调整完善结合起来，坚持有进有退，有所为有所不为。国有经济需要控制的行业和领域主要包括：涉及国家安全的行业，自然垄断的行业，提供重要公共产品和服务的行业，以及支柱产业和高新技术产业中的重要骨干企业。这是一个重大的理论突破，为国有经济战略性调整提供了标准。[1]《决定》指出，国有经济的作用既要通过国有独资企业来实现，更要大力发展股份制，探索通过国有控股和参股企业来实现；国有经济在关系国民经济命脉的重要行业和关键领域占支配地位，支持、引导和带动整个社会经济的发展，在实现国家宏观调控目标中发挥重要作用；国有经济应保持必要的数量，主要靠分布的优化和质的提高。[2] 为进一步推动国有企业改革向纵深发展，从整体上搞好国有经济，党中央、国务院采取了一系列重大举措。一是集中力量搞好大的，采取多种形式放活小的，重点抓好在各个行业、各个领域起主导作用的大企业，在信贷、技改、股票上市等方

---

[1]《中共中央关于国有企业改革和发展若干重大问题的决定》，载中共中央文献研究室编：《十五大以来重要文献选编》（中），北京：人民出版社，2001 年版，第 1008 页。
[2]《中共中央关于国有企业改革和发展若干重大问题的决定》，载中共中央文献研究室编：《十五大以来重要文献选编》（中），北京：人民出版社，2001 年版，第 1008 页。

面给予优先考虑。对于量大面广的国有小企业,根据不同情况,各地采取改组、联合、兼并、租赁、承包经营、股份合作制和出售等多种形式放开搞活。二是优化资本结构,促进国有资产向优势企业集中。三是通过资产重组,培育大企业大集团。到2002年,国有经济在国防、金融、邮电、航空航天、铁路等关键部门中的比重超过95%,在电力、石油、石化、冶金等基础行业中的比重在85%以上,国有经济的影响力和控制力进一步加强。

国有企业3年脱困。党的十五大和十五届一中全会提出,用3年左右时间,通过改革、改制、改造和加强管理,使大多数国有大中型亏损企业摆脱困境;力争到20世纪末使大多数国有大中型企业初步建立现代企业制度。为实现国有企业改革脱困3年目标,党中央、国务院采取了一系列政策措施。实施积极的财政政策和稳健的货币政策,扩大内需,促进经济增长;大幅度提高出口退税率,鼓励扩大出口;多次降低银行存贷款利率,减轻企业财务负担;实施总量控制、结构调整、关闭"五小企业"*、淘汰落后和大力压缩过剩产能,通过采取这一系列措施,企业的经营环境大为改善。同时,综合运用各项政策措施,特别是债转股、技改贴息和政策性关闭破产"三大撒手锏",解决国有企业改革与脱困的突出问题。

* 五小企业是指浪费资源、技术落后、质量低劣、污染严重的小煤矿、小炼油、小水泥、小玻璃、小火电等企业。

四、非公有制经济成为"重要组成部分"

党的十五大将个体、私营经济从社会主义经济的"补充"地位上升到"重要组成部分"。这一科学的论断,确立了包括个体、私营经济在内的非公有制经济在我国社会主义市场经济中的地位,即个体私营经济已成为社会主义经济制度的一个重要组成部分,是社会主义市场经济的所有制基础之一，国家鼓励、引导个体私营经济与公有制经济共同发展。

1999年8月，九届全国人大常委会第十一次会议通过《中华人民共和国个人独资企业法》，从法律上确认了个人投资、个人创业的地位，确定了个人独资企业作为一种法定的企业形式。1999年3月，九届全国人大二次会议通过宪法修正案，对《中华人民共和国宪法》第十一条做了重要修改，规定在法律规定范围内的个体经济、私营经济等非公有制经济，是社会主义市场经济的重要组成部分，并规定国家保护个体经济、私营经济的合法权利和利益，删去了1988年《中华人民共和国宪法》此条款中"非公有制经济是社会主义公有制经济的补充"的提法。

2001年7月，《在庆祝中国共产党成立八十周年大会上的讲话》指出，"个体户、私营企业主……新的社会阶层中的广大人员，通过诚实劳动和工作，通过合法经营，为发展社会主义社会的生产力和其他事业作出了贡献……他们也是有中国特色社会主义事业的建设者……不能简单地把有没有财产、有多少财产当作判断人们政治上先进与落后的标准，而主要应该看他们的思想政治状况和现实表现，看他们的财产是怎么得来的以及对财产怎么支配和使用，看他们以自己的劳动对建设有中国特色社会主义事业所作的贡献"。[①]

[①] 江泽民：《在庆祝中国共产党成立八十周年大会上的讲话》，载中共中央文献研究室编：《十五大以来重要文献选编》(下)，北京：人民出版社，2003年版，第1916–1918页。

五、发展要素市场

党的十五大报告提出，要加快国民经济市场化进程。继续发展各类市场，着重发展资本、劳动力、技术等生产要素市场，完善生产要素价格形成机制。改革流通体制，健全市场规则，加强市场管理，清除市场障碍，打破地区封锁、部门垄断，尽快建成统一开放、竞争有序的市场体系，进一步发挥市场对资源配置的基础性作用。[1]

粮食流通体制改革取得重要进展。到1993年底，全国95%的县（市）放开了粮食价格。为了解决国有粮食企业经营管理不善、收购资金挤占挪用严重等问题，1998年4月，国家出台"四分开一完善"的改革方案，即实行政企分开、储备与经营分开、中央和地方责任分开、新老财务挂账分开，完善粮食价格机制。同时，政府制定了按保护价敞开收购农民余粮、粮食收储企业实行顺价销售、粮食收购资金实行封闭运行的三项政策。2000年，国家计委、国家粮食局等有关部门出台了《省际间粮食收购价格衔接办法》《关于2000年粮食收购政策有关问题》等一系列文件。国务院召开了全国粮食生产和流通工作会议，对1998年出台的粮改政策进行了修正。2001年7月，国务院出台《关于进一步深化粮食流通体制改革的意见》，将粮食购销市场化改革范围扩大至全国。全国粮食工作会议提出进一步深化粮改的基本思路是"放开销区、保护产区、省长负责、加强调控"，启动了新一轮粮食购销市场

---

[1] 江泽民：《高举邓小平理论伟大旗帜，把建设有中国特色社会主义事业全面推向二十一世纪》，载中共中央文献研究室编：《十五大以来重要文献选编》（上），北京：人民出版社，2000年版，第25页。

化改革。

  资本市场法律体系建设迈出重要步伐。重视法治建设成为这一阶段资本市场的显著特征。1997年11月，国务院证券委印发《证券投资基金管理暂行办法》，旨在推动证券投资基金的规范发展。1999年7月，《中华人民共和国证券法》颁布实施，这是中国第一部调整证券发行与交易行为的法律，以法律形式确认了资本市场的地位。1999年公布的《期货交易管理暂行条例》及相关管理办法，初步建立起期货市场的法规体系。上述法律法规和规章的颁布实施使资本市场的发展走上规范化轨道，为相关制度的进一步完善奠定了基础。1998年4月，国务院证券委撤销，其全部职能及中国人民银行对证券经营机构的监管职能同时划归中国证监会。中国证监会成为全国证券期货市场的监管部门，实行跨区域监管体制，在全国设立了36个派出机构，建立了集中统一的证券期货市场监管体制。

  劳动力市场快速发展。1994年《中华人民共和国劳动法》颁布，给劳动力市场的运行和完善提供了法律保证。这一阶段，城镇从业人口中，国有经济单位从业人员的比重下降，到1997年仅占54.65%，2001年降到31.91%；非公有经济单位从业人员到2001年已达到62.69%。随着国有经济的结构性调整，到2002年末国有企业下岗职工410万人，下岗人员主要通过再就业中心等机构在市场上寻求新的就业岗位。至此，传统意义上的国家计划分配就业岗位的制度彻底打破，主要通过市场配置劳动力资源。

六、建立多层次社会保障制度体系

党的十五大报告提出，建立社会保障体系，实行社会统筹和个人账户相结合的养老、医疗保险制度，完善失业保险和社会救济制度，提供最基本的社会保障。建立城镇住房公积金，加快改革住房制度。[①]建立多层次的社会保障体系，对于保障社会稳定，顺利建立市场经济体制具有重要意义。这一阶段基本确立了社会保障体系的制度框架，主要包括养老保险、医疗保险、失业保险和最低生活保障制度等。

建立"统账结合"的养老保险制度。1997年7月，国务院颁布《关于建立统一的企业职工基本养老保险制度的决定》，统一了个人缴费比例、个人账户的规模以及养老金发放标准，要求各地向统一制度并轨，标志着我国社会统筹和个人账户相结合的职工养老保险模式的确立。这种制度选择，实现了养老保险由国家和单位全部包揽，向国家、单位和个人共同分担转变；由企业自保向社会互济转变，由单一尺度原则向效率优先、兼顾公平转变；由福利包揽向基本保障转变，以及由现收现付向部分积累转变。

医疗保险制度改革由试点推向全国。1994年以来的医疗保险制度改革试点，积极探索不同的医疗保险模式，形成了"两江"为代表的"三段通道"统账结合模式、海南"双轨并行"模式、深圳"混合型"模式等典型模式。在总结试点经验的基础上，1998年12

[①] 江泽民：《高举邓小平理论伟大旗帜，把建设有中国特色社会主义事业全面推向二十一世纪》，载中共中央文献研究室编：《十五大以来重要文献选编》（上），北京：人民出版社，2000年版，第24页。

月，国务院印发《关于建立城镇职工基本医疗保险制度的决定》，在全国范围内进行城镇职工医疗保险制度改革，实行社会统筹和个人账户相结合的医疗保险制度。

建立失业保险制度。1999年1月，国务院公布《失业保险条例》，在法规上第一次明确将过去的"待业保险"正名为"失业保险"，并把失业保险的覆盖范围由国有企业扩大到城镇所有企业、事业单位及其职工，明确城镇企业事业单位、城镇企业事业单位职工都应当依照规定缴纳失业保险费，城镇企业事业单位失业人员依照规定享受失业保险待遇，正式建立了我国失业保险制度。

建立最低生活保障制度。1997年9月，国务院下发《关于在全国建立城市居民最低生活保障制度的通知》，要求全国建立城市居民最低生活保障制度。1999年10月，国务院公布的《城市居民最低生活保障条例》开始施行，最低生活保障工作步入规范化、法治化轨道。

住房制度改革取得突破性进展。1998年，国务院下发《关于进一步深化城镇住房制度改革加快住房建设的通知》，要求按照社会主义市场经济体制的要求，逐步推进住房商品化、社会化。目标是停止住房实物分配，逐步实行住房分配货币化；建立和完善以经济适用住房为主的多层次城镇住房供应体系；发展住房金融，培育和规范住房交易市场。这次改革实现了福利分房到通过市场解决住房的转变，房地产市场基本形成。1999年，中共中央办公厅、国务院办公厅转发建设部等单位《在京中央和国家机关进一步深化住房制度改革实施方案》，实行了几十年的住房实物分配制度画上句号。

七、加入世界贸易组织

1995年7月11日，我国正式提出加入世界贸易组织的申请。我国政府根据实际情况，多次重申了"入世"的基本立场和原则。第一，根据权利与义务对等的原则承担与本国经济发展水平相适应的义务。第二，以乌拉圭回合多边协议为基础，与有关世界贸易组织成员方进行双边和多边谈判，公正合理地确定"入世"条件。第三，坚持以发展中国家身份"入世"，享受发展中国家待遇。2001年12月11日，我国成为世界贸易组织的成员，对外开放进入新的历史阶段。加入世界贸易组织以前的20多年里，中国以开放促改革、以改革促开放，通过实施渐进式的对外开放战略，采取先试验、取得成功经验后再推广的方法，充分考虑国内经济发展的需要和经济社会的承受能力，不断向市场经济体制迈进、向国际规则靠拢，走出了一条成功的渐进式的对外开放之路，这种开放路径具有政策性开放的特点。加入世界贸易组织后，中国对外开放由政策性开放向制度性开放转变，进入了全新的历史阶段。

由过去有限范围和有限领域的市场开放，转变为全方位的市场开放。市场开放水平大幅提高。加入世界贸易组织之后，我国先后六次对关税进行大幅度削减。平均关税水平从加入前的15.3%逐步降低到2002年的12.7%，2003年的11%和2004年的10.4%，2005年降低到9.9%，2007年进一步降低到9.8%。自2003年起参加《信息技术协定》，将协定下产品的关税于2005年前全部降至零。非关税措施大幅削减。实施进口配额和许可证管理的产品由20世纪90年代初的上千个税号，到2001年逐步减少到424个税号，至2004年，其中389个税号产品的进口配额和许可证管理已分期分批取消，剩余 35 个税号的机电产品（汽车及其关键部件），进口配额和许可证也于 2005 年 1 月 1 日取消。按照加入世界贸易组织的承诺，我国对粮、棉、油、糖、羊毛、化肥等大宗商品的进口建立了公开、透明的关税配额管理体制，进口允许量逐步扩大。随着《中华人民共和国对外贸易法》的修订和《对外贸易经营者备案登记办法》的出台，从 2004 年 7 月 1 日起，我国提前半年兑现了放开对外贸易经营权的承诺，对外贸易经营者实行登记备案制度。开放领域由货物贸易转向服务贸易。加入世界贸易组织以来，我国相继颁布了 40 多个开放服务贸易领域的法规和规章，涵盖金融、分销、物流、旅游、建筑等几十个领域，基本完善了服务贸易对外开放的法律体系。这些法规从政策上拓展了外国服务者进入中国内地的产业领域和地域范围，降低了有关行业的准入门槛。我国还在银行、保险、旅游等领域提前履行了有关承诺，从而形成了服务业全面开放的格局。在实际贸易组织规定的 12 个大类 160 种服务门类中，我国已经开放了 106 种，占 66.25%，接近发达成员 108 种的平均水平。

由过去单方面为主的自我开放，转变为我国与世界贸易组织成员之间双向的相互开放。由单方面的自主开放转向双向的相互开放是制度性开放的重要特点，我国加入世界贸易组织，不但向其他成员方开放国内市场，促进其在我国投资获得更为广阔的市场，世界贸易组织成员方也向中国企业开放市场。2021 年，我国加入世界贸易组织 20 年，对全球经济增长的年均贡献率达 30%左右。中国参与全球分工，为世界生产了大量物美价廉的商品，减少了进口国的支出，极大增加了各国消费者的福利。我国的对外开放还是全球和地区产业分工格局变化的重要推动力量。特别是在东亚产业分工链条上，我国发挥自身优势、积极吸纳劳动密集型产业和加工制造环节，客观上推动了其他国家向更高技术含量、更高附加值的产业升级，相关各方因分工深化、资源配置效率提高而共同受益。近年来，还积极扩大对外投资，为拉动东道国经济增长和扩大就业作出更大贡献。

由过去以试点为主的政策性开放，转变为在法律框架下的可预见的开放。遵守世界贸易组织规则，主要是按照世界贸易组织的相关条款修改与制订法律和法规，这是我国加入世界贸易组织实现制度性开放的重要方面。从1986年"复关"谈判开始到2001年加入世界贸易组织，我国不断深化在外贸、价格、税收、汇率等领域的改革，有效推动了国内改革进程。加入世界贸易组织以后，通过把世贸组织规则转化为国内法律法规，继续学习按照市场规则和国际惯例管理经济生活，初步建立了适应社会主义市场经济需要，统一、透明的涉外经济法律法规体系，促进了社会主义市场经济体制的完善。行政管理体制改革也取得新突破，加入世界贸易组织后的7年时间里，国务院65个有行政审批职能的部门，共清理3948项行政审批项目，其中取消1195项，改变管理方式82项。我国通过全方位开放加快了体制创新的步伐，书写了改革开放的历史新篇章。

从邓小平南方谈话到党的十六大胜利召开，我国社会主义市场经济体制实现了从探索到初步建立。公有制为主体、多种所有制经济共同发展的基本经济制度已经确立，以按劳分配为主体，多种分配方式并存的多元化的分配结构体系已经形成，全方位、宽领域、多层次的对外开放格局基本形成，市场在资源配置中的基础性作用进一步发挥，政府宏观调控的手段和能力进一步加强，市场微观活动主体日益成熟，充满活力与生机的国民经济运行机制基本形成。这一时期是改革的制度创新阶段，基本内容是向"社会主义市场经济体制"的改革目标前进。

这一时期经济体制改革最鲜明的特点是"以立为主，立中有破"。"立"是指按照社会主义市场经济体制的总要求和框架方案的具体要求，对社会主义市场经济体制的重要制度进行建设。同时，有立必有破，只有消除不适应社会主义市场经济体制的掣肘，新的制度建设才能顺利推进，故称"立中有破"。主要体现在：在市场主体层面实现"立新"，培育市场经济的微观主体，建立现代企业制度；在宏观管理层面"立新"，建立现代财税、金融、外汇、投资管理体系，确立宏观管理体制框架；在社会保障层面"立新"，建立了多层次的社会保障体系；对外开放由沿海向内地纵深推进，加入世界贸易组织使我国与多边规则接轨，促进了社会主义市场经济体制的完善，开放型经济水平迅速提升。围绕着"立"，相应地"破"，经济体制改革也沿着从微观到宏观的路径不断深化。市场在资源配置中的基础性作用进一步发挥，政府宏观调控的手段和能力进一步加强，市场微观活动主体日益成熟，充满活力与生机的国民经济运行机制基本形成。社会主义市场经济体制的初步建立，使我国的制度创新达到了一个新的高度，标志着我国改革开放的历史进程实现了关键性的跨越。

第三章
完善社会主义市场经济体制

2002年11月,党的十六大报告明确我国已初步建立起中国特色的社会主义市场经济体制,基本实现了从计划经济体制向市场经济体制的成功转型,并提出了完善社会主义市场经济体制的任务。2003年10月,党的十六届三中全会通过《中共中央关于完善社会主义市场经济体制若干问题的决定》,进一步明确要更大程度地发挥市场在资源配置中的基础性作用,增强企业活力和竞争力,健全国家宏观调控。2007年10月,党的十七大报告进一步提出"从制度上更好发挥市场在资源配置中的基础性作用"。在2003年到2012年近十年的改革实践中,社会主义市场经济体制进入了完善发展的新阶段。

第一节 提出"两个毫不动摇"概念

2002年11月,党的十六大报告,深刻阐述了规划全面建设小康社会目标,系统阐述"坚持和完善公有制为主体、多种所有制经济共同发展"的社会主义基本经济制度,首次提出"两个毫不动摇""确立劳动、资本、技术和管理等生产要素参与分配的原则,完善按劳分配为主体、多种分配方式并存的分配制度"等。

一、首次提出两个"毫不动摇"概念

党的十六大首次提出"毫不动摇地巩固和发展公有制经济"以及"毫不动摇地鼓励、支持和引导非公有制经济发展",这成为新时期完善社会主义基本经济制度的原则和方针,还明确了坚持和完善社会主义市场经济体制的内容。第一,必须毫不动摇地巩固和发展公有制经济。发展壮大国有经济,国有经济控制国民经济命脉,对于发挥社会主义制度的优越性,增强我国经济实力、国防实力和民族凝聚力,具有关键性作用。集体经济是公有制经济的重要组成部分,对实现共同富裕具有重要作用。第二,必须毫不动摇地鼓励、支持和引导非公有制经济发展。个体、私营等各种形式的非公有制经济是社会主义市场经济的重要组成部分,对充分调动社会各方面的积极性、加快生产力发展具有重要作用。第三,坚持以公有制为主体,促进非公有制经济发展,统一于社会主义现代化建设的进程中,不能把这两者对立起来。各种所有制经济完全可以在市场竞争中发挥各自优势,相互促进,共同发展。[①] "两个毫不动摇"统一于社会主义现代化建设的进程中,二者统一地为坚持和完善社会主义市场经济作出贡献。在坚持"两个毫不动摇"政策的引导下,公有制经济和非公有制经济都得到健康的发展,极大地激发了我国经济发展的活力,推动我国经济总量跃居世界第二位。实践充分证明,坚持"两个毫不动摇",充分调动了各种市场主体的积极性,

---

[①] 江泽民:《全面建设小康社会,开创中国特色社会主义事业新局面》,载中共中央文献研究室编:《十六大以来重要文献选编》(上),北京:中央文献出版社,2005年版,第19页。

他们为解放和发展生产力，为推进社会主义现代化建设事业增添了力量和活力。

继续调整国有经济布局和结构，改革国有资产管理体制。在坚持国家所有的前提下，充分发挥中央和地方两个积极性。国家制定法律法规，建立中央政府和地方政府分别代表国家履行出资人职责，享有所有者权益，权利、义务和责任相统一，管资产和管人、管事相结合的国有资产管理体制。明确了中央和地方政府"出资人"分工的职责和范围：关系到国民经济命脉和国家安全的大型国有企业、基础设施和重要自然资源等，由中央政府代表国家履行出资人职责；其他国有资产由地方政府代表国家履行出资人职责。中央政府和省、市（地）两级政府设立国有资产管理机构。继续探索有效的国有资产经营体制和方式。各级政府要严格执行国有资产管理法律法规，坚持政企分开，实行所有权和经营权分离，使企业自主经营、自负盈亏，实现国有资产保值增值。

2003年5月，国务院常务会议讨论通过《企业国有资产监督管理暂行条例》，明确国务院代表国家对关系国民经济命脉和国家安全的大型国有及国有控股、国有参股企业，重要基础设施和重要自然资源等领域的国有及国有控股、国有参股企业，履行出资人职责；各级人民政府分别代表国家对由国务院履行出资人职责以外的国有及国有控股、国有参股企业，履行出资人职责；设立国有资产监督管理机构，代表各级政府履行出资人职责，负责监督管理企业国有资产。

这是推进我国国有资产管理体制改革，推进国有经济布局和结构的战略性调整的一项重大举措，是我国国有资产管理体制改革和国有企业改革与发展的一件大事。其公布实施，标志着国有资产管理体制改革进入新阶段，有利于加快推进我国国有企业改革和发展，有利于促进国有经济布局和结构的战略性调整，也表明我国国有资产监督管理的立法迈出了实质性步伐。

进一步探索公有制特别是国有制的多种有效实现形式。除极少数必须由国家独资经营的企业外，积极推行股份制，发展混合所有制经济。实行投资主体多元化，重要的企业由国家控股。按照现代企业制度的要求，国有大中型企业继续实行规范的公司制改革，完善法人治理结构。推行垄断行业改革，积极引入竞争机制。通过市场和政策引导，发展具有国际竞争力的大公司、大企业集团。进一步放开搞活国有中小企业。党的十六大后，国有企业股份制、公司制改革步伐加快。重点是大型企业股份制改革，完善公司法人治理结构，建立市场化选人用人机制等。1998年至2001年，国有企业通过优化结构和减员增效，人员大幅减少，表明企业在转换经营机制方面迈出了重大步伐。推进垄断行业改革，积极引入竞争机制。除铁道等行业外，大部分垄断行业实现了政企分开。在电信、电力、民航等行业，进行了企业重组，初步形成了竞争性市场格局。

充分发挥个体、私营等非公有制经济在促进经济增长、扩大就业和活跃市场等方面的重要作用。放宽国内民间资本的市场准入领域，在投融资、税收、土地使用和对外贸易等方面采取措施，实现公平竞争。依法加强监督和管理，促进非公有制经济健康发展。此后，非公有制经济发展环境进一步改善。2004年3月，十届全国人大二次会议通过《中华人民共和国宪法（修正案）》，进一步明确了国家保护非公有制经济合法权利和利益、发展非公有制经济的方针。2005年2月，国务院印发《关于鼓励支持和引导个体私营等非公有制经济发展的若干意见》，进一步促进了非公有制经济发展。到 2006 年底，全国注册民营企业已达 498 万户，个体工商户达 2597 万户。与 2002 年底相比，民营企业户数增加 254 万户，注册资金增加 5.1 万亿元。

二、健全现代市场体系

在更大程度上发挥市场在资源配置中的基础性作用，就要不断健全统一、开放、竞争、有序的现代市场体系。推进资本市场的改革开放和稳定发展，发展产权、土地、劳动力和技术等市场，创造各类市场主体平等使用生产要素的环境。整顿和规范市场经济秩序，健全现代市场经济社会信用体系，打破行业垄断和地区封锁，促进商品和生产要素在全国市场自由流动。

资本市场方面，证券业对外开放力度加大，以发挥"借用外力推动改革"的作用。2001 年 12 月底和 2002 年 1 月，《证券公司管理办法》《上市公司治理准则》分别出台，严格规范证券公司设立的基本条件，在增资扩股、营业部与服务部的同城迁址等问题上采取了相对宽松的备案制管理，允许设立中外合资证券公司及子公司，明确上市公司的治理结构。2002 年 4 月规定证券投资基金的交易佣金可实行最高上限向下浮动制度，5 月决定恢复向二级市场投资者配售新股，6 月发布《外资参股证券公司设立规则》《外资参股基金管理公司设立规则》。这既是中国加入世界贸易组织证券行业对外开放承诺的履行，又体现了管理层对证券行业的适度保护和激进性开放原则。2002 年 9 月发布《上市公司收购管理办法》《上市公司股东持股变动信息披露管理办法》，11 月发布《合格境外机构投资者境内证券投资管理暂行办法》，标志着境内证券市场向境外机构投资者正式开放。

三、推进政府职能转变

转变政府职能，关键在于不断完善政府的经济调节、市场监管、社会管理和公共服务职能，减少和规范行政审批。党的十六大以来，以减少行政审批项目为重点，政府职能加快转变，分四批取消和调整了国务院具有行政审批职能的部门和单位的1992项行政审批项目，占原有审批事项总数的一半以上。

到2002年，国务院56个部门和单位第一批取消的行政审批项目789项，这标志着我国行政审批制度改革迈出实质性的一步。各省、自治区、直辖市也陆续取消和调整了半数以上的审批项目。

四、完善社会保障制度体系

为建立健全同经济发展水平相适应的社会保障体系，坚持社会统筹和个人账户相结合，完善城镇职工基本养老保险制度和基本医疗保险制度。健全失业保险制度和城市居民最低生活保障制度。多渠道筹集和积累社会保障基金。

从1999年开始，为了保证国有企业改革和经济结构调整顺利推进，各地从实际出发，积极帮助企业分流富余人员和分离社会职能，我国加快了社会保障体系建设的步伐。建立了下岗职工基本生活保障、失业保险、城镇居民最低生活保障"三条保障线"。到2001年，中央财政共安排确保国有企业下岗职工基本生活和确保企业离退休人员基本养老金按照足额发放资金1100多亿元。以社会保险为主的社会保障体系的初步建立为保持社会稳定、保障下岗职工基本生活发挥了重要作用。

五、全面提高对外开放水平

适应经济全球化和加入世界贸易组织的新形势，在更大范围、更广领域和更高层次上参与国际经济技术合作和竞争，充分利用国际国内两个市场，优化资源配置，拓宽发展空间，坚持以开放促改革、促发展。进一步扩大商品和服务贸易，实施市场多元化战略，努力扩大出口。发挥我国的比较优势，巩固传统市场，开拓新兴市场，扩大商品和服务贸易。坚持以质取胜，提高出口商品和服务的技术含量和附加值。深化外经贸体制改革，推进外贸主体多元化，完善有关税收制度和贸易融资机制。进一步吸引外商直接投资，提高利用外资的质量和水平。有步骤地推进金融、电信、贸易和旅游等服务领域的开放。积极探索采用收购、兼并和投资基金、证券等多种方式利用中长期国外投资。把利用外资和国内经济结构调整、国有企业改组改造结合起来，鼓励跨国公司投资农业、制造业和高新技术产业。改善投资环境，对外商投资实行国民待遇，提高法规和政策透明度。鼓励和支持有比较优势的各种所有制企业对外投资，带动商品和劳务出口，积极参与经济全球化竞争，形成一批有实力的跨国企业和著名品牌。

坚持"引进来"和"走出去"相结合，全面提高对外开放水平，是我们党总结改革开放 20 多年成功经验，面对国内外新形势下作出的重大战略决策和战略部署。党的十六大后，以加入世界贸易组织为契机，我国对外开放进入了一个新的阶段。坚持"引起来"的同时，积极实施"走出去"战略，是对外开放新阶段的重大举措。商务部数据显示，2005年我国非金融类对外直接投资为69亿美元，到2007年增长到248亿美元；2002年，经外经贸部批准或备案设立的境外中资企业共计350家，2005年，经商务部核准和备案设立的境外中资企业共计1067家。我国对外投资业务逐步扩展到160多个国家和地区。

第二节　完善社会主义市场经济体制的目标和任务

按照党的十六大提出的"建成完善的社会主义市场经济体制和更具活力、更加开放的经济体系"部署，2003年10月，党的十六届三中全会审议通过《中共中央关于完善社会主义市场经济体制若干问题的决定》，就完善社会主义市场经济体制作出一系列重大决策和部署，对全面推进改革开放和社会主义现代化建设具有深远意义，引领经济体制改革进入崭新阶段。

一、明确完善社会主义市场经济的目标和任务

自党的十四届三中全会以来，经过10年的实践，建立社会主义市场经济体制框架的任务初步完成，但经济体制仍面临新的问题和挑战。2003年，我国人均GDP首次突破1000美元大关，经济社会发展呈现出几种特征：第一，从发展阶段看，整个经济体正处在工业化、城镇化加速发展的重要时期，正处在从传统农业社会向现代工业社会转变的关键时期；从经济体制来看，我国正处在从计划

经济体制向社会主义市场经济体制转变的关键时期，社会主义市场经济体制已初步建立，但要彻底消除计划经济体制的弊端、进一步完善社会主义市场经济体制的任务仍然十分艰巨。第二，随着经济结构的深刻变化，城乡之间、地区之间、产业之间以及占有不同资源的群体之间的收入差距在拉大。第三，社会需求升级并且越来越多样化。第四，经济体制改革引发社会利益分化，多元化的利益主体正在形成。

因此，2003年10月，党的十六届三中全会通过《中共中央关于完善社会主义市场经济体制若干问题的决定》，全面部署完善社会主义市场经济体制的各项任务。从1978年党的十一届三中全会提出改革开放到1992年党的十四大明确我国经济体制改革的目标是建立社会主义市场经济体制，再到2002年党的十六大提出到2020年建成完善的社会主义市场经济体制的改革目标，大致经历了"目标探索""框架构建""制度完善"三个阶段。《中共中央关于完善社会主义市场经济体制若干问题的决定》与党的十四届三中全会通过的《中共中央关于建立社会主义市场经济体制若干问题的决定》遥相呼应，勾勒出我国市场经济体制改革不断深化的轨迹。

《中共中央关于完善社会主义市场经济体制若干问题的决定》鲜明提出完善社会主义市场经济体制"五个统筹"重要思想和"五个坚持"具体要求，明确阐述了完善社会主义市场经济体制的目标和任务。完善社会主义市场经济体制的目标：按照统筹城乡发展、统筹区域发展、统筹经济社会发展、统筹人与自然和谐发展、统筹国内发展和对外开放的要求，更大程度地发挥市场在资源配置中的基础性作用，增强企业活力和竞争力，健全国家宏观调控，完善政府社会管理和公共服务职能，为全面建设小康社会提供强有力的体制保障。

完善社会主义市场经济体制的主要任务：完善公有制为主体、多种所有制经济共同发展的基本经济制度；建立有利于逐步改变城乡二元经济结构的体制；形成促进区域经济协调发展的机制；建设统一开放竞争有序的现代市场体系；完善宏观调控体系、行政管理体制和经济法律制度；健全就业、收入分配和社会保障制度；建立促进经济社会可持续发展的机制。[①]《中共中央关于完善社会主义市场经济体制若干问题的决定》开启了完善社会主义市场经济体制的全新阶段。

《中共中央关于完善社会主义市场经济体制若干问题的决定》全面总结了我国20多年来改革开放的经验，提出了完善社会主义市场经济体制的目标和任务，明确了强化经济体制改革的指导思想和原则，对我国经济体制改革作出了全面部署，是一份深化改革的纲领性文件。

二、确立新型国资监管体制

针对长期制约国有企业改革发展的体制性矛盾和问题，党的十六大确立了新的国有资产管理体制。2003年3月，国务院国资委正式成立。到2004年6月，全国各省（区、市）国有资产监管机构相继组建。在随后的5年时间内，国务院授权国资委代表国务院依法履行职责，从落实国有资产保值增值责任、规范公司董事会

---

① 《中共中央关于完善社会主义市场经济体制若干问题的决定》，载中共中央文献研究室编：《十六大以来重要文献选编》，北京：中央文献出版社，2005年版，第465页。

建设、创新中央企业选人用人机制、调整优化中央企业布局结构和加强监管等方面入手，持续深化国资监管体制改革。2003年，国家先后出台《中央企业负责人经营业绩考核暂行办法》《关于规范国有企业改制工作的意见》《企业国有产权转让管理暂行办法》，对中央企业负责人实施年度和任期经营业绩考核，按照考核结果严格兑现奖惩，促进国有企业改制和国有产权转让逐步走上规范运作轨道，防止国有资产流失。同时，按照现代企业制度要求的选人用人机制需求，推动中央企业高级经营管理者公开招聘，探索党管干部原则与市场化选聘经营管理者相结合的途径。从2004年起，在中央企业进行国有独资公司建立和完善董事会试点工作，建立健全外部董事制度，授予董事会部分出资人权利，积极探索党组织发挥政治核心作用的有效方式和途径。2006年，国资委研究制订《中央企业布局和结构调整的指导意见》《关于推进国有资本调整和国有企业重组的指导意见》，促进国有资本进一步向关系国家安全和国民经济命脉的重要行业和关键领域集中，中央企业布局结构调整的思路进一步清晰。

三、发展混合所有制经济

《中共中央关于完善社会主义市场经济体制若干问题的决定》在经济体制改革理念上有新的突破，首次提出要适应经济市场化不断发展的趋势，进一步增强公有制经济的活力，大力发展国有资本、集体资本和非公有资本等参股的混合所有制经济，实现投资主体多元化，使股份制成为公有制的主要实现形式。其中"大力发展混合所有制经济"以及"使股份制成为公有制的主要实现形式"的新提法，是对改革经验的总结，是探索公有制和市场经济相结合有效形式的成果，也是在继承基础上的重大理论突破。这一重大理论的形成，具有鲜明的历史轨迹，展现出我们党对公有制实现形式的认识经历了一个不断深化的过程。党的十四届三中全会提出，随着产权的流动和重组，财产混合所有的经济单位越来越多，将会形成新的财产所有结构。党的十五大提出，股份制是现代企业的一种资本组织形式，资本主义可以用，社会主义也可以用。党的十五届四中全会提出，国有大中型企业尤其是优势企业，宜于实行股份制的，要通过规范上市、中外合资和企业互相参股等形式，改为股份制企业，发展混合所有制经济。党的十六大提出，除极少数必须由国家独资经营的企业外，积极推行股份制，发展混合所有制经济。党的十六届三中全会提出关于"使股份制成为公有制的主要实现形式"的新论述。这表明我国在全面理解公有制、进一步探索公有制特别是国有制的多种有效实现形式等方面，已完全摆脱了计划经济条件下对公有制的理解，形成公有制实现形式认识上的重大突破。

在实践层面，国有企业股份制改革取得重大进展，一批具有国际竞争力的大企业大公司发展壮大，2006年，全国国有企业资产总额比2002年增长60.9%，实现利润增长2.23倍，税收增长1.05倍。国有经济布局结构进一步优化。一些产业关联度高、具有优势互补和战略协同效应的中央企业围绕做强主业进行了联合重组，到2007年底，中央企业户数从196家减少至152家。中央企业80%以上的国有资产集中在军工、能源、交通、重大装备制造、重要矿产资源开发等领域，承担着几乎全部的原油、天然气和乙烯生产，提供了全部的基础电信服务和大部分增值服务。同时，国有资本的控制力不断增强，国有资本直接支配或控制的社会资本1.2万亿元，比 2003 年增长 1.1 倍。

四、建立现代产权制度

　　党的十六届三中全会首次提出，建立归属清晰、权责明确、保护严格、流转顺畅的现代产权制度。产权是所有制的核心和主要内容，建立健全现代产权制度，是完善我国基本经济制度的内在要求。长期以来，我国产权制度改革较为滞后，产权制度上的缺陷成为我国传统计划经济中企业低效率的重要根源。1993 年，党的十四届三中全会提出，建立适应市场经济要求的产权清晰、权责明确、政企分开、管理科学的现代企业制度。经过 10 年的改革实践，我国以公有制为主体、多种所有制经济共同发展的格局基本形成，单一的公有产权已经被多元化的产权所取代，产权制度的重要性更加凸显，社会上深化产权制度改革、加强产权保护的呼声强烈。2003 年，党的十六届三中全会明确提出，建立归属清晰、权责明确、保护严格、流转顺畅的现代产权制度。要依法保护各类产权，健全产权交易规则和监管制度，推动产权有序流转，保障所有市场主体的平等法律地位和发展权利。建立健全现代产权制度，有利于维护公有财产权，巩固公有制经济的主体地位；有利于保护私有财产权，促进非公有制经济发展；有利于促进各类资本的流动重组，推动混合所有制经济发展。[①] 这是党中央在总结改革实践经验的基础上，根据新时期新阶段深化改革的客观要求，在党的文献中

---

① 《中共中央关于完善社会主义市场经济体制若干问题的决定》，载中共中央文献研究室编：《十六大以来重要文献选编》（上），北京：中央文献出版社，2005 年版，第 467 页。

首次对现代产权制度的地位和意义予以阐述，是社会主义市场经济理论的又一重大突破，推动我国产权制度改革迈出新步伐。

五、提出"非公经济36条"概念

党的十六届三中全会明确强调，大力发展和积极引导非公有制经济，允许非公有资本进入法律法规未禁入的基础设施、公用事业及其他行业和领域，在投融资、税收、土地使用和对外贸易等方面，与其他企业享受同等待遇。从党的十二大和十三大分别确认个体经济、私营经济是公有制经济的"有益补充"到党的十五大明确提出非公有制经济是社会主义市场经济"重要组成部分"，从党的十四大确立多种经济成分长期"共同发展"的方针到党的十六届三中全会提出"积极引导"非公有制经济，表明党对非公有制经济地位认识不断深化，进一步明确了鼓励、支持非公有制经济发展的方针政策。

为进一步推进非公有制经济健康有序发展，消除影响其发展的体制机制障碍，2005年2月，国务院印发《关于鼓励支持和引导个体私营等非公有制经济发展的若干意见》。该文件共计36条，又被称为"非公经济36条"，从放宽对非公有制经济的市场准入、加大对非公有制经济的财税金融支持、完善对非公有制经济的社会服务等7个方面提出了促进非公有制经济发展的36条具体政策措施。之后，有关部门又相继出台40多份配套文件，形成一整套鼓励非公有制经济发展的政策法规。在一系列政策措施推动下，非公有制经济在促进经济增长、扩大就业、增加税收和活跃市场等方面，发挥了越来越大的作用。在此基础上，为进一步引导民间投资健康发展，2010年5月，国务院印发《关于鼓励和引导民间投资健康发展的若干意见》，明确民间资本可以进入能源、军工、电信、航空运输等行业，非公有制经济发展的体制环境得到改善。

六、要素市场建设持续加强

为在更大程度上发挥市场对资源配置的基础性作用，使劳动、资本、技术和管理等生产要素参与分配，党的十六届三中全会后，在进一步完善商品市场的同时，资本、土地、劳动力等要素市场建设持续加强，统一、开放、竞争、有序的市场体系建设加速推进。

资本市场进一步规范发展。2003年，党的十六届三中全会把加快资本市场发展提到十分重要的地位，强调大力发展资本市场，明确提出了资本市场发展的方向和重点。2004年1月，国务院发布《关于推进资本市场改革开放和稳定发展的若干意见》，从九个方面对推进资本市场改革开放和稳定发展提出要求，推动资本市场进入规范发展轨道。同年5月，国务院批准在深圳证券交易所主板市场内设立中小企业板块，在建设多层次资本市场体系方面迈出重要一步。2005年10月，中国债券市场首次引入外资机构发行主体，实现债券市场对外开放的有益尝试。2007年，新修订的《期货交易管理条例》公布，将期货公司业务范围由商品期货扩展到金融期货和期权交易，进一步强化了风险控制的监督管理。至2007年底，企业通过发行股票和可转债共筹集资金1.9万亿元，境内上市公司达到1550家，总市值达到32.71万亿元。

土地市场化程度显著提高。土地市场制度建设快速推进，国务院于2004年、2006年先后印发《关于深化改革严格土地管理的决定》《关于加强土地调控有关问题的通知》，积极运用土地政策参与宏观调控，促进经济增长方式和土地利用方式转变，严格保护18亿亩耕地红线。针对土地使用权，又先后出台《招标拍卖挂牌出让国有土地使用权规范》《协议出让国有土地使用权规范》等一系列出让规定和政策性文件，要求经营性土地必须实行招标拍卖挂牌的市场化办法，推动我国基本建立起国有土地"招拍挂"出让制度，取得良好成效。各地对商业、旅游、娱乐和商品住宅等经营性土地全面实行"招拍挂"出让，出让程序进一步细化，操作行为更加规范，国有土地"招拍挂"出让比例明显提高。全国"招拍挂"出让土地的面积和金额从2001年的0.66万公顷、492亿元，提高到2007年的11.53万公顷、9551亿元。2007年，《中华人民共和国物权法》对土地招标拍卖挂牌范围作出明确规定，在法律上确立了以国有建设用地使用权招标拍卖等公开竞价方式出让的市场配置制度，为土地市场的规范运行奠定了坚实的法律基础，工业用地"招拍挂"制度全面实行。按照国务院部署，土地市场治理整顿持续开展，将国有土地使用权招标、拍卖挂牌制度落实情况作为治理整顿的重要内容。招标拍卖挂牌制度得到有效落实，土地市场环境进一步净化。

劳动力市场快速发展。2003年以来，各地进一步深化户籍管理制度改革，探索建立城乡统一户口登记制度，取消农业、非农业户口界限，以具有合法固定住所和稳定就业作为落户的基本条件，逐步放宽中小城市户口迁移限制。到2007年，12个省级政府取消了农业户口和非农业户口的二元性质划分，实行统一的户口登记政策。进一步减少对农民进城务工就业的歧视性限制，促进了劳动力流动，推动了城乡劳动力市场一体化发展。到2005年底，城镇从业人员有 2.733 亿人，其中，非国有单位从业人员 2.084 亿人，占 76.26%，劳动力市场化程度进一步提高。从 2008 年起，《中华人民共和国劳动合同法》《中华人民共和国就业促进法》实施，初步形成了以《中华人民共和国劳动法》为主体的劳动关系的法律法规体系，建立了市场导向就业机制、劳动合同和集体合同制度、三方协调机制、劳动标准体系、劳动争议处理体制和劳动保障监察制度等，为劳动力市场运行与完善提供法律、制度保障。

七、统筹城乡发展

党的十六届三中全会首次提出"建立有利于逐步改变城乡二元经济结构的体制"的主要任务，强调"统筹城乡发展"，明确"依法保障农民对土地承包经营的各项权利、改革征地制度和完善征地程序、把通过流通环节的间接补贴改为对农民的直接补贴以切实保护种粮农民的利益、大力发展县域经济"等具体举措，为进一步巩固改革成果、解决当前问题提供了方向和思路。[①] 从 2004 年起，中央连续发布多个一号文件，出台一系列重要方针政策，推动城乡协调发展，建立健全以工促农、以城带乡的长效机制，城镇化水平稳步提高，"三农"问题投入力度不断加大，农村基础设施条件大为改善，逐步实现了由城乡分割向城乡一体化发展的重要转变。

2003 年 12 月，中共中央、国务院印发《关于促进农民增加收入若干政策的意见》，强调按照统筹城乡发展要求，坚持"多予、

---

① 《中共中央关于完善社会主义市场经济体制若干问题的决定》，载中共中央文献研究室编：《十六大以来重要文献选编》（上），北京：中央文献出版社，2005 年版，第 469 页。

少取、放活"方针，强化对农业支持保护，尽快扭转城乡居民收入差距不断扩大的趋势。2004年12月，中共中央、国务院印发《关于进一步加强农村工作提高农业综合生产能力若干政策的意见》，指出要把加强农业基础设施建设，加快农业科技进步，提高农业综合生产能力，作为一项重大而紧迫的战略任务。2005年12月，中共中央、国务院印发《关于推进社会主义新农村建设的若干意见》，指出"十一五"期间，必须抓住机遇，加快改变农村经济社会发展滞后的局面，对社会主义新农村建设作出部署。同年12月，十届全国人大常委会第十九次会议决定废止《中华人民共和国农业税条例》，中国农民告别了延续2000多年的"皇粮国税"，国民收入分配格局发生历史性变革。2006年12月，中共中央、国务院印发《关于积极发展现代农业扎实推进社会主义新农村建设的若干意见》，明确指出发展现代农业是社会主义新农村建设的首要任务，并提出用现代物质条件装备农业，用现代科学技术改造农业，用现代产业体系提升农业等一系列新要求。系列文件的印发落实，进一步推动农村改革，为农村发展创造了良好的环境。

八、完善宏观调控体系

适应发展社会主义市场经济要求，党的十六届三中全会后，财税、金融、投资等方面改革不断深化，国家宏观调控体系进一步完善。

积极推进财政税收体制改革。持续完善分税制财政管理体制，实施所得税收入分享改革与出口退税机制改革，完善中央对地方的财政转移支付制度，初步建立了符合国情与市场经济要求的政府间财政关系框架。深入推进部门预算改革，深化"收支两条线"管理改革，从 2003 年起在中央 40 个部门试点基础上全面推开，并逐步扩大到地方各部门，基本确立了国库集中收付制度在财政财务管理中的基础地位。按照"简税制、宽税基、低税率、严征管"的原则，启动新一轮税制改革。加快推进农村税费改革，自 2003 年起实施减免农业税，2006 年 31 个省、自治区、直辖市全部免征农业税。推动由生产型增值税向消费型增值税转型改革试点，自 2004 年 7 月起对东北地区的装备制造业、石油化工业等八大行业实施增值税转型试点，2007 年扩大到中部 26 个老工业基地城市。修改《中华人民共和国个人所得税法》，优化个人所得税制。进一步调整和完善消费税，统一内外资企业所得税等，形成了更加有利于科学发展、促进社会和谐的税收体系，有力地促进经济社会全面、协调与持续发展。

加快金融体制改革。推进国有商业银行股份制改造，从 2002 年起，四大国有商业银行中的中国银行、中国建设银行、中国工商银行，通过注资、财务重组，引进战略投资者等举措，建立健全法人治理结构，并分别于 2005 年、2006 年在境内外成功上市，使国有商业银行向现代金融企业迈出重要一步。全面推进农村金融改革，2003 年 6 月，国务院决定在浙江等 8 个省份实施农村信用社改革试点。2004 年 8 月，除海南、西藏以外的 29 个省、自治区、直辖市全面推开此项改革，进一步完善了农村信用社治理结构，使之成为主要为农村服务的金融企业。健全金融监管体制，2003 年银监会成立，专司银行业金融机构监管职能。至此，中国金融管理形成了"一行三会"的分业监管格局，金融监管体系进一步完善。截至 2007 年末，全国共有内外资银行业金融机构的法人机构 8877 家，各类证券公司 106 家，保险公司 110 家，银行业、证券公司、保险公司总资产分别达到 2002 年底的 2.2 倍、3.2 倍、4.6 倍。加快金融体制改革，促进了金融业稳定健康发展，充分发挥了金融对国家经济发展的支持作用。

完善投资体制改革。2004 年 7 月，国务院印发《关于投资体制改革的决定》，提出了进一步深化投资体制改革的指导思想、目标和具体措施，有关部门制定、发布一系列配套的规章文件，投资体制改革取得积极进展。企业投资主体地位逐步确立，到 2006 年，约 80% 的企业投资项目实行备案制，报政府核准的项目数量大大减少，国务院和发展改革委核准和审批项目数量下降了约 40%。为规范投资管理，有关部门颁发了一系列规范性文件，规范政府投资项目审批，加强财政投资管理，推动中央预算内投资项目代建制试点工作。进一步转变投资宏观调控方式，加大编制规划工作力度，发布实施了 30 多项中长期规划。适时调整有关产业政策、发布产业指导目录、公布行业准入标准等，对社会投资实施以间接方式为主的宏观调控。

第三节　从制度上更好发挥市场在资源配置中的基础性作用

党的十六届三中全会以来，在党中央、国务院的领导下，各级党委、政府紧紧围绕完善社会主义市场经济体制，推动市场体系不断健全、宏观调控持续改善、政府职能加快转变。党的十七大是一次承前启后的重要会议，对推进社会主义市场经济体制日趋完善发挥了重要作用。党的十七大报告对深化经济体制改革作出了重要部署，提出要在完善社会主义市场经济体制方面取得重大进展，要深化对社会主义市场经济规律的认识，从制度上更好发挥市场在资源配置中的基础性作用。[①] 这一要求标志着市场配置资源进入制度化的新阶段。

一、加快形成统一开放竞争有序的现代市场体系

党的十七大以后，现代市场体系建设取得积极进展，资源性产品价格形成机制进一步理顺。党的十七大明确提出加快形成统一开放竞争有序的现代市场体系，发展各类生产要素市场。围绕这一要求，2011年6月，中共中央办公厅、国务院办公厅印发《关于深化政务公开加强政务服务的意见》，提出建立统一规范的公共资源交易平台，完善公共资源配置、公共资产交易、公共产品生产领域的市场运行机制，推进公共资源交易统一集中管理，逐步拓展公共资源市场化配置的实施范围。2010年至2011年，国务院先后下发《关于坚决遏制部分城市房价过快上涨的通知》《关于进一步做好房地产市场调控工作有关问题的通知》，开展房地产市场调控，规范房地产市场发展。2009年2月，国务院下发《关于做好当前经济形势下就业工作的通知》，鼓励社会资本投资人力资源服务领域，建立人力资源市场监管体系，加强市场监管，维护市场各类主体合法权益，健全公共就业服务体系，培育和完善统一开放竞争有序的人力资源市场。

[①] 胡锦涛：《高举中国特色社会主义伟大旗帜，为夺取全面建设小康社会新胜利而奋斗》，载中共中央文献研究室编：《十七大以来重要文献选编》（上），北京：中央文献出版社，2009年版，第17页。

建立现代市场体系，要完善反映市场供求关系、资源稀缺程度、环境损害成本的生产要素和资源价格形成机制。围绕这一要求，"十二五"期间，我国不断深化资源性产品价格和环保收费改革。水价改革方面，完善水资源费、水利工程供水价格和城市供水价格政策。电价改革方面，推行大用户电力直接交易和竞价上网试点，完善输配电电价形成机制，改革销售电价分类结构。积极推行居民用电、用水阶梯价格制度。完善成品油价格形成机制方面，积极推进市场化改革，理顺天然气与可替代能源比价关系。按照价、税、费、租联动机制，适当提高资源税税负，完善计征方式，将重要资源产品由从量定额征收改为从价定率征收，促进资源合理开发利用。环保收费制度改革方面，建立健全污染者付费制度，提高排污费征收率；改革垃圾处理费征收方式，适当提高垃圾处理费标准和财政补贴水平；完善污水处理收费制度；积极推进环境税费改革，选择防治任务繁重、技术标准成熟的税目开征环境保护税，逐步扩大征收范围。

二、形成各种所有制经济平等竞争、相互促进新格局

党的十七大报告指出，要坚持和完善公有制为主体、多种所有制经济共同发展的基本经济制度，毫不动摇地巩固和发展公有制经济，毫不动摇地鼓励、支持、引导非公有制经济发展，坚持平等保护物权，形成各种所有制经济平等竞争、互相促进新格局。深化国有企业公司制股份制改革，健全现代企业制度，优化国有经济布局和结构，增强国有经济活力、控制力、影响力。深化垄断行业改革，引入竞争机制，加强政府监管和社会监督。加快建设国有资本

经营预算制度。完善各类国有资产管理体制和制度。推进集体企业改革，发展多种形式的集体经济、合作经济。推进公平准入，改善融资条件，破除体制障碍，促进个体、私营经济和中小企业发展。以现代产权制度为基础，发展混合所有制经济。①

巩固和发展公有制经济方面，2008年10月，国务院国资委党委和中共中央组织部联合印发《关于董事会试点中央企业董事会选聘高级管理人员工作的指导意见》。这是组织部门第一次把中央企业高管的选聘权交给董事会，推进了出资人选派董事、董事会选聘和监督管理层的国有企业领导者分层分类管理制度的建立。2010年7月，中共中央办公厅、国务院办公厅印发《关于进一步推进国有企业贯彻落实"三重一大"决策制度的意见》，要求中央凡属重大决策、重要人事任免、重大项目安排和大额度资金运作（以下简称"三重一大"）事项必须由国有企业党委（党组）、董事会和未设董事会的经理班子等决策机构集体决策，董事会、未设董事会的经理班子研究"三重一大"事项时，应事先与党委（党组）沟通，听取党委（党组）的意见。2009年5月1日，《中华人民共和国企业国有资产法》开始施行，这一法律在中国特色社会主义法律体系中占据重要地位，对维护国家基本经济制度，巩固和发展国有经济，加强对国有资产的保护，发挥国有经济在国民经济中的主导作用，促进社会主义市场经济发展具有重要意义。

鼓励、支持、引导非公有制经济发展方面，2009年9月和

---

① 胡锦涛：《高举中国特色社会主义伟大旗帜，为夺取全面建设小康社会新胜利而奋斗》，载中共中央文献研究室编：《十七大以来重要文献选编》（上），北京：中央文献出版社，2009年版，第20页。

2012年4月，国务院先后印发《关于进一步促进中小企业发展的若干意见》《关于进一步支持小型微型企业健康发展的意见》，提出深化垄断行业改革，扩大市场准入范围，降低准入门槛，进一步营造公开公平的市场环境，并从缓解融资困难、加大财税支持、加快创新发展和结构调整、支持开拓市场、提高和改进公共服务、提高经营管理水平、促进聚集发展等多方面提出若干支持政策。2010年5月，国务院印发《关于鼓励和引导民间投资健康发展的若干意见》（即"新非公36条"），鼓励和引导民间资本进入法律法规未明确禁止的准入的行业和领域，明确民间资本可以进入能源、军工、电信、航空运输、社会事业、金融服务等领域，非公有制经济发展的体制环境得到改善。2011年3月，国务院第149次常务会议通过《个体工商户条例》，标志着实施近24年的《城乡个体工商户管理暂行条例》退出历史舞台。《个体工商户条例》放宽了对个体工商户经营的限制，对个体工商户登记管理事项进行了调整。在一系列个体私营经济发展方针、政策的鼓励下，个体经济迅速发展。截至2012年底，我国共有个体工商户4050多万户，数量首次突破4000万户。2012年5月，为落实国务院要求，积极鼓励和引导民间投资参与国有企业改制重组，国资委印发《关于国有企业改制重组中积极引入民间投资的指导意见》，提出推动民间投资参与国有企业改制重组的基本原则，即符合国家对国有经济布局与结构调整的总体要求和相关规定，遵循市场规律，尊重企业意愿，平等保护各类相关利益主体的合法权益。这份文件还规定了引入民间投资的路径和方式，明确了民间投资参与国有企业改制重组的具体措施。

三、健全和完善宏观调控

适应发展社会主义市场经济和经济社会发展需要，党的十七大后，行政体制、财税、金融、农村等领域改革持续深化，国家宏观调控体系不断健全和完善。

深化行政体制改革。2008年3月，中共中央、国务院印发《关于深化行政管理体制改革的意见》，政府职能转变迈出重要步伐，为从制度上更好地发挥市场在资源配置中的基础性作用提供了重要指引。2008年3月，十一届全国人大一次会议通过《关于国务院机构改革方案的决定》，本轮机构改革对于推行大部制、提高行政效率、降低行政成本，加强和改善宏观调控发挥了重要作用；同年8月，中共中央、国务院印发《关于地方政府机构改革的意见》，地方政府机构改革相继展开。与此同时，行政审批制度改革也不断深化。2008年5月，国务院批准建立行政审批制度改革工作部际联席会议制度，经过各方面共同努力，各项工作扎实有效推进，取得了明显成效。2002年至2012年，国务院先后分6批取消和调整2497项行政审批项目，逐步改变政府直接干预微观经济活动的做法和主要用行政手段管理经济的方式。地方政府及相关部门也加大行政审批制度改革力度，各省（区、市）本级同期取消和调整3.7万余项审批项目，普遍建立了"一站式""一条龙"审批服务大厅和行政服务中心、行政投诉中心等，提高了为群众办事的效率。

深化财税金融体制改革。财政体制改革方面，2009年6月，财政部出台《关于推进省直接管理县财政改革的意见》，提出"2012年底前，力争全国除民族自治地区外全面推进省直接管理县财政改革"的总体目标，实行省直接管理县财政改革，在政府间收支划分、转移支付、资金往来、预决算、年终结算等方面，省财政与市、县财政直接联系，开展相关业务工作。[①] 税收体制改革方面，2008年1月1日，十届全国人大五次会议通过的《中华人民共和国企业所得税法》正式生效实施，标志着长期以来我国企业所得税按内外资企业分别立法的做法成为历史，税负公平取得新进展。2008年11月，国务院常务会议决定在全国范围实施增值税转型改革，自2009年1月1日起，在全国范围内逐步实施由生产型增值税向消费型增值税转型的改革，以取消生产型增值税存在的重复征税因素，减轻纳税人负担；推进个人所得税改革，以减轻中低收入者的税收负担；进行成品油税费改革和资源税改革，以发挥税收对节能减排的调节作用。金融体制改革方面，2008年12月，国务院办公厅印发《关于当前金融促进经济发展的若干意见》，通过设立包括中央、地方财政出资和企业联合组建在内的多层次中小企业贷款担保基金和担保机构，提高金融机构中小企业贷款比重，支持中小企业发展；推进上市商业银行进入交易所债券市场试点；完善中小企业板市场各项制度，适时推出创业板，逐步完善有机联系的多层次资本市场体系。[②] 2009年4月，国务院常务会议决定在上海市和广东省广州、深圳、珠海、东莞4个城市开展跨境贸易人民币结算试点，并在2011年8月向全国推行。2009年10月30日，中国创业板正式上市。

建设社会主义新农村。党的十六大以来，党中央统筹城乡发

[①] 《财政部关于推进省直接管理县财政改革的意见》，财政部网站，2009年7月9日。
[②] 《国务院办公厅关于当前金融促进经济发展的若干意见》，中国政府网，2008年12月13日。

展，出台系列强农惠农富农政策，以工业反哺农业和城乡一体化为内核的新"三农"政策体系逐步确立，社会主义新农村建设取得举世瞩目的成就。2005年10月，党的十六届五中全会提出建设社会主义新农村的战略任务，明确提出建设"生产发展、生活宽裕、乡风文明、村容整洁、管理民主"的社会主义新农村，推进现代农业建设，大力发展农村公共事业。2004年至2011年，党中央连续8年印发中央一号文件，加强对农业的支持保护，加快发展农村社会事业，推进城乡统筹发展。自2007年10月起实施的《中华人民共和国物权法》将土地承包经营权界定为用益物权，从法律上明确了土地承包经营权的财产权性质，赋予农民更加充分而有保障的土地承包经营权。2008年6月，中共中央、国务院印发《关于全面推进集体林权制度改革的意见》，集体林权制度改革开始全面展开，在这一过程中25亿多亩集体林地承包到户，数万亿元林木资产落实到户。2007年6月7日，国家发展改革委发出《关于批准重庆市和成都市设立全国统筹城乡综合配套改革试验区的通知》，要求两市根据统筹城乡综合配套改革试验的要求，全面推进各个领域的体制改革，并在重点领域和关键环节率先突破，大胆创新，尽快形成统筹城乡发展的体制机制。2009年4月和5月，国务院分别批复同意《重庆市统筹城乡综合配套改革试验总体方案》《成都市统筹城乡综合配套改革试验总体方案》。党的十六大以来，中央"三农"投入逐年增长，在宏观调控中始终坚持加强和保护农业，出台了取消农业税和农业特产税等支农惠农政策，实施重点粮食品种最低收购价格政策，制定对粮食主产区和财政困难县实行奖励补助的激励政策，强化对农业基础设施建设的支持政策，逐步形成保护和支持农业的政策体系框架。

四、进一步完善社会保障制度

构建最低生活保障制度。2007年,十届全国人大五次会议决定,在全国范围建立农村最低生活保障制度。2012年9月,国务院印发《关于进一步加强和改进最低生活保障工作的意见》,从完善最低生活保障对象认定条件、规范最低生活保障审核审批程序、建立救助申请家庭经济状况核对机制、加强最低生活保障对象动态管理、健全最低生活保障工作监管机制、建立健全投诉举报核查制度、加强最低生活保障与其他社会救助制度的有效衔接七大方面加强和改进最低生活保障工作。构建基本医疗保险制度方面,2007年7月,国务院印发《关于开展城镇居民基本医疗保险试点的指导意见》,探索和完善城镇居民基本医疗保险的政策体系,形成合理的筹资机制、健全的管理体制和规范的运行机制,逐步建立以大病统筹为主的城镇居民基本医疗保险制度。构建社会养老保险制度方面,2009年9月,国务院印发《关于开展新型农村社会养老保险试点的指导意见》,启动新农保试点,探索建立个人缴费、集体补助、政府补贴相结合的新农保制度。2011年6月,国务院印发《关于开展城镇居民社会养老保险试点的指导意见》,启动城镇居民养老保险试点,探索建立个人缴费、政府补贴相结合的城镇居民养老保险制度,并明确提出有条件的地区可以合并实施城乡居民两项养老保险制度。到2012年,全国形成以各级社会保险经办机构为主干、以银行及各类定点服务机构为依托、以社区劳动保障工作平台为基础的社会保障管理服务组织体系和服务网络,建立起中央、省、市三级网络,实现省、部联网和数亿名参保人员的监测数据上传。一系列重大政策的出台、重大制度的构建、重大举措的推行,有效落实了党的十六届三中全会通过的《中共中央关于完善社会主义市场经济体制若干问题的决定》的要求，为加快建设与经济发展水平相适应的社会保障体系奠定了坚实基础。

五、形成中国特色社会主义法律体系

社会主义市场经济本质上是法治经济。1997年，随着社会主义市场经济体制的逐步建立、对外开放水平的不断提高、民主法治建设的深入推进和各项事业的全面发展，为把中国特色社会主义事业全面推向21世纪，党的十五大、党的十六大均提出社会主义市场经济的法治建设相关要求，到2010年形成中国特色社会主义法律体系。按照这一目标要求，为保障和促进社会主义市场经济的发展，适应加入世界贸易组织的需要，我国继续抓紧开展经济领域立法，制定了《中华人民共和国证券法》《中华人民共和国合同法》《中华人民共和国招标投标法》《中华人民共和国信托法》《中华人民共和国个人独资企业法》《中华人民共和国农村土地承包法》《中华人民共和国政府采购法》等法律，修改了《中华人民共和国对外贸易法》《中华人民共和国中外合资经营企业法》《中华人民共和国中外合作经营企业法》《中华人民共和国外资企业法》《中华人民共和国专利法》《中华人民共和国商标法》《中华人民共和国著作权法》等法律。

2007年3月，《中华人民共和国物权法》获得十届全国人大五次会议通过，自2007年10月1日起施行，体现了社会主义基本经济制度和平等保护物权的市场法则，强化了国有资产保护，规范了现实生活中农民最为关心的土地承包经营权等问题，对建立"归属清晰、权责明确、保护严格、流转顺畅"的现代产权制度、推进经济改革和建设法治国家具有里程碑式的意义。2007年8月，十届全国人大常委会第二十九次会议通过《中华人民共和国反垄断法》，自2008年8月1日起施行，该法对垄断协议、滥用市场支配地位、排除限制竞争的经营者集中等垄断行为作了禁止性规定，在保护和促进公平竞争，维护市场秩序方面发挥了重要作用。截至2011年8月底，我国已制定《中华人民共和国物权法》等民法商法方面的法律33部，经济法方面的法律60部和一大批规范商事活动的行政法规、地方性法规。建立起系统完备的债权制度、物权制度、侵权责任制度、涉外民事关系法律适用制度、商事主体制度、商事行为制度、宏观调控制度、税收制度、竞争制度等市场经济活动制度。2007年，《中华人民共和国劳动合同法》《中华人民共和国就业促进法》《中华人民共和国劳动争议调解仲裁法》相继通过，建立健全了适应社会主义市场经济的劳动合同、促进就业和解决劳动争议的相关制度。2010年10月，十一届全国人大常委会第十七次会议通过《中华人民共和国社会保险法》，确立起覆盖城乡全体居民的社会保险体系，建立了基本养老保险、基本医疗保险、工伤保险、失业保险和生育保险共五项保险制度。截至2011年8月底，我国已制定社会法方面的法律18件和一大批规范劳动关系和社会保障的行政和地方性法规，建立起与市场经济配套的社会保障制度。

新中国成立以来特别是改革开放以来，我国立法工作取得举世瞩目的成就。截至2011年8月底，我国已制定现行宪法和有效法律共240部、行政法规706部、地方性法规8600多部，涵盖社会关系各方面的法律部门已经齐全，各法律部门中基本的、主要的法律已经制定，相应的行政法规和地方性法规比较完备，法律体系总体实现科学和谐统一，中国特色社会主义法律体系已经形成。

在这一时期，经济体制改革仍处于攻坚阶段，以科学发展观为指导，围绕全面完善社会主义市场经济体制和建立健全科学发展与社会和谐的体制机制，经济体制改革向纵深全面推进。党的十六大、十六届三中全会、十七大正是基于这一思考，就完善社会主义市场经济体制问题，特别是针对市场经济体制的基本框架，明确提出了进一步深化改革的具体内容。建立现代产权制度，完善产权保护制度，积极发展混合所有制经济，加快建设全国统一市场，完善现代市场体系，继续加快转变政府职能，推进分配体制改革，建设更加公平可持续的社会保障体系。党的十六大以来，我国国民经济的市场化程度明显提高，市场在资源配置中的基础性作用日益明显，社会主义市场经济体制初步建立，加之正式加入世界贸易组织，标志着我国改革开放的历史进程实现了关键性的跨越，也预示了探索社会主义市场经济理论进入新的阶段。

在这一时期，我国社会主义市场经济体制改革呈现出三方面新的显著变化。一是市场经济体制框架由构建阶段向全面完善阶段转变。社会主义市场经济体制框架的基本建立，并不等于建设新经济体制的任务已经完成。经济体制改革的主攻方向在哪里？党中央给出的答案在于"完善"两个字。早在 2000 年，党中央就提出，要用 10 年时间，到 2010 年建立比较完善的社会主义市场经济体制；再经过 10 年的努力，到新中国成立 100 周年的时候，使我们的体制更加完善和定型。在此基础上，党的十六大提出 21 世纪头 20 年全面建设小康社会的宏伟目标之一，就是建成完善的社会主义市场经济体制。《中共中央关于完善社会主义市场经济体制若干问题的决定》从广度和深度上推进市场化改革，完善社会主义市场经济体制。二是市场经济体制改革由"点式"和"面式"突进向侧重制度建设和顶层设计转变。党的十六大以前，我国以"点式"或"面式"突进方式，逐渐建立社会主义市场经济体制，市场在资源配置中发挥的基础性作用日益显现。党的十六大以后，我国继续坚持社会主义市场经济的改革方向，但改革不再偏重充满不确定性的政策变革，而是更加注意结构性反思和理性的系统化制度设计。深化社会主义市场经济体制改革极为重要的一项任务就是以更大的决心进一步消除束缚生产力发展的体制性障碍，并努力建设适应市场经济发展的新的制度体系，通过制度建设来巩固市场化改革成果且保障未来市场健康稳定及规范化发展。三是改革从侧重解决经济体制内在问题向关注经济社会整体协调发展转变。党的十六大以后，党中央及时提出科学发展观和构建社会主义和谐社会等重大战略思想，为解决我国进入新时期面临的深层次矛盾，进一步深化改革，完善社会主义市场经济体制提供了强大的理论武器。这一时期，在科学发展观的指导下，深化改革从解决经济体制内在问题向关注经济社会整体协调发展转变，建立有利于转变经济发展方式，实现经济协调统筹发展的体制机制，构建社会主义和谐社会，协调好改革、发展和稳定的关系。

总的来看，这一时期的经济体制改革最鲜明的特点是"立字当头，立破并举"。"立"是按照社会主义市场经济体制的总要求和框架方案的具体要求，对社会主义市场经济体制的重要制度进行建设。有立必有破，只有消除不适应社会主义市场经济体制的掣肘，新的制度建设才能顺利推进，故"立破并举"。如果将经济体制改革比作重建房屋，在前一阶段，我们只知道老房子破旧不堪需要拆掉，但拆了以后新房要建几层、用什么材料并不清楚，只能先拆掉，同时对影响施工安全的结构进行补建加固。而到了这一阶段，我们已经有了新房设计图，并根据设计图确定了修建步骤和计划，在对着设计图修建新房的过程中，同时拆去和新房设计图不符合的老旧结构。"立字当头"，是指在全局观念和系统思维指导下的普遍的"立"，不断构建系统完备、科学规范、运行有效的制度体系。"立破并举"，即对"立"和"破"系统谋划、总体部署、统筹实施，在构建新的体制机制的同时，破除不合时宜的思想观念和体制机制弊端，突破利益固化的藩篱，将经济体制改革不断引向深入，社会主义市场经济持续完善。党的十六大以来，我国经济体制改革就是既强调体制内在结构的补充和完善，又十分注重与其他各项改革的协同与统筹配套。市场经济与社会主义制度实现了进一步融合，社会主义市场经济理论也实现了向深度和广度的延伸发展。

第四章
构建高水平社会主义市场经济体制

▼

2013年,党的十八届三中全会通过《中共中央关于全面深化改革若干重大问题的决定》,提出全面深化改革,强调坚持社会主义市场经济改革方向,首次提出"使市场在资源配置中起决定性作用和更好发挥政府作用",明确了经济体制改革是全面深化改革的重点,其核心问题是处理好政府和市场的关系。对市场在资源配置中起决定性作用的定位,是党对中国特色社会主义建设规律认识的新突破,标志着社会主义市场经济发展进入一个新阶段。

第一节 市场在资源配置中起决定性作用和更好发挥政府作用

2012年11月8日,党的十八大在北京召开。以习近平同志为核心的党中央推动中国特色社会主义建设进入新时代,改革开放事业进入全面深化新阶段。党的十八大提出要加快完善社会主义市场经济体制和加快转变经济发展方式,全面深化经济体制改革,处理好政府和市场的关系,更加尊重市场规律,更好发挥政府作用。

2013年11月,党的十八届三中全会召开,对全面深化改革进行总体部署,全会通过的《中共中央关于全面深化改革若干重大问题的决定》指出，发挥经济体制改革牵引作用，推动生产关系同生产力、上层建筑同经济基础相适应，推动经济社会持续健康发展。经济体制改革作为全面深化改革的重点，核心问题是处理好政府和市场的关系，使市场在资源配置中起决定性作用和更好发挥政府作用，要着力解决市场体系不完善、政府干预过多和监管不到位问题，要积极稳妥从广度和深度上推进市场化改革，大幅度减少政府对资源的直接配置，推动资源配置依据市场规则、市场价格、市场竞争实现效益最大化和效率最优化。①在具体任务上，全会主要围绕坚持和完善基本经济制度、加快完善现代市场体系、加快转变政府职能、深化财税体制改革等展开，主要包括完善产权保护制度、积极发展混合所有制经济、推动国有企业完善现代企业制度、支持非公有制经济健康发展、建立公平开放透明的市场规则、完善主要由市场决定价格的机制、建立城乡统一的建设用地市场、完善金融市场体系、深化科技体制改革、健全宏观调整体系、全面正确履行政府职能、优化政府组织结构、改进预算管理制度、完善税收制度、建立事权和支出责任相适应的制度等，明确提出多项改革任务。

  在社会主义市场条件下发展市场经济，是党的伟大创举。以习近平同志为核心的党中央高度重视社会主义市场经济理论和实践问题，作出一系列新的阐述，提出许多新的重大理论观点。按照党的十八大和十八届三中全会的一系列战略部署，从 2012 年开始，各地区、各部门把改革放在更加突出的位置，重点领域和关键环节改革取得了新的进展。

---

① 《中共中央关于全面深化改革若干重大问题的决定》，《人民日报》，2013 年 11 月 16 日。

第四章　构建高水平社会主义市场经济体制

一、完善主要由市场决定价格的机制

价格改革贯穿于我国经济体制改革的全过程。党的十八届三中全会提出，完善主要由市场决定价格的机制，凡是能由市场形成价格的都交给市场，政府不进行不当干预。[①] 这为今后价格形成机制改革明确了前进方向，提出了基本要求。实践主要推动以下三方面改革。

放开重要商品与服务价格，健全市场定价机制。2014 年，国家发改委会同有关部门启动了为期 3 年的新疆棉花和东北、内蒙古大豆目标价格改革试点。2015 年实现了烟叶和蚕茧等产品的收购价格完全放开，以市场调节为主。2016 年，国务院印发《盐业体制改革方案》，有关部门跟进一系列政策性文件，取消价格行政管制，在盐业生产流通领域引入了市场竞争机制。2014 年，国家发改委会同有关部门发出《关于非公立医疗机构医疗服务实行市场调节价有关问题的通知》，放开了非公立医疗机构医疗服务价格。2016 年，国家发改委会同有关部门印发《推进医疗服务价格改革的意见》，对公立医疗机构医疗服务项目价格实行分类管理。2013 年，国家发改委发出《关于水资源费征收标准有关问题的通知》，规定了水资源平均征收的最低标准，资源有偿使用制度逐步建立。从 2014 年起，国家陆续下发《关于调整排污费征收标准等有关问题的通知》等文件，规定了污水处理收费下限。2016 年 1 月，国务院办公厅印发《关于推进农业水价综合改革的意见》，全面推进

[①]《中共中央关于全面深化改革若干重大问题的决定》，《人民日报》，2013 年 11 月 16 日。

农业水价综合改革。

　　优化价格调节机制。有序推进交通运输价格改革，自2013年以来，国家陆续放开短途航线票价、国内航线货物运价、港口码头货物装卸等劳务性收费、船舶供应服务收费。2014年，将铁路货运价格由政府定价改为政府指导价。2015年，建立铁路货运价格上下浮动机制。高铁动车组票价，普通游客列车软座、软卧票价从2016年起由铁路运输企业依法自主决定。健全石油价格市场化调整机制。2013年，国家发改委发出《关于进一步完善成品油价格形成机制的通知》，将调价周期缩短至10个工作日，取消调价幅度限制。2016年，国家发改委再次完善国内成品油价格机制，设定成品油调控下限，建立油价调控风险准备金制度，放开液化石油气价格。全面推进天然气价格改革。2013年至2015年，区分存量和增量，分三步实现了与可替代能源价格挂钩的动态调整机制。2016年10月，国家发改委印发《天然气管道运输价格管理办法（试行）》和《天然气管道运输定价成本监审办法（试行）》，构建起科学完善的管道运输价格监管体系。2016年11月，上海石油天然气交易中心正式营业。至此，占国内消费总量50%以上的气源价格完全由市场竞争。深化电力价格体制改革。2015年3月，中共中央、国务院印发《关于进一步深化电力体制改革的若干意见》，明确了按"准许成本加合理收益"原则核定输配电价，这是继2002年电改后国家层面启动的新一轮电力体制改革。2015年，放开跨省跨区电能交易价格。2017年6月，实现了核定输配电价的省级电网全覆盖。电信业务资费逐步实行市场调节价。2014年，工信部、国家发改委联合印发《关于电信业务资费实行市场调节价的通告》，对所有电信业务资费实行市场调节价。2017年《政府工作报告》提出年内全部取消手机国内长途和漫游费，三大运营商宣布自2017年9月1日起全面取消手机客户国内电话长途通话费和漫游通话费（不含港澳台地区），实现全国统一通话资费。

完善政府定价目录，健全价格法律法规体系。坚持把政府定价严格限定在必要范围内。2015年，中共中央、国务院印发《关于推进价格机制改革的若干意见》，提出要推进政府定价项目清单化，规范政府定价程序。2015年10月，国家发改委印发了新修订的《中央定价目录》，政府定价种类由13种减少到7种，具体定价项目由100项左右减少到20项。截至2016年7月，省级"三项目录清单"已全部公布，并逐步向市、县两级扩展。

二、推进"放管服"改革

大力推进简政放权，营商环境明显改善。减少行政审批事项。2013年至2017年，国务院印发《关于取消和下放一批行政审批项目等事项的决定》等文件，分10批取消下放行政审批事项670项，占原有1700项的39%；企业投资项目核准制改备案制；取消了"非行政许可审批"；清理规范国务院行政部门行政审批中介服务事项323项；地方政府有序开展"接、放、转"，多数省份行政审批事项减少50%左右。改革商事制度。工商登记由"先证后照"改为"先照后证"，注册资本由实缴制改为认缴登记制，前置审批精简85%，推进工商登记便利化。自2016年10月1日起，正式实施"五证合一、一照一码"登记制度改革。实行减税降费。自2016年5月1日起，我国全面推开营改增试点，至此，营业税退出历史舞台。同时取消、停征、减免一大批行政事业性收费和政府性基金。截至 2018 年 6 月，中央和省级政府取消、停征和减免行政事业性收费 1100 多项。削减资质资格审定。自 2014 年至 2016 年，国务院印发《关于取消一批职业资格许可和认定事项的决定》，分 7 批取消了 434 项职业资格，占总数的 70% 以上。推行清单管理。推动"三张清单"的编制，即权力清单、负面清单、责任清单。

实行市场准入负面清单管理方式。党的十八届三中全会提出，实行统一的市场准入制度，在制定负面清单基础上，各类市场主体可依法平等进入清单之外领域。[1] 这对处理好政府与市场关系具有里程碑意义。2014 年 6 月，国务院印发《关于促进市场公平竞争维护市场正常秩序的若干意见》，要求改革市场准入制度。制定市场准入负面清单，国务院以清单方式明确列出禁止和限制投资经营的行业、领域、业务等，清单以外的，各类市场主体皆可依法平等进入。[2] 2015 年 10 月，国务院印发了《关于实行市场准入负面清单制度的意见》，按照先行先试、逐步推开的原则，从 2015 年 12 月 1 日至 2017 年 12 月 31 日，在部分地区试行市场准入负面清单制度，积累经验、逐步完善，探索形成全国统一的市场准入负面清单及相应的体制机制，从 2018 年起正式实行全国统一的市场准入负面清单制度。[3]

加强事中事后监管，规范开放有序市场秩序，转变监管理念。

---

[1]《中共中央关于全面深化改革若干重大问题的决定》，《人民日报》，2013 年 11 月 16 日。
[2]《国务院关于促进市场公平竞争维护市场正常秩序的若干意见》，中国政府网，2014 年 7 月 8 日。
[3]《国务院关于实行市场准入负面清单制度的意见》，中国政府网，2015 年 10 月 19 日。

《关于促进市场公平竞争维护市场正常秩序的若干意见》明确了市场监管改革原则。2017年1月，国务院印发《"十三五"市场监管规划》，这是我国第一部综合性的市场监管规划。实行大部制。2018年3月，中共中央印发《深化党和国家机构改革方案》，组建市场监督管理局，中央层面的市场监管机构实现了统一。创新监管方式。2014年10月，我国开始实施《企业信息公示暂行条例》，将企业不诚信经营行为列入经营异常名录。2015年8月，国务院办公厅下发《关于推广随机抽查规范事中事后监管的通知》，全面推广"双随机、一公开"监管模式。2015年底，《严重违法失信企业名单管理暂行办法》出台，逐步形成"一处违法，处处受限"的惩戒机制。

优化政府服务，提升市场活力。建立政务信息资源共享管理和政务公开制度。2016年，党中央、国务院制定出台《政务信息资源共享管理暂行办法》《关于全面推进政务公开工作的意见》，推进政务决策、执行、管理、服务、结果公开。大力简化审批程序，创新服务方式。2016年，国务院出台《行政许可标准化指引（2016版）》，推行行政审批规范化。建设"互联网+政务服务"体系。2016年，国务院印发《关于加快推进"互联网+政务服务"工作的指导意见》，各地积极探索互联网服务模式。

三、深化国资国企改革

2013年11月，党的十八届三中全会为深化国有企业改革指明了方向，指出"推动国有企业完善现代企业制度"，"国有企业总体上已经同市场经济相融合，必须适应市场化、国际化新形势，以规范经营决策、资产保值增值、公平参与竞争、提高企业效率、增强企业活力、承担社会责任为重点,进一步深化国有企业改革"。[①] 2014年10月,国务院国企改革领导小组成立,对全国国有企业改革工作加强组织领导和指导把关,先后召开23次全体会议和多次专题会议,统筹研究和协调解决国企改革中的重大问题和难点问题。

2015年8月,中共中央、国务院《关于深化国有企业改革的指导意见》(以下简称《指导意见》),为新时期国企改革提供了总章程。以《指导意见》为引领,配套印发了多个专项意见或方案,形成国企改革"1+N"政策体系,共同构成深化国企改革的设计图、施工图,有力保证了国企改革有方向、有目标、有遵循,新时期全面深化国有企业改革的主体制度框架初步确立。各地结合实际出台落地文件超过900个。

四、深化财税体制改革

2014年6月,中央政治局审议通过《深化财税体制改革总体方案》,对改进预算管理制度、深化税收制度改革、调整中央与地方政府间财政关系分别进行了部署,标志着新一轮财税体制改革正式启动。2014年,十二届全国人大常委会第十次会议通过修订《中华人民共和国预算法》,为深化财税体制改革奠定了法律基础。同年,国务院印发《关于深化预算管理制度改革的决定》,确立预算

[①] 《中共中央关于全面深化改革若干重大问题的决定》,《人民日报》,2013年11月16日。

制度主体框架，明确预算管理权责收支范围。2016年8月，国务院印发《关于推进中央与地方财政事权和支出责任划分改革的指导意见》，第一次比较系统地提出从事权和支出责任划分推进财税体制改革。

党的十八届三中全会明确提出六大税种改革和修订《中华人民共和国税收征管法》，税收制度改革全面铺开。从2016年5月1日起，全国范围内全面推开营改增试点。2016年，国务院印发《全面推开营改增试点后调整中央与地方增值税收入划分过渡方案》。自2016年7月1日起，全面推进资源税改革。2017年，国务院印发《矿产资源权益金制度改革方案》，完善资源税费制度。2016年，十二届全国人大常委会第二十五次会议审议通过了《中华人民共和国环境保护税法》。个人所得税适当调整税收起征点，增加专项扣除。2015年，《中华人民共和国税收征收管理法》修订。2017年，《中华人民共和国烟叶税法》《中华人民共和国船舶吨税法》颁布。

五、推进金融管理体制改革

金融市场建设获得突破，金融机构多元发展。党的十八届三中全会明确提出"完善金融市场体系"的22条改革任务。利率市场化改革取得突破性进展。党的十八届三中全会后，信贷市场利率市场化改革全面启动，2013年，全面放开金融机构贷款利率管制，信贷市场利率市场化改革全面启动。2015年，中国人民银行对商业银行和农村合作金融机构等不再设置存款利率浮动上限。同年人民币汇率形成机制实施重大改革，形成"收盘汇率+一篮子货币汇率变化"汇率中间价形成机制。2015年，人民币跨境支付系统投产上线，初步构建跨境资金流转的大通道。征信市场和社会信用体系加快建设。2013年，国务院公布《征信业管理条例》，成为我国首部征信业法规。同年，中国人民银行出台《征信机构管理办法》。民营银行破冰，吹响银行体制多样化号角。2014年3月，银监会公布首批民营银行试点名单，正式启动民营银行试点工作。

直接融资服务领域拓宽，金融开放通道逐步完善。VC/PE市场进入规范发展阶段。2014年6月，中国证监会印发《私募投资基金监督管理暂行办法》，是首部关于私募投资基金的专门性监管法规。2015年，新修订的《中华人民共和国证券投资基金法》实施，首次明确公开募集与非公开募集界限。债券融资工具不断丰富。银行间债券市场先后推出绿色金融债、资产支持票据等债券品种，交易所市场增加绿色公司债、可续期公司债等品种。合格境内外投资者制度不断完善。2014年，中国人民银行印发《关于人民币合格境内机构投资者境外证券投资有关事项的通知》，正式开闸人民币合格境内机构投资者业务，为人民币"走出去"开拓了新路径。同年，"沪港通""深港通"正式开通。人民币国际化取得标志性进展。2015年，国际货币基金组织批准人民币于2016年10月1日加入特别提款权，成为人民币国际化进程中的重要里程碑。同年，亚投行正式成立，中国成为最大出资人。

金融创新深化发展，服务导向更加清晰合理。第三方支付高速发展。通过出台《非银行支付机构风险专项整治工作实施方案》等政策，第三方支付监管逐步迈入正轨。要素交易平台多点开花。深圳、武汉、成都、重庆等地纷纷成立碳交易、金融资产、知识产权、科技创新、大宗商品、贵金属等新型要素交易市场。

监管框架调整优化，多管齐下防范风险隐患。2017年设立国务院金融稳定发展委员会，2018年中国银监会与中国保监会合并。完善货币政策调控体系，创新流动性工具，构建宏观审慎评估体系，跨境人民币流动纳入这个体系中。

六、深化科技体制改革

改革科技宏观管理体制。2012年，中共中央、国务院印发《关于深化科技体制改革加快国家创新体系建设的意见》，确定了深化科技体制改革、加快国家创新体系建设的目标和原则。同年，成立包括26个部门和单位组成的国家科技体制改革和创新体系建设领导小组，审议科技体制改革和创新体系建设重大政策措施、统筹协调有关重大问题。2015年，中共中央办公厅、国务院办公厅印发《深化科技体制改革实施方案》，以促进科技与经济社会发展紧密结合为重点，强调统筹推进经济社会和科技领域改革，加快转变政府管理职能，提高公共科技服务能力，建立企业主导产业技术研发创新的体制机制，充分发挥企业技术创新主体作用，推动创新链产业链深度融合。

开展全面创新改革试验。2015年，中共中央办公厅、国务院办公厅出台《关于在部分区域系统推进全面创新改革试验的总体方案》，在北京、上海等8个地区统筹推进经济社会和科技领域改革试验，在市场公平竞争、知识产权、科技成果转化、金融创新、人才培养和激励、开放创新、科技管理体制改革等方面大胆试点，形成了56项向全国复制推广的改革成果，为打通科技向现实生产力转化的通道作出贡献。

改革科技计划管理体制。先后出台《国务院关于改进加强中央财政科研项目和资金管理的若干意见》《关于深化中央财政科技计划（专项、基金等）管理改革的方案》，强化科技资源顶层设计，打破条块分割，统一管理中央财政各类科技计划（专项、基金等），力图提高财政科技资金使用效率；进一步优化基地布局，推动创新平台合理归并、相互衔接，推动重点领域项目、基地、人才、资金一体化配置，彻底改变科技创新资源分散、重复、低效等问题，强化科技与经济紧密结合。

改革创新激励制度。2015年8月，十二届全国人大常委会第十六次会议修订《中华人民共和国促进科技成果转化法》，2016年11月，中共中央办公厅、国务院办公厅印发《关于实行以增加知识价值为导向分配政策的若干意见》，推动科技成果使用、处置和收益管理改革，赋予高校和科研院所更大的收入分配自主权。2016年，中共中央办公厅、国务院办公厅出台《关于进一步完善中央财政科研项目资金管理等政策的若干意见》，推动科研经费使用和管理方式改革创新，让经费为人的创造性活动服务，最大限度激发科研人员创新动力活力。

改革科技评价制度。2017年，中共中央办公厅、国务院办公厅印发《关于深化科技奖励制度改革的方案》，大幅减少奖励数量，去行政化，实行提名制，提升大奖含金量，把科研人员从烦琐的奖励申报中解脱出来。2018年，中共中央办公厅、国务院办公厅出台《关于分类推进人才评价机制改革的指导意见》《关于深化项目评审、人才评价、机构评估改革的意见》，破除唯论文、唯职称、唯学历、唯奖项不良导向，推动建立以科技创新质量、贡献、绩效为导向的分类评价体系，人才"帽子"满天飞的现象得到遏制。

第二节　深化供给侧结构性改革

2015年10月，党的十八届五中全会通过《中共中央关于制定国民经济和社会发展第十三个五年规划的建议》，提出"十三五"时期，我国经济发展的显著特征是进入新常态，必须贯彻创新、协调、绿色、开放、共享的新发展理念。在我国经济发展进入新常态的大背景下，以往以需求总量管理为主线的调控面临严重局限性，解决经济结构失衡需要推进供给侧结构性改革，这是适应把握引领经济新常态的必然要求，适应国际金融危机后综合国力竞争新形势的主动选择，破解突出矛盾和问题的根本之道。2015年11月，习近平总书记在中央财经领导小组第十一次会议上首次提出供给侧结构性改革，明确指出推进经济结构性改革，是贯彻落实党的十八届五中全会精神的一个重要举措。2018年12月，在中央经济工作会议上，习近平总书记对推进供给侧结构性改革，从理论到实践作了全面阐述，并将其作为经济发展和经济工作的主线。

一、提出"新发展理念"

2015年1月，党中央在决定开始起草《中共中央关于制定国民经济和社会发展第十三个五年规划的建议》时就强调，首先要把应该树立什么样的发展理念搞清楚，发展理念搞对了，目标任务就好定了，政策举措根本也就好定了。在深刻总结国内外发展经验教训、深刻分析国内外发展大势的基础上，针对我国发展中的突出矛盾和问题，党中央强调，要通过创新解决发展动力问题、通过协调解决发展不平衡问题、通过绿色解决人与自然和谐问题、通过开放解决发展内外联动问题、通过共享解决社会公平正义问题。

《中共中央关于制定国民经济和社会发展第十三个五年规划的建议》首次提出"新发展理念"的概念，明确"实现'十三五'时期发展目标，破解发展难题，厚植发展优势，必须牢固树立创新、协调、绿色、开放、共享的发展理念"，"坚持创新发展、协调发展、绿色发展、开放发展、共享发展，是关系我国发展大局的一场深刻变革"。[①]

创新是引领发展的第一动力。必须把创新摆在国家发展全局的核心位置，不断推进理论创新、制度创新、科技创新、文化创新等各方面创新，让创新贯穿党和国家一切工作，让创新在全社会蔚然成风。

协调是持续健康发展的内在要求。必须牢牢把握中国特色社会主义事业总体布局，正确处理发展中的重大关系，重点促进城乡区域协调发展，促进经济社会协调发展，促进新型工业化、信息化、城镇化、农业现代化同步发展，在增强国家硬实力的同时注重提升国家软实力，不断增强发展整体性。

绿色是永续发展的必要条件和人民对美好生活追求的重要体现。必须坚持节约资源和保护环境的基本国策，坚持可持续发展，坚定走生产发展、生活富裕、生态良好的文明发展道路，加快建设资源节约型、环境友好型社会，形成人与自然和谐发展现代化建设新格局，推进美丽中国建设，为全球生态安全作出新贡献。

---

① 《中共中央关于制定国民经济和社会发展第十三个五年规划的建议》，《人民日报》，2015年11月4日。

开放是国家繁荣发展的必由之路。必须顺应我国经济深度融入世界经济的趋势,奉行互利共赢的开放战略,坚持内外需协调、进出口平衡、引进来和走出去并重、引资和引技引智并举,发展更高层次的开放型经济,积极参与全球经济治理和公共产品供给,提高我国在全球经济治理中的制度性话语权,构建广泛的利益共同体。

共享是中国特色社会主义的本质要求。必须坚持发展为了人民、发展依靠人民、发展成果由人民共享,作出更有效的制度安排,使全体人民在共建共享发展中有更多获得感,增强发展动力,增进人民团结,朝着共同富裕方向稳步前进。[1]

党的十八届五中全会要求坚持创新发展,着力提高发展质量和效益,并明确了培育发展新动力、拓展发展新空间、深入实施创新驱动发展战略、构建产业新体系、构建发展新体制等一系列具体任务。

二、提出"三去一降一补"

2015年11月,在中央财经领导小组第十一次会议上,习近平总书记首次提出"供给侧结构性改革",并强调要牢固树立和贯彻落实创新、协调、绿色、开放、共享的发展理念,着力加强供给侧结构性改革,着力提高供给体系质量和效率,增强经济持续增长动

---

[1] 《中共中央关于制定国民经济和社会发展第十三个五年规划的建议》,《人民日报》,2015年11月4日。

力。①2015年12月，中央经济工作会议对供给侧结构性改革作出重要部署，提出"去产能、去库存、去杠杆、降成本、补短板"五项重点任务和"宏观政策要稳、产业政策要准、微观政策要活、改革政策要实、社会政策要托底"五大政策支柱，要求通过优化投资、产权、投融资、产业和产品、分配、流通、消费等经济结构，使生产要素实现最优配置，提升经济增长的质量和数量，实现经济可持续发展与满足人民群众日益增长的美好生活需要的目标。

2016年1月，习近平总书记在省部级主要领导干部学习贯彻党的十八届五中全会精神专题研讨班上，就供给侧结构性改革进行了深入阐述，进一步明确了供给侧结构性改革的由来、内涵及要点。供给侧结构性改革，重点是解放和发展社会生产力，用改革的办法推进结构调整，减少无效和低端供给，扩大有效和中高端供给，增强供给结构对需求变化的适应性和灵活性，提高全要素生产率。供给侧结构性改革的根本，是使我国供给能力更好满足广大人民日益增长、不断升级和个性化的物质文化和生态环境需要，从而实现社会主义生产目的。习近平总书记在会上强调，我们讲的供给侧结构性改革，同西方经济学的供给学派不是一回事，不能把供给侧结构性改革看成是西方供给学派的翻版。②同月，《人民日报》提出推进供给侧结构性改革，要坚持社会主义市场经济改革方向。深化经济体制改革的主线，是让市场在资源配置中起决定性作用，这

---

① 《习近平：全面贯彻党的十八届五中全会精神 落实发展理念推进经济结构性改革》，《人民日报》，2015年11月11日。
② 《习近平在省部级主要领导干部学习贯彻党的十八届五中全会精神专题研讨班上的讲话》，《人民日报》，2016年1月18日。

是生产力能否解放好、发展好以及供给侧结构性改革能否取得成效的重大原则性问题。对于政府作用，强调"更好发挥"，不是"更多发挥"，要集中精力抓好那些市场管不了或管不好的事情。①

2015年，我国全面开启供给侧结构性改革，缓解结构性矛盾。去产能取得了预期成效。国务院先后印发《关于化解产能严重过剩矛盾的指导意见》《关于钢铁行业化解过剩产能实现脱困发展的意见》《关于煤炭行业化解过剩产能实现脱困发展的意见》。2017年，全国工业产能利用率为77%，创5年新高，规模以上工业增加值同比增长6.6%，实现自2011年以来增速首次回升。去库存方面，2015年以来，集中力量化解房地产库存。自2016年2月22日起，调整房地产交易环节契税、营业税，实行住房契税和营业税优惠政策，降低购房成本，增加购房需求。商品房待售面积从2015年末的71835万平方米降至2017年末的58923万平方米。去杠杆方面，国务院先后印发《关于积极稳妥降低企业杠杆率的意见》《关于市场化银行债权转股权的指导意见》，以市场化、法治化方式，有序开展银行债权转股权，降低企业杠杆率。降成本方面，国务院及有关部门先后印发了《关于多措并举着力缓解企业融资成本高问题的指导意见》《降低实体经济企业成本工作方案》，抑制金融机构筹资成本不合理上升，同时清理整顿不合理金融服务收费，降低企业税费负担、融资成本、制度性交易成本。分步骤全面推开营改增，对小微企业采取税收优惠，清理各种收费。为缓解经济社会发展中的短板问题，国务院先后印发《关于加强城市基础

---

① 《七问供给侧结构性改革——权威人士谈当前经济怎么看怎么干》，《人民日报》，2016年1月4日。

设施建设的意见》《关于印发"十三五"推进基本公共服务均等化规划的通知》，推动制度性和体制性改革，调动社会资本积极性，建立补短板项目推进奖惩机制。此外，为提高基础制造、关键设备制造和关键部件配套能力，2013年，国家发改委印发《产业结构调整指导目录》，加快重点产业调整振兴，加快产业转型升级。

随着"三去一降一补"的深入改革，供给侧改革逐步进入改革的深水区和攻坚阶段。2017年中央经济工作会议进一步提出，结构性矛盾的根源是要素配置扭曲，要彻底解决问题，根本途径是深化要素市场化配置改革。要重点在"破""立""降"上下功夫，即大力破除无效供给，大力培育新动能，大力降低实体经济成本，把供给侧结构性改革推向深入，推进中国制造向中国创造转变，中国速度向中国质量转变，制造大国向制造强国转变。2018年中央经济工作会议提出"巩固、增强、提升、畅通"的八字方针，要求更多运用市场化、法治化手段，在巩固、增强、提升、畅通上下功夫：巩固，就是要巩固"三去一降一补"成果，加大破、立、降力度，重点是继续处置"僵尸企业"，推动更多产能过剩行业加快出清；增强，就是要增强微观主体活力，发挥企业和企业家主观能动性，加快土地等要素市场化步伐，建立公平开放透明的市场规则和法治化营商环境；提升，就是要提升产业链水平，注重利用技术创新和规模效应形成新的竞争优势；畅通，就是要畅通经济循环，加快建设统一开放、竞争有序的现代市场体系。

2018年以来，供给侧结构性改革扎实推进，取得显著成效。坚持不懈推进化解过剩产能。2018年压减粗钢产能3500万吨以上，超额完成，退出煤炭落后产能2.7亿吨，超额完成全年任务。稳妥有序推进去杠杆。2018年，中共中央办公厅、国务院办公厅印发《关于加强国有企业资产负债约束的指导意见》，全年市场化债转股签约和落地金额分别为 20212 亿元和 6217 亿元。2019 年，人民银行通过定向降准释放资金 4505 亿元支持市场化债转股。推动各项降成本政策措施落地见效。2019 年，国家发展改革委等多部门印发《加快完善市场主体退出机制改革方案》，实施了史上最大规模的减税降费，出台包括小微企业普惠性减税、个人所得税专项附加扣除政策、深化增值税改革、降低社会保险费率以及减免部分收费基金等措施，全年减税降费约 2.36 万亿元，占 GDP 比重超过 2%。加大重点领域补短板力度。2018 年，国务院办公厅印发《关于保持基础设施领域补短板力度的指导意见》，加强重大项目储备，优化企业债券供给。

2020 年 12 月，中央经济工作会议强调，要紧紧扭住供给侧结构性改革这条主线，注重需求侧管理，打通堵点，补齐短板，贯通生产、分配、流通、消费各环节，形成需求牵引供给、供给创造需求的更高水平动态平衡，提升国民经济体系整体效能。2021 年 1 月，习近平总书记在省部级主要领导干部学习贯彻党的十九届五中全会精神专题研讨班开班式上强调，要建立起扩大内需的有效制度，释放内需潜力，加快培育完整内需体系，加强需求侧管理，扩大居民消费，提升消费层级，使建设超大规模的国内市场成为一个可持续的历史过程。[1]

---

[1] 习近平：《把握新发展阶段，贯彻新发展理念，构建新发展格局》，《求是》，2021 年 09 期。

三、加快完善产权制度

2013年11月，党的十八届三中全会通过《中共中央关于全面深化改革若干重大问题的决定》，强调产权是所有制的核心，完善产权保护制度，保护各种所有制经济产权和合法利益。2014年10月，党的十八届四中全会通过《中共中央关于全面推进依法治国若干重大问题的决定》，强调健全以公平为核心原则的产权保护制度，加强对各种所有制经济组织和自然人财产权的保护，清理有违公平的法律法规条款。

2016年11月，中共中央、国务院印发《关于完善产权保护制度依法保护产权的意见》，这是我国首次以中央名义出台产权保护的顶层设计。2016年12月，中央经济工作会议强调加强产权保护制度建设，明确提出关于完善产权保护制度、依法保护产权的文件已经印发，要抓好相关改革举措落地。要坚持有错必纠，甄别纠正一批分割企业产权的错案冤案。2016年以来，国家发展改革委会同有关方面以产权保护协调机制为依托，以年度重点任务为主要抓手，推动各地区各部门抓好贯彻落实，立法、司法、执法等各环节产权保护全面加强，特别是甄别纠正涉产权冤错案件、相关法律法规立改废、加强产权司法保护、强化知识产权保护等重点举措有力突破、成效显著，对稳预期、增信心、保护私有财产权发挥重要作用。

一是推动3起社会高度关注的重大涉产权再审案件顺利审结。向社会传递了党和国家依法保护产权的强烈信号和政策导向，增强了企业家人身财产安全感和干事创业信心。

二是推动20余部涉产权法律法规立改废工作有序推进。组织开展对 100 余部产权保护相关法律进行清理，提出了 24 项关于制定、修改、废止涉及产权保护法律的立法任务。《中华人民共和国民法典》正式颁布，与产权保护密切相关的合同编、侵权责任编、物权编等进一步完善，平等保护产权作为规范财产关系的基本原则在《中华人民共和国民法典》中进一步体现。《优化营商环境条例》正式公布，明确国家依法保护市场主体的财产权和其他合法权益，填补了我国在优化营商环境方面的立法空白。《中华人民共和国商标法》《中华人民共和国专利法》完成修改，大幅提高侵权惩罚性赔偿标准，规制商标恶意注册行为。《中华人民共和国中小企业促进法》《中华人民共和国反不正当竞争法》修订施行，保障各种所有制经济依法平等使用生产要素、公开公平公正参与市场竞争。对非公有制经济存在诸多歧视性规定的《中华人民共和国私营企业暂行条例》正式废止，非公有制经济发展的法制障碍进一步扫清。

三是推动 5847 件涉产权规章规范性文件被清理。国家发改委同司法部推动各地区各部门共清理出涉及有违产权保护原则要求的规章、规范性文件 5847 件，其中，规章 124 件，规范性文件 5723 件，涉及市场准入、生产要素使用、居民财产权利行使、地方保护等多个领域。

四是推动 4050 件涉政府产权纠纷问题得到妥善处理。2019 年，国家发改委同中央政法委、最高人民法院、最高人民检察院、公安部、司法部等单位，在全国范围组织开展了涉政府产权纠纷问题专项治理行动，着力解决一批社会反映强烈、久拖不决的涉嫌政府机构失信或政府政策调整导致的政府机构与企业、企业家之间的产权纠纷问题。

五是推动年均近 40 万件专利、商标、著作权等知识产权案件审结。推动印发、实施《关于强化知识产权保护的意见》等政策文件。截至 2021 年上半年，全国共建知识产权保护中心 40 家，快速维权中心 22 家，知识产权维权援助机构 1000 余家，知识产权纠纷人民调解组织 500 余个。2019 年，全国法院审结专利、商标、著作权等知识产权案件 41.8 万件，积极适用惩罚性赔偿制度，加大侵权违法成本。2020 年，我国知识产权保护成效得到各国创新主体和国际社会广泛认可。知识产权保护社会满意度持续提高，首次超过 80 分（百分制），达到 80.05 分（不含港澳台地区）。

六是农村集体产权制度改革加快推进。2016 年 12 月，中共中央、国务院印发《关于稳步推进农村集体产权制度改革的意见》，标志着农村产权改革逐步向全国推开。截至 2019 年底，农村集体资产已全面完成清产核资，核（实）清（查）了农村集体资产 6.5 万亿元，集体土地等资源 65.5 亿亩；全面开展成员身份确认，截至 2021 年 5 月，确认集体成员 9 亿人，保障集体成员权益；各地有序开展经营性资产股份合作制改革，截至 2021 年 5 月，全国共有 50 多万个村领到农村集体经济组织登记证书。

四、激发"企业家精神"

2015 年，党的十八届五中全会提出，激发企业家精神，依法保护企业家财产权和创新收益，首次将企业家精神纳入政策操作层面。2016 年，中央经济工作会议指出要着力营造法治、透明、公平的体制政策环境和社会舆论环境，保护企业家精神，支持企业家专心创新创业。

2017 年 9 月，中共中央、国务院印发《关于营造企业家健康

成长环境 弘扬优秀企业家精神 更好发挥企业家作用的意见》，成为我国首个聚焦企业家精神的文件，明确了激发和保护企业家精神的总体要求和主要任务，提出了一系列改革措施。2018年，中央组织部、国务院国资委加强对中管企业领导班子履行社会责任情况的考核，引导国有企业家主动履行社会责任。2019年，国务院办公厅印发《关于在制定行政法规规章行政规范性文件过程中充分听取企业和行业协会商会意见的通知》，国家发改委印发《关于建立健全企业家参与涉企政策制定机制的实施意见》。多地也跟进制定出台本地区相关政策举措，企业家参与涉企政策制定的渠道得到进一步畅通。随着各项举措的加快落实，企业的合法权益得到有效保障、企业家健康成长环境持续优化，充分调动了企业家积极性、主动性、创造性，企业的活力和创新能力充分迸发。截至2019年底，全国高新技术企业超过22.5万家，科技型中小企业超过15.1万家，分别增长约24%和15%，我国创新指数世界排名提升至第14位，较2018年上升3位，位居中等收入经济体首位，企业数量日均净增1万户以上，创新创业创造活力持续增强。

第三节 构建市场机制有效、微观主体有活力、宏观调控有度的经济体制

2017年，党的十九大提出加快完善社会主义市场经济体制，着力构建市场机制有效、微观主体有活力、宏观调控有度的经济体制。党的十九届四中全会强调了制度建设这条主线，在经济体制领域首次把公有制为主体、多种所有制共同发展，按劳分配为主体、

多种分配方式并存，社会主义市场经济体制等共同概括为社会主义基本经济制度，也首次把社会主义市场经济体制提升为基本经济制度。

一、深化要素市场化配置改革

2016年，中央经济工作会议上指出，要健全要素市场，使价格机制真正引导资源配置。2017年，中央经济工作会议指出，深化要素市场化配置，重点在"破""立""降"上下功夫。大力破除无效供给、培育新动能，降低实体经济成本，降低物流成本。2018年，中央经济工作会议指出，加快土地等要素市场化步伐，建立公平开放透明的市场规则和法制化营商环境，破除各类要素流动壁垒。党的十九大报告指出，经济体制改革必须以完善产权制度和要素市场化配置为重点，实现产权有效激励、要素自由流动、价格反应灵活、竞争公平有序、企业优胜劣汰。党的十九届四中全会提出，推进要素市场制度建设，实现要素价格市场决定、流动自主有序、配置高效公平。要健全劳动、资本、土地、知识、技术、管理、数据等生产要素由市场评价贡献、按贡献决定报酬的机制。

2019年11月，中央全面深化改革委员会第十一次会议审议通过《关于构建更加完善的要素市场化配置体制机制的意见》。2020年3月，中共中央、国务院印发《关于构建更加完善的要素市场化配置体制机制的意见》，明确了土地、劳动力、资本、技术、数据五个要素领域的改革方向，并就扩大要素市场化配置范围、促进要素自主有序流动、加快要素价格市场化改革等作出了部署。这是中央关于要素市场化配置的第一份文件，对于形成生产要素从低效领域向优质高效领域流动的机制，提高要素质量和配置效率，引导各类要素协同向先进生产力集聚，加快完善社会主义市场经济体制具有重大意义。值得注意的是，本次改革除了土地、劳动力、资本、技术要素外，首次纳入了数据要素，这主要是考虑到我国经济发展已经到了创新驱动发展的关键阶段，数据等新型生产要素对其他生产要素的效率有倍增作用，形成了新的先进生产力，是数字经济时代的关键生产要素。

《关于构建更加完善的要素市场化配置体制机制的意见》实施以来，要素市场化配置取得实效。土地要素方面，推动启动新一轮农村宅基地制度改革试点，开展授权和委托用地审批权改革试点，改革土地计划管理方式，赋予地方政府更大用地自主权。劳动力要素方面，超大城市降低落户门槛，其他地区加快迈入"零门槛"落户时代，民营企业职称评审渠道逐渐打通，区域一体化人才资格互认机制稳步推进。资本要素方面，颁布实施新《中华人民共和国证券法》，以注册制为核心推动资本市场一系列制度改革，创业板注册制改革顺利实施，新三板全面改革稳步推进，外商投资准入负面清单中涉金融业条款正式清零。技术要素方面，开展赋予科研人员职务科技成果所有权或长期使用权试点，加快向现实生产力转化。数据要素方面，数据安全立法提速，规则逐步完善，跨地区、跨部门数据交易平台及项目加速落地。2019年12月，中共中央办公厅、国务院办公厅印发《关于促进劳动力和人才社会性流动体制机制改革的意见》，重点从筑牢流动基础、畅通流动渠道、拓展流动空间、强化兜底保障4个方面，构建促进社会性流动的政策体系框架。2021年4月，国务院第132次常务会议修订通过《中华人民共和国土地管理法实施条例》，进一步明确入市交易规则，要求国土空间规划要合理安排集体经营性建设用地布局和用途，促进集体经营性建设用地的节约集约利用。《中华人民共和国土地管理法实施条例》明确了集体经营性建设用地出让、出租方案的编制和审查要求，明确了耕地保护的责任主体，提出建立耕地保护补偿制度，完善土地征收程序，构建国土空间规划管理制度，确定了挂牌出让的法律地位，加大对土地违法行为的处罚力度。

二、以国企混改为突破口，全面深化国有企业改革

党的十八届三中全会明确指出"国有资本、集体资本、非公有资本等交叉持股、相互融合的混合所有制经济，是基本经济制度的重要实现形式"。2015年9月，国务院印发《关于国有企业发展混合所有制经济的意见》，就国有企业发展混合所有制经济的指导思想、基本原则、操作方式和实施路径等进行了全面部署，选择社会关注度高的电力、石油、天然气、铁路、民航、电信、军工等重点领域，推进混合所有制改革试点。

国家发改委、国务院国资委自2016年起审慎选择电力、石油、天然气、铁路、民航、电信、军工等重要领域的国有企业，先行开展混合所有制改革试点，涌现出东航物流、内蒙一机等典型示范项目。2016年12月，中央经济工作会议指出，混合所有制改革是国企改革的重要突破口，要按照完善治理、强化激励、突出主业、提高效率的要求，在电力、石油、天然气、铁路、民航、电信、军工等领域迈出实质性步伐。为进一步发挥试点的示范、突破和带动作用，在企业自愿申报和部门反复沟通研究的基础上，2017年3月，正式启动实施第二批10家混合所有制改革试点，涵盖电

力、交通、民航、电信、军工、盐业等领域，其中，诸如中国联通、中粮资本、长电联合等一批具有标杆意义和示范作用的试点项目，在社会上引起积极反响。

2017年，党的十九大报告再次强调，深化国有企业改革，发展混合所有制经济，培育具有全球竞争力的世界一流企业。2017年底，国家发改委会同有关部门联合印发《关于深化混合所有制改革试点若干政策的意见》，进一步完善混改试点配套政策。根据国务院国有企业改革领导小组第二十次会议关于"及时调整扩大试点范围"的要求，国家发展改革委、国务院国资委在认真总结试点进展情况和深入开展地方调研的基础上，2018年，批复第三批31家试点企业，其中，10家为中央企业下属子企业、21家为地方国有企业，将试点范围扩大到地方。同年，国家发展改革委办公厅印发了《国有企业混合所有制改革相关税收政策文件汇编》，向企业推广典型案例和改革经验材料。前三批试点共50家，其中第一批9家，第二批10家，第三批31家；实际开展试点48家，其中电力领域6家，石油天然气领域6家，铁路领域3家，民航领域5家，电信领域1家，军工领域11家，盐业领域3家，其他竞争性领域13家。前三批试点多涉及关系国家安全和国民经济命脉的重要行业和关键领域，试点推进立足于"稳""效""绩"工作要求，不追求数量和速度，坚持稳慎有序，成熟一个推一个，务求试出效果、改出业绩、做出样板。2019年5月，为在更大范围总结经验、推广成功做法，经国务院国有企业改革领导小组第三次会议研究同意，确定了第四批160家混改试点名单，第四批试点不局限于重点领域，也将一些具有较强示范意义的其他领域国有企业，以及已经实现股权层面混合、拟进一步在完善治理上深化改革的国有控股企业纳入试点范围。

从混合所有制改革试点情况看，已取得了阶段性成效。一是在完善治理上，注重引入具有战略协同效应和市场化基因的战略投资者，建立有战略投资者参与、结构合理、专业化的董事会，真正建立起市场化经营机制。在强化激励上，注重联动推进市场化选人用人、市场化薪酬和中长期激励等制度建设，着力激发人的积极性。二是在突出主业上，注重加减乘除多措并举，加强与战略投资者的产业协同，做强做优主业，拓展产业链价值链。三是在提高效率上，推动实现国有企业经营效益和国有资本效率双提升，增强了企业发展内生动力活力和竞争力，有效发挥了对国企改革的重要突破口作用，同时有力促进了垄断行业改革，带动了非公有制经济发展。截至2020年底，中央企业实施混合所有制改革900余项，引入社会资本超过2000亿元。2021年，已有近100户国家层面混改试点企业完成主体改革任务，国有资本权益平均增长20%以上，营业收入较改革前平均增长22.6%。黄金珠宝、东航物流、江航装备、内蒙一机、中粮资本、铜牛信息、长电联合、南网能源、有研粉材等10多家试点企业在股票市场成功上市。混改在激发企业活力、提高发展质量和效益、放大国有资本功能等方面效果逐步显现。

三、毫不动摇鼓励、支持、引导非公有制经济发展

党的十九大报告指出，支持民营企业发展，激发各类市场主体活力，这是党的代表大会报告里第一次明确提出支持民营企业发展。2018年11月，习近平总书记在民营企业座谈会上发表重要讲

话，肯定了民营企业在稳定增长、促进创新、增加就业、改善民生等方面发挥了重要作用，成为推动经济社会发展的重要力量；强调民营经济是我国经济制度的内在要素，民营企业和民营企业家是我们自己人，支持民营企业发展，是党中央的一贯方针，这一点丝毫不会动摇；明确要求要不断为民营经济营造更好发展环境，帮助民营经济解决发展中的困难，支持民营企业改革发展。[①] 2019年，中央经济工作会议指出，健全支持民营经济发展的法治环境，完善中小企业发展的政策体系。

为营造各类所有制企业共同发展的环境，2019年12月，中共中央、国务院印发《关于营造更好发展环境支持民营企业改革发展的意见》（以下简称《意见》），从制度层面着眼，更多用改革的方法，破除民营企业高质量发展的体制机制性障碍，完善推动民营企业改革发展的制度框架。《意见》重点突出"七个着力"：着力优化公平竞争的市场环境，着力完善精准有效的政策环境，着力健全平等保护的法治环境，着力鼓励引导民营企业改革创新，着力促进民营企业规范健康发展，着力构建亲清政商关系，着力推动支持民营企业各项政策落地见效。为推动《意见》的贯彻落实，国家发改委会同有关部门印发出台在交通基础设施、制造业、生猪生产等领域支持民营企业发展的实施意见，印发实施《关于支持民营企业加快改革发展与转型升级的实施意见》，总结梳理青岛、温州、泉州等地方72条支持民营企业改革发展的典型做法，充分发挥示范带动作用。

[①]《习近平：在民营企业座谈会上的讲话》，《人民日报》，2018年11月2日。

四、创新和完善宏观调控

党的十八届三中全会以来，宏观调控体系适应经济社会发展要求不断改革创新。党的十九大报告指出，创新和完善宏观调控，发挥国家发展规划的战略导向作用，健全财政、货币、产业、区域等经济政策协调机制。党的十九届四中全会指出，健全以国家发展战略和规划为导向，以财政政策和货币政策为主要手段的宏观调控体系。党的十九届五中全会通过的《中共中央关于制定国民经济和社会发展第十四个五年规划和二〇三五年远景目标的建议》，从全局和战略的高度，对健全宏观经济治理体系、完善宏观经济政策制定和执行机制、提升宏观经济治理能力作出系统安排，强调完善宏观经济治理，明确了完善宏观经济治理的战略方向和重点举措。

为充分体现新发展理念，突出高质量发展的目标引领，2017年，中央经济工作会议提出，必须加快形成推动高质量发展的指标体系、政策体系、标准体系、统计体系、绩效评价和政绩考核。2018年，中共中央、国务院印发《关于推动高质量发展的意见》，提出加快创建和完善制度环境，协调建立高质量发展的指标体系、政策体系、标准体系、统计体系、绩效评价和政绩考核办法，核心是做到"五个强化"，强化指标导向、强化政策护航、强化标准引领、强化统计监测、强化评价考核，在此基础上构建高质量发展指标体系，健全分级分类的绩效评价制度，完善体现高质量发展的政绩考核。2020年，中共中央办公厅、国务院办公厅印发《高质量发展综合绩效评价办法（试行）》。2020年11月，中央组织部印发《关于改进推动高质量发展的政绩考核的通知》，印发高质量发展综合绩效评价办法，制定高质量发展综合绩效评价指标体系，开展试评价工作。

2013年以来，国家宏观调控部门把增长、就业、通胀三个重要的宏观经济指标组合起来，分别作为经济运行的"上限"和"下限"，用组合目标代替单一目标，形成"区间调控"的调控方式。2014年，围绕总量调控难以有效引导资源流向薄弱环节的问题，进一步提高宏观调控的精准性，提出实施"定向调控"。2015年，提出更加精准有效地实施"定向调控"和"相机调控"。2019年5月，中央全面深化改革委员会审议通过了《关于创新和完善宏观调控体系的指导意见》，调控的科学性、精准性大大增强。2020年7月，中央政治局会议提出完善宏观调控跨周期设计和调节，实现稳增长和防风险长期均衡。党的十九届五中全会要求搞好跨周期政策设计，提高逆周期调节能力。2021年7月，中央政治局会议强调要做好宏观政策跨周期调节，保持宏观政策连续性、稳定性、可持续性，统筹做好今明两年宏观政策衔接，保持经济运行在合理区间，防止经济大起大落。宏观政策跨周期调节是我国宏观经济治理和调控的重大创新。

在宏观经济政策体系方面，党的十九届五中全会通过的《中共中央关于制定国民经济和社会发展第十四个五年规划和二〇三五年远景目标的建议》指出，健全以国家发展规划为战略导向，以财政政策和货币政策为主要手段，就业、产业、投资、消费、环保、区域等政策紧密配合，目标优化、分工合理、高效协同的宏观经济治理体系。[①] 财政政策和货币政策是宏观调控的主要手段。2021年，

---

① 《中共中央关于制定国民经济和社会发展第十四个五年规划和二〇三五年远景目标的建议》，中国政府网，2020年11月30日。

国务院印发《关于进一步深化预算管理制度改革的意见》，明确深化预算管理制度改革目标任务。全面加强宏观审慎管理，出台系统重要性银行评估办法、金融控股公司监督管理试行办法及细化配套措施、统筹监管金融基础设施工作方案，初步构建金融控股公司监管制度框架。健全就业、产业、投资、消费、环保、区域等政策。2021年，国务院印发《"十四五"就业促进规划》，出台以新业态新模式引领新型消费加快发展的意见、促进消费扩容提质加快形成强大国内市场的实施意见等。构建国家粮食安全和战略资源能源储备体系，组织编制"十四五"国家储备发展规划。

五、政府职能转变持续推进

从2013年开始，国务院深入推进行政审批改革，印发《关于取消和下放一批行政审批项目等事项的决定》《关于取消非行政许可审批事项的决定》，大幅削减行政审批事项，彻底终结非行政许可审批。截至2019年10月，国务院部门行政审批事项削减超过40%，非行政许可审批彻底取消，行政审批中介服务事项压减74%，使企业开办时间缩短三分之一以上；连续3次修订《政府核准的投资项目目录》，2016年中央政府层面核准的企业投资项目比2013年减少90%以上，95%以上的外商投资项目和98%以上的境外投资项目改为网上备案制。2016年3月，十二届全国人大四次会议审议通过的《政府工作报告》对"放管服"改革进行了全面部署，强调要推进简政放权、放管结合、优化服务改革向纵深发展。2016年，国务院下发《关于印发清理规范投资项目报建审批事项实施方案的通知》后，投资项目报建审批事项由65项减少至42

项。同时，优化全过程监管和服务，完善企业投资项目事中事后监管办法，建设全国投资项目在线审批监管平台。

全面改革商事制度。2015 年，国务院办公厅印发《关于加快推进"三证合一"登记制度改革的意见》。2017 年，国务院印发《关于进一步削减工商登记前置审批事项的决定》。同年，国务院办公厅印发《关于加快推进"多证合一"改革的指导意见》，工商登记由"先证后照"改为"先照后证"，前置审批事项压减 87%以上，注册资本由"实缴制"改为"认缴制"，深化"多证合一、一照一码"改革。降低企业税费负担。2014 年，国务院印发《关于清理规范税收等优惠政策的通知》，将"放管服"改革与"营改增"结合起来，取消、停征、减免 1100 多项中央和省级政府行政事业性收费。

构建以信用为基础的新型监管机制。建成全国信用信息共享平台，建立完善守信联合激励和失信联合惩戒机制，推进"双随机、一公开"监管和综合执法改革。全面推进决策、执行、管理、服务、结果公开和重点领域信息公开。在 22 个城市开展了试评价的基础上，在直辖市、计划单列市、部分省会城市和地县级市开展营商环境评价。2020 年 7 月，国务院办公厅印发《关于进一步优化营商环境更好服务市场主体的实施意见》，要求进一步聚焦市场主体关切，完善优化营商环境长效机制。我国营商环境明显改善，世界银行报告显示，2020 年我国营商环境全球排名跃升至第 31 位，成为全球优化营商环境改善幅度最大的十大经济体之一。

行业协会商会与行政机关脱钩改革稳妥推进。2015 年 7 月，中共中央办公厅、国务院办公厅印发《行业协会商会与行政机关脱钩总体方案》。到 2020 年底，行业协会商会与行政机关脱钩改革任务基本完成，全国性行业协会商会和地方行业协会商会完成率分别达到 92% 和 96%。从 2020 年 1 月至 2021 年 11 月，各级行业协会商会通过减免、降低和规范收费，共减轻企业负担约 56.54 亿元，惠及企业 155.4 万余家。政会分开、管办分离、自主办会、有效监管的新型管理体制初步建立。

第四节　推动有效市场和有为政府更好结合

2019 年 10 月，党的十九届四中全会审议通过《中共中央关于坚持和完善中国特色社会主义制度　推进国家治理体系和治理能力现代化若干重大问题的决定》，强调坚持和完善社会主义基本经济制度，对基本经济制度进行了新的概括和发展，将社会主义市场经济体制纳入基本经济制度内涵，并提出建设高标准市场体系。2020 年 10 月，党的十九届五中全会通过《中共中央关于制定国民经济和社会发展第十四个五年规划和二〇三五年远景目标的建议》，明确提出构建高水平社会主义市场经济体制，首次提出推动有效市场和有为政府更好结合，标志着社会主义市场经济体制建设进入新的历史阶段。

一、拓展"基本经济制度"内涵

1997 年，党的十五大首次提出，公有制为主体、多种所有制经济共同发展是社会主义初级阶段的一项基本经济制度。这是在党的大会文件中第一次提出基本经济制度。此后，基本经济制度的内涵基本保持不变。

2019年10月，党的十九大通过《中共中央关于坚持和完善中国特色社会主义制度　推进国家治理体系和治理能力现代化若干重大问题的决定》（以下简称《决定》），提出公有制为主体、多种所有制经济共同发展，按劳分配为主体、多种分配方式并存，社会主义市场经济体制等社会主义基本经济制度，既体现了社会主义制度优越性，又同我国社会主义初级阶段社会生产力发展水平相适应，是党和人民的伟大创造。《决定》将公有制为主体、多种所有制经济共同发展，按劳分配为主体、多种分配方式并存，社会主义市场经济体制三项制度并列，都作为社会主义基本经济制度。这是对社会主义基本经济制度作出的新概括，是对社会主义基本经济制度内涵作出的重要发展和深化。

2020年5月，中共中央、国务院印发《关于新时代加快完善社会主义市场经济体制的意见》，围绕新时代构建更加系统完备、更加成熟定型的高水平社会主义市场经济体制，提出了当前和今后一个时期，深化经济体制改革的总体要求，强调要坚持和完善社会主义基本经济制度。《关于新时代加快完善社会主义市场经济体制的意见》提出了坚持和完善基本经济制度，加快完善社会主义市场经济体制的八项重点任务：坚持公有制为主体、多种所有制经济共同发展，增强微观主体活力；夯实市场经济基础性制度，保障市场公平竞争；构建更加完善的要素市场化配置体制机制，进一步激发全社会创造力和市场活力；创新政府管理和服务方式，完善宏观经济治理体制；坚持和完善民生保障制度，促进社会公平正义；建设更高水平开放型经济新体制，以开放促改革促发展；完善社会主市场经济法律制度，强化法治保障。[①]

二、深化国资国企改革向纵深推进

国有企业改革"1+N"政策体系逐步落地实施，各领域国有企业改革向纵深推进。

党的领导全面加强。2015年，中共中央办公厅印发《关于在深化国有企业改革中坚持党的领导加强党的建设的若干意见》，要求在深化国有企业改革中坚持和加强党的领导，把加强党的领导和完善公司治理统一起来，明确国有企业党组织在公司法人治理结构中的法定地位。2017年，国务院办公厅印发《关于进一步完善国有企业法人治理结构的指导意见》，要求全部中央企业集团公司实现"党建进章程"，党委（党组）书记、董事长"一肩挑"，落实党组织研究讨论作为公司决策重大事项前置程序，企业党组织在公司治理结构中的法定地位进一步明确。2017年，中共中央办公厅印发《中央企业党建工作责任制实施办法》，这是党内第一部关于中央企业党建工作的法规。

试点工作全面铺开。中共中央、国务院印发《关于深化国有企业改革的指导意见》，组织开展落实董事会职权、市场化选聘经营管理者、推行职业经理人制度、企业薪酬分配差异化改革、国有资本投资运营公司、中央企业兼并重组、部分重要领域混合所有制改革、混合所有制企业员工持股、国有企业信息公开工作、剥离企业

[①] 《中共中央、国务院关于新时代加快完善社会主义市场经济体制的意见》，中国政府网，2020年5月18日。

办社会职能和解决历史遗留问题十项改革试点工作。

分类改革扎实推进。中共中央、国务院印发《关于深化国有企业改革的指导意见》，要分类推进国有企业改革。2015年12月，国务院国资委、财政部、国家发改委联合印发《关于国有企业功能界定与分类的指导意见》，对商业类和公益类国有企业提出了不同的改革、发展、考核、监管方案。2016年8月，国务院国资委、财政部联合印发《关于完善中央企业功能界定分类考核的实施方案》。

监管制度有效强化。2015年10月，国务院印发《关于改革和完善国有资产管理体制的若干意见》，对推进国有资产监管机构职能转变、改革国有资本授权经营体制、提高国有资本配置和运营效率等提出原则性要求。2015年11月，国务院办公厅印发《关于加强和改进企业国有资产监督防止国有资产流失的意见》。时隔一年半后，又印发《国务院国资委以管资本为主推进职能转变方案》，明确了国资监管事项，迈出了以管企业为主向以管资本为主的国资监管体制转变的重要一步。2016年8月，国务院办公厅印发《关于建立国有企业违规经营投资责任追究制度的意见》，首次提出实行重大决策终身责任追究制度。同年，按照国务院要求，中央企业内部开展压缩管理层级改革，大多数中央企业管理减至3至4层。2017年3月，财政部印发《中央国有资本经营预算支出管理暂行办法》。同月，中共中央办公厅、国务院办公厅印发《关于深化国有企业和国有资本审计监督的若干意见》，强调落实宪法及审计法等法律法规，依法独立履行审计监督职责，防范国有资产流失。

现代企业制度不断健全。2017年4月，国务院办公厅印发《关于进一步完善国有企业法人治理结构的指导意见》，提出到2017年国有企业公司制改革基本完成。同时印发《关于开展落实中央企业董事会职权试点工作的意见》，把中长期发展决策权等 6 项权利授予企业董事会。同年 7 月，国务院办公厅印发《中央企业公司制改制工作实施方案》，提出在 2017 年底前将国务院国资委监管的中央企业全部改制为有限责任公司或股份有限公司。同时，国有企业内部逐步开展了经理层市场化选聘、契约化管理、任期制考核，积极探索职业净利润制度，在经营管理人员能上能下、员工能进能出、收入能高能低上取得较大进展。

国有经济布局持续优化。2020 年 12 月，中共中央、国务院印发《关于新时代推进国有经济布局优化和结构调整的意见》，提出要坚持问题导向，针对当前国有经济布局结构存在的问题，以深化供给侧结构性改革为主线，坚持有所为有所不为，聚焦战略安全、产业引领、国计民生、公共服务等功能，调整存量结构，优化增量投向，更好把国有企业做强做优做大，坚决防止国有资产流失，不断增强国有经济竞争力、创新力、控制力、影响力、抗风险能力。2012 年以来，有 26 组 47 家中央企业实施战略性重组和专业化整合，新组建、接收企业 9 家，中央企业数量从 117 家调整至 97 家。

三、深化垄断行业改革

党的十九大报告指出，打破行政性垄断，防止市场垄断。按照"X+1+X"改革框架体系，推进电力、油气等行业竞争性环节市场化改革，放开竞争性业务准入，进一步引入市场竞争机制。

电力改革方面。2015 年 3 月，中共中央、国务院印发《关于进一步深化电力体制改革的若干意见》，有序放开经营性发用电计划，竞争性电力市场格局初步形成。全国所有省份电力交易机构基本组建完成，指导北京、广州建立 2 个区域性电力交易中心。推进电力交易机构独立规范运行，提升市场管理委员会的作用，厘清调度机构与交易机构的职能划分，规范交易机构的人员、资产和财务管理。2021 年，全年市场化交易电量约 3.5 万亿千瓦时，同比增长 15.7%，占全社会用电量的 40%以上。深化电网企业装备制造、设计、施工等竞争性业务改革。推动深化电网企业装备制造、设计、施工等竞争性业务改革实施方案的落实，要求推动电网企业有序放开设计、施工市场。深入推动增量配电业务改革，相继实施 5 批 483 个增量配电试点项目，多途径培育售电市场主体，已注册售电公司约 5000 家。推进绿色电力交易试点建设，2021 年 9 月 7 日，绿电交易试点启动，共 17 个省份 259 家市场主体参与，达成交易电量 79.35 亿千瓦时。

油气改革方面。2017 年 5 月，中共中央、国务院印发《关于深化石油天然气体制改革的若干意见》。2019 年 3 月，中央全面深化改革委员会第七次会议审议通过《石油天然气管网运营机制改革实施意见》，明确要求组建国有资本控股、投资主体多元化的石油天然气管网公司。2019 年 12 月，国家油气管网公司正式成立，油气体制改革取得突破性进展，石油天然气管网"全国一张网"加速形成，2021 年底，广东、浙江、甘肃 3 省已完成或基本完成省网融入，湖南、福建、黑龙江等省份已经取得积极进展。进一步完善油品管理体制机制，重点从法治、体制、监管机制等方面提出改革举措，切实解决行业发展中存在的突出矛盾和问题。

盐业体制改革方面。2016 年 4 月，国务院印发《盐业体制改革方案》，对深化盐业体制改革作出了总体部署。2017 年 1 月 1

日，盐业体制改革正式启动，所有盐产品价格放开，食盐准运证取消，现有食盐定点生产企业开始进入流通销售领域，食盐批发企业开始开展跨区域经营。深化盐业体制改革以确保食盐质量安全和供应安全为核心，在坚持食盐专营制度基础上推进供给侧结构性改革，坚持依法治盐，创新管理方式，健全食盐储备，严格市场监管，建立公平竞争、监管到位的市场环境，培育一批具有核心竞争力的企业，逐步形成符合我国国情的盐业管理体制。到2021年，进一步打破了食盐生产批发区域限制，放开了食盐生产、批发和零售环节价格，盐业监管体制改革基本完成。在全国市场上，31家省级盐业公司、99家食盐定点生产企业、40家多品种盐生产企业以及中盐总公司均成为合法跨区域经营主体。通过改革食盐批发区域限制，激发了企业经营积极性。改革食盐政府定价机制，国家发改委废止《食盐价格管理办法》，印发《关于放开食盐价格有关事项的通知》，由企业根据生产经营成本、食盐品质、市场供求状况等自主定价，同时加强事中事后监管。

四、建设高标准市场体系

2020年4月，习近平总书记在中央财经委员会第七次会议上首次提出构建新发展格局。同年10月，习近平总书记在党的十九届五中全会上，全面阐释了构建新发展格局的重大意义、深刻内涵和工作着力点。在2021年初的省部级领导干部研讨班上，进一步对加快构建新发展格局作出系统论述。2021年7月1日，习近平总书记在庆祝建党100周年大会上强调，要立足新发展阶段，完整、准确、全面贯彻新发展理念，构建新发展格局，推动高质量发

第四章　构建高水平社会主义市场经济体制

展。①7月9日，习近平总书记主持召开中央深改委第二十次会议，审议通过《关于加快构建新发展格局的指导意见》。加快构建新发展格局，其中的一项重要要求就是建设高标准市场体系。无论是畅通国内大循环，还是促进国内国际双循环，都需要建设高标准市场体系。党的十九届五中全会通过的《中共中央关于制定国民经济和社会发展第十四个五年规划和二〇三五年远景目标的建议》，对建设高标准市场体系作出战略部署，提出要围绕推进经济高质量发展、构建新发展格局要求，健全市场体系基础制度，构建更加完善的要素市场化配置体制机制，完善现代化市场监管体制，着力疏通堵点，畅通市场循环，努力形成市场准入畅通、开放有序、竞争充分、秩序规范的市场体系。

2021年1月，中共中央办公厅、国务院办公厅印发《建设高标准市场体系行动方案》，这是构建高水平社会主义市场经济体制的重要任务，将为推动高质量发展、构建新发展格局提供重要支撑。《建设高标准市场体系行动方案》提出了十六字的总体要求，即"统一开放、竞争有序、制度完备、治理完善"，提出要以满足人民日益增长的美好生活需要为根本目的，充分发挥市场在资源配置中的决定性作用，更好发挥政府作用，牢牢把握扩大内需这个战略基点，坚持平等准入、公正监管、开放有序、诚信守法，畅通市场循环，疏通政策堵点，打通流通大动脉，推进市场提质增效，通过5年左右的努力，基本建成统一开放、竞争有序、制度完备、治理完善的高标准市场体系，为推动经济高质量发展、加快构建新发

---

① 习近平：《在庆祝中国共产党成立100周年大会上的讲话》，《人民日报》，2021年7月2日。

展格局、推进国家治理体系和治理能力现代化打下坚实基础。[①]具体而言,"高标准"的要求有几个维度。一是高标准的基础制度,重点是完善产权保护、市场准入、公平竞争等基础性制度。二是高标准的要素市场,重点是完善土地、劳动力、资本、技术、数据等要素市场化配置体制机制,提高要素质量和配置效率。三是高标准的市场环境和质量,重点是全面提升产品服务质量,强化消费者权益保护,强化市场基础设施建设。四是高标准的市场开放水平,重点是扩大服务业市场准入,深化竞争规则领域开放合作,推动制度型开放。五是高标准的市场监管机制,重点是全面推行"双随机、一公开"监管,维护市场安全和稳定,提高市场监管的科学性和有效性。

五、实行高水平对外开放

党的十九届四中全会提出,实施更大范围、更宽领域、更深层次的全面开放。健全外商投资准入前国民待遇加负面清单管理制度,推动规则、规制、管理、标准等制度型开放。加快自由贸易试验区、自由贸易港等对外开放高地建设。健全外商投资国家安全审查、反垄断审查、国家技术安全清单管理、不可靠实体清单等制度。[②]

2020年6月,国家发改委、商务部印发《外商投资准入特别

[①]《中共中央办公厅、国务院办公厅印发〈建设高标准市场体系行动方案〉》,中国政府网,2021年1月31日。
[②]《中共中央关于坚持和完善中国特色社会主义制度 推进国家治理体系和治理能力现代化若干重大问题的决定》,中国政府网,2019年11月5日。

管理措施（负面清单）（2020年版）》和《自由贸易试验区外商投资准入特别管理措施（负面清单）（2020年版）》，进一步缩减外商投资准入负面清单。其中，全国外商投资准入负面清单由40条减至33条，自由贸易试验区外商投资准入负面清单由37条减至30条。2020年9月，北京自贸区揭牌，湖南、安徽自贸区及浙江自贸区扩展区域也正式揭牌。2019年上半年，全国最先成立的12个自贸试验区新增海关注册企业5010家，累计海关注册企业85045家；实现进出口总值1.61万亿元，同比增长4.3%；占我国同期外贸总量的10.97%；吸收外资实现高速增长，实际使用外资同比增长20.1%，占比为14.5%。截至2020年9月，中国自贸试验区形成可复制、可推广经验多达260项，并在全国不同区域进行复制推广，涉及贸易投资自由化便利化、金融服务实体经济、政府职能转变等多个方面。海南自贸港建设迈出新步伐，出台海南自由贸易港建设总体方案，调整完善离岛免税购物政策，出台跨境服务贸易负面清单、贸易自由化便利化若干措施。"一带一路"两个核心区建设取得重大进展，印发高质量建设丝绸之路经济带核心区、21世纪海上丝绸之路核心区实施方案。巩固拓展国际产能合作，带动我国装备、技术、标准及零部件"走出去"。与法国、日本、新加坡等14个发达国家建立第三方市场合作机制。国家发改委等七部门联合印发《企业境外经营合规管理指引》，国家发改委印发《企业境外投资管理办法》，提高便利化水平，同步完善全口径、全过程监管。

2020年11月，国务院办公厅印发《关于推进对外贸易创新发展的实施意见》，强调坚决反对单边主义和保护主义，积极参与国际贸易规则制定，统筹发展和安全，切实防范、规避重大风险。党的十九届五中全会提出建设更高水平开放型经济新体制，这要求在稳住外贸外资基本盘基础上，全面提高对外开放水平，促进内需和外需、进口和出口、"引进来"和"走出去"协调发展，持续推动贸易和投资自由化便利化，打造中国商品、中国投资、中国服务品牌。同时，党的十九届五中全会还提出要积极参与全球经济治理体系改革和建设，这要求倡导多边主义，坚持平等协商、互利共赢，推动形成更加包容的全球治理、更加有效的多边机制、更加积极的区域合作。

2021年1月至10月，我国实际使用外资1420.1亿美元（不含银行、证券、保险领域），较2019年同期增长23.4%。截至2022年1月底，已与147个国家、32个国际组织签署200余份"一带一路"合作文件。

改革开放40多年来，始终要解决的根本性深层次问题，就是政府和市场的关系。围绕这一核心关系，解决市场体系不完善、政府干预过多和监管不到位的问题，我们推动经济体制改革不断深化，破除各方面体制机制障碍。党的十九届六中全会审议通过的《中共中央关于党的百年奋斗重大成就和历史经验的决议》指出，党的十一届三中全会是划时代的，党的十八届三中全会也是划时代的。党的十八届三中全会提出全面深化改革，再次强调坚持社会主义市场经济改革方向的同时，对经济体制改革提出了新的要求，即使市场在资源配置中起决定性作用和更好发挥政府作用。到今天，通过建立较为完善的宏观调控体系和行政管理体制，政府对资源的直接配置大幅度减少；通过建立现代企业制度，企业成为独立的生产者和经营者，基本形成了社会主义市场经济的微观基础；通过建立较为统一有序的现代市场体系，市场竞争机制和市场价格机制对

第四章　构建高水平社会主义市场经济体制

调节产品供求、优化资源配置的决定性作用日益得到充分发挥，对增强经济活力、促进经济持续快速发展发挥了重大作用。

随着经济体制改革实践不断深入，改革目标也在不断深化。在建立和完善社会主义市场经济体制的基础上，党的十九届五中全会审议通过的《中共中央关于制定国民经济和社会发展第十四个五年规划和二〇三五远景目标的建议》，提出构建高水平社会主义市场经济体制，坚持和完善社会主义基本经济制度，充分发挥市场在资源配置中的决定性作用，更好发挥政府作用，推动有效市场和有为政府更好结合。社会主义市场经济体制的"高水平"，应该体现在党的十九大提出的"产权有效激励、要素自由流动、价格反应灵活、竞争公平有序、企业优胜劣汰"中。从党的十八大以来，我们持续完善产权制度，深化要素市场化配置改革，深入推进国资国企改革，推进财税金融体制改革，大力推进政府职能转变，各个领域改革持续突破，都体现了"高水平"的要求。

党的十九届五中全会提出，我国全面建成小康社会、实现第一个百年奋斗目标之后，将乘势而上开启全面建设社会主义现代化国家新征程、向第二个百年奋斗目标进军，在2035年基本实现社会主义现代化，到本世纪中叶把我国建成富强民主文明和谐美丽的社会主义现代化强国。为此，必须以改革创新为根本动力，在现有的基础上，推动社会主义市场经济体制向着更高水平不断迈进。这就要求坚定不移地坚持和完善社会主义基本经济制度，推动有效市场和有为政府更好结合，激发各类市场主体活力，完善宏观经济治理，建立现代财政金融体制，建设高标准市场体系，实施更大范围、更宽领域、更深层次对外开放，加快转变政府职能，持续推动我国经济高质量发展，为完善和发展中国特色社会主义制度、推进国家治理体系和治理能力现代化提供坚强支撑，为全面建设社会主义现代化强国、实现第二个百年奋斗目标提供更加完善、成熟、坚实的制度保障。

2022年，党的二十大科学阐明以中国式现代化全面推进中华民族伟大复兴的使命任务，进一步明确坚持深化改革开放是全面建设社会主义现代化国家的重大原则，要求深入推进改革创新，坚定不移扩大开放，着力破解深层次体制机制障碍，不断彰显中国特色社会主义制度优势，不断增强社会主义现代化建设的动力和活力，把我国制度优势更好转化为国家治理效能，并提出构建高水平社会主义市场经济体制，要求坚持和完善社会主义基本经济制度，毫不动摇巩固和发展公有制经济，毫不动摇鼓励、支持、引导非公有制经济发展，充分发挥市场在资源配置中的决定性作用，更好发挥政府作用，构建全国统一大市场，深化要素市场化改革，建设高标准市场体系，完善产权保护、市场准入、公平竞争、社会信用等市场经济基础制度。这些重要论述为新时代新征程深化改革开放、构建高水平社会主义市场经济体制指明了方向。[1]

---

[1] 《习近平：高举中国特色社会主义伟大旗帜　为全面建设社会主义现代化国家而团结奋斗——在中国共产党第二十次全国代表大会上的报告》，中国政府网，2022年10月25日。

主要参考资料

1. 邓小平. 邓小平文选[M]. 北京：人民出版社，1994.

2. 中共中央文献研究室. 邓小平年谱（1975—1997）[M]. 北京：中央文献出版社，2004.

3. 中共中央文献研究室. 习近平关于协调推进"四个全面"战略布局论述摘编[M]. 北京：中央文献出版社，2015.

4. 中共中央宣传部. 习近平总书记系列重要讲话读本[M]. 北京：学习出版社、人民出版社，2016.

5. 中共中央文献研究室. 习近平关于社会主义经济建设论述摘编[M]. 北京：中央文献出版社，2017.

6. 中共中央宣传部. 习近平新时代中国特色社会主义思想学习纲要[M]. 北京：学习出版社、人民出版社，2019.

7. 《中国共产党简史》编写组. 中国共产党简史[M]. 北京：人民出版社、中共党史出版社，2021.

8. 《改革开放简史》编写组. 改革开放简史[M]. 北京：人民出版社、中国社会科学出版社，2021.

9. 刘仲藜. 奠基——新中国经济五十年[M]. 北京：中国财政经济出版社，1999.

10. 章迪诚. 中国国有企业改革编年史（1978—2005）[M]. 北京：中国工人出版社，2006.

11. 国家发展改革委经济体制综合改革司、国家发展改革委经济体制与管理研究所. 改革开放三十年：从历史走向未来——中国经济体制改革若干历史经验研究[M]. 北京：人民出版社，2008.

12. 彭森. 中国经济体制改革重大事件[M]. 北京：中国人民大学出版社，2008.

13. 张平. 中国改革开放1978—2008（综合篇）[M]. 北京：人民出版社，2009.

14. 石广生. 中国加入世界贸易组织谈判历程[M]. 北京：人民出版社，2011.

15. 中华人民共和国国务院新闻办公室. 中国特色社会主义法律体系[M]. 北京：人民出版社，2011.

16. 高尚全. 有效市场和有为政府[M]. 北京：中国金融出版社，2016.

17. 曹普. 当代中国改革开放史[M]. 北京：人民出版社，2016.

18. 迟福林主编. 伟大的历程——中国改革开放40年实录[M]. 广州：广东经济出版社，2018.

19. 高尚全. 中国改革开放四十年回顾与思考[M]. 北京：人民出版社，2018.

20. 中国经济体制改革研究会. 见证重大改革决策——改革亲历者口述历史[M]. 北京：社会科学文献出版社，2018.

21. 罗平汉. 伟大的改革开放[M]. 成都：四川人民出版社，2019.

22. 迟福林. 口述改革历史[M]. 广州：广东经济出版社，2019.

23. 章百家. 中国改革开放40年史[M]. 沈阳：辽海出版社，2019.

24. 黄奇帆. 结构性改革：中国经济的问题与对策[M]. 北京：中信出版社，2020.

第二部分
史料篇

口述资料

李铁映：中国的改革
——纪念改革开放 30 周年[1]

中国的改革，已经走过了波澜壮阔的 30 年。这是伟大的 30 年，是改变中国的 30 年，是震惊世界的 30 年。

从 20 世纪 70 年代末开始，中国共产党领导全国人民，通过改革开放，创造性地探索和发展社会主义条件下的市场经济体制。这是一场实现中华民族伟大复兴的新长征，也是中国的社会主义制度自我发展、不断探索的伟大革命。一句话，中国的改革深刻改变了中国，也改变了世界。

2008 年，中国迎来了两场考试。一场是"上帝"对我们的考试——汶川大地震；一场是世界对我们的考试——北京奥运会。事实证明，我们顺利通过了这两场考试，让全世界的"裁判"们收回了他们挑剔的目光，增强了中国的自信，赢得了世界的尊重。这是

---

[1] 李铁映：《中国的改革——纪念改革开放 30 周年》，《人民日报（理论版）》，2008 年 11 月 7 日。

中国改革开放的伟大成就，是中国共产党、中国政府和中国人民奋斗不息的伟大成就，是"中国精神"凝聚的伟大成就。

一

新中国是在半封建半殖民地的废墟上建立起来的。在新中国成立初期物资匮乏、工业基础薄弱的历史条件下，计划体制曾发挥过不容否认的积极作用。但是，计划体制本身的局限性及其作用被无限夸大，成为束缚生产力发展的重要因素。1978年，中国人均国民生产总值只有230美元。就是在第三世界，中国也属于比较不发达的。如何使占世界四分之一的人口在一穷二白的情况下摆脱贫困，如何在不发达的经济条件下、在高度集中的计划经济和单一公有制基础上、在封闭半封闭的国际环境中走上中国的工业化、现代化道路，这是改革之初我们面临的严峻考验和现实出发点。

（一）30年改革历程

中国的改革是20世纪后半叶人类历史上最伟大的社会试验。30年的改革大体可以分为两个阶段。

第一阶段：在实践中重新认识计划经济、商品经济和市场经济，探索改革开放的方向和目标（从1978年党的十一届三中全会到1992年党的十四大）

中国的改革反映了历史的必然性。改革从起步就面临的是政治、经济诸方面艰难危困的局面。30年前那场震撼人心的思想解放运动，使我们党彻底摒弃了"以阶级斗争为纲"的错误路线。党的十一届三中全会作出了把党和国家中心工作转移到经济建设上来的历史决策。改革就是为了解放生产力，为了强国富民，就是要解决10亿人民的吃饭问题。从1978年到20世纪80年代中期是改革开放的起步阶段，改革重点在农村。历史是人民创造的。安徽、四川农民发明的"大包干"是改革的发端，并很快星火燎原，在全国形成破竹之势。废除了人民公社制度，实行了家庭联产承包责任制，至今已稳定运行了 30 年。农民的积极性被真正调动起来，成为自主经营的市场主体；同时，在城市也进行了扩大企业自主权的改革试点，逐步减少国家指令性计划。传统计划经济体制的缺口被打开了。从 20 世纪 80 年代中期到 90 年代初为改革开放的展开阶段，改革重点从农村转移到城市。这一阶段，中央先后制定了关于经济体制改革和教育、科技体制改革的决定，明确指出"社会主义经济是公有制基础上的有计划的商品经济。商品经济的充分发展，是社会经济发展不可逾越的阶段，是实现我国经济现代化的必要条件"。改革主管部门制定了中期改革的规划方案。以国企改革为中心，先后推行了"松绑""放权""承包"等扩大企业经营自主权的改革措施。以价格改革为关键环节，逐步放开了一系列重要产品的价格。各类改革试点如火如荼，对外开放的试验区从特区向沿海沿江推进。随着改革开放的全面推开，以公有制为主体、多种所有制经济共同发展的所有制结构逐步建立，为市场经济奠定了坚实基础。

邓小平理论的创立，是这一时期改革实践最重要的理论成果。邓小平同志作为中国改革开放的总设计师，坚持高举建设中国特色社会主义的伟大旗帜、科学提出了关于社会主义本质和"三个有利于"标准的理论概括，关于计划经济、社会主义商品经济和社会主义市场经济的精辟论述。特别是 1992 年邓小平同志发表视察南方重要讲话，明确回答了在社会主义条件下发展市场经济的必然性和可行性，再一次吹响了思想解放的号角，是中国改革在理论上的又一次重大飞跃。

第二阶段：确立社会主义市场经济的改革开放目标（从1992年党的十四大到今后一段时期）

经过十多年的实践—认识—再实践—再认识的改革开放探索，党的十四大明确把社会主义市场经济体制确立为改革目标。但是，具体什么是社会主义市场经济体制和怎样建立社会主义市场经济体制，依然处于探索阶段。党的十四大以后，改革主要围绕构建社会主义市场经济体制的基本框架展开：继续深化国企改革，抓大放小，从整体上搞活国有经济，积极推进国有经济战略性调整；取消生产资料价格"双轨制"，推进生产要素的市场化改革，进一步完善市场体系；实现了从指令性计划向指导性计划的转变，启动了与市场经济相适应的财税、金融、外汇及涉外经济体制改革，初步构建了新的宏观调控体系；开放了一批沿江、沿边及省会城市，并成功加入世界贸易组织。到21世纪、千年之交，我国以公有制为主体、多种所有制经济共同发展的基本经济制度初步确立，市场机制开始在资源配置中发挥基础性作用，全方位、宽领域、多层次的对外开放格局基本形成。党的十六大以后，进入不断发展社会主义市场经济阶段。针对片面追求增长速度、增长方式粗放、民生社会矛盾凸显等问题，党中央提出了贯彻落实科学发展观和构建社会主义和谐社会的战略思想，将以经济体制改革为主的中国改革推进到经济、政治、文化、社会体制"四位一体"的协同改革，促进国民经济和社会又好又快发展。

（二）30年改革在体制上的突破和创新

经过30年的改革，我国经济体制和发展模式都发生了深刻的变化，社会主义市场经济体制已初步形成。当前，我国经济领域的市场化程度不断提高，市场在资源配置中的基础性作用明显增强。

90%以上的商品价格完全由市场决定，85%以上的投资由企业和社会自主决定，五分之四的就业岗位由非公有制经济提供。

——从"高度集中的计划经济"到"社会主义市场经济"。对经济体制改革目标的探索过程可以概括为"计划经济为主，市场调节为辅""有计划的商品经济""社会主义市场经济"三个阶段。党的十二届三中全会确立的社会主义商品经济理论，是社会主义经济理论的重大创新和发展。社会主义经济是公有制基础上的有计划的商品经济，这是我们党对社会主义经济作出的科学概括，是对马克思主义的重大发展，是我国经济体制改革的基本依据。正是社会主义商品经济理论的突破和发展，使社会主义市场经济理论的提出和社会主义市场经济体制的建立成为历史的必然。社会主义市场经济不但突破了传统的计划经济，而且也突破了传统的市场经济：把基本经济制度和资源配置方式区分开来，既强调充分发挥市场机制在资源配置中的基础性作用，又强调加强和改善宏观调控。把社会主义制度与市场经济体制结合起来，认为计划和市场都是手段，解决了计划和市场的所谓姓"社"姓"资"的问题。回答怎样建设社会主义的问题，在社会主义条件下发展市场经济，用市场经济的办法建设社会主义，这是我们最伟大的创举！我们搞的市场经济，是在社会主义条件下，是在中国国情的基础上，为了发展中国，实现中国的工业化、现代化的方法。

——从"单一公有制"到"公有制经济为主体、多种所有制经济共同发展"。转换机制、制度创新，最关键的是解决姓"公"姓"私"问题。对所有制理论的突破可以归纳为两个方面：一是从单一的公有制向以公有制经济为主体、多种所有制经济共同发展转变，大力引导和发展非公有经济；二是把所有制和所有制实现形式相区别。所有制可以有多种实现形式，一种形式可以为多种所有制所用，怎么有利就怎么用，这是我们的一大发现。十六届三中全会明确提出发展现代产权制度，确认"股份制是公有制的主要实现形式"，为社会主义市场经济条件下公有制多种实现形式的健康发展，开辟了广阔的道路。

——从"一大二公的人民公社"到"以家庭联产承包、双层经营为基础的农村基本经济制度"。我国农村改革的许多经验都是由基层首先创造出来的，30年来农村改革在理论上的建树，一是突破人民公社体制，形成以家庭承包经营为基础、统分结合的双层经营理论；二是推动了农产品流通体制改革并形成农产品市场体系的理论；三是突破传统做法，走中国特色的农村工业化、城镇化道路；四是提出走中国特色农业现代化道路，建设社会主义新农村，推动形成城乡经济社会发展一体化的新格局。实现农村的现代化是中国现代化最特殊、最艰难的一步，唯有从实际出发、从中国国情出发，才能实现。

——从"国有国营体制"到"现代企业制度"。国企改革的关键在于构筑真正的法人实体和市场竞争主体，使国有经济在社会主义市场经济条件下健康发展。30年企业制度改革的实践和理论创新可以概括为四个方面：一是提出企业是市场主体；二是提出政企分开、所有权与经营权分离；三是建立现代企业制度；四是深化国有企业治理结构和国有资产管理体制改革，优化国有经济布局，增强活力、控制力和影响力。目前国企改革正处于关键时刻，不能因为暂时市场效益好，就认为改革已经完成。国有企业改革、对国有经济的探索，与社会主义条件下对市场经济体制的探索是始终相伴随的，这也是中国特色社会主义市场经济体制不断发展的重要课题。

——从"国家定价、集中管理的价格体制"到"建立统一开放、竞争有序的现代市场体系"。我们在市场体系理论方面的突破可以分为三个阶段：一是承认生产资料、生产要素都是商品，都有价格；二是逐步培育市场化价格体系；三是发展生产要素市场，形成统一开放、竞争有序的现代市场体系。1994年以来，我们在价格改革方面迈出了较大的步伐，但有些问题还没有彻底解决，特别是资源要素价格形成机制改革的相对滞后，直接影响了经济结构的调整和发展方式的转变。

——从"指令性计划"到"以预期性和约束性指标为基础的国家宏观调控"。在传统计划经济体制下，国民经济高度计划统一，计划经济理论及其体制替代了宏观经济理论和宏观调控体制。30年来，政府从行政性直接计划管理转向以经济、法律手段为主的间接管理，初步建立了协调统一的宏观调控体系。宏观经济理论和宏观调控体制的不断发展，是社会主义市场经济体制最大的特色和理论创新。

——从"平均主义分配方式"到"按劳分配为主体，多种分配方式并存、生产要素参与分配的收入分配制度"。我们对收入分配理论的突破，主要分为四步：一是允许一部分地区、一部分人先富起来，鼓励先富带动后富，最终实现共同富裕；二是效率优先、兼顾公平；三是把按劳分配与按生产要素分配结合起来；四是建立多层次、社会化的社会保障体系，强调初次分配和再分配都要处理好效率和公平的关系。有什么样的生产力发展水平，就有什么样的所有制；有什么样的所有制，就有什么样的社会分配制度。收入分配理论涉及激励和动力机制问题，影响社会公平，是体制改革与和谐社会建设中的一个核心问题。

——从"封闭半封闭"到"全方位开放"。30年来，我们摒弃了封闭半封闭的发展模式，确立了对外开放这一基本国策，建立了开放型的经济体制；抛弃"闭关锁国"政策，大胆吸收借鉴包括资本主义国家在内的一切人类社会文明成果，充分利用国际国内两种资源、两个市场；适应加入WTO的新形势，初步建立了稳定、透明的涉外经济管理体制和法律法规。

总之，中国的改革开放，始终处于理论与实践的双重探索之中，两者相辅相成，交相辉映，共同奏出波澜壮阔的改革乐章。

（三）30年改革的伟大成就

经济体制的重大变革带来了生产力的极大解放和发展，实现了中国经济与社会前所未有的大繁荣。主要表现在：第一，改革开放快速发展了社会主义生产力。1978—2007年，我国GDP年均增长9.75%，人均GDP达到了2461美元，跨入中等收入国家的行列。第二，改革开放极大增强了综合国力。1978~2007年，我国GDP总量由世界第十位跃居第四位，国家财政收入年均增长14.1%，达到5.13万亿元。进出口贸易总额由世界第27位上升为第3位，年均增长17.4%。第三，改革开放迅速提高了广大人民的生活水平。改革开放30年来，我国解决了13亿人口的温饱问题，城乡居民人均收入增长5倍以上，农村贫困人口从2.5亿人减少到1479万人。1978年，我国人均预期寿命为68岁，2005年提高到72.4岁。十几亿中国人民摆脱了贫困，整体上达到小康水平，稳定地走上了现代化道路，中国改革开放取得的伟大成就令全世界瞩目。

口述资料

二

改革是理论和实践的双重探索。中国的改革是对马克思主义的新贡献,是对社会主义实践的新贡献。一切制度要存在,都必须改革。可以说,改革是制度生存发展的重要方法。在经济全球化的历史洪流中,国家之间的竞争,归根结底是制度的竞争。社会主义的本质是解放生产力、发展生产力,途径是改革开放。中国的改革开放是社会主义制度的自我发展和完善,是实现中华民族伟大复兴的新长征。

(一)十月革命和中国改革是20世纪人类的伟大探索

十月革命是人类历史上一个伟大的转折点,它把马克思主义从理论变成了实践,宣告一种新的社会制度由理想变成了现实,开辟了被压迫民族革命的新时代。但如何建设社会主义是各国共产党共同面对的严峻挑战。在20世纪最后四分之一的时间内,世界上发生了两个重大历史事件。一个是中国的改革开放,一个是苏东的剧变。这两个事件分别有着正反两个方面的意义:苏东的剧变在一定意义上是对僵化的、未能不断改革发展的社会主义模式的否定;而中国的情况恰恰相反——中国的改革开放是对社会主义的新认识、新探索、新发展。中国特色社会主义道路,既不同于改革开放以前传统的社会主义模式,也不同于西方发达国家的社会发展模式,是人类对社会发展规律和道路的新探索、新试验。中国改革开放的理论与实践是对当代马克思主义政治经济学的重大贡献。

(二)中国的改革开放是社会主义制度的探索和发展

第二次世界大战以后,东西方两大阵营对立共存。无论是社会主义制度,还是资本主义制度,都要赢得这场竞争。实际上,这场竞争不但深刻改变了社会主义制度,也深刻改变了资本主义制度。

资本主义国家改革的参考面是社会主义制度，是计划经济；而我们改革的参考面是资本主义制度，是市场经济。纵观近代经济史，计划手段和市场手段，是相互融合、交替使用的。1933年美国"罗斯福新政"实践了凯恩斯主义宏观调控理论，实际上是借鉴了计划经济的一些合理元素。邓小平讲"社会主义没有固定的模式，也不可能有"。社会主义制度不仅要用市场经济；而且要发展市场经济，不断解放和发展生产力，不断积累和扩大我们的物质财富。市场经济体制与社会主义基本制度相结合，体现了更高层级的制度探索；社会主义社会的生命力正是体现在不断适应生产力发展要求，不断改革、不断探索和不断发展的能力上。不改革，制度就要僵化，就要束缚生产力发展，社会主义就没有活力，就是死路一条！不开放，社会主义就不能吸收人类文明成果，不能参与国际竞争求得更好、更快的发展，也是死路一条。不改革，就不可能开放；不开放，也谈不上什么改革！开放本身就是伟大的改革。封闭的国家、封闭的民族，是不能发展的，也不可能搞社会主义。一句话，不改革开放，就不是社会主义，就不是马克思主义！

（三）中国改革的根本任务是解放和发展生产力

改革开放是社会主义发展的必由之路，说到底，是发展生产力的必由之路。离开生产力的发展谈生产关系的适应性，与离开一定的经济基础谈上层建筑的先进性一样，都是空中楼阁。上层建筑与生产关系是否有利于生产力解放和发展，是其是否适合、是否合理的判据，否则就会被生产力发展所抛弃。只要有发展，就要有改革。改革是上层建筑不断适应经济基础，生产关系不断适应生产力发展要求的历史过程。

社会主义初级阶段是不可跨越的，这是生产力发展水平决定的。集中精力尽快把生产力搞上去，是我党在社会主义初级阶段的中心任务。中国特色社会主义的本质，就是不断解放和发展生产力，就是实现中国的工业化、现代化，就是实现中国的长期发展、长期稳定，就是实现中华民族的伟大复兴。中国的改革开放不是人的主观愿望，而是历史发展的必然要求，是历史规律。没有一个长时间的稳定发展，问题就会越来越多，越来越复杂。小平同志反复强调"三个有利于""发展是硬道理""一百年不动摇"，这就是中国的实际，这就是"中国特色"的深意之所在。解放和发展生产力的最后落脚点是解放劳动和劳动者。如果离开了人的解放和人的全面发展来谈所有权和分配制度，那么就偏离了生产要素中最活跃、最根本的问题，而这恰恰是中国政治经济学的核心问题。发展就是财富的创造和积累的历史过程；中国的财富、中国的现代化是中国人民用双手积累和创造的。只有在改革发展中始终如一地坚持以人为本，不断地解放、保护劳动和劳动者，才能发挥社会主义优越性，才能实现解放生产力历史任务。

（四）发展没有止境，改革也没有止境

社会主义制度本身就是在不断改革中探索中发展和前进的制度。改革是历史进步的基本道路。不是一两代甚至几代人的任务，是一个长期的事业。只要有发展，就会有新情况、新问题，就需要不断地解放思想，调整上层建筑和生产关系以适应这些新情况、新问题，适应经济基础和生产力。只要有发展，就必须有改革，发展与改革是相生、相伴、相依、相存的。生产力的发展是无止境的历史过程。改革也必将是无止境的历史过程。社会主义一诞生就面临着与资本主义的斗争和竞争，其生命力和前途就在于不断发展，不断改革，不断地释放制度活力，以适应和促进生产力的快速发展。

中国的改革开放还只是万里长征第一步，要解决当前诸多深层次矛盾和问题，根本出路仍在于改革。历史没有终结，发展没有终结，改革开放也就没有终结。改革开放是对社会主义发展的探索，是制度进步的基本方法，是历史进步的必由之路。不发展就是死亡，要发展就必须改革，就必须不断解放生产力，发展生产力。

三

改革是一场伟大的探索，既是实践的探索，又是理论的探索。实践探索是理论探索的动力和源泉，伟大的理论来源于伟大的实践。30年改革开放的宝贵经验，概括起来，就是从基本国情出发，不断地解放思想，坚持市场经济方向，坚持对外开放，走中国特色社会主义道路。

（一）坚持解放思想、实事求是

解放思想是发展中国特色社会主义的一大法宝。只有解放思想，才能做到实事求是。要解放思想，必须实事求是。解放思想和实事求是是同义语。改革开放要迈开步子，必须冲破传统观念和传统理论的框架。党的十一届三中全会打破了个人迷信和教条主义的束缚，从根本上恢复了马克思主义的思想路线，为我们在改革开放实践中发展马克思主义开辟了广阔天地。解放思想是我们党在历次重大历史关头和重大历史抉择中能够不断与时俱进、开拓创新的根本原因。回顾我国改革开放的实践，最大的思想解放，就是坚持从中国国情出发，把坚持马克思主义基本原理同推进马克思主义中国化结合起来，赋予当代中国马克思主义勃勃生机。过去的成绩归功于解放思想，未来的改革发展还得依靠解放思想。改革发展无止境，解放思想尤无止境！理论的真理性价值在于回答和解决问题。

中国的未来，始终伴随着思想解放的历史过程，前途就在于实事求是、解放思想。

（二）坚持生产力标准

历史就是发展史。历史是由发展写出来的。发展生产力是我们坚持历史唯物主义的出发点和落脚点。中国的前途在社会主义，社会主义的前途在于经济持续、快速、健康地发展，在于创造出比资本主义社会更高的生产力，这是社会主义存在的历史必然要求。做不到这一点，就谈不上社会主义。要发展生产力，一个重要的任务就是探寻能够解放和发展生产力的经济体制，就是探索、建立适应和服务于生产力发展要求的经济制度和上层建筑。制度是人造的政治设施，是上层建筑，不是从天上掉下来的。它的存在，唯一的前提条件就是服从和服务于生产力发展的要求。判断经济体制是否具有优越性和生命力，关键是看能否解放和发展生产力。必须从生产力决定生产关系，生产关系反作用于生产力这一历史唯物论出发，来思考改革的方向和动力。

（三）坚持市场经济方向

长期以来，无论是西方经济学，还是马克思主义经济学，都把市场经济看成是与社会主义不相容的。邓小平依据经济发展的实践，揭示了"计划"和"市场"作为资源配置方式，在性质上都属于"手段"和"方法"，与社会制度并没有必然联系，从根本上破除了传统观念，为在社会主义条件下搞市场取向的改革指明了出路。计划和市场都是发展经济的方法，好比是餐桌上的筷子和刀叉，什么工具和方法有利，就用什么。无论是采用计划体制还是市场体制，目的只有一个，就是发展社会生产力，就是要看哪一种体制更有利于发展社会主义生产力。中国建立社会主义市场经济体制，不是迫于外来的压力或教条，而是出于对计划和市场两种体制的再认识，出于解放和发展生产力的内在需要。社会主义市场经济理论把社会主义制度的优越性和市场对资源配置的有效性有机地结合起来，开拓了人类社会发展的新道路、新认识，这是我们宝贵的思想财富。

（四）坚持适应生产力发展的"渐进式改革"

任何改革都是为了使上层建筑不断适应生产力发展的历史过程。生产力发展是永恒的，生产关系的变革也是永恒的。"渐进式改革"不是我们的主观愿望，而是由生产力发展和中国国情决定的，是生产力发展历史过程的必然体现。中国的改革深深地扎根于群众之中，改革前进的每一步，都是人民群众的实践探索和制度创新。生产力发展的渐进性，决定了中国采取"摸着石头过河"的渐进改革方式。中国的改革立足于社会主义初级阶段这一基本国情，借鉴世界各国发展市场经济的经验，先农村后城市，先局部探索再全面推开，先引入市场机制、计划与市场机制并存，再到探索和发展社会主义市场经济体制，不断地摸索实践，渐进地推进改革。制度的进步、发展、变革，不是自身决定的。没有所谓超越生产力发展的先进制度，制度可以解放生产力而不是拉动生产力。制度的发展速度、改革的快慢是由生产力决定的，并服务于生产力发展的要求。一句话，渐进式改革的方法是由发展决定的。对涉及面广、触及利益层次较深的改革事项，先选择一些具有代表性的地方、行业、企业进行相关改革开放试验，抓住一些关键环节进行重点突破，取得经验，再逐步推开，循序渐进地推进整体改革，开创了一条具有中国特色的渐进式的改革开放道路。实践证明，这是一条震动小、成本低、成效大的改革之路。

（五）坚持对外开放

一切开放都是以我为主，要依据自身的能力和承受力。改革开放以来，我们坚持打开国门，全面开放，认真研究和汲取其他先行市场经济国家正反两方面的经验，充分利用国际国内两个市场、两种资源，在互利共赢的基础上同世界各国开展经济技术合作，既认真遵守又积极参与完善国际经济秩序，在发展自己的同时，也为维护世界的和平与发展做出了贡献。中国的发展离不开世界，只有在对外开放中才有机会吸收和借鉴人类社会创造的一切优秀文明成果，使中国的现代化站在世界文明的肩上；中华民族的复兴也离不开与西方文明的碰撞与交融、竞争与合作。对外开放在改革的初期对国内改革产生过巨大且正面的推动力；在完善社会主义市场经济体制的过程中，对外开放仍将是推动我们跟上时代潮流、锐意改革的重要动力。

（六）坚持走中国特色社会主义道路

任何现存的，都是特色的。没有一种道路、模式和方法可供我们照搬照抄，中国的改革只能靠自己，走自己的路。改革开放以来，我们立足于坚持社会主义基本制度，坚持市场化改革取向，自觉调整生产关系和上层建筑中不适应生产力发展的环节和方面，创新体制和机制，强调发挥市场在资源配置中的基础性作用，创造性地探索出了一条全新的中国式的改革道路，推动社会主义制度在除弊立新中自我完善和发展。中国特色社会主义理论，特别是邓小平首创的社会主义市场经济理论，是对马克思主义的重大贡献，是当代政治经济学的最新成果。到目前为止，中国改革开放走的是一条符合自己国情的道路，这条路将来要永远走下去。

四

经过 30 年改革开放，尽管我国体制环境较之以前发生了翻天覆地的变化，但到目前为止，生产力发展仍面临着诸多体制性障碍，旧的问题解决了，新的问题又在不断涌现。我国经济已经进入"大块头、高速度、多变化"的历史时期，所遇到的问题，不仅在中国历史上，即使在世界历史上，也是从未遇到过的。每一个新的发展变化，都要求有新的改革。

改革开放是一个长期的历史过程，今后的改革将在经济全球化、中国加入WTO、全面开放的条件下进行，将更加复杂而艰巨，这是一次世界性的体制竞争和较量。

（一）解决中国问题的根本出路在于进一步深化改革

我国现代化建设正处于关键时期，改革的艰巨性、复杂性、系统性和风险性显著增强，体制改革已经进入一个新的阶段。一方面，随着工业化、现代化和城镇化进程的加快，我国面临着资源能源短缺、生态环境恶化、经济与社会发展不协调等矛盾和问题；另一方面，政府职能转变、要素市场建设、垄断行业改革、城乡统筹发展、收入分配关系调整等领域的改革仍处于攻坚阶段。其中有些改革不仅涉及经济关系，而且涉及社会上层建筑领域；不仅涉及众多的利益主体，而且涉及深层次的权力和利益关系的调整。例如，财税体制改革直接影响到中央与地方的关系；垄断行业改革和资源要素价格改革直接影响到政府和市场之间的关系；金融体制改革不仅关系到宏观调控的体制基础，而且直接影响到国际收支平衡和经济安全问题；农村改革在改革初期曾经势如破竹，目前已经到了破解城乡二元结构、实现城市农村全面发展的重要阶段；行政管理体制改革涉及经济、政治、文化、社会诸方面，是当前改革的一个重要切入点，也是重点和难点。在新的历史条件下，如何按照市场经济的要求，通过制度建设，进一步转变政府职能，保证市场对资源配置的基础性作用；如何按照科学发展观的要求，建立促进经济增长方式转变的宏观调控体制；如何按照构建社会主义和谐社会的要求，建立保障社会公平正义的体制机制；如何按照统筹城乡发展的要求，建立有利于逐步改变城乡二元结构的体制；如何按照完善基本经济制度和保障公平竞争的要求，进一步加快垄断行业的改革，促进非公有制经济发展；如何加快上层建筑领域的改革，实现经济体制、政治体制、文化体制和社会体制改革相协调，等等，这都是摆在我们面前迫切需要解决的重大改革任务。发展必须是科学的，科学发展就是符合客观规律的发展，而低速的、大波动的、不安全的发展都不是科学发展。面对新的形势，我们必须坚持走中国特色社会主义道路，以科学发展观统领经济社会发展全局，深刻把握我国发展面临的新矛盾新问题，不断提高决策的科学性和措施的协调性，坚定不移地推进各项改革。

（二）在进一步解放思想中坚定地走中国特色社会主义道路

当前，我国正处于大变革、大发展的时代，既是战略机遇期，也是新矛盾、新问题的凸显期。面对这种情况，只有不断解放思想，才能形成新思路，拿出新办法，解决新问题。首先，实事求是与解放思想是完全一致的，不实事求是就不能解放思想。这要求我们一切从实际出发，既要反对"东教条"又要反对"西教条"；要求我们始终保持清醒头脑，认清社会主义初级阶段的基本国情。要看到，社会主义市场经济体制的完善还有很长的路要走。

在新中国成立后的相当长一段时期里，我们把社会主义看

"易"了，看"近"了；把资本主义看"短"了，看"轻"了。在对社会主义市场经济体制的改革探索中，既不能妄自菲薄，又不能盲目乐观，要充分考虑形势的复杂性和艰巨性，防止和克服急躁情绪。中国特色的社会主义道路要始终坚持"一个中心、两个基本点"的基本路线，坚持四项基本原则，否则就是"西化"，也必然是死路一条！一切从人民利益出发是解放思想的价值判断标准。社会主义的本质是解放生产力，发展生产力，最终实现共同富裕。制度的设计离不开人的实际利益。当代中国人民最大的利益就是实现工业化和现代化，不断提高人民的生活水平，实现中华民族的伟大复兴。中国特色社会主义制度就是为了实现这一目的的制度，改革开放就是为了实现这一目的的制度创新探索。我们要在推动改革、促进经济增长的同时，始终坚持社会主义的原则和方向，尊重人民主体地位，保障人民各项权益，不断解放劳动和劳动者，走共同富裕道路。就目前来讲，思想解放还是僵化，解放的程度如何，最终要看是否有利于贯彻落实科学发展观、构建社会主义和谐社会，是否有利于发展生产力、增强综合国力、提高人民生活水平。改革开放发端于解放思想，它的继续推进和深入同样需要不断地解放思想。

（三）在进一步改革中建立保障中国经济安全的体制

改革开放是为了解放和发展生产力，而维护经济安全是改革开放的重要内容和任务。体制既要有利于生产力的发展，也要保障安全，这是发展的前提基础。科学发展就是要实现经济长期可持续发展，没有安全、不能持续的发展不能叫做科学发展。我们的改革开放，就是探索出适合中国国情的体制、制度和道路，实现中国的工业化、现代化，而这种体制、制度和道路必须是充满活力的，并且是安全的。

当前，中国改革开放的国际环境发生了新的变化。在经济全球化背景下，一方面，限制中国经济发展的资源、能源、环境等"硬约束"长期存在，而来自国际市场的技术、标准、规则等"软约束"也与日俱增。另一方面，过去我们是相对封闭的经济体，是"内河经济"。即使有问题，"肉烂在锅里"，财富是在国内不同所有者之间重新分配。而21世纪以来，中国经济对外依存度从2001年（加入WTO）的38%，达到2007年的67%，快速成为世界排名前列的开放经济体，已经是外向发展的"海洋经济"。在这种情况下，如果经济安全出了问题，财富将会在国际间重新分配，我们长期积累的财富可能一夜之间被卷走，一去不回头，经济也可能很长时间无法恢复。

中国的快速发展，是一些人不愿意看到的。他们的对华政策转向保守，有些人甚至故意将经济问题政治化，贸易保护主义抬头。与此同时，国际经济环境对国内经济的影响越来越明显。世界经济的波动、资源能源价格的变化、主要经济体政策的调整、汇率利率变动趋势以及地缘政治等因素，如2007年以来的资源能源价格暴涨，如源起于美国次贷危机的世界金融危机，都不同程度地对国内经济产生了影响。目前，国家经济安全问题日益凸显，其中最为突出的问题是经济全球化背景下资本自由流动所导致的金融危机。在利益驱动下，国际金融资本无虚不乘、无孔不入，其流动之迅速、能量之巨大、形式之隐蔽、手段之复杂超出了人们的想象。一个不安全的经济不可能发展，稍有不慎，中国改革开放积累起来的巨大财富就会被国际资本席卷而去，其危害不亚于大洪水。在市场化、国际化、信息化加快发展的今天，我们必须花大气力研究和建立制度性经济安全保障，防止一些国家利用金融优势转嫁风险、攫取利益，积极应对可能出现的金融危机和其他经济安全问题，保障国内经济平稳较快发展和国家经济安全。

2008年是《共产党宣言》发表160周年，十月革命81周年，新中国成立59周年，也是中国改革开放30周年。经过30年改革开放，13亿人民在中国共产党的领导下，在探索中国特色社会主义发展的道路上，越来越成熟，越来越自信，越来越理性，积累了丰富的实践经验和理论成果，集中地体现在邓小平理论、"三个代表"重要思想和科学发展观等理论成果上。什么是最宝贵的？自己的经验、自己的理论是最宝贵的。没有自己的理论，就无法掌握自己的前途命运，就会做别人理论的俘虏，成为附庸。能够实现中国的工业化和现代化，能够实现国家繁荣富强、人民生活富裕和幸福的制度，就是中国特色社会主义制度；这样的理论，就是中国特色社会主义理论；这样的道路，就是中国特色社会主义道路。改革呼唤着理论的发展。没有罗盘，就会迷失前进的方向。只有不断在实践中探索，在理论上突破，才能推动改革的进一步深化。只有始终坚持历史唯物主义基本原理，加强对中国改革理论和方法的研究，进一步深化改革和扩大开放，才能争取更大胜利。

20世纪是中国人民寻求民族解放的历史，前赴后继，荡气回肠；21世纪将是中国实现繁荣富强的新纪元，生机勃勃，蒸蒸日上。中国特色社会主义道路是中国实现工业化、现代化的必由之路，是中华民族实现伟大复兴的阳光大道，是历史唯物主义的胜利和必然选择。想想看，13亿中国人民大步迈向现代化，是何等壮丽的历史画面！历史必将证明，中国特色社会主义制度将在与资本主义制度的激烈竞争和斗争中焕发出勃勃生机；中国特色社会主义理论将在人类探索社会发展规律的道路上光彩夺目；中国特色社会主义将拓宽民族国家走向工业化、现代化的途径，在促进全球化时代人类文明多样性发展的同时，实现中华民族的伟大复兴。

于光远：十一届三中全会的台前幕后[①]

我自始至终参加了中央工作会议和党的十一届三中全会，作为这次历史转折的见证人，我觉得应该把自己亲身经历的事情和自己当时以及现在的想法写下来。党的十一届三中全会举行的日期是1978年12月18日至22日，为期5天。会前的中央工作会议举行的日期是1978年11月10日至12月15日，为期36天。中央工作会议举行的时间是党的十一届三中全会的7倍，的确为全会做了充分准备。如果不是这样，就不能理解，何以5天的全会能开得那样成功。

对原定议题的重要突破

1978年12月召开的党的十一届三中全会，是中华人民共和国成立以来我党历史上具有深远意义的伟大转折。在党的十一届三中全会之前举行了一个中央工作会议，虽然它们是两个会议，各有各的功能，但是由于这两个会议之间存在一种不寻常的关系，在论述党的十一届三中全会的成果和意义时，不能不把中央工作会议包括进去。在纪念党的十一届三中全会时，不能不同时纪念中央工作会议。

中央委员会全会和中央工作会议在党的章程中的地位不同。对许多重大问题，中央工作会议无权做出正式决议，必须召开全会才能使中央工作会议上提出的各种主张正式成为全党遵循的决议。

---

① 根据于光远相关著作整理编写。

就当时的历史事实来说，中央工作会议已经为党的十一届三中全会做了充分准备，即党的十一届三中全会要确定的路线、方针、任务等，在中央工作会议上都已经提了出来，并且有了解决问题的主张。

1978年11月10日中央工作会议。第一个议题是如何进一步贯彻执行以农业为基础的方针，尽快把农业生产搞上去。第二个议题是商定1979年和1980年两年国民经济计划的安排。第三个议题是讨论李先念副主席在国务院务虚会上的讲话。

还有，在中央工作会议上对真理标准问题讨论的时间特别长，特别集中。30来天的分组会，几乎每天的会议都直接间接地接触这个问题，发言也很坦率和尖锐，没有模糊、藏头露尾的情况。因为这个会议有一个特点：真理标准问题讨论的提出者、发动者、组织者与提出和坚持"两个凡是"、坚持反对真理标准讨论的主要人物都在会上，可以面对面地进行交锋。同在一个组的人进行交锋，就是不同在一个组，看到别的组的简报也进行交锋。《光明日报》总编辑杨西光是那场真理标准讨论的主持者之一，他了解的情况很多，体会很深，在西北组做了多次发言。我对"两个凡是"是坚决反对的，在西北组我也做了许多次发言，同李鑫、吴冷西、胡绳、熊复进行交锋。

在这个会上把汪东兴等在上面支持反对真理标准问题讨论的人也点了出来，这样就把有关这场讨论的问题搞得更加彻底、更加深刻，这一点在学术界讨论时是不便指明的。

邓小平和"宣言书"的起草

会议开了20多天，许多问题都已经被提了出来，许多人已就这些问题做了发言，中央工作会议到了该闭幕的时候了。在中央工作会议开始前后，叶剑英和邓小平就着手准备和找人起草在大会上的讲话。

12月2日，邓小平找我到他家里谈起草讲话稿的问题。邓小平自己写了一个讲话稿的提纲，一共有七个问题。在提纲的最前边，邓小平还加了"对会议的评价"这个问题。所以加起来是八个问题。

邓小平首先说：想了一下，不准备长稿子。第一个问题是对会议的评价。他说：这次会议了不起，五七年以后没有，五七年以前有，延安（时期）有。这个风气要传下去，（这是）很好的党的生活，党的作风，既有利于安定团结，（又有利于）防止思想僵化，实在可喜。

第二个问题是解放思想、开动脑筋。他告诉我们写这个问题时要"讲点理论的重要"。他说，这个争论（指真理标准问题的讨论）很好，越看越好，越看越是政治问题，是国家前途命运问题。他提出要解决新的问题，全党全民要开动脑筋。

第三个问题是发扬民主、加强法制。他指出：现在这个时期更要加强民主。集中那么多年，现在是民主不够，大家不敢讲，心有余悸。发展经济，（要实行）民主选举，民主管理，民主监督。工厂工人监督，农村社员监督。他还说：目前主要反对空头政治，反对说空话。他在谈到自主权与国家计划的矛盾时说，这个矛盾只能靠价值法则及供求关系来调整，否则不能自主。要靠质量，质量好会畅销全国。不要怕乱，市场不会乱，承认市场的一定调节。他说：经济民主，重点不是政治，重点是经济民主。有些要用法律，如民法、刑法、各种单行法，总之应该有法律，地方也可以立法。

第四个问题是向前看。他说：这个会议向后看解决一些问题，目的是向前看。不要"一刀切"，解决遗留问题，要快，干净利落，时间不要长。完全满意不可能。

第五个问题是克服官僚主义。他批评了人浮于事、拖拖沓沓的现象，还批评了"几多"如会议多等。邓小平提出：要学会管理，培养与选用人才，使用人才，改革规章制度。好的企业必须用先进的办法管理。党委领导好不好，看企业管得好不好，看利润，看工人收入。城市如此，农村如此，各行各业也如此。

第六个问题是允许一部分企业、地区、社员，先好起来。他说这是一个大政策。允许一部分人、一部分地区先富起来，农村百分之五到百分之十再到百分之二十，城市百分之二十。邓小平说这样才有市场，本身就促进开辟新行业。要反对平均主义。干得好的，就影响左邻右舍。

第七个问题是加强责任制。在批评了无人负责的现象后，邓小平说搞几定：一是什么项目，二是从哪里引进，三是定在什么地方，四是定哪个人，从谈判到管理，可能六七定，开单子。并头进行，不耽误时间。现在打屁股打计委，有什么用？要打，打个人。国内企业也要专人负责，专门机构搞几定，请些专家，譬如荣毅仁就可以当专家。

第八个问题是新措施新问题。邓小平提出要搞人员核算标准。

邓小平有如此详细的提纲，又做了如此具体的谈话，我们这些起草的人就好办了。从邓小平那里回来，我找了国务院研究室的林涧青等人赶紧起草稿子，两三天就起草好了。初稿起草好以后送邓小平审阅。在修改稿子的过程中，邓小平又找我们谈过几次话，逐字逐句地提出修改意见。

在这次谈话中，邓小平谈到要为敢想敢做创造条件。怎样才能敢想敢做？从制度上解决，根本是民主制度。对新事物要采取支持鼓励态度。特别是学术研究、思想领域上更需要民主讨论。武断可不行，要真正搞"双百"方针。越轨怎么办？这有个信任群众信任干部的问题。

他再次谈了开动机器的问题。他说：开动机器，一个生产小队看到一块空地没有种树，有一块小水塘没有搞养殖，睡不着觉。开动脑筋可以增加多少财富？脑筋用在什么地方？四个现代化嘛！

邓小平还提出要建立健全党规党法，他说：党要有好作风，党的作风，无非那三个作风，它本身就是制止违法乱纪的。

谈到向前看，邓小平说对（犯错误的人的）过去不要求完备，自我批评不够，让他自己考虑，在实际工作中改正。因为过去的问题太复杂，但（对）以后新的错误要严一些。

邓小平谈了权力下放、责任到人的问题。他说：有一个责任到人的问题。讲集体负责、党委负责就等于无人负责。打屁股不能乱打一通。既然责任到人就应该有权，没有权也就不可能有责任。领导得好不好，根本的是劳动生产率的提高，还有技术是否得到不断的更新，靠体力劳动不行。

谈到先富起来的想法，邓小平说：80元少了，加到100元，城市带农村，大城市带小城市。搞好城市的服务行业，大有可为。他还谈了城市规划问题，北京西山、石景山都应规划。

另一次谈话是在稿子再次做了修改以后。邓小平肯定稿子由原来讲八个问题改为讲四个问题，基本可以。同时要求开头或中间要讲一讲重点转移问题，他说这是一个主要的方针，要不了多少语言，但这是个大前提，是总的东西。

邓小平还提出稿子要加写按劳分配的内容。他说：搞得好的，包括领导干部，就应该多得，就应该先富起来。积极性没有经济手段调动不行，只讲风格是不行的，对少数先进分子可以，对广大群众不行，一个时期可以，长期一辈子不行。要用经济方法管理经济。他说：总之有赏有罚都同经济利益联系起来讲这个问题。奖励而且物质奖励也奖到具体的人、具体的车间。通过责任制，通过赏罚，该升的升，该降的降，不合格就要降。要培养专家，专家一用就用下去，为社会主义事业，实际上为人造福就是政治标准。

邓小平还提出要建立必要的法律，他列举了六个法律名词，并且说要研究国际法，否则将来国际交往增多，要栽很大跟头。

关于改革所带来的新问题，邓小平指出：改革上层建筑，改革生产关系，都可以带来许多问题，会涉及大批人的切身问题。要信任群众，依靠群众，并且创造条件使其各得其所，相信群众，会取得群众理解、谅解。他说，震动比较大。新的矛盾并不比现在的问题简单，而且会更复杂。走群众路线，信任群众，教育群众以大局为重，随着生产力发展可以得到很好的解决。

在这次谈话中，邓小平对稿子看得更细，意见也谈得更具体。起草的同志根据他的意见又做了修改。记不清是哪一天了，当邓小平听执笔的同志对改定的稿子通读一遍之后，说"行了，就这样拿出去吧"，起草工作就完成了。

党的十一届三中全会吹响改革的号角，就集中表现在邓小平的讲话中间。关于这个讲话稿，那些精辟的见解可以说全是邓小平自己的，不但思路是他自己的，而且给人留下深刻印象的语言也大都是他自己的，讲话用的题目也是他起的。

党的十一届三中全会胜利召开

中央工作会议于1978年12月15日散会，18日就要举行党的十一届三中全会。不是中央委员的人要离开京西宾馆。曾涛、胡绩伟和我等少数几个"非中央委员"留下来了，仍住在原先的房间。

12月15日是星期五，周末我回家休息了两天。在回家前我已经知道党的十一届三中全会的议程，18日是阅读学习文件和传达中央工作会议闭幕会上中央领导人的讲话。议程上当然不会说参加了工作会议的人可以不阅读文件，但事实上听过那三个讲话，又在14日、15日两日讨论过那几个讲话的人，在18日能自由支配时间。

12月18日星期一我回到京西宾馆后，做的第一件事就是研究党的十一届三中全会参加者和列席者的名单。从这张名单知道，在十一大选出的333名中委和候补中委中，有6位已经去世，他们是郭沫若、罗瑞卿、彭绍辉、王铮、林李明和谢正荣。前4位我熟悉，后2位不熟悉。在余下的327人中，又有25人由于种种原因经中央决定不通知他们到会。余数是302人。这张名单上因事、因病请假的有21人。实际出席党的十一届三中全会的中央委员有169人，占中委201人的84%，大大超过法定人数。开党的十一届三中全会的目的是对中央工作会议准备好了的事履行合法手续，所以这个名单很重要，会议准备的名单就比中央工作会议搞得严密多了。

这张名单上列为列席党的十一届三中全会的有宋任穷、黄克诚、黄火青、胡乔木、韩光、周惠、王任重和习仲勋，都是中央工作会议提出建议增补为中央委员会的人，而且一旦全会通过增补他们成为中央委员，他们便成为既有发言权，又有表决权的出席者了。

曾涛、胡绩伟、杨西光和我，可能还有别的很少几个人都不是中央委员，但因工作需要，中央工作会议散会后没有离开京西宾馆，无以名之，就叫作非正式列席人员吧。非正式列席人员没有上名单。我注意到毛主席著作编委会办公室的李鑫等人似乎没有留在京西宾馆。

在12月18日上午我看到的党的十一届三中全会分组名单按工作会议的6个组分组，各组召集人不变，原来在组内的中委不变，各组人数比以前只略多一些，西北组从原来的35人增加到44人，加上宋任穷、王任重2位正式列席者共46人，没有上名单的我，就自动按照老规矩去西北组听会。

12月18日整天阅读中央工作会议文件和传达闭幕会上的讲话。这次全会没有做主题报告。从中央工作会议闭幕会上3位中央领导人讲话的内容来看，邓小平的讲话由于精辟地、全面地论述了党的路线方针政策任务和组织问题，出席者都知道它实际上就是这个全会的主题报告。

19日各组继续看文件，西北组首先开始讨论。从20日到22日各组进行讨论。我的印象，增补中央委员、中央政治局委员和增补陈云为党中央副主席这件事，都是在一天的大会上表决其他问题之前通过的。我记得党的十一届三中全会只在第一天和最后一天开了大会，其余都是分组会。

3天分组会的内容，概括起来有四条：第一条是原先参加中央工作会议的中委们以发言的形式向未参加会议的中委们介绍中央工作会议的情况。第二条是所有出席者都对中央工作会议闭幕会上中央领导人的讲话表态，对全会增补中央委员、中央政治局委员、中央副主席表态，对中央设立纪律检查委员会和中央纪律检查委员会委员候选人名单表态。第三条同中央工作会议一样，对"两个凡是"、"实践是检验真理的唯一标准"、平反冤假错案等发表意见。还有一条，即第四条，便是对党的十一届三中全会公报的草稿表态并提修改意见。

最后一天晚上举行了大会。大会首先通过关于增补中央委员、中央政治局委员、中央政治局常委和副主席这件事，原则通过两个农业文件和1979—1980年国民经济计划的安排，通过全会公报。在增补前，党的十一届三中全会的正式列席人员还没有表决权，增补通过后选举中央纪律检查委员会时他们就有表决权了。

选举结果，候选名单的100位中央纪律检查委员会委员候选人全部当选，并选出了第一书记陈云，第二书记邓颖超，常务书记黄克诚，还有副书记11人、常委23人。陈云当选后在会上发表了讲话。

在举行党的十一届三中全会的过程中没有什么事要我做，简报很少，六个组的简报加在一起只有中央工作会议的一个组那么多，阅读简报不用花太多时间，我过了五天比较轻松的日子。

1978年12月召开的党的十一届三中全会，是中华人民共和国成立以来中国共产党历史上具有深远意义的伟大转折，拉开了改革开放的序幕。从此，党掌握了拨乱反正的主动权，有步骤地解决了中华人民共和国成立以来的许多历史遗留的问题和实际生活中出现的新问题，进行了繁重的建设和改革工作，使我们的国家在经济上和政治上都出现了很好的形势。

口述资料

杜润生：从包产到户到家庭联产经营责任制[①]

1978年从春到夏，全国大部分地区出现了百年不遇的大旱灾，很多地区的粮食大幅度减产，有些地方甚至绝收。在这种情形下，"借地度荒"最早是河南搞起来的，包产到户最早从温州永嘉县搞起来的，比安徽还早。这些都是部分地区的农民群众自发搞起来的，在全国包产到户并未成为主流。

在开始时，邓小平没有过问包产到户的问题。那时候，他主要考虑两个问题：第一步解决温饱问题，第二步解决小康问题。1980年3—4月，在中央布置长期规划时，要解决贫困区的问题。我向姚依林提出，与其向贫困区输送粮食，困难很多，不如让他们实行包产到户。姚依林立即表示赞成。4月2日，姚依林到邓小平那里去汇报，提到了这个问题，邓小平表示同意。这是因为，当时国家每年要向贫困地区输送很多的粮食，但通往贫困地区的交通状况非常差，既没有公路，也没有汽车，完全靠人力运送。往往粮食还没有送到，就被运送粮食的人在路上吃完了。因此，在解决贫困地区的群众吃饭问题上，中央是有共识的。

尽管如此，在当年9月中央召开的省委第一书记座谈会上，人们对包产到户的争论仍然很激烈。来自黑龙江的杨易辰不赞成包产到户，怕影响农业机械化的"阳光大道"；来自贵州的池必清则坚称：你走你的阳光道，我走我的独木桥！但为了解决贫困区的吃粮问题，中央与省级领导达成了共识，形成了75号文件："在那些边

[①] 中国经济体制改革研究会编：《见证重大改革决策：改革亲历者口述历史》，北京：社会科学文献出版社，2018年版，第1–7页。

远山区和贫困落后的地方，长期吃粮靠返销、生产靠贷款、生活靠救济的生产队，群众对集体丧失信心，因而要求包产到户的，应当支持群众的要求，可以包产到户，也可以包干到户，并在一个较长的时间内保持稳定。"75号文件发布后，不论在哪里实行包产到户都取得立竿见影的增产效果，说服了更多的怀疑者。

这里，有一个问题。明明是分田单干的包产到户，为什么后来在文件上叫"家庭联产承包责任制"，还把它定为社会主义性质呢？我认为，社会主义的性质不取决于是否分田单干。一个制度当它还能促进生产的时候，就不会退出历史舞台！社会主义的性质不是由一件、两件事情决定的，是由整个社会制度来决定的。在我看来，"包产到户"是农民自己起的，是个"奶名"；我在农村工作会议上提出"家庭联产承包责任制"，这是个"官名"。就像小孩子一样，有一个奶名，还有一个学名。大家都同意，文件就这样通过了。

在邓小平、陈云的热情支持和万里的直接领导下，从1982年到1986年，连续五年，用中央一号文件的形式，将土地公有、家庭承包的双层经营制，定性为社会主义所有制的一种实现形式。同时，逐步放开农产品价格管制，恢复市场交易，允许农民自主经营，允许多种经济成分并存发展，进入市场竞争，共同向现代化农业进军。这期间，虽然也出现某些暂时的摩擦和反复，但未能阻止改革开放这个大趋势。这五个一号文件的制定过程，一般都是年初布置调查题目，我们派人下去，由各省份农口的党政部门和研究机构组织；到秋季总结，在各省份主管农业的书记和省农委主任参加的中央农村工作会议展开讨论；冬季，由起草小组归纳执笔，最后上报中央决策，次年年初发出。因此，五个一号文件，从始至终是一个集体创作的过程。由中央农研室、农研中心、农村发展组，以及一些地方的人员参加，大家一起讨论，共同议定。

1982年：正式承认包产到户合法性

第一个一号文件的主要内容，是肯定多种形式的责任制，特别是包干到户、包产到户，深受群众欢迎，全国已经普遍化。这份文件提出，所有的责任制形式，包括包产到组、包干到户、包产到户，都是社会主义制度的自我完善，它不同于过去的分田单干，更不能当作资本主义去反对。

这个文件的核心是，第一次以中央的名义取消了包产到户的禁区，尊重群众的选择，并宣布长期不变。当时，许多地方的农民都担心，共产党的农村政策多变。文件说"长期不变"，最能打动人心，农民说一号文件是吃了"定心丸"，连一直批判资本主义思想的山西昔阳县大寨村也在1982年底实行了包产到户。文件的另一个要点是，尊重群众的选择，不同地区，不同条件，允许群众自由选择。同时，还提出疏通流通领域，把统购统销纳入改革的议程，有步骤地进行价格体系的改革。另外，重申了发展多种经营和社队企业，鼓励个体经济、私人经济和专业分工。

这个文件以《全国农村工作会议纪要》的形式报送给中央，邓小平看后说："完全同意。"陈云看后，叫秘书打来电话说：这是个好文件，可以得到干部和群众的拥护。他还参加政治局会议，听取说明，最后说：文件好，说明也好，所提问题，我赞成。至此，我心里就更加踏实了。

1983年：放活农村工商业

1982年9月，党的十二大召开。党中央所做报告提出，这几年来农村建立的各种形式的生产责任制，必须长期坚持，不能走回头路。为了扩大农村改革成果，我受中央委托，在党的十二大做了题为《农村工作历史性变化》的发言，阐明包产到户、包干到户的优点。当时，各地基层有一些争论：允不允许私人买拖拉机和汽车？允不允许私人跑长途运输？允不允许合伙入股修鱼池，按股分红？等等。针对上述问题，我们建议，要放活农村工商业。此外，我们还提出应该以公有制为主导，多种经济并存。除按劳分配之外，还应该允许按投入的生产要素分配，即按投入的资金、土地、技术实行分红，借以鼓励人们多留积累、多投入，以补充国家投入的不足。

因此，1983年的一号文件，定名为《当前农村经济政策的若干问题》。文件提出了"两个转化"和"三个一点"，即促进农业从自给半自给经济向较大规模的商品生产转化，从传统农业向现代农业转化；党和政府各部门、各级领导干部都应该思想更解放一点，改革更大胆一点，工作更扎实一点。

1983年，农村改革步伐加快，农村经济变化也很显著。一是家庭承包普及几乎每个村庄，一度按兵不动的黑龙江省委书记杨易辰也改变态度，诚恳地告诫各级同志，不要再坚持领导规定的那种体制了，还是尊重群众为好。二是农村劳动力从闲置状态下解放出来了，发展出多种门路的商品生产。

1984年：疏通流通渠道，以竞争促发展

如果说前两个一号文件着力解决农业和农村工商业微观经营主体问题，那么，此后的一号文件则要解决发育市场机制的问题。此

前二十多年，农村实行统购派购制度，除了对粮棉油实行统购，还对生猪、鸡蛋、糖料、桑丝、蚕茧、黄红麻、烤烟、水产品等实行派购，品种多达132种，几乎包括了所有的农副土特产品。事实上，农村产品交易均由公营商业高度垄断，而资金、土地、劳动力流动又受到多重限制。

经过深入调查，我主持的中央农村政策研究室整理出一个书面建议，提请中央书记处会议讨论。这份建议除了陈述情况，还提出农村经济迫切要求放松历史上多年形成的政府垄断、管制及其他阻碍农民进入市场的规定，以利发展商品生产，摆脱穷困。我们提出的具体建议包括：（1）土地承包期延长15年，在此期间，允许有偿转让土地使用权；（2）允许农村社会资金自由流动，鼓励加入股份制合作、入股分红；（3）允许农民自理口粮进城镇做工、经商、办企业；（4）允许私人办企业雇工经营；（5）国营商业、供销社逐步开放贸易、退出市场垄断、改变服务方式，供销社回归民办。到会的领导同志大多主张再给农民吃一颗"定心丸"。对所提出的建议，第（1）、（2）、（3）项原则上无异议通过。第（5）项，要商业、供销、财政部门进行清理，与粮食统购统销问题一并解决。准备第一步只留粮棉油统购，基本上取消各种派购。第（4）项雇工问题，经讨论，未能取得一致，不做结论。过去规定，雇工不超过8人不作为资本主义，超过8人的也允许试行。会后，请示邓小平，他说："不急于限制，看三年再说。"以上通过的内容，都写进了1984年的一号文件，即《关于一九八四年农村工作的通知》。

1985年：调整产业结构，取消统购统销

经过三个一号文件，对农村经济微观经营主体和宏观市场环境同时改革，1984年我国农业生产达到前后几年的峰顶。尤其是长期困扰我们的粮食问题，甚至由"手中有粮，心中不慌"，转变为"粮食多了，卖粮难"。

当时的主要问题，是农产品统派购制度的改革滞后于农村经济发展的新要求。我下乡查看，得出的结论是"谷贱伤农"，靠现有的农业生产结构，不可能实现收入翻番任务，需要一个新的结构。同时，统派购制度鼓励各省保证征购和提高省内粮食自给率，这就迫使各省一定要下计划保证粮食播种面积，影响了因地制宜安排种植业。例如，海南也提出粮食自给。其实那里多种热带经济作物，通过对外贸易交换点谷物，更合算，更受农民欢迎。华南地区都有这个问题。

这个道理谁都明白，问题在于农产品统派购制度行之已久，派生出分配问题和利益调整问题，惯性很强，改变甚难。好在正值党的十二届三中全会出台经济改革决议，城乡关系改善完全符合改革方向。因此，1984年的农村工作会议，众望所归，就把改革统派购制度、调整产业结构作为1985年农村改革的中心课题。围绕这个中心，我们制定了1985年的一号文件，取名为《关于进一步活跃农村经济的十项政策》。

1986年：增加农业投入，调整工农城乡关系

1986年，改粮食统派购制度为合同收购，合同之外，由政府议购改为市场收购；派购的132种农产品，只留桑丝、药材、烟草3种，其余均通过市场交易，由市场形成价格。但由于未能及时调整工农、城乡的利益分配关系，出了一些问题。

当时，提高对农民的粮食收购价格，却没有相应提高对城市居民的销售价格。这就造成粮食增产越多，财政补贴越多。到达峰顶的粮食产量及相应的交售量，尤其是大量的超购加价粮食，使得国家财政不堪重负。这时，国家按惯性维持了原有的城乡利益分配格局。为了保持城市非农集团的优越地位，就以降低农民的贸易优惠来减轻财政负担。具体措施是，取消了原先的超购加价50%的规定，将所有粮食按平均价收购。这大大减弱了对粮食增产激励。农民利益受损，随即表现为粮食和其他农产品供应减少。此后，中国农业尤其是粮食生产连年徘徊。对此，有的人就认为，包产到户潜力枯竭，该收场了，是这个制度造成粮食徘徊。更多的人认为，这是取消粮食超购加价的结果。

针对当时出现的农业成本上升、比较收益下降，1985年底的农村工作会议，就强调"摆正农业在国民经济中的地位"，会议形成的1986年中央一号文件即《关于一九八六年农村工作的部署》。

继1986年一号文件之后，1987年确定了深化农村改革的三项目标：第一，确立农户自主权；第二，发育市场体系；第三，继续优化产业结构。这三项目标实现的程度，是衡量农村发展成功与否的标志。然而，理论上揭示不等于实际上解决问题。中国农业的进一步改革，受制于城市国有经济改革和政治体制改革。当时，我们认识到，中国的农村改革，一切"便宜"的方法都已经用尽；如果不触动深层结构，就很难再前进一步。正是因为此，农村改革一系列一号文件的历史使命告一段落。至今，中国农村改革并未终结，必须从全局改革中寻找前进道路。

高尚全：《中共中央关于经济体制改革的决定》是如何产生的[①]

中共中央第一个关于改革的决定，是在1984年10月党的十二届三中全会通过的《中共中央关于经济体制改革的决定》（以下简称《决定》），我有幸参加了《决定》的起草工作。

当时的背景是怎样的呢？解放思想冲破了"左"的干扰，农村改革取得了突破，农民的积极性大大提高了，极大地促进了农业生产，1984年农业生产实现了前所未有的大丰收，粮食增产达到4070亿斤，创造了历史最高水平。过去搞计划经济，农民没有积极性，农民的劳动跟自己的收入没有关系，所以农民说，插秧一行是七棵，前面六棵不知道给谁插的，最后这一棵才是给自己插的。联产承包责任制、包产到户解决了这个问题，交了国家的，留了集体的，剩下都是自己的，从而极大地调动了农民的积极性，有力地促进了农业生产的发展。农产品丰收了，要有市场、要有销售渠道，同时也要求交换农业所需要的生产资料，所以就迫切要求城市改革。但是城市呢，还是原来的那套体制模式，还是计划经济那一套，有以下几个弊病：

第一，政企不分。中央和地方政府的经济部门直接管理企业的生产经营活动，企业失去了自主权和活力，结果宏观经济决策没搞好，微观经济活动又管得死，严重压抑了企业的生产积极性。

第二，条块分割。把完整的国民经济分割为众多的部门所有制

---

① 根据高尚全相关著作整理编写。

和地区所有制，造成了部门壁垒、地区封锁，限制了地区之间、部门之间的横向联系，影响了行业之间、企业之间的专业化协作，使企业的生产能力不能充分合理地发挥。我举一个很典型的例子，沈阳有两个厂，一个是变压器厂，旁边一个是冶炼厂，变压器厂由机械工业部管，冶炼厂由冶金部管，结果变压器厂需要的铜由机械工业部从云南等地大批量运来，而冶炼厂生产的铜由冶金部分配到全国各地。一墙之隔的两个企业不能横向联系，造成了大量的物质和时间上的浪费。部门之间缺乏联系，扯皮很多，"九龙治水"，对权力抓住不放，而对责任往往一推了之，这种权力最大化、责任最小化的弊病很突出。

第三，单纯依靠行政手段和指令性计划来管理经济，主要不是商品生产、价格规律和市场在起作用，使企业缺乏竞争力和应变能力。

第四，分配中的平均主义很严重。分配没有真正体现按劳分配的原则，干好干坏一个样，形成了职工吃企业的"大锅饭"、企业吃国家的"大锅饭"的局面，严重地压抑了企业和广大群众的积极性、创造性。

以上弊病使社会主义经济失去了活力，严重束缚了社会生产力的发展，影响了社会主义制度优越性的发挥。

党的十一届三中全会以后，在接近 6 年的改革开放实践基础上，党在十二届三中全会上认真总结了经验，1984 年 10 月 20 日通过了《中共中央关于经济体制改革的决定》(以下简称《决定》)。《决定》阐明了加快以城市为重点的整个经济体制改革的必要性、紧迫性，规定了改革的性质、任务和各项基本方针，在理论上和政策上也有许多重大的突破，《决定》中一个重大的突破就是明确提出"社会主义经济是公有制基础上有计划的商品经济"。《决定》强调，商品经济的充分发展是社会经济发展的不可逾越的阶段，是实现我国经济现代化的必要条件，只有充分发展商品经济，才能把经济真正搞活，促使各个企业提高效益、灵活经营，适应复杂、多变的社会需求，这是单纯依靠行政手段和指令性计划所不能做到的。党的十二届三中全会改变了原来党的十二大提出的"计划经济为主、市场调节为辅"的提法。邓小平同志对《决定》给予很高的评价。他说："这个决定啊，是马克思主义基本原理和中国社会主义实践相结合的政治经济学，我是这么个评价。""这次经济体制改革的文件好，就是解释了什么是社会主义，有些是我们老祖宗没有说过的话，有些新话。我看讲清楚了。过去我们不可能写出这样的文件，没有前几年的实践不可能写出这样的文件，写出来，也很不容易通过，会被视为'异端'。我们用自己的实践回答了新情况下出现的一些新问题。"

《决定》有什么重大突破和创新呢？过去大家知道计划经济是社会主义基本特征，而《决定》第一次提出了商品经济这样一个概念，很不容易，是解放思想的结果。在这个稿子的起草过程中，党中央和国务院主要领导同志先后8次和起草小组进行了座谈，共同修改《决定》。在起草过程中，我提出，改革就是要为迅速发展社会主义商品经济扫清道路。从我们改革试点的实践经验来看，什么时候我们比较注意发展商品经济了，什么时候经济就比较繁荣。哪个地方重视商品生产了，哪个地方的经济就比较有活力。这是我经过多次调查得出的结论。包括广东，就是因为先搞了商品经济，才有了活力，老百姓的日子也就比较好过。所以可以这样总结，在"只有社会主义可以救中国"这句话之外，还要加上一句"只有发展商品经济才能富中国"。但是，我的意见提出来以后，起草小组就有人不赞成把商品经济写入《决定》，主要担心什么呢？害怕社会主义跟资本主义混同起来，怕变成资本主义。我认为，这种担心是没有必要的，为什么呢？其一，社会主义商品经济是在生产资料公有制为主体的条件下发展的，和资本主义是有区别的；其二，商品经济和计划经济并不是对立的，商品经济越发达，生产的社会化程度越高，就越需要在宏观上加以指导。但是当时在起草小组通不过，因为反对的人官都比我大，所以我没有办法了。后来我建议用中国经济体制改革研究会和中国经济体制改革研究所的名义于1984年9月初在北京西苑饭店开了个理论研讨会，请了20位专家学者参加会议。在会上，我首先提出：应明确提出社会主义商品经济的概念，这是当前改革要求在理论上的一个关键性突破。大家一讨论，思想都比较解放，意见很一致，认为"商品经济是必然的途径，和资本主义制度并无必然联系，不是资本主义的特有范畴""商品经济是社会主义经济发展的一个必经阶段""商品经济同计划经济不是对立的"。另外，我们也讨论了另一个问题，就是过去党的十二大提出的以"计划经济为主，市场调节为辅"为提法的问题。为什么提出"计划经济为主"呢？因为计划经济是社会主义的制度，是必须要坚持的，市场调节只能作为辅助作用。一个是社会制度，一个是手段和方法，这两个概念是不对称的。要么计划经济与市场经济，要么计划调节与市场调节，要么计划与市场。我们把讨论的结果给中央写了报告，领导阅后批示给起草小组，并说"马洪同志也有这个意见"。中央经过反复征求各方面的意见，最终在党的十二届三中全会把"有计划的商品经济"写到《决定》里去。关于计划与市场，在世界范围内已争论了近百年。我国理论界的争论也没有停止过。但什么是市场？我曾经在中央党校等多种场合讲道，哪里有商品交换，哪里就出现了市场，它不是社会主义特有的，也不是资本主义特有的，我国自古就有了，古文中有"日中为市"的提法。一个地方有了市场，就会繁荣起来，"城堡+市场"，就出现了城市。资本主义国家叫"城市"，社会主义国家也叫"城市"，并不因为我们是社会主义国家，实行计划经济就叫"城计"，也即"城市+计划"。由此可见，计划与市场这两个概念是一种手段、一种方法，不是社会制度的特征与属性。

口述资料

杨启先：中国经济体制改革的理论与实践 [1]

我来体改办的时间是 1981 年 6 月底 7 月初。在那以前，我在河北大学经济系当副主任。1980 年 3 月，成立国务院体改办时十分缺人，特别是缺少对我国经济工作比较熟悉的同志。1981 年初，体改办副主任廖季立（原国家计委综合局的局长）推荐我，因为我在国家计委工作过 21 年，从 1952 年国家计委成立我就去了，一直工作到 1973 年，1973 年调到河北大学。廖是我多年的领导，对我比较熟悉。来到体改办以后，我任规划组组长。当时体改办人比较少，下面分组，不分局，实际上"组"就是局一级的单位。1982 年成立国家体改委后，我为规划局的局长；1985 年提任国家体改委委员，还兼着规划局局长。

1987 年以后就不兼了，当专职的委员，但仍负责领导搞规划。到 1991 年，我已经 60 多岁，转到中国体改研究会任秘书长，1993 年后任副会长兼秘书长，2000 年才正式退休。在这期间，1986—1988 年兼任国务院经济改革方案办公室副主任，1993—1997 年任第七届全国政协委员。我来体改委的时间比较早，经历的改革事情比较多，今天就谈谈几个主要问题。

一、改革始终围绕着两个重大理论问题

我当规划局局长的工作主要是搞规划。搞规划就是研究改革的目标、模式、方法和步骤等问题，这就必然会碰到两个理论问题：

---

[1] 中国经济体制改革研究会编：《见证重大改革决策——改革亲历者口述历史》，北京：社会科学文献出版社，2018 年版，第 139–159 页。

一个是商品经济，一个是多种所有制。

  长期以来，我们实行的是传统的苏联模式和集中管理体制，过去认为这是最好的体制。其主要标志是，公有制、按劳分配和计划经济。苏联在 20 世纪 30 年代就将其定为社会主义经济的三条原则，并写入了苏联宪法。后来，所有社会主义国家实际上都这么干。在中国，1949 年以后，开始几年没这么干，从 1953 年开始也这么干。我长期在计委工作，这个体制的全过程我都参与了。那时候，从上到下都感到这种体制有毛病，曾经多次想改革它。1956 年，毛主席在《论十大关系》里对这个体制就有很多的批评。1957 年，曾经开始实施改革，但方法不对头，没解决问题。当时在计委内部，理论上就有争论，最大的问题是两个经济规律的矛盾：一个是搞计划经济必须按照有计划按比例发展规律办事；一个是搞计划经济还需不需要尊重价值规律，实际就是商品经济的规律。这两个规律是有矛盾的。按照有计划按比例发展规律搞，完全是一种主观的东西。因为计划都是人编出来的，按照计委同志的说法，是拍脑袋拍出来的，往往不一定符合实际。所以，到了 20 世纪 50 年代末、60 年代初，有的同志就提出来一个应该尊重价值规律的问题。比如，孙冶方、薛暮桥就是当时的代表。从苏东国家来看，南斯拉夫开始搞市场社会主义，后来波兰、匈牙利也走上了偏向市场的路子。你们问市场改革的思想究竟是来自西方还是来自自身？我认为，最主要还是从计划经济实践中体会到，不尊重价值规律不行。从 20 世纪五六十年代开始就体会到了，要尊重价值规律，实际上就必须尊重市场。所以，从改革一开始就有市场取向这么一种趋势，否则就没法改。但这个趋势跟我们的传统理论是有矛盾的，你搞一点市场取向可能还行，但是市场搞多了，就成了商品经济，这就不那么符合理论了。所以，在这个问题上始终有争论。

正因为如此，我们在改革开放开始时，并没有提出什么目标模式，也没有明确提出市场取向，更没有提出商品经济。从党的十一届三中全会决定中可以看出来，没有这些话。十一届三中全会的精神体现改革的就两句话：一个叫"对内搞活经济"，一个叫"对外实行开放"。为什么提这两句话呢？邓小平讲，对外太封闭了，世界的信息都不知道。当时主要就是这么两句话，根本没有一个什么市场取向的目标。但这两句话，非常大的好处是，在一定程度上，把人们的思想给解放了，打开了。使人们认为，可以不再完全局限在原来的框架里思考和处理问题。结果，对内搞活，农村就活出来一个"联产承包责任制"，城里就活出来一个"搞活国有企业"。因此，从20世纪70年代末开始，农村联产承包责任制和城里搞活国有企业就开始搞了。这两个"活"起来引出来一个很大的成果：经济速度提升了，农产品产量增加了，城里企业的产量增加了。"活"出来一块属于计划外的东西，即农村完成统购以后农民手里剩下的东西，城里企业完成国家计划后企业剩下的东西。这些东西需要交换，这样，农村恢复了集市贸易，城里恢复了小商品市场，主要从事计划外产品的交换，这样，市场自然就开始出现了。

但在这个时期，改革的理论方面还是滞后的。我还没到体改办的时候，听说体改办1980年上半年搞过一个规划，叫《初步意见》。这个文件第一句话开宗明义就提出了商品经济，说："我国现阶段的社会主义经济是公有制基础的商品经济，经济体制必须与之相适应。"这句话在文件初稿中没有，是薛暮桥同志最后加上去的。薛暮桥当时是体改办的顾问。文件发到省长会上讨论，结果挨了批评。所以，我来体改办以后，再搞规划就不能写这种话了，往往是写"我国现阶段的社会主义经济存在商品货币关系",用这么一句话来应付。

到了1982年,党的十二大总结改革的实践经验,认为社会主义国家也不是一点儿不需要市场,有一点儿市场也可以,没有坏处。陈云不是讲"大计划,小自由"嘛,后来说的"鸟笼经济",就是那段时间出来的。这个思想上升到党的十二大报告当中也是两句话,叫作"计划经济为主,市场调节为辅"。这两句话,现在看当然是很不够了,但比较计划经济还是进了一步,即在社会主义国家的文件上正式写出来,市场还有它一定的地位。此后,市场范围就逐步扩大了,发展起来了。发展了两年,到1984年的时候,市场规模比较大了,看来也没什么问题,而且对促进生产发展、提高人民生活有好处。

经过1979—1984年这五年时间的改革,尽管农村取得很大的成功,城里也取得了初步成效,但是始终没有一个正式的改革的文件,也没有一个中央正式认可的改革规划。尽管国务院体改办、国家体改委做了一些改革设想,但是还没有出过一个在全国实行的文件。所以,中央决定搞一个有关改革的正式决定。当时,中央的指导思想很明确,搞这个决定的目的就是要把改革的远景或目标、主要方法描绘出来,而且在理论上应当有所突破。搞这个《决定》我参加了。先是参加1984年政府工作报告的起草,起草班子有十来个人,以袁木为首。当时,起草报告的人都集中在玉泉山,一住几个月,起草这年的政府工作报告,差不多也是这样,春节以后就上去,搞到5月份,政府工作报告在人大通过。人大后,中央把这个班子留了下来,继续起草《关于经济体制改革的决定》,仍然是袁木挂帅,有王忍之、桂世镛等,大都是计委的,体改委有我,经委有谢明干。搞了一两个月，写出一个提纲。当时，起草小组内部意见不那么一致，主要是牵涉到商品经济问题，究竟在决定里面要不要突出这个思想，始终得不出一致的意见。不赞成的是多数，明确赞成的好像就是我和谢明干，其他人都不怎么赞成。因其他同志主要是计委的，那时计委是不赞成商品经济的，不仅是不赞成提商品经济，甚至对于必须发挥价值规律的作用，往往也不同意提。

这中间，有一段插曲。我还记得，在此前的半年多，也就是1983年秋天，国务院领导指示，要加快经济体制改革，必须认真研究计划体制改革。为此，专门组织了一个研究计划体制改革的小组，由胡启立挂帅，廖季立和柳随年负责。主要成员除体改委规划局和计委的同志以外，还邀请了上海体改委的贺镐圣、广东体改委的王琢和北京大学的厉以宁等参加，共十几人，集中在中南海警卫局大楼办公，一直讨论了至少两个月。在会上，每个人都充分发表了自己的观念，但意见始终无法统一。到11月份，全国开展清除精神污染，计委的同志就将我们讨论中的一些不同观点，如王琢讲的"可以实行计划商品经济"，徐景安讲的"国有企业必须实行政企分开"，以及我在讨论中同他们的一段所谓的"双胞胎"的争论，当作精神污染的典型事例，整理成书面材料，直接上报中央领导。所谓"双胞胎"的争论，是计委的同志在会上一再强调：社会主义国家的经济工作，必须遵循有计划按比例发展规律。我就说：既要遵循有计划按比例发展规律（因我当时还不敢直接否定这一规律），也要遵循价值规律。他们又说：遵循两个规律可以，但不能同等对待，应该有主有次，有大有小（意指计划规律为大，而价值规律为小）。我就说：两者没有大小，是"双胞胎"。他们又说："双胞胎"也有大小。我说："双胞胎"是按出娘胎的时间为准，先出来的为大，后出来的为小。从经济理论发展的历史时间来看，是先有价值规律，后有有计划按比例发展规律。因此，完全可以说，价值规律为大，有计划按比例发展规律为小。好在胡启立看到这份材料后，及时表态说：这是工作中的不同意见，不能作为精神污染。当时中央要求有关同志继续努力搞好工作，思想上不要有什么顾虑或紧张。在此后不久举行的一次有关计划体制改革的汇报会上，在说到计划体制改革是否应当大量减少或取消指令性计划时，一个平时公认思想还比较活跃的著名经济学家发言说：指令性计划，是计划经济的重要体现。计划体制改革，不能减少或取消指令性计划；减少或取消指令性计划，就是削弱和取消计划经济，是不应当的。胡启立有些听不下去了，立即表示：这种说法也不一定合适。这就足以说明，关于商品经济的问题，在我国当时的理论界乃至实践中，争论是多么激烈。

正是在这个背景下，1984年5月以后在起草《决定》的提纲时，由于在指导思想上没有什么突破，决定推倒重来，并大大加强了起草小组，把中央政策研究室很大一部分人都吸纳进去了。主要领导人也由袁木改成了中央政策研究室副主任林涧清，增加了林子力、郑必坚、龚育之、郑惠、滕文生、王愚民、罗劲柏等，共十几个人。

起草班子调整后，整个指导思想有了变化。但是不是要在文件中写上商品经济，意见还是不一致，但赞成的人占多数了。经济研究中心的马洪、体改委的廖季立组织人们讨论有计划商品经济的问题。讨论的结果，大都认为我们现在就属于有计划商品经济，建议应当提有计划商品经济。起草小组会讨论了两次，一次是8月28日，第二次是9月27日。在第二次讨论时，邓力群也参加了。

讨论中意见还是不一致，有的主张写，有的主张不写。郑必坚说："在 1982 年修改宪法的时候，把计划经济这个词给避开了，没有直接说要实行计划经济，也没有'计划经济为主，市场调节为辅'这句话。"邓力群说，"我同意写，我早就说过应该实行商品经济，1979 年就写过文章。"后来，我翻过邓力群在《财贸杂志》1979 年第 11 期上的一篇文章，就主张搞商品经济，这是他从日本回来以后写的，访问日本开阔了思想。在领导人当中，他是主张搞商品经济相当早的一位。经过反复交换意见，就把有计划商品经济写进了《决定》。

通过这个《决定》的十二届三中全会是在京西宾馆开的。在全会讨论中，少数同志还是有保留。为了取得一致的意见，在通过的前一天晚上对《决定》稿又修改了一下，其他没有改，只是在"我们的改革目标是要建立有计划商品经济体制"之后加了一段话："但是在社会主义条件下，劳动力不是商品，土地不是商品，银行不是商品，矿产不是商品。"加了这么几条限制性的话。这就是我们通常讲的，在"但是"后面做文章。这几句话一加上，就出来一个问题，只承认实物产品是商品，生产要素都不是商品，生产要素就很难流动起来。但无论怎样，经过各方面的争论，在十二届三中全会上还是做出了一个《关于经济体制改革的决定》，明确我国的社会主义经济是有计划的商品经济。对于这个决定，邓小平同志当时评价很高，说是"马克思主义的政治经济学在中国的发展"。

由于加了上述几句限制商品经济的话，《决定》虽然通过了，但贯彻起来很费劲。1985 年，在党的全国代表大会通过的《中共中央关于第七个五年计划的建议》中，说："我们经济体制改革的目标是建立有计划商品经济体制和社会主义的市场体系，包括商品市场、资金市场，技术市场、劳务市场。"就又把那几个要素放回到市场。这样，贯彻起来稍微好了点，但思想认识肯定还是不一致。一直到1987年党的十三大，把这个提法又变了一下，变成了"建立有计划商品经济新体制"和"国家调节市场、市场引导企业"的经济运行机制，即政府主要是调节市场，由市场去引导企业，政府不直接调节企业。

不过，有的高层领导还是认为这样的提法有问题，所以在1990年、1991年的中央文件上又回到了"计划经济与市场调节相结合"这么一种提法。当时，在国内报纸、杂志上争论不断，各种各样的意见都有，我也写过文章，坚持主张商品经济。到1992年初，邓小平看到老这样争论不是个事，他在南方谈话中就明确指出：计划经济不是社会主义，资本主义有计划；市场经济不是资本主义，社会主义有市场，计划与市场都是调节经济的手段，不是区分社会主义与资本主义的标志。下半年，就把这句话写进了十四大报告。因为邓小平讲了，争论就不太大了，个别同志还有不同意见，但大局已定，所以就写进去了。在党的十四大之前，6月份，江泽民在中央党校讲了一次话，提出改革的目标是建立社会主义市场经济体制，听听反映。此期间，我们起草小组在玉泉山还专门召开了一次著名经济学家的座谈会，到会的经济学家都赞成，个别经济学家虽然有点儿保留，但最终也表示赞成了。我印象很深的是，有一位经济学家原来是不赞成的，但在这次座谈会上，他说："我过去认为计划经济与市场经济是区分社会主义与资本主义的标志，现在既然邓小平讲了不是，我也同意。"所以说，市场经济问题是邓小平把它最终突破的。在没有突破以前，在这个问题上是很别扭的。

改革碰到的另一个理论问题是所有制问题。过去，我们在理论上一直主张以公有制为主体，或者以公有制为基础，实际工作中就变成了公有制比重越大越好、越公越好。改革开放以后，这种理论必然受到冲击。因为农村实行了家庭承包制，城里搞活经济以后，就出来了大量的计划外的东西，其所有权就开始多样化，多种所有制必然发展起来。发展起来后你承认不承认它？开始我们是不想承认的。这个问题是怎么突破的呢？据我回忆，是在1982年。1982年春天成立了体改委，四五月份，体改委成立了一个小组，陶鲁笳同志挂帅，去常州搞试点，我去了。当时派出两个小组，一个到沙市，一个到常州。我们在常州搞了两三个月，重点是解决中央与地方关系，省一级和市一级的关系，扩大市里的自主权，扩大地方的财力。这方面争论非常多，中央、省里都不想放更多的财权和事权。在常州试点中，我们力争给他们多一点权，这方面取得了一定的成果。在常州，我们还搞了两种非常小范围的试点：一个是价格放开的试点，一个是发展个体经济的试点。对这两件事，大概是20世纪90年代初，《人民日报》第一版曾经发表过一篇短评，标题叫《煤油灯罩和老虎灶的故事》，就千把字的东西，但很有典型意义。写的就是在常州改革试验中，在煤油灯罩的故事里，把价格突破了一下；在老虎灶的故事里，把所有制突破了一下。

煤油灯罩的故事，就是当时用电不普及，农村基本上是点煤油灯，城里很多地方没有电也用煤油灯。灯的玻璃罩是易碎品，需要量很大，但价格控制得很死，只能卖六分钱一个，长期不准涨价。企业生产赔本，就不愿多生产，市场上不能敞开供应，只能采取分配的办法。层层分配，一个生产队一两个月才能分上一个煤油灯罩，由队长掌握。有时候村民要通过请队长抽烟喝酒才能得到，非常麻烦。为此，我们跟常州市商量，能不能找少数商品，先试验一下把价格放开，我记得找了很少几个商品，煤油灯罩算一个，笤帚算一个。当时笤帚规定两毛五一把，不能涨价。放开的结果，这几样东西市场供应马上就多起来了，老百姓也可以随时买得到了。但是，煤油灯罩的价格涨到两毛钱一个，上涨了两倍还多。我们害怕老百姓有意见，就进行调查，问老百姓煤油灯罩价格涨那么多，你们有没有意见？意外的是，老百姓竟说没意见，说没涨价。我们问为什么说没涨价？他说，因为我是把卖鸡蛋的钱用来买煤油灯罩的。过去鸡蛋三分钱一个，两个鸡蛋买一个灯罩；现在鸡蛋一毛一个，买一只煤油灯罩还是那么多鸡蛋的钱。这说明，农民的价值规律观念比我们强得多。就这个试点，我们写了一个短报告送中央，耀邦同志很重视，就批发了。随后，小商品价格就逐步放开了。第一次放开了一百多种，第二次放开两百多种，第三次就基本放开了。从1982年到1984年十二届三中全会以前，基本上解决了小商品价格。

老虎灶的故事，就是当时生活用煤很紧张，每家一年分配不了多少煤。各户自己用煤烧开水非常浪费。因此，常州的一些街道上就发展起来集体办老虎灶，一个街道或者两三个街道办一个老虎灶，专门给老百姓烧开水，一分钱一瓶，可以省煤。但是，老虎灶必须是集体的，不能个人搞。因此老虎灶办得很少，老百姓打开水有时候要走两三条街，很不方便。有的群众提出，能不能把老虎灶放开，让老百姓自己搞。在试点过程中，市里同意了，就把老虎灶放开了。因为可以赚钱，虽然赚得很少，但积极性起来了，很快就发展出一批个体老虎灶，老百姓打开水也不用走这么远，方便多了。这个东西我们也写了一个短报告，耀邦同志又批发了，说这种东西为什么不能放开？说了一大段话，要求在全国推广。

因此，1982年冬举行的党的十二大，有一个重要的理论突破，就是在中央文件上明确写上允许个体经济发展，作为社会主义经济有益的和必要的补充。这样，城市中的个体经济就慢慢发展起来。加之农村实行联产承包后，剩余劳动力增多，乡镇企业和农村个体经济也开始发展起来，非公有经济或者非国有经济的范围有了进一步扩大。1984年，在北戴河讨论党的十二届三中全会《决定》的提纲时，有人提出一个观点，就是"经济发展应当允许国家、集体、个人一起上"，后来《决定》中把这句话写上去了。1984年以后，不但农村的乡镇企业、城里街道办的企业有了迅速发展，而且个体经济的规模也扩大了，原来规定个体经济雇工不超过八个人，根本控制不住，雇工几十人、上百人的企业都出来了。怎么办？你又不能把它搞掉。"傻子瓜子"就是很典型的例子，有人想把它搞掉，邓小平说："不能动，动了影响会很大。"因此，到1987年，党的十三大报告又突破了，不仅允许个体经济，而且允许私人经济发展，作为社会主义经济的补充。并且在1988年修改宪法时，把它写进了宪法。至此，所有制理论的局限问题，基本上就突破了。也正因为如此，才有20世纪90年代以后非公有经济的大发展。

二、价格改革的探索

搞商品经济，必须建立一个统一、开放、竞争有序的市场，价格必须得理顺。然而，要理顺价格首先碰到的一个非常大的问题，就是很容易导致高通货膨胀。因为我们过去95%以上的消费品价格是国家控制的，90%以上的农副产品也是国家控制的，生产资料100%是国家控制的。而且，控制的价格比市场价格低很多，搞不好就容易爆发全面涨价，产生严重的通货膨胀。所以，当时有一个很重要的原则，就是价格改革绝不能导致过高的通货膨胀。虽然文件里没有写，但当时一般认为，物价指数绝不能超过 4%～5%，最好保持在 2%～3%。因此，确定价格改革的方针是"调放结合，有调有放"，而且是先搞"以调为主"，不是"以放为主"，这样国家能够控制。所以，除了小商品价格很大部分较早放开了以外，大宗商品的价格在 20 世纪 80 年代中期以前基本没有动。

20 世纪 80 年代中期，大宗消费品价格动了两次，范围比较大，但都是"调放结合"，"有升有降"，不是单方面放开，所以效果非常好。一次是 1984 年，家电产品价格大幅度下降。当时，外汇比较多了，进了很多家电产品，价格大幅度下调。然后，把一部分重要的生活消费品价格适当上调，价格总水平基本不变。比较成功地解决了一批商品价格问题。另一次是 80 年代中后期，解决纺织品价格问题，也是"有调有放"。由于历史原因，我国原来纺织品中化纤制品很贵，棉制品很便宜。而国际上是棉制品很贵，化纤制品很便宜。所以，我们就根据国际市场的情况，大幅度提高棉制品价格，大幅度降低化纤制品价格，总水平也基本没有上升，效果也非常好。经过小商品的"放"和大商品的"有调有放"，采取两次比较大的措施以后，消费品价格绝大部分解决了。到 1985 年、1986 年，剩下的主要是生产资料价格和极少数消费品的价格没动，其他基本上都解决了。

当然，生产资料价格也应该实行"调放结合"的原则。为了解决生产资料价格而又不导致严重的通货膨胀，1986 年 1 月，吴敬琏同志提了一个建议，主张采取配套改革的办法，就是把价格调到合理的水平，生产企业因此增加的利润要通过国家税收把它收起来；然后，使用单位由于涨价增加了支出，再通过财政补贴返还给它，通过这种办法把价格理顺。这在理论上无疑是一个很好的东西，当时大家都认为有道理。3月下旬，中央决定组织一个班子专门搞这件事，所以成立了价税财联动方案研究办公室，集中到中南海国务院的院里办公。方案办公室的组成是以体改委为主，规划局和宏观局的同志大部分都去了，同时还吸收了很多外面的人，如周小川、楼继伟、宫著铭、郭树清等，还从各部调了一些人上来，最多的时候有二三十人。办公室主任开始是安志文，高尚全、我、傅丰祥、吴敬琏是副主任；后来高尚全是主任，我、傅丰祥、吴敬琏是副主任；日常工作主要是我和傅丰祥两个人来主持。接下来，就是搞规划，想一次性解决价格问题。生产资料主要有六大系列：冶金（含钢铁、有色）、煤炭、电力、石油、化工和建材。开始的方案是六大系列全动，都把它调到市场价格的水平然后放开。

当时，实际上已经有了双轨价格。从20世纪80年代初扩大企业自主权开始，企业在计划外有一部分自销产品，一般企业比例只有不到10%，首钢最高，是15%，就是说这个15%可以由企业卖高价，实际已经形成两个价格。所以说，双轨价格不是后来实行的，那时候就有了，只是没有正式把它作为价格改革的办法。后来因为价格改革闯关失败，才把它作为价格改革的一种办法提出来。有的同志说双轨价格是他提出来的，根本不是这么回事儿！实际上20世纪80年代初就开始出现了双轨价格，就有个计划内价格与计划外销售价格，但一般企业计划外价格的比重还不大，开始2%，后来5%、10%，最高的也不过15%。

最初设想，把六大系列计划内部分的价格都放开，变成市场价格，但是一测算，通货膨胀率比较高。因为有一个反复推动的问题，由此带动整个价格上涨至少要达到一倍多，好像是150%以上。方案制定出来以后，6月份在玉泉山汇报，当时是我汇报的，其他人都去了。汇报以后，开始多数人都同意，包括马洪也同意。最后谁不同意呢？安志文不同意，他认为这样搞风险太大。最后认为六大系列一起动，可能风险太大，通货膨胀率太高。那先试着来，先动一个，钢铁系列，其他的先不动。钢铁系列怎么动呢？以6毫米的圆钢价格为例，从当时的693块钱一吨调整到1000块钱一吨，基本上是市场价格，然后把它放开。后来，统一了这个意见，返回来重新制定方案，就是只动钢铁系列，其他系列不动。新方案制定出来后，7月份，在钓鱼台又汇报了一次，大家基本上都同意。就是从1987年开始，标准圆钢从693块钱一吨提到1000块钱一吨，整个钢材价格大体上涨50%不到，推动总体物价上升不是太大，累计不会超过20%。

　　但在制定具体方案时，碰到一个非常现实而又无法回避的问题，影响具体方案根本制定不出来。什么问题呢？就是当时钢材实际价格究竟是多少？形成不了统一的意见。我们方案中的693块钱一吨，是物资部提供的价格，物资部的价格基本上是统计局的价格，这两家差不多，但是与主管钢材生产的冶金部提供的价格差别甚大。冶金部的同志说，现在6毫米圆钢的实际平均出厂价格不是693元，已经是897元，差了两百多块钱。如果是693元，每吨就要收307元的税。冶金部说：不行，现在出厂价已经是890多元，你怎么能按照这个收税？而且这还不是问题的全部。当年6月份，统计局组织搞了一个6000户企业的经济普查，普查结果：使用钢材的企业6毫米圆钢价格已经到了1100元左右，这样，联动的方案根本制定不下去了。我们把这些情况专门向田纪云汇报了一次，田纪云也感到挠头，怎么办呢？冶金部不同意，你没法动。所以，最后就拖下去了，就是这么一个过程。

后来，有的同志说这是无疾而终，好多人有意见。其实，不是这么回事。实际情况是，这种联动办法在理论上是可以成立的，但在现实中是无法操作的，具体方案根本制定不出来。因此，到1987年，方案办慢慢也就没有工作了，我们都回机关了。再后来，国务院成立了一个调节办，来管这类事，柳随年当主任。他们经过研究认为，实践证明一次性联动不行，所以提出了一个比较实际的思路，能不能采取逐步放开的办法，即对计划外部分每年放开一点，如每年放开10%，或者15%，这样，通过几年时间，基本上可以把价格问题解决。也就是正式明确可以走双轨的路子，领导同意了。到这时，价格双轨制作为一种改革的方式才普遍实行起来。此后，生产资料价格改革就不再完全采取国家调整的办法，而是采取逐步放开的办法。

然而，逐步放开又带来了另一个严重问题。就是由于存在两种价格，漏洞很多。在1988年全国人民代表大会上反映很强烈，这才引出邓小平一段话：看来价格这一关，我们非过不可，迟过不如早过。而且提出，不尽早解决，拖下去会使党、政府受到极大损害，后果很严重。

这个话传达下来，才有了1988年的价格攻关。国务院开会传达以后，专门成立了攻关小组，由计委负责，我代表体改委参加了攻关小组。经过几个月，计委提出了价格攻关的方案，体改委也提出了价格攻关的方案，8月初在北戴河汇报。计委的方案激进一些，主张一两年内解决；体改委的方案比较缓一些，主张三四年解决。中央没有具体肯定哪一个方案，但是决定价格要攻关，要加快改革的步伐。8月中下旬，正式公布了价格攻关的改革办法，最显著的一句话是："今后少数重要产品的价格，继续由国家根据实际情况进行有升有降的调整；多数产品的价格放开，由市场调节。"这句话本来只是一个原则，并不会直接刺激到群众的思想，但由于正好在公布价格攻关之前，我们把高价烟酒的价格放开了。放开之后，茅台酒就从二十多块钱涨到250块钱一瓶，五粮液从十几块钱涨到一百七八十块钱一瓶，涨了十几倍。高价烟以红塔山、大中华为代表，由一块多钱涨到十几块钱一包。这一下，群众思想就全面高度紧张了，再加上当时通货膨胀率大大高于银行存款利率。在北戴河会议的时候，通货膨胀已经到了10%以上，甚至15%左右，一年期存款利率还只有7.2%，严重倒挂。这就引起了群众马上挤兑存款，把银行存款提出来买实物保值，从而很快形成了全国的抢购风潮。在这种情况下，中央没办法，9月份做出一个治理整顿的决定，即治理经济环境、整顿经济秩序，控制通货膨胀，消除经济过热。而且开始大幅度提高银行存款利率，从七点几元提到十四点几元，还不解决问题，随即又赶快实行了保值储蓄，即存款年利率随物价上升指数浮动，最后，才把市场给稳定住。简单说，这场风波就是这么出来的。

价格攻关的问题出在什么地方？我认为，主要出在三个环节上，第一个是时机不到。在整个经济供需不平衡、缺少买方市场的状况下，进行价格攻关有点儿超前。第二个是相应的工作没跟上。就是通货膨胀率同银行存款利率发生倒挂，没有及时解决。不是八九月份才倒挂，上半年已经倒挂了，上半年物价指数已达10%左右，利率只有7.2%，很多部门都提出要调整利率。如体改委就曾经提出，利率要赶快调整，否则容易出问题。这是很简单的道理，但利率迟迟没有调整。为什么？主要是上层意见不统一，有的同志主张调整，有的同志认为调整利率会让工商企业吃不消，就拖下来了。一直到出现了全国抢购风潮，才调整利率和实行保值储蓄。1987年的居民储蓄存款净增加值已经800多亿元，1988年初我们曾设想，当年的储蓄存款年增加可以达到1000亿元，结果这一年储蓄存款只增加了600多亿元，差300多亿元没有回笼，靠发票子弥补。假如利率及时调整，储蓄存款增加达到1000亿元，就不用发这300多亿元的票子，抢购风波也可能就不会发生。所以说，工作没跟上，这是非常大的问题，即怎么采取配套措施，保证攻关成功，没有很好研究。第三个最大的问题是，在价格攻关过程中，烟酒放开这个决策是怎么做出来的？而且正好选在宣布攻关之前实行，客观上直接刺激了群众的情绪。本来，放开价格就已经比较敏感，看到这一放开价格就涨几倍、十几倍，那人们当然要抢购东西了；不仅抢急需的，有的甚至抢购消费不多的盐，一麻袋、一麻袋往家扛。所以，在决策上也很难说价格改革攻关不对，想尽快把它突破与解决，这个是合理的。假如在攻关的同时，我们认真把以上三个方面工作做好了，也不至于出现这么大的问题。

后来，实行治理整顿，应当说取得的成绩是非常大的，很快把经济过热消除了，通货膨胀率降下来了。1988年通货膨胀率是17.9%，1989年是18.5%，1990年、1991年分别降到2.1%、2.3%，基本消除了。但是从现在来看，这次治理整顿，要求也有一点过急，措施力度有些过大，使1990年、1991年的国内需求，按可比价格计算还没达到1988年的水平。全国的固定资产投资和消费总需求的绝对数都比1988年低，导致了全国经济增长速度大幅下滑。1988年增长超过11%，1989年、1990年只有2%～3%，下降太多。

全国性的供给大大超过了需求，市场疲软、库存积压和资金浪费相当严重。不过，由卖方市场变为了买方市场，也有一个好处，就是促使价格问题基本上自然解决了。到 20 世纪 90 年代初，市场平衡了，并且供大于求，价高了卖不出去，只好降价，计划内和计划外两种价格逐步接近，自然就解决了。当然，这几年经济也付出很大的代价，就是连续三年的经济低速增长，失业大大增加。

商品价格基本上解决了，剩下的就是要素价格，特别是利率、汇率的价格。汇率通过 1993 年的一次性调整，从原来的五点几元人民币兑一美元，一下调到八点几元兑一美元，并开始实行有管理的浮动制度，基本上把汇率解决了，效果很好。利率至今还在积极解决中。价格改革就是这么过来的。

三、企业改革的争论

企业改革主要是指国有企业的改革。要搞市场经济，企业的体制和机制必须理顺。因为企业是市场运行的基础，或者叫主体，企业体制和机制不理顺，市场就没法正常运行。企业怎么改革，一直有很大的争论，做法也不完全一样。改革开放以前，曾搞过两次企业下放，都不成功。1979 年，组织了一个小组专门调查研究，以张劲夫为首。调查研究后写出一个意见，认为过去的改革失败主要是只搞行政隶属关系的调整，靠单纯的行政性分权不能解决问题。改革应当重点解决国家与企业的关系问题，这是一个很大的进步。怎么解决国家与企业关系问题呢？提出了"搞活企业"这么一个词。怎么搞活？一开始就有不同意见。一种意见是重点应该全面理顺国家与企业的关系，一种意见是主要应该扩大企业的自主权特别是财权。理顺关系包括扩大企业自主权，但不只是扩权，而且要理顺各种关系，最后实现政企分开。当时，企业普遍同意第二种办法。因为扩大自主权首先是扩大财权，扩大了利润留用。原来国家对企业实行的是统收统支，由统收统支改成利润分成，留一定比例的利润给企业，企业当然高兴。

不过，由于国家财政负担很重，企业留利比例多了，财政承受不了。所以，开始时留给企业的比例是很低的，一般不超过5%，最高也不超过10%。在1979年、1980年的时候，这种办法使企业还有点儿积极性，因为可以增加一部分奖金，企业领导开支的余地也大一些，但到1981年企业就不高兴了，认为留成太少。企业说，这个留成我没法搞技术改造，连个厕所也修不起来。为了既扩大企业的留成，又照顾国家财政，从1981年开始把留成办法改了一下，改成"基数分成加增长分成"。也就是说，基数部分利润留成的比例仍然较低，为了照顾财政；但增长的部分留成比例可以提高，一般提到10%～20%甚至30%以上。开始时，企业很高兴，说这样才有奔头，但实行了两年，到1982年又不行了。因为不同企业增加利润有个潜力大小的问题：原来利润交得多的企业，增长的潜力小，留得也较少；原来利润交得少的企业，增长的潜力大，留成反而多。所以，企业大多不满意，说这种办法是"鞭打快牛"，不平等竞争，根本不能调动积极性。

后来，经过调整发现，国际上除了苏联、东欧国家企业是上缴利润以外，其他国家的企业包括国有企业都不交利润，而是交所得税，国家规定一个统一的所得税法，企业依法纳税。这样，1983年我们就实行了利改税，但是所得税率不能定得太低，定得太低国家财政承受不了，所以定了个55%的所得税率，比任何国家都高。世界上最高的也只有百分之四十几。而且，利改税一步到位还不行，只能实行税利并存，怎么并存呢？即55%照交，剩下的45%还得通过国家跟企业谈判，再交一笔所谓利润调节税，结果企业还是没拿到多少。利润分成实行了大概是四年（1979—1982年），利改税大概也是四年（1983—1986年）。到1986年底，企业利润普遍交不上来了，只好逼出来一种办法，叫"利润承包经营责任制"。

在这以前，企业也有承包的，但只在很少数企业实行，全国性的企业主要是两个，一个是首钢，一个是二汽。1986年以前，经委一直是主张全面搞承包的，耀邦也主张搞承包，所谓"包字进城"，就是用农业的办法解决工业的问题。当时，体改委的主流意见认为搞承包不行，特别是规划局的几个同志坚决反对。为什么呢？因为城市跟农村不一样。农村基本是集体所有制，是没人给他兜底的，他可以包盈亏；城里主要是国家所有制，最后肯定还是国家兜底，其结果必然是包盈不包亏。另外，承包很容易导致企业以包代管，发生种种的短期行为。如为追求利润，拼设备、吃老本、弄虚作假、不提折旧或少提折旧等这一套都会出来。记得可能是1984年或1985年，经委写了一个报告，要求实行全面承包。我、廖锡顺、徐景安专门写了一个报告，反对实行承包，认为承包到最后只能是包盈不包亏，导致短期行为。后来，中央领导批了，承包制只在少数企业试点，不扩大。对此，经委的意见非常大，甚至说我们几个人把国有企业的改革耽误了几年。

但是，到了1986年底，由于企业利润普遍交不上来，1987年的财政任务也落实不下去。我记得，首先是天津逼出一种办法，由主管部门同企业一家一家谈判，核定承包指标，签订承包合同，最后把任务落实下去了。很快这个经验就在全国推广，普遍搞起了利润承包经营责任制。1987—1990年，全面承包制大概又搞了四年。包的结果怎么样呢？国有企业的利润根本没有搞上去，亏损面反而扩大了。承包以前，亏损企业一般不超过20%；包了四年之后，企业的盈亏变成了"三三制"，即三分之一亏损，三分之一盈利，三分之一虚盈实亏。也就是说，三分之二的企业没有利润了。到1990年，好多企业和地方都提出来，利润没法包了，就包流转税，也就是把产品税、增值税、营业税给包了。中央发现这不行，因为国家财政收入绝大部分就靠这三大税，把这三大税包了，如果交不上来，整个国家就没法活了。于是赶快发通知，一律不准承包流转税。

为此，1991年秋天，中央专门召开了一次会，总结国有企业改革的经验。这次会明确了一点：国家同企业的关系，看来主要并不在企业利润分配上，而在企业的经营机制不合理。因此，明确提出深化国有企业改革，必须转换企业经营机制，把国有企业推向市场。到1992年上半年，写出了一个《全民所有制工业企业转换经营机制条例》，下半年开始实行。但是效果还是不好，因为条例的重点是扩权，规定给予企业14个方面的自主权，在政企分开没有解决的情况下，扩权也根本扩不下去，各部门都不愿意把权扩给企业。

1993年，党的十四届三中全会专门做出了一个《关于建立社会主义市场经济体制若干问题的决定》，明确提出，国有企业的改革不仅要进行机制转变，更关键的是要进行制度创新，建立现代企业制度。具体地说，就是国有企业改革必须解决深层次问题，着力进行制度创新，建立现代企业制度。对所谓现代企业制度，归纳了

4句话16个字:"产权明晰,权责清楚,政企分开,管理科学。"当时,国家搞了100户现代企业制度试点,体改委分管30户,经贸委分管70户。从制度设计上看,这本来是很正确的,但是从后来贯彻的情况看,并没有完全按照这个来做。主要是因为决定出来后,在理论上仍有争论,各方面在三个问题上看法不一致。

第一个问题,国有企业要不要制度创新?有的人包括中央党校有的教授提出来,国有企业就是国有企业,搞什么制度创新?要创到哪儿去?第二个问题是要不要搞产权改革?好多同志不同意国有企业搞产权改革,认为产权改革是要搞私有化。有的领导同志也公开批评产权改革的提法。第三个问题,要不要建立现代企业制度?好多人提出,现代企业制度是资本主义的企业制度,不是社会主义的企业制度。产权、经营权、政企分开这一套,都是资本主义的东西,不是社会主义的东西。所以,从总体上看,党的十四届三中全会的决定并没有得到很好的贯彻,具体工作主要搞的是加强企业管理。在20世纪90年代中期那几年,企业改革的重点年年提的都是加强管理。从原则上说,加强企业管理是很重要的,但是,不从企业制度上解决问题,加强管理是持久不了的,结果也确实没有太大的效果。到1997年、1998年,国有企业不但没有好转,反而出现了全面亏损,即亏损企业多于盈利企业,亏损总额也大于盈利总额,好多企业都面临生存无望、求死不能的境地。怎么办呢?最后就搞了三年企业脱困。主要办法:一个是给企业注资,特别是给国有大企业注资;另一个就是给企业减负,搞"减员增效,下岗分流"。据有关部门的统计,这几年给国有企业一共注进了两万多亿元资金,下岗分流两千多万人,动作不能说不大。搞了三年,到2001年初曾经宣布,国有企业已经解困了，但到第三季度发现，国有企业的困难并没有解决。为什么？因为原来的数字根本就不准确。

公司制、股份制也是长期存在争论的一个问题。我记得，公司制、股份制是世界银行北京办事处的林重庚于1984年提出来的。厉以宁有可能提得更早，但并没有引起领导重视。1984年，世界银行在关于1983年中国经济发展的报告中提出，中国的国有企业改革可以借鉴西方的公司制、股份制，受到了国务院领导同志的重视，并布置体改委进行研究。首先，我们组织人查看了马克思、恩格斯对公司制、股份制的评价，究竟符不符合社会主义理论，查的结果是符合社会主义理论，因为马克思、恩格斯曾经说过，股份制是一种比资本主义私有制先进的产权制度，是过渡到社会主义的金桥。1985年，西德"五贤人委员会"主席施奈德带一个代表团来中国访问。五贤人委员会是西德政府的最高经济参谋机构，由五个经济学家组成，几年重新选一次，每年向政府提一次对经济发展的咨询意见。施奈德来中国，关于国有企业改革征求他的意见。施奈德很稳重，说："现在我没法答复，待我们回去研究后，明年来时再答复。"1986年秋天，他又来了，住在钓鱼台。我记得安主任去见他，我也一同去了，征求他对国有企业改革的意见。他说，他们研究后认为，改革国有企业最好的办法可能就是搞公司制、股份制。对此，体改委的同志基本上都同意，但当时经委的人不太同意。因此，只能先一点一点做起，选个别企业发行了股票，并开始筹办证券市场。尽管我们很谨慎，但还是遭到很多单位和同志的非议。有一次人大常委会还专门提出质询：体改委搞公司制、股份制，是不是搞私有制？体改委专门派人在人大常委会上解释这个事。

1993年，在改革决定中已经写了公司制、股份制，但不足的是，没有明确写上"公司制、股份制是现代企业制度的主要实现形式"，而只是写上了"公司制、股份制是建立现代企业制度的有益探索"。正因为只写了探索，各方面看法不一，推行的进度仍然很慢。一直到2003年，中央才最后决定下来，企业改革必须建立现代企业制度，而公司制、股份制就是现代企业制度的重要形式。

四、国家宏观调控逐渐走向规范

宏观调控体制的改革，总的是随着市场放开、企业放活逐步进行的。正因为是逐步进行的，开始往往不很规范，政策也不太统一。宏观调控走向规范是在1993年、1994年。这个时候，我们进行了几方面的重要改革，一是财税制度改革，二是金融制度改革，三是外贸、外汇制度改革。

财税改革是建立起了全国统一的增值税制度，并在这个基础上，将中央与地方的财政关系，从过去长期实行的包干制，改成了比较规范的分税制。金融改革明确了一个严格的原则，就是财政出现了赤字只能发国债解决，不能向银行借款或透支，中央银行在国务院的领导下有独立执行货币政策的地位。外贸改革主要是将过去外贸完全由国家垄断，改成了在一定条件下多种所有制企业都可以经营。外汇改革将过去实行的双重汇率、多种汇率，一次性并轨调整到市场汇率，并相应实行了有管理的浮动汇率制度，经常性项目放开，投资性项目继续控制。实际上，外汇兑换在相当大程度上放开了。

应该说，这次宏观调控体制改革是很成功的。从1993年到现在，近十几年经济没有出现大的波动和折腾，与新的宏观调控体制的建立有非常大的关系。1989年那次宏观调控造成的波动比较大，但1993年和2003年开始的两次宏观调控波动就不是很大。为什么呢？因为1989年的宏观调控，主要采取的是行政措施，就是国家收紧财政，收紧金融，而且"一刀切"。1993年以后的调控就没有出现这种情况，国家主要是管好两个"闸门"，一个是资金，一个是土地。主要是通过这两个闸门的管理，特别是通过金融、税收手段来进行调节，比如贷款利率、税率、增加投资方向税等。当然，我认为，1993年这次调控也有点毛病，就是时间太长。本来，调控到1995年，已经基本上平衡了，1996年应适当放松，就是合理调整财政、货币"双紧"政策，适当增加一些投资，扩大基本建设，增加劳动就业。但由于1996年没有放松，导致1997年下半年开始出现了通货紧缩，即物价不是上升，而是下降，并且一直延续了六七年。到2003年，通货紧缩才有了改变，物价由下降到上升0.1%。这段时间，国有企业效益不升反降，甚至大面积亏损，与通货紧缩有非常大的关系。因为价格下降，产品卖不出好价钱，就没有太多利润，甚至成本也收不回来。为了把它卖出去，实现生产与工资的增长，只好低价卖出，结果企业效益大幅度下降。2003年开始的宏观调控，主要采取的也是经济手段，所以能够获得更大成效。不仅较好地解决了经济过热的问题，而且时间控制也比较好。到2005年，就在内部明确不再出台新的调控措施了，从而使整个经济增长速度在调控期间也基本没有下降，出现了连续多年的高增长。

所以，对改革开放以来三次最大的宏观调控经验，我的概括是：必须做到"三适"，即适时、适度、适可而止。第一次是1988

年，之所以在成功之余还有所不足，主要是不适时和适度，即动手调控的时间偏晚，力度偏大。第二次是1993年，之所以也不够理想，即虽然较好地做到了适时、适度，但没有做到适可而止，即延续的时间太长了。只有2003年的调控，因为"三适"基本上都做到了，从而也取得了全面的成效。

  总之，我认为，中国的改革还是比较成功的，主要是方向、重点抓得比较准、比较对。比如，商品经济、市场经济、多种所有制、多种分配方式、国家间接调控等，这一路走来，不是要求一步到位，而是一点点往前走的。根据不同时期的情况，能够走到什么程度就走到什么程度，不强求走得太快；如果强求走得太快，不仅不能取得这么大的成效，反而会出现很多问题。因此，树立正确的改革方向，循序渐进，逐步突破，是中国改革积累的一条重要经验。

口述资料

吴敬琏：80年代经济改革的回忆与反思[①]

中国经济在改革的推动下迅速崛起，是20世纪世界范围的一件大事。怎样把改革的真实过程弄清楚，是一件非常重要的工作。本文对20世纪80年代改革的回忆和反思，既包括通过自身经历得到的体认，也包括我近来重新阅读20世纪80年代文献产生的一些想法。

一、探寻经济改革的目标模式

1978年9月，李先念在国务院务虚会上做总结时，根据陈云的意见，提出中国应当采取"计划经济与市场经济相结合"的经济体制。1979年3月，陈云在撰写的《计划与市场问题》提纲中对这一问题做了更深入的阐述。他说："整个社会主义时期必须有两种经济：（1）计划经济部分（有计划按比例的部分）；（2）市场调节部分（即不做计划只根据市场的变化进行生产，即带有盲目性调节的部分）。第一部分是基本的主要的；第二部分是从属的次要的，但又是必需的。"11月26日，邓小平在回答外国友人的提问时，也指出："说市场经济只存在于资本主义社会，只有资本主义的市场经济，这肯定是不正确的。社会主义为什么不可以搞市场经济，这个不能说是资本主义。我们是计划经济为主，也结合市场经济"。这样一来，市场取向的改革，就成为1978年12月中共十一届三中全会以后中国改革的首选方向。

[①] 中国经济体制改革研究会编：《见证重大改革决策——改革亲历者口述历史》，北京：社会科学文献出版社，2018年版，第138–159页。

学术界较政治领导人走得更远。不少人主张，以商品经济（商品经济是俄国人对市场经济的叫法），即市场经济作为我国经济改革的目标。1980年初夏，薛暮桥在为国务院体制改革办公室起草的《关于经济体制改革的初步意见》中提出："我国经济改革的原则和方向应当是，在坚持生产资料公有制占优势的条件下，按照发展商品经济的要求，自觉运用价值规律，把单一的计划调节改为在计划指导下充分发挥市场调节的作用。"这份初步意见得到了胡耀邦等党政领导人的支持，但最终并没有形成党政领导机关的正式决定。对《关于经济体制改革的初步意见》的提出和后来遭到否定的过程，薛暮桥在自己的回忆录中有比较详细的记述。批判者的主张是："从总体上看，社会主义经济不能是商品经济而是计划经济。有计划的商品经济的提法也不对，因为变的落脚点仍然是商品经济，计划经济被抛弃了。"

　　1981年中期以后，认为社会主义经济应当是商品经济的意见也受到批判，上述意见自然也就胎死腹中。

　　1981年改革目标提法的改变，从现实经济发展方面看，最重要的原因是，国有企业"扩大企业自主权改革"造成了宏观经济的紧张态势。

　　在改革开放初期，市场社会主义是中国最具影响力的社会思潮。市场社会主义发源于东欧社会主义国家。它的主要特点是，在保持国家所有制和计划经济体制基本框架的条件下，引进国家管制下的市场竞争机制。按照其创始者、波兰经济学家奥斯卡·兰格的理论，他一方面认为，价格是由计划机关模拟市场试错过程来决定，即完全由供求状况决定；另一方面他又认为，市场并不能反映社会的要求，所以还要有政府的管制。因此，市场社会主义者所要建立的"市场",并不是由企业自主交易的真正的市场,而是政府管制下的市场(Regulated Market),其目的是提高国营企业的运营效率。因此,20世纪70年代末、80年代初,进行市场社会主义式的经济改革的苏联、东欧社会主义国家,莫不把扩大国营企业自主权作为改革的一个重点。这种主张符合社会主义国家重要社会集团——国营企业经理人员的诉求。因此,主张对国营企业放权让利甚至实行企业自治,往往形成强大有力的改革派别。

中国企业界和经济领导部门的大多数人也是这样。他们认为,国营企业之所以缺少活力与效率,是因为政府管得过多、统得过死,改革的方向应当是对企业放权让利。在20世纪70年代末期,对企业扩权让利成为经济领导部门和学界的主流意见。1978年9月,李先念在国务院务虚会的总结中指出:"过去二十多年的经济体制改革的一个主要缺点,是把注意力放在行政权力的分割和转移上,由此形成了'放了收、收了放'的'循环'。在今后的改革中,一定要给予各企业以必要的独立地位,使它们能够自动地而不是被动地执行经济核算制度,提高综合经济效益。"据袁宝华回忆,他在1978年10—12月率领国家经委代表团对日本企业进行考察。考察中,代表们"深感我们的企业必须进行改革,要给企业更多的自主权"。李先念在听取代表团汇报后也说,经济要搞好,首先是企业要搞好,要扩大企业自主权。

许多经济学家也持有类似的观点。例如,1979年9月,马洪在一篇论文中指出:"改革经济管理体制要从扩大企业自主权入手",扩大企业在人、财、物和计划等方面的决策权力。蒋一苇提出工业企业、商业企业、农业企业作为基本的经济单元的"企业本位论"。他认为,全民所有制企业要"在国家统一领导和监督下,实行独立经营、独立核算，一方面享受应有的权利，一方面确保完成对国家应尽的义务。""企业应当是企业全体职工的联合体……企业的权利是掌握在全体职工的手中"，"实行独立经营、独立核算"。董辅礽也明确提出，应当改革"全民所有制的国家所有制形式"，实现"政企分离"，使全民所有制经济单元"具有统一领导下的独立性，实行全面的独立的严格的经济核算"；各级产业组织中的劳动者有权在维护和增进全体劳动者共同利益的前提下，在统一计划的指导下，结合本单位和自身利益的考虑直接参加经营。

事实上，早在1978年10月，四川省就率先开始了扩大企业自主权改革。四川省选择了6家国有工厂进行扩大企业自主权试点。1979年7月，国务院颁发了《国务院关于扩大国营工业企业经营管理自主权的若干规定》、《关于国营企业实行利润留成的规定》和5个相关文件，向全国企业推广扩大企业自主权和实行利润留成的改革措施。到1980年，这些措施已经扩及占全国预算内工业产值60%、利润70%的6600家国有大中型企业。

扩大企业自主权改革的内容与1965年苏联完全经济核算制改革大体类似，主要包含两方面的内容：一是简化计划指标，放松计划控制，扩大企业管理层的经营自主权；二是扩大奖励基金的数额，强化对企业和职工的物质刺激。赋予企业管理层的权力包括：（1）在增产节约的基础上，企业可以提取一定数额的利润留成，向职工个人发放奖金；（2）在完成国家计划的前提下，增产市场需要的产品，承接来料加工；（3）销售多余的物资、销售商业部门不收购的产品和试销新产品；（4）提拔中层管理干部。

在开始的几个月内，扩权显著地提高了试点企业增产增收的积极性。但是，和1965年苏联的国营企业改革相类似，它的局限性很快表现出来。在新体制下，某些自主权的企业不受产权和市场竞争的约束，因而，增产增收积极性的发挥，往往并不有利于社会资源的有效配置和社会收益的增加。由此造成了货币大量增发和总需求失控，财政出现新中国建立以来最大的赤字，市场物价大幅度上涨和经济秩序的混乱。

回想起来，经济出现上述问题的重要原因是，扩大企业自主权改革所要求下放给企业的经营权，其实有一部分是作为企业产权基本内容的剩余控制权以及随之而来的剩余收入索取权。因此，如果放权和让利真正到位，就意味着企业不再受国家所有权的约束，而成为内部人控制下的企业；如果坚决维护国家所有者的权利，改革措施就不可能真正落实。通常的结果是，一方面，国家对国营企业管理人员的任免和重大决策的行政控制不可能消除；另一方面，内部人控制的种种弊端日趋严重，一些人竭力利用制度漏洞，以损害社会利益的办法去谋取少数人的利益。

针对国民经济出现的不稳定状况，国家计委向 1980 年 11 月 15 日召开的省长会议和全国计划会议提出了对经济计划"动大手术"的调整建议。11 月 24 日，传达了陈云和李先念要求"狠抓调整"，1981 年"一步退够"，做到"财政没有赤字、银行不发货币"的意见。邓小平也表示支持他们的意见。11 月 28 日，姚依林受命向中央政治局常委会和中央书记处汇报了《关于一九八一年对财政信贷和基本建设安排的初步设想》，做出了 1981 年"一步退够"的具体安排。1981 年的工农业总产值增长率被规定为 3.7%，基本建设投资总额比上年减少 40%。

接着，中共中央在 12 月 16 日至 25 日召开工作会议，贯彻上述决定。首先，陈云在 12 月 16 日的中央工作会议开幕会上引用翁永曦等四位年轻学者给他的信，明确提出"缓改革，重调整"的方针。然后，李先念、邓小平等人在中央工作会上也发表了意见。由此，中国经济发展进入了以进一步调整为中心的阶段。

由于当时的国家计划受到了企业市场活动的冲击，许多人把1980年国民经济出现的不稳定状况归因于"没有提出调整和改革的关系"和"过度突出了市场调节和扩大企业自主权的作用"的结果。由此提出了加强计划管理的要求。

1980年11月25日，陈云在出席中央政治局扩大会议，讨论提交五届全国人大的政府工作报告稿时，要求在报告中说明："计划经济和市场调节两者的关系，是主要方面和从属方面的关系，计划经济起主要作用；市场调节从属于计划经济。"在前述12月16日的讲话中，他再次强调了中国经济"是以计划经济为主体的"。这成为他稍后提出"计划经济为主、市场调节为辅"的先声。

二、从"计划经济为主"到"有计划的商品经济"

1981年12月22日，在中央召集的省、市、自治区党委第一书记座谈会上，陈云把他对中国经济体制的设想概括为"计划经济为主、市场经济为辅"。紧接着，在1982年春节（1月25日），陈云召集国家计委的领导人到他家里发表了重要讲话。在春节讲话中，他开宗明义地说："我今天要讲的是怎样坚持以计划经济为主、市场调节为辅的问题。"还说："现在计划不受欢迎啊！所以我就找计委的几位同志来谈一谈这件事。""去年十二月我讲了那四点，主要强调计划经济，不强调不行。"

这次转折，还有意识形态方面的动因。当时，虽然经过思想解放运动，思想界一部分人突破了传统思想的禁锢，但意识形态领域仍在很大程度上受到苏联政治经济学的束缚。所以即使此前两位主要领导人都曾认为，中国未来的经济体制应当包含市场经济的部分，但是市场经济的提法仍然引起意识形态部门一些人的疑虑。他们认为，说社会主义经济具有市场经济的性质，违背了马克思主义原典的论述，因此，不能在党的文件中使用，以至在1979年到1992年正式出版物的领导人论著中，"市场经济"都被改为"市场调节"。对市场经济的这种"修正"，后来进一步演化为对商品经济的批判。

1981年4月，中央书记处研究室印发了一份题为《当前关于计划调节与市场调节的几种观点》的内部材料。它按照对计划调节和市场调节的态度，将经济学家划分为四类。在第一类中，摘引了一些人关于坚持以计划为主、市场调节是必要补充的言论；而薛暮桥、林子力等主张微观经济由市场调节，或国家计划也要通过市场调节来实现的经济学家则被划为第四类。

1982年8月，在起草党的十二大报告过程中，一位当时处于领导地位的理论家组织并批发了起草组五位成员给他的一封信，指摘一些经济学家关于发挥价值规律的作用、把企业办成独立的经济实体、企业的经营活动主要由市场调节、体制改革的实质是要建立"在商品经济基础上的计划经营方式"等意见，是"必然会削弱计划经济，削弱社会主义公有制"的"错误观点"。信中指出："在我国，尽管还存在着商品生产和商品交换，但是绝不能把我们的经济概括为商品经济。如果作这样的概括，那就会把社会主义条件下人们之间共同占有、联合劳动关系，说成是商品等价物交换的关系；就会认定支配我们经济活动的，主要是价值规律，而不是社会主义的基本经济规律和有计划发展规律。这样就势必模糊有计划发展的社会主义经济和无政府状态的资本主义经济之间的界限，模糊社会主义经济和资本主义经济的本质区别。"

1981—1983年，各主要报刊发表了大量批判在计划经济与市场调节问题上"错误观点"的文章。红旗出版社把这类文章编辑成《计划经济与市场调节文集》一书出版。按照该书"前言"的说法，"国民经济的有计划发展是社会主义经济的一个基本经济特征"，"放弃计划经济，必然导致社会生产的无政府状态，导致对社会主义公有制的破坏"；"实行指令性计划是社会主义计划经济的根本标志，是我国社会主义全民所有制在生产的组织和管理上的重要体现"，"取消指令性计划，取消国家对关系国计民生的生产资料和消费资源的生产和分配的直接管理，取消国家对骨干企业的直接指挥"，"国家就难以掌握必要的经济力量来保障国民经济按照全社会的利益和要求健康发展，就无法避免社会经济生活的混乱，就不能保证我们的整个经济沿着社会主义方向前进"。他们认为，"经济体制改革的中心问题是坚持贯彻计划经济为主、市场调节为辅的原则"。根据这个原则，"前言"声称，对"认为我国现阶段不具备实行计划经济的条件"；"认为计划经济只管宏观经济，微观经济即各个企业的活动应由市场调节"；"认为包括全民所有制企业在内的所有企业都应成为完全独立的经济实体，具有商品生产者的一切特征和权利，有权自主地生产、交换等经济活动"；"认为市场经济比起计划经济要优越得多"等"否定、怀疑至少会导致削弱社会主义计划经济的观点""不能漠然置之"。

这时，不同的意见不再能自由发表。薛暮桥因为说过"计划调节大部分要通过市场调节来实现"，而不得不在他自己主持的经济体制改革理论座谈会上违心地做检讨。刘国光也因为在《人民日报》发表文章，说"随着买方市场的逐步形成，随着价格的合理化，要逐步缩小指令性计划的范围，扩大指导性计划的范围"，而受到批评。

在这样的背景下，1981年6月，党的十一届六中全会做出的《关于建国以来党的若干历史问题的决议》，以及1982年9月党的十二大上的报告，都对中国必须在公有制基础上实行计划经济制度，对必须坚持计划经济为主、市场经济为辅的原则做了论述："我国在公有制基础上实行计划经济。有计划的生产和流通，是我国国民经济的主体。同时，允许对于部分产品的生产和流通不作计划，由市场来调节，也就是说，根据不同时期的具体情况，由国家统一计划划出一定的范围，由价值规律自发地起调节作用。这一部分是有计划生产和流通的补充，是从属的、次要的，但又是必要的、有益的。"与此同时，该报告批评了违背上述原则、妨害国家统一计划的倾向，指出："这几年我们对经济体制实行了一些改革，扩大了企业在计划管理方面的权限，注意发挥市场调节的作用，方向是正确的，收效也很明显。但是，由于有些改革措施不配套，相应的管理工作没有跟上，因而削弱和妨害国家统一计划的现象有所滋长。这是不利于国民经济正常发展的。今后，要继续注意发挥市场调节的作用，但决不能忽视和放松国家计划的统一领导。"

这样，强调中国经济的计划经济性质，加强国家计划的统一领导，就成为直到1984年党的十二届三中全会通过《中共中央关于经济体制改革的决定》以前的政策基调。根据这一基调，前此在大多数国有企业中开展的扩大企业自主权改革也停顿下来，转向强调国有企业对国家的责任。在这种思想指导下，中国只能在保持计经济基本性质的同时，采取一些变通的措施来发展商品生产和商品交换。例如，农村实行土地承包责任制，城市允许个体经营甚至少量雇工等。这些措施为市场经济开辟出一定空间，有力地促进了经济增长。尽管这些措施取得了一定的成效，但并不意味对整个国民经济进行系统性改造。因此，中国经济就处在一种计划经济体制已经被突破，而市场经济体制又还没有建立起来的状态下，经济发展也很不稳定。

虽然"计划经济为主、市场调节为辅"写进了中央文件，但无论是在学术界还是在党政领导干部中，都有不少人认为，改革的基本方向应是市场取向，主张恢复商品经济的提法。1984年6月，马洪组织包括我在内的几位社科院研究人员写了一篇为商品经济翻案的文章，即《关于社会主义制度下我国商品经济的再探索》。7月，马洪将这篇文章送请几位领导干部征求意见，意在试探反应。结果，这篇文章不但没有遭到批评，反而受到像王震这样的革命家的称赞。这使主张搞商品经济的领导人有了信心。

根据领导干部的正面反映，中央接到一封信，建议把中国的计划体制概括为以下四层意思：（1）中国实行计划经济，不是完全由市场调节的市场经济；（2）完全通过市场进行调节的生产和交换，只限于小商品、部分农副产品和服务修理行业，它们在国民经济中起辅助作用；（3）计划经济不等于指令性计划为主，指令性计划和指导性计划都是计划经济的具体形式；（4）指导性计划主要用经济手段来实现，指令性计划也必须考虑经济规律特别是价值规律的作用。由此得出的结论是："中国式的计划经济，应该是自觉依据并运用价值规律的计划经济"，也就是"有计划的商品经济"。这封信从解释什么是计划经济提出问题，先说社会主义经济是计划经济，再说不论指令性计划还是指导性计划都必须考虑经济规律，特别是价值规律的作用，最后把落脚点放到了商品经济上。对于这封信，邓小平、陈云、李先念均批示或回信同意。于是，社会主义有计划商品经济的改革目标也就确定了下来。

党的十二届三中全会通过的《中共中央关于经济体制改革的决定》写道："就总体说，我国实行的是计划经济，即有计划的商品经济。"然后要求"突破把计划经济和商品经济对立起来的传统观念，明确认识社会主义社会经济必须自觉依据和运用价值规律，是在公有制基础上的有计划的商品经济"。并强调指出："商品经济的充分发展，是社会主义发展的不可逾越的阶段，是实现我国经济现代化的必要条件。只有充分发展商品经济，才能把经济真正搞活，促使各个企业提高效率，灵活经营，灵敏地适应复杂多变的社会需求。"这样的行文，既与中共中央过去的提法保持一定的衔接，又从实质上确定了中国改革的市场取向，就容易实现突破。

《决定》还提出了一系列市场取向的改革方针，它们包括：（1）增强企业的活力，特别是增强全民所有制的大中型企业的活力，是以城市为重点的整个经济体制改革的中心环节；（2）要建立合理的价格体系，使价格能够比较灵敏地反映社会劳动生产率的变化和市场供求关系的变化，价格体系的改革是整个经济体制改革成败的关键；（3）实行国家、集体、个体一起上的方针，积极发展多种经济形式和多种经营方式。这些重大方针的提出，为20世纪80年代中后期的经济体制改革开辟了道路。因此，可以说，《决定》的通过，标志着中国改革从局部试点开始转向以市场为取向的全面改革。

邓小平对《决定》做出了高度评价。他说："这次经济体制改革的文件好，就是解释了什么是社会主义，有些是我们老祖宗没有说过的话，有些新话。我看讲清楚了。""我的印象是写出了一个政治经济学的初稿，是马克思主义基本原理和中国社会主义实践相结合的政治经济学。"陈云也表态说："这个文件非常重要，是一个很好的文件。"

三、"有宏观调控的市场协调"（ⅡB）成为改革的目标模式

在《关于经济体制改革的决定》（以下简称《决定》）确立社会主义有计划的商品经济的改革目标后，接着发生的问题就是如何解释"有计划的商品经济"。由于《决定》采用的是由正确理解"计划经济"提出问题，然后落脚到"商品经济"的论证方式和"有计划的商品经济"的表述方式，给做出不同的解释留下了很大的空间。1985—1989年，在各种选择之间发生了多次变动。这些变动也对改革的进程产生了重大的影响。

我曾经把20世纪80年代初期提出的改革目标模式归结为以下三种：（1）市场社会主义模式（"苏联东欧模式"）；（2）政府主导的市场经济模式（"东亚模式"）；（3）自由市场经济模式（"欧美模式"）。现在看来，这种分类还是比较表面的。从计划和市场的关系着眼，匈牙利经济学家科尔奈在1985年巴山轮会议上提出的两类四种体制分类，也许更能反映不同体制的本质。他在会议的发言中，把经济调节机制概括为Ⅰ和Ⅱ两种类型，Ⅰ是行政控制（Administrative Regulation），Ⅱ是市场协调（Market Coordination）。每一类又有两个子类：行政控制分为直接的行政控制（IA）和间接的行政控制（IB）两种。他指出，IA模式和IB模式的"差别在于纵向调节的手段不同。在直接控制的情况下，上级权力机构以具体的指令性产出指标和投入限额下达命令，那些不服从命令的人会受到

行政处分。在间接控制的情况下，中央不给企业下达命令，而是手中掌握一套杠杆，用间接的办法对企业的行为进行调节。"市场协调也分为自由放任的市场协调（ⅡA）和有宏观调控的市场协调（ⅡB）两种。他认为，真正有效的经济改革应当从ⅠA模式直接进入ⅡB模式。当时的匈牙利经济已经进入了间接行政控制的状态。在这种情况下，应该强调这只是一种过渡阶段，长期停留在间接行政控制（ⅠB）的阶段，会使企业继续处于软预算约束（soft budget constrains）状态，改革难以取得预期的成效。

对决定中国改革的目标模式来说，1985年，是十分重要的一年。

第一，根据邓小平的提议，世界银行组织了以林重庚和伍德为首的庞大国际专家团队。在中方工作小组的支持下，对中国经济进行了全面的考察。经过深入的研究，1985年5月完成题为《中国：长期发展面临的问题和选择》的长篇考察报告。这份考察报告不但全面分析了中国经济面临的主要问题，而且根据对各国经验的比较研究，提出解决问题的可选方案，因而受到中国领导人和经济学家的高度重视。他们认真阅读和讨论了这个考察的主报告和六个附册，从中学习现代经济学的基础理论、分析工具以及国际发展经验。这对于提高并开拓中国经济学家的眼界，提高中国政府的决策水平起到了良好的作用。

第二，第一份《经济体制改革总体规划》的诞生。1985年5月，中国社会科学院研究生院郭树清等三位受过现代经济学训练的研究生上书国务院领导，要求制定全面改革的总体规划。国家体改委组织了由楼继伟、郭树清等九位中青年学者组成的研究小组，并很快写出《经济体制改革总体规划构思（初稿）》。这份规划用经济学的语言，为已经被确定为改革目标的"商品经济"描绘了清晰的图画。它指出：在商品经济中，"市场体系构成经济机制的基础"；企业根据市场关系自主决定自己的活动，劳动者自主选择职业；政府对经济的管理则由间接控制为主取代直接控制为主的体制。这一规划还设想，改革可以分两个阶段进行：第一阶段，以实现商品市场的价格改革为中心，配套进行企业改革、财税体制改革、金融体制改革和建立中央银行制度；第二阶段，以形成完善的要素市场，取消指令性计划，完成从计划经济到"商品经济"的转型。

第三，"宏观经济管理和改革国际讨论会"的召开。在确定中国改革的若干重大政策问题上，1985年9月2—7日在长江游轮"巴山"号上，由国家体改委、国务院发展研究中心和世界银行共同召开的"宏观经济管理和改革国际讨论会"（即巴山轮会议）具有里程碑式的意义。参加这次会议的国际知名专家有托宾、凯恩克劳斯爵士、科尔奈、布鲁斯、埃明格尔；中方的参加者有薛暮桥、安志文、马洪、廖季立、项怀诚、高尚全、杨启先等经济官员，刘国光、戴园晨、周叔莲、吴敬琏、张卓元、赵人伟、陈吉元、楼继伟、郭树清、田源等经济学者。会议对中国改革宜于选取的体制目标进行了热烈的讨论，科尔奈对世界各国经济体制的分类成为议论的中心。在讨论中，不但外国经济学家扩展了科尔奈对有宏观调控的市场经济的优点所做的分析，具备现代经济学素养的中国经济学者也认同科尔奈的分析和选择，把有宏观经济管理的市场协调（ⅡB）看作中国经济改革的首选目标。

巴山轮会议的讨论，对确定转型期间的宏观经济政策方针也起了重要作用。转型期间应当采取什么样的宏观经济政策，是中国政界、经济界和学界长期争论的问题。在早期的讨论中，据称代表主流经济学观点的"通货膨胀有益论"曾经占有优势地位。在巴山轮会议上，通过与会学者对中国当时经济情况的深入研究和对中国学者刘国光、赵人伟介绍中国学术界争论情况的论文的讨论，与会的外国专家托宾、凯恩克劳斯和埃明格尔虽然来自不同的国家，属于不同的学派，但他们出乎中国学者意料一致认为，中国应当采取紧缩性的财政、货币和收入政策，应对经济过热和通货膨胀的问题。在经济学者与经济官员取得共识的基础上，为正在起草的《"七五"计划建议》确立了采取稳健的宏观经济政策，以便为经济改革的顺利推进创造有利环境的方针。后来的事态演变表明，这是一条符合经济学基本原理的正确方针。此后，发生的几次巨大经济波动，例如1988—1989年爆发的通货膨胀、1992—1994年的经济过热和通货膨胀，以及2007—2008年的资产泡沫和通货膨胀，无不是背离了这一正确方针的结果。

第四，所有以上这些成果，集中表现在1985年9月18—23日中国共产党全国代表会议制定的《中共中央关于制定国民经济和社会发展第七个五年计划的建议》中。特别是，把要在"七五"期间建立的经济体制，概括为自主经营、自负盈亏的"商品生产者和经营者"，包括商品市场和要素市场在内的市场体系和以间接调控为主的宏观调控体系，为市场取向改革树立了正确的目标。

安志文曾经在他的回忆文章里说，"七五"建议里的"三环节配套改革"内容是受了巴山轮会议上科尔奈发言的影响。这是不完全确切的。虽然"七五"建议有关决定的确反映了科尔奈的一些重要经济思想，但是这种影响，并不是直接来自巴山轮会议上科尔奈的发言，而是通过其他途径，比如说，通过郭树清、楼继伟等人写作的《总体规划》发生影响。

根据我的亲身经历，直接影响《"七五"建议》相关内容的，是当年 7 月 15 日中共中央和国务院召开的《"七五"建议（1985年 7 月 12 日第五次草稿）》讨论会。这份草稿突出地强调了"搞活企业是整个经济体制改革的出发点和落脚点"。我在发言中认为，文件中这样的提法不够准确，需要进一步推敲。为此，我根据科尔奈关于国有企业和国家的"父子关系""软预算约束"理论，在会上发言中指出，放权让利并不能解决软预算约束问题，而且企业行为的改变，要靠市场竞争的约束。据此，我提出："不能把改革简单地归结为扩大企业自主权。它必须在经济体系的基本环节上既是有步骤又是配套地进行。在我看来，有计划商品经济的基本环节是三个：自主经营、自负盈亏的企业；竞争性的市场；以间接调节为主的宏观调控体系。"我的这一意见被采纳。在《"七五"建议》中写下了以下的内容："建立新型的社会主义经济体制，主要是抓好相互联系的三个方面"，即（1）使企业特别是国有大中型企业成为自主经营、自负盈亏的商品生产者和经营者；（2）发展商品市场，逐步完善市场体系；（3）将国家对企业的控制逐步由直接控制为主转向以间接控制为主。这些规定后来被叫作"'七五'三条"。

"'七五'三条"的确立，意味着确认了中国经济体制改革的目标模式，即有宏观调控的市场经济，也就是科尔奈的"ⅡB模式"。《"七五"建议》还规定，力争在五年或者更长一些的时间内，奠定这一新经济体制基础的目标。

四、"价税财配套改革"的揭幕和落幕

为了研究"七五"期间，特别是"七五"前期的经济体制改革的步骤和配套措施，中国经济体制改革研究所和北京青年经济学会于 1985 年 12 月中旬召开了三天研讨会。1986 年 1 月 25 日，中青年学者座谈会召开，会议听取了几种代表性意见的汇报。我也代表周小川、楼继伟、李剑阁做了《以改善宏观控制为目标，进行三个基本环节的配套改革》的发言。

3月中旬，我在上海搞调研时听说，在"七五"前期，即1987年和1988年，要进行价格、税收、财政配套改革（以下简称价税财配套改革），由于此前获得的信息是，领导已经放弃了配套改革的想法，当时我感到非常突然。回到北京后，我了解了更多的情况。特别是我被任命为国务院经济体制改革方案研究领导小组办公室副主任，负责制定配套改革方案，阅读了更多的文献，才认识到这个决定绝非事出偶然，而是经过长期思考和酝酿做出的慎重决策。

1986年面临问题的根源在于"新旧两种体制胶着对峙、相互摩擦、冲突较多"。这种局面不宜久拖，所以应当在1987年和1988年采取比较重大的步骤，在市场体系和宏观经济的间接调控这两个问题上步子迈大一点，为企业能够真正自负盈亏，并在大体平等的条件下展开竞争创造条件，促使新的经济体制能够起主导作用。具体说来，改革可以从以下三个方面去设计：一是价格，明后年应当把价格体系的改革摆在第一位；二是税收；三是财政。这三个方面的改革是互相联系的。并对为了形成平等竞争的环境必须进行价格、税收、财政方面的配套改革进行了详细的论证。

3月25日，国务院发出通知，成立以田纪云为组长的经济体制改革方案研究领导小组，并在领导小组下设办公室。

价格改革最早的设想是，通过先调后放的改革方式，用两年或者稍长一点时间放开生产资料价格和运输价格。后来，领导怕涨价幅度太大，各方面承受不了，在6月份改为1987年只改钢材价格，然后再考虑其他方面的价格改革。经过反复折冲，8月，方案办向国务院和中央财经领导小组提交了以价格、税收、财政、金融、贸易为重点的配套改革方案。这一方案得到国务院常务会议和中央财经领导小组的批准以后，9月13日，姚依林、田纪云等向邓小平做了关于当前经济情况和明年经济体制改革方案的汇报。邓明确表示，赞成这个改革方案，而且认为价格改革的步子还应当加快。

中国经济体制改革研究所主要研究人员到匈牙利和南斯拉夫考察去了。回来以后，写了详细的考察报告，其实就是针对3月决策所做的"反决策论证"。考察报告强调："市场的形成是相当长期的过程"，"要避免将改革本身理想化"；"价格改革很容易导致物价和工资轮番上涨，出现'比价复归'的现象"，这种通货膨胀，"靠简单的总需求控制是很难奏效的"。

直到9月底、10月初，配套改革的方案设计一直在按计划推进。9月下旬，在党的十二届六中全会上，中央财经领导小组做了《关于当前经济形势和经济工作的通报》，向全会通报明年和后年的经济体制改革方案。通报指出，改革要按照"总体设计，配套改革，有主有次，分步实施"的方针，努力把搞活企业、完善市场调节机制和建立以间接控制为主的宏观管理体系这三方面的改革协调起来，相互适应地向前推进，以促进社会主义有计划商品经济的发展。"把改革的重点放到理顺生产资料价格、逐步建立和发展生产资料市场上来，相应地进一步改革财政税收制度，适当加快金融体制的改革，为增强企业活力创造更好的外部环境。"具体地说，方案规定：1987年首先调整和放开钢材价格，1988年以后再视情况逐步调整或放开煤炭、水泥、石油、电以及铁路运输等生产资料价格。

但是，10月中旬风云突变，传出决定停止价税财配套改革的消息。据我所知，即使在中央领导层中，对于停止价税财配套改革，转向以国有企业承包经营为主线，也是有不同意见的。比如，田纪云后来多次跟我表示过，他不赞成转向以企业承包为主线，并且认为，如果坚定地执行1986年的配套改革方案，1988年和1989年的一些问题不会发生。也许因为考虑到内部的不同意见，传达的停止价税财配套改革的原因是认为企业问题和农副产品价格问题需要优先解决。如果这两个问题和钢材价格同时搞，有可能承受不了。

五、回到了"间接行政调控"的IB模式

1987年1月，从价税财配套改革转向以企业承包为主线的想法就更加明确了。

1月19日，全国省长会议提出"搞活企业，是经济体制改革的出发点和立足点，是我们改革的基本理论和基本实践，不能动摇"，要求"根据所有权和经营权分离的原则，进一步探索和试验各种形式的经营承包责任制，扩大企业经营自主权"。

3月25日，在六届全国人大五次会议上的政府工作报告中提出"以增强企业活力、完善市场体系和健全宏观管理制度为主要内容"的"既定的改革方向和总体部署是正确的"。国务院经过认真研究，确定1987年经济体制改革的主要任务是，以增强企业特别是全民所有制大中型企业活力为中心，着重改革企业经营机制和企业内部的领导体制。

4月10日，省委第一书记会议提出："今后的重点应放在改革企业的经营机制问题上，对大中型企业实行不同形式的承包经营责任制。一些小企业一租赁，效益马上就上来了，税收也增加了。"

要缓解当时存在的困难，继续保持国有经济的稳定增长，出路就在于把作为国民经济骨干的大中型企业搞活。许多小企业实行承包、租赁以后，效益很快就大为提高。几个实行投入产出包干的行业，也都取得良好的效果。为了改善大中型企业的经营机制，看来实行不同形式的承包经营责任制势在必行。

根据这一指导思想，主管国有企业的国家经委和主管改革的国家体改委协同动作。4月22—27日，国家经委受国务院委托，召开全国承包经营责任制座谈会。会议决定，从当年6月起，在全国范围内普遍推行承包经营责任制。这一决定，受到经济界和经济学界一些人的赞誉，称之为"我国经济体制改革的第二个里程碑"。进而在1988年4月，全国人民代表大会通过《中华人民共和国全民所有制工业企业法》，将实行所谓"两权分离"的承包经营责任制确立为国家意志。在全面推广企业承包经营责任制的情况下，1985年末说的"互相攀比""更高级大锅饭"的问题再次出现在人们的面前。

1987年初，中共中央决定在当年的秋天召开党的第十三次全国代表大会。于是，代表大会怎样界定将要建立的经济体制，就成为各方关注的焦点。虽然邓小平在讨论十三大报告的起草问题时已经明确："不要再讲以计划经济为主"了，但是怎样正面表述，还是存在几种互相对立的意见。

一种主张是，明确改革目标是建立市场经济。其中，最重要的代表是广东的经济学家们。广东社会科学院、广东省社会经济发展研究中心等几个单位，他们写的报告请国务院发展研究中心转送党中央。马洪也同意这个意见。后来，这个报告批给了郑必坚和龚育之领导的"中国特色社会主义研究组"。

在计划机关中，赞成计划经济为主的看法更为流行。不过在邓小平明确反对讲"计划经济为主"的情势下，他们的说法也有了调整。1986年9月，在国家计委召开的"全国宏观经济管理问题讨论会"上，以国家计委研究机构负责人桂世镛及王积业为首的研究组和以国家统计局局长、国家计委顾问李成瑞为首的研究组，分别提出了接近于"计划经济为主、市场调节为辅"的改革目标模式，即"国家调节市场，市场引导企业"或"国家掌握市场，市场引导企业"。他们对这个模式做了以下的描述：这种模式的基本框架是"国家—市场—企业"，即"国家从保持总量平衡、比例协调和最佳宏观经济效益出发，对经济的宏观控制主要实行'间接调节'，同时辅之以必要的'直接调节'。间接调节的基本内容是：在市场调节力量已经达到的范围内，国家通过运用经济调节手段左右市场，市场引导企业按宏观经济发展要求进行活动，即实行以市场为中介的计划。直接调节的基本内容是：在市场力量没有达到或者运用市场手段并不在经济的范围内，国家实施直接经济管理或直接从事一部分社会经济活动，以克服市场功能的缺陷，并尽量在直接调节手段中渗入市场机制，为市场发展创造条件。"

1987年2月10日，新华社《国内动态清样》登载了李家镐提出的提高计划工作素质和完善市场机制的建议。李家镐的基本主张是，对生产过程的"三大层次"用不同的方法进行调节：对于最终消费品生产层次，应当直接根据市场需求变化而生产；对于中间生产资料，市场调节和指导性计划应当同时起作用；至于基础性生产资料的生产、分配和价格，在原则上应纳入指令性计划。李家镐把国民经济分为三大领域，主张分别用市场机制、指导性计划和指令性计划加以调节。这份《国内动态清样》被批发给国家体改委负责人安志文和国家计委负责人房维中，并要求他们组织一个小组，研究计划和市场的关系究竟如何处理的问题，并在两个月内提出报告。

3月11日，安志文和房维中报送了《计划与市场关系座谈会纪要》。这份纪要介绍了计划与市场结合的几种方案，其中，既包括按领域"板块结合"的方式，也有所谓"渗透式结合"的方式，并且认为后一种方式"是不可避免的"。纪要所称的"渗透式结合"，也就是1986年"全国宏观经济管理问题讨论会"上国家计委研究人员提出的"国家调节市场，市场引导企业"模式。

5月8日，国家计委向中央财经领导小组报送《关于改革计划体制的十二条意见》。这份意见强调指出："在相当长的时期里，完善的生产资料市场难以形成，金融市场和其他市场更难以发育健全。这种情况下，对市场的作用不能理想化，期望靠市场调节所有经济活动。即使将来市场发达了，计划调节和国家的干预也必不可少。"关系国民经济全局的重要经济活动，应当主要靠计划，计划工作要重点研究中长期的经济社会发展战略、重大比例关系、产业政策、企业组织结构以及分配政策等。中央财经领导小组在讨论总结时，也着重指出："产业结构的调整、生产要素的组合，不能主要靠竞争、靠价值规律自发地调节，必须有政府的政策加以引导。""还有一个计委搞的'计划与市场结合'思路的文件，把这两者配合起来，今后改革的路子大体就有了。"

5月14日，国家计委向中央财经领导小组报送的《计划与市场结合的基本思路》，是一个决定中国未来体制框架的重要文件。这份重要文件重申了"计委十二条"的基本判断，即在当前商品经济还不发达的情况下，市场调节只能在一定范围和一定程度内进行；即使将来市场发育完善了，必要的计划调节和国家干预也是必不可少的；所以，中国必须实行计划与市场相结合的体制。至于二者如何结合，文件建议的基本框架是："少数的、关系国民经济全局的重大经济活动，靠计划调节；大量的、一般性的活动尽量放开，实行市场调节。"经过讨论，1986年国家计委的宏观经济管理讨论会提出的"国家调节市场，市场引导企业"体制，被作为中国经济体制改革的目标写入1987年党的十三大的政治报告，并在当年10月的代表大会上确定下来。该报告写道：社会主义有计划商品经济的"运行机制，总体上说应当是'国家调节市场，市场引导企业'的机制。国家运用经济手段、法律手段和必要的行政手段，调节市场供求关系，创造适宜的经济和社会环境，以此引导企业进行经营决策。"

实际上，在酝酿"计划和市场相结合"和"国家调节市场，市场引导企业"的目标模式的过程中，国家怎样来调节市场的问题就已经摆在了面前。日本、韩国等国的选择性产业政策正好适应这种需要，于是引进这种产业政策就成为一件顺理成章的事情。

1987年3月，国务院发展研究中心向党中央呈交了一份题为《我国产业政策的初步研究》的长篇研究报告，建议引进在日本和韩国的产业政策。实际上，这和日本通产省所推行的选择性产业结构政策几乎完全相同。这个报告所说产业政策的要点，就是运用一组协调财政、金融、税收、外贸、外汇、技术人才等调控手段的综合政策体系，对某些产业的生产、投资、研究、开发现代化和产业改组进行促进，而对其他产业的活动进行抑制；产业组织政策则是引导企业的发展，促进生产的集中化和专业化协作，形成大量小企业围绕着大企业运营的体系。这份报告不仅印发给了国家体改委和国家计委，还印发给党的十三大报告起草小组，要求吸收这些意见。

根据领导上"建立以产业政策为核心的经济政策体系"的要求，国务院1989年3月发布了国家计委制定的中国第一部产业政策——《关于当前产业政策要点的决定》。这个决定确定了"压缩和控制长线产品的生产和建设""增强和扩大短线产品的生产和建设"的目标；制定了长达十几页的《当前的产业发展序列目录》，对支持什么产业和技术、限制什么产业和技术做了详细的规定；并且要求计划、财政、金融、税务、物价、外贸、工商行政管理部门运用经济的、行政的、法律的和纪律的手段来实现这些规定。国务院所属部门和各地区也根据国务院的决定，制定了本部门和本地区的发展重点和限制重点，列出了限制、淘汰和保证生产的产品目录，列出了重点企业和项目名单。由此，形成了运用产业政策"有保有压"地干预市场、至今仍然难以完全摆脱的传统。

坦白地说，我过去曾经认为，"国家调节市场，市场引导企业"的运行模式只是市场经济的一种委婉表达。现在看来，这种认识是不正确的。M.弗里德曼的认识要比我们清楚得多。他在1988年9月直截了当地表达了对"国家调节市场，市场引导企业"的体制模式不以为然。对于"国家调节市场，市场引导企业"的运行机制模式，弗里德曼评价说："这是不可能的。国家是从上到下地组织的，而市场却是从下到上地组织的。这两种原则是不兼容的。"实际上，"国家掌握市场，市场引导企业"，更符合东欧流行的那种保持计划经济、同时部分放开市场的"市场社会主义模式"。市场社会主义大致上有两个特点，一个是给予国有企业一定的自主权，另一个是要将市场置于政府的管控之下成为"政府管控下的市场"（regulated market）。按照市场社会主义理论的原教旨来说，中央计划机关的职能应当只模拟市场，即根据供求状况用"试错法"对价格进行频繁的调整。但是，市场社会主义者又坚持认为，市场不能充分地反映整个社会的利益和社会未来的发展趋势。因此，政府必须代表社会的利益，运用价格、财政、金融等调控手段对市场进行控制和校正。

在"国家调节市场，市场引导企业"的经济体制下，虽然企业活动由市场引导，但是由于市场受国家调节，企业实际上处于国家的管控，主要是通过价格、财政、金融等调节手段的间接管控下，并没有自主和自由决策的权利。这里，可以明显地看到市场社会主义"政府管控下的市场"的影子。确定实行这样的运行模式，也就意味着从科尔奈所说"有宏观调控的市场协调"（ⅡB）模式退回到了"间接行政控制"（IB）模式。

陈锦华：计划与市场两份重要内参[①]

中国在决定建立社会主义市场经济体制改革目标前后，我到国家体改委工作。我在国家体改委工作了两年半，从 1990 年的 8 月到 1993 年 3 月。时间虽然不长，但这段时间正是中国改革的关键时期。我受命之初，国家体改委的活动实际上处于停顿状态，可是大局又非常需要在改革上有所动作。当时不让国家体改委搞总体规划了，各部委的协调也停了下来，都不给国家体改委报送材料了。我就找国务院领导反映了情况，要求恢复国家体改委的原有职能，后来国务院专门发文，要求各部委给国家体改委报送材料，所有出台的改革方案都需要事先跟国家体改委沟通、协调。如果这些问题都不解决，就很难开展工作，适应不了改革形势的需要。

中央决定调我去国家体改委工作的通知发出来以后，当时的国家体改委秘书长洪虎同志来到中石化接我去上班。我对他说："我这个任命要经过人大常委会的，人大常委会通过以后，手续才算走完。你这段时间，给我送点资料，我看看，尽量了解情况。"他答应了。第二天就送来两大包的材料。材料呢，有国家体改委的工作要点、工作规划，既包括年度的，又有中长期的等。还有国家体改委各个司的规划，城市的、农村的、企业的、金融的、交通的，方方面面都有。

我当时满腔热血地开始看这些材料，越看头越大。你想想看，那么多个司，都是从各自的角度讲一些改革的东西，总体讲什么？

[①] 根据陈锦华相关著作整理编写。

所以看了几天以后，我觉得这个事情不行，我又把洪虎找来了。我说："材料我翻了一番，给我感觉在这么多材料里面，缺少'牛鼻子'。现在方方面面那么多，什么是带动全局的？什么是牵着大家就会走的'牛鼻子'？"

从这也可以看出来，国家体改委的工作跟我想象的有差距。他也觉得是个问题，就是没有找到一个纲领性的东西，一个涉及全局的东西，究竟什么东西能把方方面面都串起来。工业、农业、商业等都需要改革，那么这些改革都牵扯到你是为计划而生产的，还是为市场而生产的。我在中石化总公司的工作，让我对这些有很深的感受。上面管得那么死，计划什么都不让我动，我怎么来完成任务？我怎么能超额完成任务？都说我在上海工作做得好，那是因为上海计划的弹性大，给企业留的余地比较多。比如留给企业10分的活，其中8分任务，还有2分让企业自己生产，可以去交换，那么企业不就有办法了吗？再加上当时理论界、舆论界，像报纸上，长篇、短篇的争论都有，我都注意到了这些信息，所以我当时觉得计划经济和市场经济是个核心问题。坚持改革开放不能停，这里面最核心的就是市场，就是以市场为取向的改革，这是争论的焦点。那么思想比较保守的人呢，是主张搞计划经济，他们认为这个市场一放开，资本主义马上起来了，会变成私有化，这样就走资本主义道路了。思想比较解放的人，主张搞市场经济，只有把市场搞活，经济才能搞活，才能解放生产力，才能发展生产力。这个社会上，理论界、学术界和一些相关部门，大体上是划分得很清楚的。

所以我对洪虎说："你找两个人，专门按我出的这个题目，整两份材料。"一份是国内有关计划和市场关系争论的资料，一份是国外关于计划与市场的综合资料。考虑到当时的环境，我还跟他讲，要保密，不能传出去。国内的相关资料他找了国家体改委委员杨启先搞，他是个专家型干部；国外的材料他找了国家体改委国外经济体制改革司副司长江春泽搞，她长期研究国际经济学和比较经济学。她后来跟我讲，当时有个同志就劝她不要搞。有个人甚至跟她这样说："江司长，你这份材料整理出来以后，人家马上就会讲了，资本主义在哪里啊？就在国家体改委的国外司！"她说："反正是领导叫我做的，是他个人看的，不会传出去。不然要我们干什么呢？"所以，她就自己一个人搞。在这个整理过程当中，人大也通过了我的任命，我正式到国家体改委上班了。

上班以后，我认真看了这两份材料。国外那份材料叫《外国关于计划与市场问题的争论与实践以及对中国计划与市场关系的评论》，我看了这份材料以后，觉得很能解决问题，讲得很清楚，内容很契合我所提出的题目。它核心是说明一个什么问题呢？这个计划和市场，都是资源配置的手段。最早提出"用中央计划机关取代市场来配置资源"的是一百年以前的意大利经济学家、社会学家帕累托，当时他提这个问题就是为了解决资源配置公平合理的问题。他和他的追随者都不是马克思主义者，更不是共产党员。当时他提这个问题的时候社会主义还没有诞生，还没有苏联，搞市场就"姓资"了吗，搞计划就"姓社"了吗？这根本没有关联。材料还介绍了社会主义国家从苏联战时共产主义后期开始的关于计划与市场问题的争论过程。

我觉得这份材料很好，思路也很清晰，针对性很强，所以我就决定把它送印。国家体改委没有自己的印刷厂，要送到国务院印刷厂去印刷。但是如果要去国务院印刷，就会经过很多批准手续，那这份资料就可能传出去了。如果传出去，会产生什么影响不好说。

我就让我的秘书送到中石化总公司那里，我告诉他："不要经过别人的手，你跟他们交代清楚，印了以后不许任何人看，直接给我送来。"他印了十几份吧，我给江泽民、李鹏他们分别送了，一人送了两份。我说："我到国家体改委以后，找同志收集了这份资料。我觉得这份资料还是能够说明问题的，送去给你们看看。"

送去以后我心里打鼓啊，送得对不对啊？可能是隔了两三天吧，我正在中石化北京燕山分公司开会，很意外地接到江泽民同志打来的电话，他说："材料看了，很好，能说明问题。我今天晚上要到辽宁去，我把这份材料带走再看看。"他电话打到燕山去，我当时一个悬着的心落地了。因为他有个态度了，我就知道材料没有送错。再隔了一两天，中央办公厅给国家体改委办公厅打电话，要求把这份材料增印十几份给他们送去。

到了11月5日，国家体改委在燕山石化公司招待所讨论计划与市场国际比较方面的问题，开了一个研讨会。这个会开到7日结束，当天我和贺光辉、刘鸿儒等赶到燕山石化公司招待所，花了2个多小时的时间参加会议结束时候的总结发言。当天下午，改在京西宾馆，我又召开了部分省、市体改委负责同志座谈会，会上主要讨论"八五"期间经济体制改革基本思路和主要任务，还有一件事情就是如何把计划经济与市场调节相结合的原则具体化。我也请江春泽司长把5日到7日的研讨会的内容好好整理一下。12月3日，我将研讨会的纪要《苏东国家与我国在处理计划与市场上的不同看法、不同效果》报送李鹏。12月5日，李鹏做了批示："已阅，写得不错。关键是改革的目的是稳定与发展生产，而不是套那种自认为合理的体制模式。"

一、省地方体改委主任座谈会

1992年3月20日到4月3日，北京召开了第七届全国人大第五次会议，我当时是安徽省代表团的全国人大代表。人代会开完了以后，就十几天吧，我就召集辽宁、四川、山东、广东、江苏五个省体改委的主任开会。一个是因为这几个省大，还有就是考虑到这几个省改革的进展程度不一样。那时候我们意见很明确，因为这些省我都有去啊，中石化都有去啊，他们省里工作，改革开放搞得怎么样，我们心里都有数的。广东走在前面，江苏走在前面，山东中间一点，辽宁和四川比较差。我的心里多少有点数，并不是一点都不了解。那么你既然要反映意见，当然要选择不同代表性的意见。你讲广东，广东不能代表中国，你讲辽宁，辽宁也不能代表中国，四川也不行。所以请了五个大省体改委的主任，到北京专门讨论下一步的改革设想，主要讨论计划与市场的关系。当时规定不带助手，也不能做记录，要保密，不能外传会议的内容。当时我主要是担心传出去会引发不必要的麻烦。

我就说我请大家来座谈主要谈两个问题，一个是机构改革的问题，一个是计划和市场的关系。这个机构改革问题，老实说是个陪衬。国家体改委不是管机构改革的，那么讨论这个问题干什么？因为当时考虑到只讨论计划与市场的关系，太明显了，当时处理这些问题都是很谨慎的。但是座谈会实际上讨论的重点就是计划和市场的关系。这五个省一致赞成市场取向的改革，他们自己从改革开放以来的实践，都证明了只有市场才可能给经济带来活力，才能发展，才能改善民生。如果市场搞不好的话，经济没有活力，就没办法发展经济，更不可能改善生活。座谈会开了两三天，时间很短。

另外，正在这个时候，国家体改委召开了一个研究国外的经济体制改革的会议，叫"经济体制转换国际研讨会"。国家体改委给基辛格发了一封信，邀请他参加，国家体改委在国际上还是很有名气的。基辛格没有来，但他发来一篇论文，叫《经济发展与政治稳定》。他在这篇论文里很明确地讲当前全世界核心的问题就是计划和市场问题。他认为这个就是资源配置问题，不涉及"姓资姓社"的问题。基辛格说："我很赞赏中国政府不失时机地主持了这一研讨会。"他对这种转换提出了三点基本看法。第一，他认为目前有关经济体制转换的讨论中大都将"纯粹的市场制度"与"纯粹的计划经济"相对比，但在现实生活中并不存在这两种极端的模式。第二，相对集中的经济向更多的以市场为基础的经济结构转变，在世界范围内进行着。第三，任何国家都不能不考虑其独有的历史和文化背景。基辛格的结论是："我们正处在一个变革的时代，我们周围的经济生活在发生着重大的变化。变化的趋势错综复杂，但中心是朝向市场经济。似乎可以说，世界各地的领导人不约而同地得出这样一个结论：总的来说，市场为持续经济发展提供了较好的基础。"他还指出，"向市场转变的目标被广泛接受，但实现这一目标的方式同试图改革的国家一样多，显然，没有一个'通用'的办法。改革过程必须与各个国家的经济、社会、文化环境相一致。"基辛格在结论的最后强调："改革的成功取决于政治稳定，简而言之，经济发展与政治稳定密不可分。"

二、确立社会主义市场经济体制改革目标

1992年，邓小平南方谈话强调，计划经济不等于社会主义，资本主义也有计划，市场经济不等于资本主义，社会主义也有市场。这两个（计划与市场）都是手段。邓小平同志还讲计划多一点

还是市场多一点，不是社会主义和资本主义的区别。有些人拿大帽子吓唬我们。1992年2月，中央发出了文件，把南方谈话的要点尽快传达到全党范围。6月9日，江泽民在中央党校发表重要讲话，为党的十四大召开做了很重要的舆论准备。在这样的思想解放的背景下，中央让我参加党的十四大报告起草小组，江泽民找起草小组研究讨论过好几次报告。当时讨论的最重要的内容是同意不同意经济改革体制目标是建立社会主义市场经济。我们先讨论、研究，然后由一些学者专家负责整理，整理后再到各个地方征求意见，征求意见以后到北戴河汇总。经过征求意见发现，大部分人是同意的。

但即使在这么高度统一的情况下，党内还有不同意见。这种情况我感觉很好，因为这就体现出党的生活正常了，这么大的事，大家讨论，允许保留意见。讨论到比较成熟的时候，起草小组就向江泽民汇报，向各位常委汇报，常委观点都很一致。在报告起草以前，有这么两件事情。第一，要先整理一个提纲，把党的十四大报告主题是什么，主要讲什么问题等向邓小平请示。汇报之后，邓小平赞成使用"社会主义市场经济体制"这个提法。而且他讲，实际上我们是在这样做，深圳就是社会主义市场经济。不搞市场经济，没有竞争，没有比较，连科学技术都发展不起来。产品总是落后，也影响消费，影响到对外贸易和出口。他还说，在党校的讲话可以先发内部文件，反映好的话，就可以讲。这个定下来以后，党的十四大报告就有主题了。

第二，就是江泽民推荐我们起草小组的同志看看恩格斯于1888年去美国考察时写的一篇《美国旅游印象》，指出："这个前进最快的民族，对于每一个新的改进方案，会纯粹从它的实际利益出发马上进行试验，这个方案一旦被认为是好的，差不多第二天就会立即付诸实行。在美国一切都应该是新的，一切都应该是合理的，一切都应该是实际的，因此，一切都跟我们不同。"大家都看了，恩格斯对美国接受新事物快和高效率很赞赏，实际上是市场机制带来的高效率。我感觉江泽民是借恩格斯的观点来统一大家的思想认识，但他没有把这个意思点穿，而是通过学习经典著作来进一步提高大家的认识，统一大家的思想。

后来稿子差不多成型了之后，也就是在决定正式提出"建立社会主义市场经济体制"这个改革目标后，江泽民觉得还要慎重一点，就提出把报告内容先在中央党校做个报告，听听各方面的反映。后来经中央政治局讨论，决定将党的十四大报告征求意见稿发给各地方、各部门、各军队单位征求意见。起草小组成员分别到各省、自治区、直辖市直接听取意见。那就说明这个听意见的程序也是很好的。然后我们再讨论、修改，再印成初稿。我觉得这个过程好，走群众路线，集思广益，集中了全党的智慧，谁有意见都可以讲。大家都认为这个做法好，一方面集思广益，另一方面也是在统一党内外的认识。我当时到了浙江，浙江省委常委讨论后一致表示赞成。在整理意见期间，我去了温州，温州地委书记对我讲了各方面对温州工作的责难，他们感到压力很大。我说，这些议论要听，但你们不要去争论，工作还是按照现在的路子走，多做少说，只做不说，最重要的是把经济搞上去，把人民生活搞好。只要有这一条，就能站住脚。

到10月份，党的十四大报告中正式明确提出："我国经济体制改革的目标是建立社会主义市场经济体制，以利于进一步解放和发展生产力。"党的十四大报告提出，要根据党的十四大通过的报告，制定关于社会主义市场经济的具体实施纲要。根据这个决议，国家体改委专门成立了一个小组，由我和秘书长王仕元负责，研究如何把社会主义市场经济体制具体化，搞了好几个月，拟出了一份初稿。1993年3月，我离开国家体改委到国家计委工作。当时，中央财经领导小组办公室主任是曾培炎，他也是国家计委副主任，他知道国家体改委搞了这个东西就把它要了过去，组织各部委又搞了一年多，形成党的十四届三中全会的文件《中共中央关于建立社会主义市场经济体制若干问题的决定》草稿。

  我现在想，中国的发展，市场化取向的改革是非常正确的。邓小平在理论上的突破是很大的。邓小平改革的思路很明确，就是要解放生产力、发展生产力，中国要摆脱落后，要找出路。找出路靠什么东西？我们搞了几十年计划经济，找不到出路。实践证明就是因为我们对市场不够重视，不重视市场的作用。那么搞市场是不是就是否定社会主义？中国的制度就要变了？不会的，我们还是坚持我们的基本制度。我现在再回过头来看看，就这条路应该是一个很成功的探索。没有受当时那些过"左"的理论家、学术家的影响，还是坚持走社会主义道路。

  应该说，1990年到1992年，在认识很不统一、工作比较困难的情况下，对市场经济我们思路很明确，而且坚持了自己的看法。从上报研究资料提供高层参阅，到提出改革目标，到我参加党的十四大报告起草小组，再到我们研究把社会主义市场经济具体化，这个过程是相当完整的。我感到欣慰的是，在经济体制改革这个核心问题上，国家体改委发挥了应有的作用，而且被后来的历史证明，这个作用是积极的、正确的。

口述资料

王梦奎：社会主义市场经济体制改革第一个总体设计[①]

党的十四届三中全会审议通过的《中共中央关于建立社会主义市场经济体制若干问题的决定》（以下简称《决定》），是我国社会主义市场经济体制的第一个总体设计，也是经济体制改革进程中一座重要的里程碑。参加《决定》起草工作的经历，给我留下难忘的记忆。

当时经济改革已经进行了 15 年。虽然改革在实质上一开始就是朝着逐步扩大市场机制作用的方向走的，但此前并没有明确市场经济体制的目标。1992 年 10 月，党的十四大提出建立社会主义市场经济体制，是经济改革进入新阶段的标志。在党的十四大以后，为了推进改革，各方面都希望能够再进一步，抓紧制定总体规划，对社会主义市场经济体制有一个更为具体和完整的说法。这确实是必要的。当时的情况是：一方面，经过 10 多年的改革，以公有制为主体、多种经济成分共同发展的格局初步形成，市场在资源配置中的作用迅速扩大，全方位对外开放的格局逐步展开，我国已经具备了实现改革的全局性整体推进的条件；另一方面，由于经济体制改革是渐进的，往往是从局部试点逐步推开，虽然在许多方面都有明显进展，但一些重要领域的改革滞后，成为经济体制链条上突出的薄弱环节，影响着改革的深化和经济的健康发展，迫切要求改革的综合协调和全局性整体推进。这就需要按照社会主义市场经济体

[①] 魏礼群主编：《改革开放三十年见证与回顾》，北京：中国言实出版社，2008 年版，第 34–47 页。

制的要求进行总体设计，需要强调体制和政策的规范化。改革实践经验的积累，加之理论上的探索和对国外情况的广泛了解，也使我们能够根据中国国情并且借鉴国外的经验，进行这样的总体设计。

根据党的十四大精神，中央政治局1993年5月决定，下半年召开党的十四届三中全会，讨论建立社会主义市场经济体制问题，并做出相应决定。经中央政治局常委会批准，5月底组成25人的文件起草组，在中央政治局常委会的领导下进行工作。起草组组长是温家宝，副组长是曾培炎和王维澄。起草组成员包括何椿霖（国务院副秘书长）、郑必坚（中宣部副部长）、张彦宁（全国人大财经委委员）、孙琬钟（全国人大法工委委员）、高尚全（全国政协委员、经济委员会委员）、王梦奎（国务院研究室副主任）、桂世镛（国家计委副主任）、郑新立（国家计委政策研究室副主任）、李剑阁（国家经贸委政策法规司副司长）、王仕元（国家体改委副主任）、曾国祥（国家体改委综合规划司副司长）、陆百甫（国务院发展研究中心宏观经济研究部部长）、刘国光（中国社会科学院副院长）、张卓元（中国社会科学院财贸经济研究所所长）、项怀诚（财政部副部长）、傅芝郇（财政部部长助理）、段应碧（农业部农村研究中心主任）、傅丰祥（证监会副主席）、罗元明（国有资产管理局副局长）、周小川（中国银行副行长）、赵海宽（中国人民银行金融研究所名誉所长）、徐匡迪（上海市副市长）。据我所知，地方领导同志参加中央全会重要决定的起草，徐匡迪是第一人。自此以后，党的全国代表大会的报告和许多次中央全会决定的起草，都有地方领导同志参加，徐匡迪任上海市市长期间还参加过党的十四届五中全会中通过的《中共中央关于制定国民经济和社会发展"九五"计划和2010年远景目标的建议》的起草工作。这里所列起草组名单，和后来通行的按职位高低排序的方法不同；当时起草组并没有明确而严格的排序，这是我根据手头保存下来的一份起草组名单写下的。没有列入这份名单但参加起草工作的，还有外贸部的年轻人张松涛，是李岚清推荐的。起草组集中在北京西郊玉泉山工作。5月31日，起草组开第一次全体会议。江泽民在会上讲话，就文件起草的意义、指导思想、主要内容和需要着重回答的问题，提出许多原则性的意见。温家宝同志对起草工作提出要求，强调《决定》在如何建立社会主义市场经济体制上，要比党的十四大前进一步，在推进改革的政策措施上要有突破，长远目标要明确，起步要扎实。

起草组于5月31日下午、6月1日和6月2日全天，结合经济改革和发展实际，就文件内容和框架进行了两天半的讨论。大家一致拥护中央的决定，都感到责任重大，也知道难度不小。要把党的十四大确定的改革目标具体化，勾画出社会主义市场经济体制的基本框架，绝不是轻而易举的事。为了准确把握现阶段中国经济改革的目标和进程，起草组明确提出，起草工作要力求做到：既要大胆解放思想，又要坚持实事求是，从我国国情出发；既要有一个比较完整的总体设想，又要紧紧抓住当前改革和发展中的突出矛盾和问题重点突破；既要体现市场经济的一般规律，吸收和借鉴国外成功经验，又要体现社会主义制度的本质特征，总结我们自己的实践经验；既要反映抓住时机、加快建立新体制的紧迫性，又要考虑到建立和完善新体制需要一个发展过程，注意到它的渐进性；既要有一定的思想高度，又要能指导实际工作，便于操作。应该说，这是很高的要求。后来5个多月的起草工作，大家都是努力按这样的要求做的。

经过两天半的讨论，初步确定了文件的框架和写法。共分10个大的部分，每个部分写若干条。这个大的框架，后来一直没有改变过。至于每个部分写多少条，以及每一条的具体内容，是在起草过程中逐步形成的。采取这样的构架和写法，是考虑到，社会主义市场经济体制是个复杂的系统，文件涉及面很广，头绪纷繁，这样做便于剪除枝蔓，勾画出一个比较清晰的轮廓，突出每一条的"干货"。此前和此后的一些中央全会决议，都采用过这种表达形式。

起草工作的程序，是按照大的框架设计，分成若干小组，分工负责；每个部分写哪几条，以及每一条的具体内容，先由各小组根据全体会议讨论的意向提出初稿。我和陆百甫、李剑阁是综合组，负责第一部分和最后一部分。各小组写出初稿后，由王维澄同志主持，进行初步综合并统稿，然后提交起草组全体会议讨论修改。参加综合和统稿的是我和桂世镛、刘国光、王仕元、陆百甫、李剑阁。全体会议的讨论修改，都是温家宝主持的。

起草工作的进度要求，是按照党的十四届三中全会召开的时间倒推确定的。6月10日以前分组写出详细提纲，11日至12日对提纲进行综合，14日至15日讨论提纲。一直到下发征求意见，每一步都有明确的时间要求，都是很紧迫的。经过半个多月紧张的工作，我们拟定了《决定》的提纲，报请中央财经领导小组审议，我根据起草组的安排起草了关于提纲的说明。6月26日，江泽民同志主持中央财经领导小组会议讨论《决定》提纲，王维澄和我列席，他做关于提纲的说明，我宣读提纲。《决定》提纲分10个部分，共50条，9000多字。关于《决定》提纲的说明兼具汇报和请示的性质。关于文件的时限，在提纲的说明中提出，按照党的十四大确定的改革目标，要着重解决在20世纪末初步建成社会主义市场经济体制的问题。虽然也需要有长远考虑,但着重点是初步建立新体制,时间是 20 世纪最后 7 年。这一点得到认可。为了在文件起草过程中少走弯路,避免大的反复,希望中央财经领导小组讨论决定:文件大的框架,写这么 10 个部分行不行?这 10 个部分所列的基本观点行不行?最后这两个问题得到肯定的答复。关于提纲的说明中还提出,起草组在提纲讨论过程中遇到不少理论、体制和政策问题,多数是文件难以回避的,需要继续深入研究,也希望听听领导同志的意见。例如:(1)国有企业或国有资产的产权关系,可不可以划分为企业的法人所有权和国家的终极所有权?国有企业或国有资产可不可以实行分级所有,例如属于中央的和属于省/市的?(2)国有企业实行股份制是改革方向,要不要规定实施步骤?要不要明确规定承包制改为利税分流以及改革的时间表?(3)企业改组为公司制,设立股东会、董事会、监事会,实行经理负责制后,企业党委和职工代表大会、工会的地位和作用如何规定?(4)发展资本市场和劳动力市场,必然得出劳动力是商品的结论,可不可以这样提?(5)财政体制改革要不要明确规定,财政包干制改为分税制,并且定出明确的时间表?(6)金融体制改革要不要明确规定中国人民银行的分支机构按经济区设置,取消省及省以下人行设置,并且把专业银行改为商业银行的实施步骤?(7)如何按照社会主义市场经济的要求构建新的宏观调控体系?计划、财政、金融这几个宏观调控手段和综合经济部门的关系如何规定?国家计划的职能怎样具体规定?(8)中央和地方的经济管理权限如何具体界定?(9)根据形成平等的市场竞争的需要,可否提"改变按所有制性质制定经济政策和法律、法规的状况,对多种所有制经济一视同仁"?这要求取消按经济成分确定的各种优惠政策,现在是否能够做到？（10）对于多种经济成分和市场竞争中产生的收入分配悬殊及亿万富翁的问题如何加以解决？单靠税收能否解决这个问题？（11）要不要专写一条政治体制改革？这些问题只是列举，实际上《决定》提纲讨论中所涉及的问题绝不仅是这些。这里所列举的问题，有些起草组已经有倾向性意见，有些是起草组觉得还把握不准，都希望领导同志给予指示。中央财经领导小组会议原则同意《决定》提纲，对于起草组提出的问题，有些给予了肯定性答复，更多的是要继续研究而后定。在文件起草早期召开的这次中央财经领导小组会议非常重要，提纲获得认可，文件的基本面貌大体就定下来了。以后虽有不断补充和修改，但基本思路和大的框架没有变过，这使文件起草省力不少。

从6月下旬开始，起草组用2个多月时间，根据提纲写出《决定》初稿，并反复进行讨论修改，先后完成了第一稿、第二稿和第三稿，于9月9日将第三稿提交中央政治局常委会审议。根据中央政治局常委会讨论的意见，9月20日，修改后提交中央政治局会议审议。根据中央政治局讨论意见又做了修改，形成征求意见稿，于9月底下发全国各省、自治区、直辖市以及中央和国务院各部门、军队各大单位征求意见。中共第十四届中央委员和候补委员，中央党、政、军各部门负责同志，各省、自治区、直辖市和各大军区的党委负责同志，都参加了对《决定》征求意见稿的讨论，并向中央写出报告。总共收到138份报告和修改意见，包括30个省、自治区、直辖市，92个部门和16位老同志的。这些报告和修改意见，都转到文件起草组认真阅读和研究。各方面对《决定》征求意见稿给予充分肯定，也以极其认真负责的精神，对稿子大到框架结构、内容表述，小到遣词造句和标点符号，总共提出1050多条修改意见。与此同时，10月中旬中央政治局常委会先后召开党内老同志、各民主党派和工商联负责人以及无党派知名人士、经济理论界专家学者共三个座谈会，通报情况并征求对《决定》的意见。还听取了正在中央党校学习的省部级领导干部的意见。之后起草组集中6天时间，认真研究各方面提出的意见，对征求意见稿做了270多处修改。在此期间，我根据起草组的安排，起草了江泽民在党的十四届三中全会上的讲话稿。

《决定》提纲是10个部分，共50条。后来10个部分一直没变过，但9月9日提交中央政治局常委会讨论的稿子是56条，9月20日提交中央政治局讨论的稿子是54条。经过反复修改补充和整理归纳，9月底下发的《决定》征求意见稿，和提纲的构架一样，除开头和结束语各一段简短的文字外，分10个部分，共50条。第一部分是总论，讲我国经济体制改革面临的新形势和新任务，对社会主义市场经济体制勾画了一个基本框架，指出推进改革需要注意把握的要点，这些要点实际上也是对以往改革经验的总结。从第二部分到第五部分，可以说是分论，分别讲建立现代企业制度、培育和发展市场体系、建立健全宏观经济调控体系、建立合理的个人收入分配和社会保障制度，阐述社会主义市场经济体制基本框架的几个主要方面。第六部分到第九部分，是4个专题，分别讲农村经济体制改革、对外经济体制改革、科技体制和教育体制改革，以及加强法律制度建设。最后一部分，讲加强和改善党的领导的问题，这是建立社会主义市场经济体制的政治保证。这样10个部分，构成建立社会主义市场经济体制的总体蓝图。

从全国范围征求意见的情况来看，各方面都认为这份稿子在理论和政策上有突破，思想性和指导性都比较强。综合各方面的积极评价，主要是以下四点。

一是把党的十四大提出的建立社会主义市场经济体制目标具体化和系统化，是继续深化改革的纲领性文件；二是总结了我国改革开放的基本经验并借鉴市场经济发达国家的有益经验，回答了改革实践中提出的许多重大问题；三是完整阐述了社会主义市场经济体制的主要内容和相互关系，指明了企业改革的方向，对转变政府职能和建立宏观调控体系做出了明确部署，特别是明确了财政体制和金融体制改革的方向；四是强调了建立社会主义市场经济体制要解决许多极其复杂的问题，提出了积极而又稳妥地全面推进改革的方针。这些认识，今天都已经成为常识，但在当时是来之不易的。回想在1992年邓小平南方谈话和党的十四大以前，人们对市场经济还知之甚少，要不要搞市场经济还有争论，过了1年时间，对建立社会主义市场经济体制就有这么广泛的共识，这是多么大的变化啊！

在征求意见过程中，也有一些单位和个人反映：稿子在有些方面理论高度不够、新意不多；涉及面宽但有的部分内容不够充实；有的规定比较有原则性，操作性不够强。这些意见我们在修改过程中都认真考虑了。也有人认为，后5个部分突破不多，建议把第六部分到第九部分合并成一个部分。这个意见未被采纳，因为，虽然这几个领域一些带共性的问题在前5个部分已经讲了，但还有不少特殊性问题是前5个部分无法概括的，有必要单列出来。而且，讲建立社会主义市场经济体制，没有这几个部分是不完整的。何况，这几个部分也有不少新意。

11月3日，中央政治局常委会听取起草组关于各方面对《决定》征求意见稿的意见和修改情况的汇报，并进行讨论。这次会议还讨论通过江泽民同志在党的十四届三中全会上的讲话稿。起草组根据中央政治局常委会讨论的意见对《决定》征求意见稿做了修改。11月6日，中央政治局会议对这一修改稿进行讨论，原则同意并决定修改后提交党的十四届三中全会。算起来，提交全会讨论的《决定》草案，是第八稿。当时起草组有同志开玩笑说，七搞（稿）八搞（稿），总算搞出来了。至于在起草组工作过程中，反复研究讨论、字斟句酌，究竟有多少稿，那就无法统计了。

党的十四届三中全会是1993年11月11日至14日举行的。我作为中央候补委员出席了这次全会。我参加了两个半天的小组讨论，其余时间是参加起草组的工作。在全会期间，起草组根据分组讨论的意见又对《决定》草案做了近百处修改。如果考虑到在征求意见的过程中，中央委员和候补委员已经在自己所在的地区或部门发表过意见，许多意见已经被提交全会的《决定》草案所吸收的话，近百处修改还是不算少的。经这样的修改后，又将改样返还各组讨论，根据讨论意见又做了少量修改，经中央政治局决定，提交全会表决。全会表决是全票通过，全场响起热烈掌声。11月14日当天播发全会公报，11月17日《决定》全文公开发表。

通过《决定》的党的十四届三中全会全体会议是在人民大会堂举行的，全会闭幕后中央政治局常委和起草组同志合影留念，并对大家的工作表示肯定和感谢。起草组全体同志也合影留念。我保存着这两张照片，成为珍贵的纪念。

全会闭幕后，全国掀起学习和贯彻《决定》精神的热潮。根据中宣部的安排，1993年12月25日，我在由中宣部、中央直属机关工委、中央国家机关工委、解放军总政治部和中共北京市委联合举办的报告会上做报告，讲《决定》的起草经过和重要贡献。新华社当天发了消息，次日各大报都做了报道。《人民日报》的标题是《王梦奎在中宣部等举办的报告会谈学习〈决定〉体会——实现现代化有赖于两个根本性转变》，这里所说的两个根本性转变，是指我在报告里强调的经济体制和经济增长方式的根本性转变。《光明日报》的标题是《王梦奎谈〈决定〉理论上的重大发展》。我还应邀在全国政协、中央党校、原中国人民解放军总参谋部、国防大学、军事科学院和北京市委等单位做过关于《决定》的报告，总共有10多场。

党的十四届三中全会的《决定》，是对社会主义市场经济理论和实践的重大贡献，从而也丰富了中国特色社会主义理论。在我个人参加《决定》起草工作过程中，印象最深刻、至今还能清楚记忆的是以下几点：一是关于社会主义市场经济体制的基本框架。党的十四大确立了社会主义市场经济体制的改革目标，并且强调两点：其一，"社会主义市场经济体制是同社会主义基本制度结合在一起的"；其二，"建立社会主义市场经济体制，就是要使市场在国家宏观调控下对资源配置起基础性作用"。《决定》的起草，一开始就是以这两个基本论断为指导来设计各个方面的改革方向和措施的。9月9日，中央政治局常委会讨论《决定》第三稿时，提出需要提纲挈领，勾画出社会主义市场经济体制的基本框架，使人能够一目了然。我和陆百甫、李剑阁经过反复推敲琢磨，拟了一份初稿，写在提交9月20日中央政治局会议讨论并原则通过的稿子中，成为《决定》第（2）条所概括的社会主义市场经济体制的基本框架。这个基本框架，是在坚持以公有制为主体、多种经济成分共同发展的方针下，由现代企业制度、全国统一开放的市场体系、完善的宏观调控体系、合理的收入分配制度和多层次的社会保障制度，这么几个相互联系和相互制约的主要环节构成的有机整体。江泽民在党的十四届三中全会的讲话中说："这次全会决定所勾画的社会主义市场经济体制基本框架，虽然还需要在实践中接受检验和继续完善，但有了这个基本框架，可以增强我们对改革工作指导的预见性，使改革更加富有成效。"

二是关于现代企业制度。这个问题，《决定》开始起草时就提出来了，但直到提交党的十四届三中全会审议之前还在讨论和修改，三中全会上也进行了热烈的讨论。可以说，这是《决定》起草和征求意见的过程中，各方面讨论最多、起草组费功夫最大的问题。这也说明国有企业改革是经济体制改革的难点所在，但经过反复讨论还是达成了共识。《决定》第（4）条开宗明义地规定，"以公有制为主体的现代企业制度是社会主义市场经济体制的基础"，并且界定了现代企业制度的基本特征，明确指出进一步改革的要求。要点是明确产权关系，即企业中的国有资产所有权属于国家，企业拥有包括国家在内的出资者投资形成的全部法人财产权，成为享有民事权利、承担民事责任的法人实体。原先考虑，企业对国有资产是占有和使用，和归属意义上的所有权不同，所以一直到下发征求意见稿，用的都是"企业法人财产支配权"的提法。在讨论和征求意见的过程中，国家体改委等单位认为这个概念表述不清，而"法人财产权"有比较科学的界定，与国家所有权有严格区别；采用"法人财产权"的概念，既与现行的《中华人民共和国企业法》和《全民所有制工业国有企业转换经营机制条例》所规定的企业经营权相衔接，又可以充实企业经营权的内容，有利于企业成为自主经营、自负盈亏的法人，符合建立现代企业制度的要求。这些意见受到江泽民和其他中央领导同志的重视，江泽民在国家体改委副主任洪虎关于这个问题的意见上批示:"言之有理有据,值得我们再研究一下。"起草组经过认真讨论,并于11月3日向中央政治局常委会请示,中央政治局常委会经讨论采纳了"法人财产权"的提法。这对之后的企业改革起了积极作用。

三是关于市场体系建设。《决定》第三部分讲市场体系建设,根据当时经济体制中存在的突出矛盾和问题,强调"当前要着重发展生产要素市场""尽快取消生产资料价格双轨制"。关于生产要素市场,《决定》强调:"当前培育市场体系的着重点是,发展金融市场、劳动力市场、房地产市场、技术市场和信息市场等。"这里,经过很多次讨论才确定下来的,是关于"劳动力市场"的提法。从党的十二届三中全会的《中共中央关于经济体制改革的决定》、党的十三大直到党的十四大,正式文件使用的都是"劳务市场"的概念。从理论上说,这个问题应该是很清楚的,劳动者出卖的只能是劳动力而不是劳动或者劳务,因为劳动或者劳务是在劳动者和雇佣者交易行为发生后才进行的,这一点马克思在《资本论》中有精辟的分析。单纯公有制和计划经济条件下自不必说,经济改革和发展市场经济以后之所以回避"劳动力市场"的提法,顾忌的是,说劳动力是商品,和工人阶级的主人翁地位相矛盾,担心引起政治上的不良影响。在讨论和征求意见的过程中,国家计委、国家体改委和劳动部等部门和其他一些同志建议,把"劳动就业市场"改为"劳动力市场",认为这是生产要素市场不可缺少的组成部分。根据起草组分工,高尚全、张卓元、郑新立同志是负责起草"培育和发展市场体系"这一部分的,高尚全同志就这个问题写了一份报告,江泽民把这份报告批印给中央政治局常委各同志。在11月3日中央政治局常委会讨论时,起草组也请示了关于"劳动力市场"的提法。经过中央政治局常委会讨论，决定采纳这个提法。这表现了理论上的彻底性。

四是关于宏观调控。《决定》明确规定要建立健全宏观调控体系，加强对经济运行的综合协调。中央领导同志在讨论《决定》稿时多次强调加强和改善宏观调控的重要性，说没有制动器的汽车是不能开的。《决定》征求意见的一个突出贡献，是关于财税体制和金融体制改革的规定。财税体制，主要是从财政包干制改为中央和地方分税制。金融体制，主要是加强中央银行的职能，实行政策性银行和商业性银行分开，以及汇率并轨。我国政府肩负着重大的经济和社会责任，而当时由于多年实行权力下放和财政包干制度，财政收入占国内生产总值的比重降到20%以下，中央财政占国家全部财政收入的比重降到40%以下，在世界上都是比较低的，已经影响到政府宏观调控职责的履行。金融秩序的混乱助长了通货膨胀，已经危及经济的健康发展。实行分税制和金融体制改革，都涉及中央和地方的关系。在《决定》征求意见的过程中，有十几个省、自治区、直辖市提出，要给省一级宏观调控权。这个意见没有被采纳，因为宏观调控有特定的含义，是指通过调控达到经济总量的平衡，宏观调控权，包括货币的发行、基准利率的确定、汇率的调节和重要税种税率的设置和调整等，必须集中在中央政府，不能实行中央和省、区、市两级调控。当然，我们国家大，人口多，地区发展不平衡，中央和地方的关系从来都是国家政治和经济发展中的重要问题，在社会主义市场经济体制下更需要合理划分中央和地方权限，赋予省、自治区和直辖市政府必要的经济管理权力。《决定》在关于建立健全宏观调控体系部分，有一条是专讲发挥中央和地方两个积极性的。当时实行分税制，中央财政收入比重分几年逐步提高到57%左右，是国务院同各省、自治区、直辖市反复磋商才确定下来的。这样大的利益关系调整，虽然在有些地方经过激烈的争论和艰苦的"谈判"，但这些地方终究还是服从了中央的决定，后来改革方案的实施也比较顺利，说明地方是顾全大局的，也说明中央领导是强有力的。

《决定》的起草工作，是和深入的调查研究结合进行的。在成立起草组的同时，中央财经领导小组办公室就改革中的重大问题，组织有中央和国务院有关部委参加的16个专题调研组，分别就关于建立社会主义市场经济体制的指导思想和目标、现代企业制度、中央和地方的关系、所有制和国有资产管理、市场体系和运行机制、投资体制、财税体制、金融体制、价格改革、社会分配制度、社会保障体系、农村改革、科技和教育改革、对外经济体制，以及法制建设等重大问题，进行调研。调研组由有关部委牵头，各组都由一名副部长亲自抓，总共有300多人参加。从6月下旬到8月上旬，起草组多次和调研组一起研究讨论专题调研问题，听取调研组介绍情况，交换意见。这些会我全部参加了，总的印象是：综合部门，像财政和金融，讲得深些；专业部门往往反映本部门的诉求和部门间的矛盾，但也提供了不少鲜活具体的情况和分析，对起草工作很有好处。这些专题调研为起草组提供了丰富的背景材料，许多好的意见被《决定》征求意见稿吸收了。此后多次起草中央重要文件，包括党的全国代表大会报告和中央全会的重要决定，都会组织专题调研，形成一个好的传统，对文件起草和科学决策有很大帮助。

《决定》的起草工作，是和党中央、国务院推进改革的重大决策同步进行的。党中央、国务院根据党的十四大精神，针对当时存在的货币投放过多和金融秩序混乱、投资需求和消费需求膨胀、财政困难、经济发展瓶颈制约强化,以及通货膨胀加速等急需解决的问题,于1993年6月24日印发《中共中央、国务院关于当前经济情况和加强宏观调控的意见》,采取16条重大措施。中央在采取这些措施的时候,强调要着眼于加快改革步伐,从加快新旧体制转换中找出路,把改进和加强宏观调控、解决经济中的突出问题,变成加快改革、建立社会主义市场经济体制的动力。中央的果断决策对于发展和改革起了重要作用。财税体制、金融体制、外贸体制和国有资产管理体制等方面的改革方案的研究与制订,是和《决定》起草同时进行的,其成果都被及时地吸收到《决定》征求意见稿里,充实了《决定》内容。党的十四届三中全会闭幕之后,国务院立即于11月27日召开全体会议,讨论贯彻落实《决定》精神。我在会上就李鹏同志在即将召开的全国经济工作会议上的报告起草情况做了说明。12月1日,全国经济工作会议召开,李鹏同志在报告中就1994年的经济发展和改革做出全面部署。国务院在很短的时间内,于1993年12月15日、12月25日和1994年1月11日,分别发布《国务院关于实行分税制财政管理体制的决定》《国务院关于金融体制改革的决定》和《关于进一步深化对外贸易体制改革的决定》。这些重要的改革方案,是党的十四大以来一年多实际工作的成果。改革方案的研究,许多是朱镕基亲自主持的。《决定》所规定的改革措施,有不少实际上是对酝酿得比较成熟的方案的确认,这使《决定》多有新意并且能够对推进改革发挥实际作用。我当时参加了党中央和国务院许多这方面的会议,知道改革的紧迫性和工作的艰巨性,也看到党中央和国务院推进改革的决心和魄力之大。像财税体制和金融体制改革这样大的利益关系调整,绝不是几个起草文件的人能够做到的;即使设计了方案,如果没有党中央和国务院的有力领导，改革也是难以推行的。

在文件起草过程中，我列席了中央财经领导小组、中央政治局常委会和中央政治局讨论《决定》提纲和《决定》征求意见稿的多次会议，深感中央不仅高度重视，而且对实际情况和改革所面临的困难有清楚的了解。讨论都是不尚空谈而很务实际的。来自各方面的不同意见能够得到反映，一时难以决定的问题容待继续研究后再做讨论，文件起草过程也是不断集中正确意见和统一思想认识的过程。中央领导同志对于文件起草的难处有深切理解，所以多有体谅且并不苛责。起草组同志都有高度责任感，工作是严肃认真的，内部讨论是各抒己见和畅所欲言的。这些都营造了很好的工作氛围，使每个人在起草工作中都能发挥聪明才智，并且在起草工作中得到锻炼和提高。

口述资料

高尚全：完善社会主义市场经济体制[①]

党的十六届三中全会通过的《中共中央关于完善社会主义市场经济体制若干问题的决定》（以下简称《决定》）是中央关于经济体制改革的第三份文件。这份文件全面总结了我们国家20多年来改革开放的经验，提出了完善社会主义市场经济体制的目标和任务，明确了强化经济体制改革的指导思想和原则，对我国经济体制改革做出了全面部署，是一份深化改革的纲领性文件。

当时的背景是什么呢？社会主义市场经济体制初步建立以来，我们国家经济社会取得了很大发展。同时，在对外开放方面，我们加入世贸组织也取得了很大的成就。所以很多人觉得我们国家的改革搞得差不多了。但实际上，我们面临如何进一步完善经济体制的问题。2003年，我国的人均GDP首次突破1000美元的大关，在这样的形势下，我国整个经济社会呈现出几种特征：

第一，从发展阶段看，整个经济体正处在工业化、城镇化加速发展的重要时期，正处在从传统农业社会向现代工业社会转变的关键时期；从经济体制来看，我国正处在从计划经济体制向社会主义市场经济体制转变的关键时期，社会主义市场经济体制初步建立，但彻底消除计划经济体制的弊端、进一步完善社会主义市场经济体制的任务仍然十分艰巨。

第二，随着经济结构的深刻变化，城乡之间、地区之间、产业之间以及占有不同资源的群体之间的收入差距在拉大。

[①] 根据高尚全相关著作整理编写。

第三，社会需求升级并且越来越多样化。

第四，经济体制改革引发社会利益分化，多元化的利益主体正在形成。《决定》的起草始终在中央政治局常委会的直接领导下进行，文件起草前，胡锦涛分别在北京、广东、四川、天津、湖南、江西等地调研。吴邦国、温家宝、贾庆林、曾庆红、吴官正、李长春、罗干等中央政治局常委，也分赴全国各地，进行调查研究，对文件的形成做出贡献。在文件起草过程中，胡锦涛多次对《决定》的总体思路、基本框架、重点要点等做出指示，"牢固树立科学的发展观"这个重要思想成为起草工作的重要指导原则。

起草组是 2003 年 4 月 18 日成立的，《决定》起草工作大概用了半年，在起草过程中，起草组经过了很多次的讨论和反复研究，同时广泛征求各方面的意见和建议。根据中央政治局会议决定，8 月 18 日，《决定》征求意见稿下发给中央党政军机关和地方 100 多个单位，广泛征求意见。8 月 26 日，胡锦涛主持召开党外人士座谈会，听取各民主党派中央、全国工商联领导人和无党派人士的意见和建议。

几天之后，温家宝在国务院召开了经济专家座谈会。与此同时，起草组还邀请专家、学者、企业负责人举行了 10 多场座谈会。20 多个部委围绕产权制度、国有资产管理监督、农村土地制度、社会信用体系等问题，展开历时 2 个月的专题调研，形成一批极具参考价值的专题报告。到了 9 月初的时候，起草组共收到各类意见、建议 1700 多条。

在起草《决定》过程中，我主要系统地讲了三条建议：改革无止境，完善无止境。据我所知，过去没有人提过这个说法。我为什么提呢？主要有两个原因：首先从理论上讲，生产力和生产关系这个矛盾是不可能解决的，是长期存在的。经济基础和上层建筑这个矛盾，也是长期存在的。有问题就需要不断地解决，这样才能促进经济的发展，所以改革是需要不断完善的，是没有止境的。其次，从实践上讲，一些发达国家的市场经济，搞了那么长时间，照样没办法避免这样那样的问题。例如，美国发生的"安然事件"，就暴露了体制上的不完善，所以是不可能完全完善的。总之，不断产生问题，就需要不断地解决问题，要通过改革来解决这个问题，不断地解决问题才能不断地前进。所以改革是无止境的。

第二，提出对社会主义市场经济的相关理解。原来对社会主义市场经济有一个定义：建立社会主义市场经济体制，就是在国家宏观调控下使市场发挥基础性的作用，党的十四届三中全会就是这么表述的。再往前，党的十四大提出来，社会主义市场经济体制就是在社会主义国家宏观调控下，使市场发挥基础性的作用。在党的十四大文件里多了几个"社会主义国家"，我说国家当然是社会主义国家了，所以用不着每句话都加"社会主义"，所以到了党的十六届三中全会的时候没有提"社会主义国家"，只提"在国家宏观调控下"。然后，我不赞成原来的定义：首先，"在国家宏观调控下"，好像是要表达国家宏观调控是前提条件，要发挥市场调节作用，需要先让国家宏观调控一下，那市场作用该怎么发挥呢？应当是国家宏观调控作为主要内容，而不是前提条件。其次，配置资源的主体是市场，而不是政府。

第三我说，什么叫"宏观调控"？就是间接调控，就是国家运用财政政策、货币政策、经济手段、法律手段和必要的行政手段，而不是主要用行政手段。另外，谁来宏观调控？国务院说我代表国家，到了地方它说我要进行宏观调控，都要争这个调控权，实际上，这个宏观调控变成计划经济的翻版了，成行政手段了，行着宏观调控的名义，实际上是计划手段的实质，那怎么行？

10月11日，党的十六届三中全会召开。从11日到14日，全会安排了3个半天，对《决定》讨论稿进行讨论。出席全会的中央委员、候补委员和列席会议的有关同志提出的意见和建议，涉及粮食生产、扶贫开发、安全生产、科技教育等很多个方面。起草组也吸收一些好的建议对《决定》讨论稿进行了认真修改。10月11日晚，胡锦涛主持召开中央政治局常委会会议，起草组根据修改意见，连夜对《决定》讨论稿做了24处修改。12日晚和13日下午，起草组连续召开全体会议，对讨论稿做进一步修改。14日上午，根据当天上午全会讨论情况，起草组对讨论稿又进行了一次修改。14日下午3点钟，《决定》获得全会的一致通过。

总的来说，《决定》有几个创新点：第一，提出了大力发展混合所有制经济，实现投资主体多元化，使股份制成为公有制的主要实现形式。

第二，要完善国有资本有进有退、合理流动的机制，进一步推动国有资本更多地投向关系国家安全和国民经济命脉的重要行业和关键领域。

第三，提出大力发展和引导非公有制经济。非公有制经济是促进我国社会生产力发展的重要力量。原来在"重要力量"后面还有"和生力军"四个字，后来我提出有"重要力量"就行了，"和生力军"可以不写，因为有些领域非公有制经济已经成了主力军，例如就业问题，4/5是靠非公有制经济解决的。最后就把"和生力军"删去了。

第四，提出产权是所有制的核心和主要内容，建立归属清晰、权责明确、保护严格、流转顺畅的现代产权制度。

口述资料

彭　森：中国改革开放 40 年的回顾与总结[①]

2018 年是改革开放 40 周年。习近平总书记在新年贺词中宣布，2018 年将隆重举办改革 40 周年的一系列纪念活动，将改革进行到底。中国改革是一场涉及 13 亿人前途命运的深刻革命和伟大实践。正是 40 年的改革开放，让中国实现了从站起来、富起来到强起来的伟大飞跃。40 年来，改革者始终站在时代前线，栉风沐雨，砥砺前行。新时代继续进行这场伟大革命，开启全面深化改革新征程，推动改革领域更广、改革举措更多、改革力度更强，才能决胜全面建成小康社会，夺取新时代中国特色社会主义新的胜利。为此，我们一定要总结好改革 40 年尤其是党的十八大以来形成的改革经验。

一、关于中国改革开放 40 年的阶段划分

改革开放阶段的划分采用不同的标准会产生不同的结论，但都需要遵循一个共同的原则，就是选择党的某一次全会所做的重要决定作为标志。总体来看，过去 40 年我国改革开放可以分为五个阶段。

一是中国改革起步、探索阶段（1978 年 12 月—1984 年 10 月）。1978 年 12 月召开的党的十一届三中全会，开始全面拨乱反正，做出把党和国家中心工作转移到经济建设上来的历史性决策。特别是提出"解放思想，实事求是，团结一致向前看"的思想路线，吹响了改革开放的号角，所以以此作为改革的开始点。这个阶

[①] 中国经济体制改革研究会，《见证重大改革决策——改革亲历者口述历史》，北京：社会科学文献出版社，2018 年版，第 1—11 页。

段改革的重点在农村，废除人民公社制度，推行联产承包责任制，极大地调动了农民的积极性。城市改革则主要是在一些国企进行承包制试点。对外开放从 1979 年批准设立 4 个特区，到 1984 年扩大至 14 个沿海城市。

二是改革开放的整体推进阶段（1984 年 10 月—1992 年 10 月）。1984 年 10 月召开的党的十二届三中全会，通过了《中共中央关于经济体制改革的决定》，标志着改革开始由农村转向城市和整个经济领域，1985 年中央还发布了教育、科技改革的有关决定。因此，习惯上以此作为第二阶段的开始，由探索试验转向整体推进阶段。党的十二届三中全会确立了改革的方向、性质、任务和各项基本方针政策，特别是第一次明确提出中国的社会主义经济不是计划经济，而是以公有制为基础的有计划的商品经济。这是一项重大的理论突破，是对马克思主义政治经济学的重大发展。

三是初步建立社会主义市场经济阶段（1992 年 10 月—2002 年 11 月）。标志性事件是 1992 年春天邓小平同志南方谈话，再一次掀起进一步解放思想、扩大改革开放的浪潮。1992 年秋召开的十四大，明确提出建立社会主义市场经济的改革目标。1993 年 11 月召开的十四届三中全会，通过了《中共中央关于建立社会主义市场经济体制若干问题的决定》，内容包括 10 个部分、50 条，全面确立了 20 世纪 90 年代改革的目标和各项任务，提出 20 世纪末初步建立社会主义市场经济体制的重大目标。这个时期的改革重视总体规划，提出"四梁八柱"的基本任务框架。在这一时期，以公有制为主体、多种所有制共同发展的所有制结构逐步建立；国企改革从放权让利承包转向经营机制转换，探索建立现代企业制度；取消生产资料价格双轨制，推进生产要素市场体系建设；建立分税制为重点的财税体制；推动金融外汇、涉外体制改革；成功加入世贸组织，等等。其间，1997年召开的十五大，改革理论有了新突破，包括：社会主义初级阶段理论，基本经济制度理论（公有制的有效实现形式），政治体制改革，民主、自由、人权第一次写入宪法，依法治国迈开新的步伐。

四是社会主义市场经济的完善、调整阶段（2002年11月—2012年11月）。改革的第三阶段一般不以2000年为结束标志，而是以2002年11月党的十六大新一届国家领导集体产生为标志。2003年10月党的十六届三中全会通过了《完善社会主义市场经济若干问题的决定》，首次正式宣布社会主义市场经济体制初步建立；提出"五个统筹发展"，股份制是公有制有效实现形式；提出建立现代产权制度，发展混合所有制经济；提出更大程度发挥市场在资源配置中的基础性作用；提出"以人为本"，"树立全面、协调、可持续的发展观"，"促进经济社会和人的全面发展"等，为党的十七大提出科学发展观、党的十八大强调改革的价值取向和发挥市场在资源配置中的决定性作用奠定了基础。其后召开的十七届三中全会，通过了《关于推进农村改革发展若干重大问题的决定》。2002—2012年这十年不是改革的停滞期，而是改革的完善调整期。这十年先后出台很多文件：两个毫不动摇、非公经济依法平等使用生产要素、公平参与市场竞争、同等受法律保护；统一内外资企业税制；完成大型商业银行股份制改革；解决资本市场股权分置问题；取消农业税，全面放开粮食购销，实行最低收购价，推动农村土地确权登记颁证；推进城镇化进程取得重大进展。党的十七大报告指出："坚持解放思想、实事求是、与时俱进，勇于变革、勇于创新，永不僵化、永不停止，不为任何风险所惧，不被任何干扰所惑，使中国特色社会主义道路越走越宽广。"

五是统筹推进"五位一体"总体布局、全面深化改革阶段（2012年11月至2018年）。党的十八大以来，党中央高举改革开放旗帜，果断做出全面深化改革的重大战略决策，改革呈现全面发力、多点突破、纵向推进的崭新局面，改革系统性、整体性、协同性前所未有，改革的广度、深度、力度前所未有。全面深化改革成为当代中国最鲜明的特征，成为当代中国共产党人最鲜明的品格。

五个阶段的划分是在改革实践中形成的。在40周年时回顾总结，也可以进一步从理论角度归纳划分为三个阶段。第一阶段即在改革发展实践中重新认识计划经济、商品经济和市场经济，探索中国改革开放的方向和目标的阶段。这一阶段重要的理论成果，就是邓小平理论的创立，包括社会主义的本质、三个"有利于"、计划与市场的关系等。时间是从1978年至1992年，共14年。第二阶段即确立社会主义市场经济的目标模式，并以此全面推进、初步建立、调整完善社会主义市场经济的阶段。时间从1992年至2012年，共20年时间。第三阶段即新时期全面深化改革的阶段，从2012年开始，至今近6年时间。

中国改革是20世纪人类历史上最伟大的试验，是党领导下的第二次革命，也是党带领人民群众开启的新长征。中国改革以20世纪70年代为发端，开始的设想是进行8～10年，80年代后期搞"三五八"改革规划，也是寄希望再用5～8年时间完成改革任务。但是从1978年到1992年确立社会主义市场经济的目标模式就用了14年。改革发展历史和实践证明，发展无止境，改革亦无止境。改革与探索中国特色社会主义实践是相伴共生的，要一以贯之，坚持始终。

二、关于改革的主要领域和主体框架

对于改革的回顾和总结，还有一个维度，就是各个阶段改革的主要任务。这是一个横轴上表现的事件。按照这个思路回顾总结，首先要注意改革的推进方式是分为两类：问题导向和目标导向。改革初期各项改革任务都是按问题导向提出的，"不改革死路一条"，什么问题阻碍了发展就对什么领域进行改革。所以第一、第二阶段，农村改革、国企改革、价格改革都是按照这个原则提出来的。从20世纪80年代中后期起，改革开始重视总体规划，如1986年价税财联动改革，1987年"三五八"规划。但真正按照目标导向筹划改革是第三阶段，按照社会主义市场经济目标规划确定改革的重点任务。到20世纪90年代上半期，已形成"四梁八柱"的改革任务框架。1993年党的十四届三中全会对此有全面具体的阐述。形象地说，"四梁"是指农村改革、所有制改革（包括国企和民营经济的改革发展）、市场体系建设（包括价格改革和要素市场建设）、政府职能转变和机构改革。"八柱"是指宏观调控体系改革（财税、金融）、社会保障体制改革（收入分配、社会保障、医改、房改）、科技教育体制改革以及对外开放。如把开放单列出来，具体改革正好是8项。建立一个全新的社会主义市场经济制度，以上的改革缺一不可。从20世纪90年代中期开始，每年制定改革要点、改革中期规划基本是按这个框架来写的。不同的时期改革重点任务不同，多是按问题导向提出的，如20世纪70年代末农村改革、80年代国企改革和价格改革、90年代分税制改革、2000年加入世贸组织，以及2013年以后提出的供给侧结构性改革。但是目标导向的改革可能更重要。按照"木桶理论"，一些关键环节的改革过于滞后，就会成为体制性短板。如果不能根据目标导向的原则积极推进一些重点领域和关键环节改革的攻坚突破，就难以完成建立成熟完善的市场经济制度的目标。

新时代改革任务纷繁复杂，包括方方面面。党的十八届三中全会决定，围绕"完善和发展中国特色社会主义制度，推进国家治理能力和治理体系现代化"这一全面深化改革总目标，统筹推进经济、政治、文化、社会、生态文明体制改革。这个顶层设计包括60个改革方案、336条改革举措，过去5年得到很好的落实。党的十九大提出，要处理好全面深化改革和突出改革重点的关系，必须以重点改革突破带动面上改革。中央经济工作会议提出，经济体制改革必须以完善产权制度和要素市场化配置为重点，推进国企国资、垄断行业、产权保护、财政金融、社会保障等基础性关键性领域改革取得新突破，实现产权有效激励、要素自由流动、价格反应灵活、竞争公平有序、企业优胜劣汰。这抓住了当前改革的关键。产权制度是所有制的关键，要素配置方式是一个经济是否有效率、效益的核心。社会主义市场经济的本质就是先进的基本经济制度与最有效的资源配置方式的结合。

现代产权制度是市场经济体制的基石。归属清晰、权责明确、保护严格、流转顺畅是现代产权制度的基本特征。我们既要继续探索中国基本经济制度的实现形式，积极发展混合所有制经济，积极推动农村集体产权制度改革，真正落实支持非公经济的改革举措；又要努力完善产权的保护制度，加强对各类产权的司法保护，推动涉产权冤错案件甄别纠正工作尽快取得突破，以纠错的实际行动取信于民，在产权有效激励上实现突破。

要素市场化配置既是改革成败的关键，也是真假改革的试金石和分水岭。要素市场化改革的核心是坚决打破行政垄断和市场壁垄，建立要素自由流动、平等交换的现代市场体系，提高资源配置效率和公平。优化要素配置的关键驱动力是制度创新。乔布斯曾指出，市场竞争是创新发展的第一动力。创新不仅是指技术创新，更要重视体制机制创新。要坚定不移地推动一些标志性的市场化改革步伐，如落实好公平竞争审查制度、市场准入负面清单制度，查处滥用行政权力排除限制竞争行为，强化反垄断执法，建立统一规范、公平竞争的市场体系。通过制度创新将更多优质资源配置到有创新力和竞争力的产业和企业上，不断增强中国经济的创新力和竞争力。

三、关于 40 年改革开放的基本经验

关于中国改革的基本经验，在纪念改革开放 30 周年时，中央从理论方面总结过十条。作为改革的亲历者、见证者，我认为以下几条尤为重要。

一是坚持解放思想、实事求是的思想路线。解放思想是改革开放的前提条件，思想不解放，教条主义、经验主义横行，哪来的创新？哪来的改革？40 年来，每一次改革的深化、每一项重大改革方案的出台，首先是以解放思想为先导、为条件。改革时代之所以以 1978 年 12 月党的十一届三中全会为标志，不是这次会议正式确定改革方针，而是决定从思想上拨乱反正，纠正"文化大革命"的错误，批判"两个凡是"的错误方针，把党的中心工作转到现代化建设上来。1978 年 11 月 10 日召开了中央工作会议，主题原本是农业问题和后两年计划，一连开了 36 天，主题转到真理标准的讨论和历史重大问题评价，这才有了邓小平总结讲话，就是著名的"解放思想，实事求是，团结一致向前看"。这是开辟新的改革时代的宣言书。在解放思想的基础上，到 1979 年 4 月的中央工作会议才提出"调整、改革、整顿、提高"的八字方针。又经过农村家庭联产承包责任制的改革探索，1984 年十二届三中全会才做出了《中共中央关于经济体制改革的决定》，把改革的重心转到城市改革。

二是坚持发展是硬道理。改革的本质就是变革上层建筑和生产关系，解放和发展生产力。改革不是目的，改革只是工具，只是路径选择，改革是为发展服务的。改革初期，最大的阻力是姓"社"还是姓"资"的争论。邓小平提出"贫穷不是社会主义"、"不争论"、"发展是硬道理"、"不改革死路一条"。正是坚持了以经济建设为中心，一切改革的评价关键是看是否有利于解放和发展生产力，40 年改革开放才会克服和排除来自"左"的和右的各种干扰，取得举世瞩目的伟大成绩。农村改革是最突出的例子。新中国成立时，我国 5.4 亿人，粮产只有 1 亿多吨，人均 208 公斤；国民经济恢复后，到 1958 年公社化时，人口 6.6 亿人，粮产 2 亿吨；1978 年 9.6 亿人，粮产 3 亿吨；20 年仅增长 1 亿吨。包产到户后，到 1984 年 10.4 亿人，粮产 4 亿吨，人均 390 公斤；1996 年粮产 5 亿吨；2013 年 6 亿吨，人均 450 公斤，远超全球人均 320 公斤水平。中国解决各种问题的关键在于依靠自己的发展，而改革是发展的第一推动力。发展无止境，改革就无止境。当前中国进入新时代，面临新矛盾，开启新阶段，但改革是发展的根本动力这一论断没有变，坚持以经济建设为中心没有变，只是我们说的发展是高质量的发展，是以人民为中心的发展，这是我们必须坚持的新的发展理念。

三是坚持走渐进式改革的发展道路。中国作为一个具有 13 亿人口的发展中大国，各项改革必须从自己的国情出发，而绝不可能照搬任何外来的模式。改革初期，邓小平同志提出"摸着石头过河"，重大改革要先行试点，总结经验，逐步推开，这种渐进式改革之路也成为中国改革的最为人称道的基本经验。渐进式改革的关键在于重视调动地方、企业和群众的积极性，尊重和保护改革的首创精神，支持和保护广大干部群众满腔热情地投身到改革事业，鼓励和保护理论工作者对改革理论和实践的总结，也支持和保护企业家等新的社会阶层发挥中国特色社会主义建设者的作用。这方面最典型的例子是价格改革。改革初期，100%生产资料、90%生活资料价格是政府定价。那时上调肉蛋禽价格需要国务院常务会决定，职工工资调5元还是4.5元争论很久。1986年国家统一定价的商品由113种减到25种，农副产品的65%、工业消费品的55%是浮动价或市场定价。1986年、1987年拟放开生产资料价格，搞价税财联动方案，但考虑到诸多风险，方案没出台。1988年搞价格闯关，放开肉禽蛋价格，但遭遇到严重通胀的冲击。因此，双轨制一直延续到90年代中期，粮食价格1993年才全面放开，走了一条双轨并存、调放结合、以放为主的渐进路子。实践证明，渐进式改革是中国的哲学、中国的智慧，证明了人民才是创造历史的主人。即使在全面深化改革的今天，许多改革如自贸区、准入前国民待遇加负面清单、农村土地"三权分置"改革等还是要先行试点，取得经验，才能全面推开。

四是坚持市场化的改革方向。40年来，中国改革的核心问题一直是计划与市场（政府与市场）的关系问题。邓小平1980年会见外宾时提过计划调节和市场调节相结合，1983年收入《邓小平文选》时也改为"在计划指导下发挥市场调节的作用"。因此，从高度集中的计划经济到有计划的商品经济，再到社会主义市场经济，改革目标模式的变化，反映了思想解放的过程，也是"三个有利于"标准检验后的结果，更是人民在改革实践探索中达成的共识和正确选择。实践证明，市场经济是最有效的资源配置方式，只有充分发挥市场在资源配置中的决定性作用，才能让一切劳动、资本、技术、管理的活力竞相迸发，才能让一切创造社会财富的源泉竞相涌流。

中国改革的基本经验还有很多，例如正确处理发展、改革、稳定的关系，正确处理改革和对外开放的关系，正确处理改革和法治的关系，正确处理经济改革和政治改革的关系，等等。最后还要强调的是，中国改革基本经验中最重要的一条是坚持党的领导。40年来所有重要的改革都是在党的会议上做出的。中国共产党领导是中国特色社会主义最本质的特征，也是中国改革最本质的特征和最基本的经验。

40年的改革实践创造了很多经验，这些经验代表着中国改革智慧，是中国特色社会主义政治经济学。在全面深化改革的今天，这些经验仍然散发着真理的光辉。近期，习近平总书记特别指出，全面深化改革已经进入高峰期，必须增强改革的系统性、整体性、协同性，多推有利于增添发展动力的改革，多推有利于促进社会公平正义的改革，多推有利于增强人民群众获得感的改革，多推有利于调动广大干部积极性的改革。这四个有利于实际上也是40年改革积累的宝贵经验。改革实践也证明了一个颠扑不破的真理：只有改革开放才能发展中国、发展社会主义、发展马克思主义，改革开放是当代中国发展进步的必由之路，是实现中国梦的必由之路。

四、关于党的十八大以来全面深化改革的新突破

全面深化改革是党在新时期带领全国各族人民进行的新的伟大革命，也是当代中国最鲜明的时代特征。新时期改革主要有以下几个特点。

一是改革的理论和方针有了新的突破，形成了一批新的理论成果。党的十八大、十八届三中全会进一步展示了坚持社会主义市场经济改革的立场和决心，强调了改革的地位和意义，专门提出改革开放是决定中国命运的关键一招，也是实现两个百年奋斗目标的关键一招；改革开放只有进行时没有完成时，停顿和倒退没有出路，必须以更大的政治勇气和政治智慧推进改革；全党同志要敢于啃硬骨头，敢于涉险滩，敢于向积存多年的顽瘴痼疾开刀。三中全会决定在前35年经验总结基础上，进一步强调改革要处理好解放思想和实事求是的关系，整体推进和重点突破的关系，顶层设计和摸着石头过河的关系，胆子要大和步子要稳的关系，改革发展和稳定的关系，全面深化改革和依法治国的关系；改革要在党的领导下，沿着正确的道路前进。特别是十八届三中全会提出发挥市场在资源配置中的决定性作用；提出推进混合所有制改革，探索市场经济条件下基本经济制度的重要实现形式，等等。这些都是对社会主义政治经济学的理论创新和新贡献。

二是坚持了全面深化改革的顶层设计，确定了统筹推进全面深化改革的工作机制。遵照十八届三中全会决定提出的完善和发展中国特色社会主义制度、推进国家治理体系和治理能力现代化这一全面深化改革总目标，统筹推进经济、政治、文化、社会和生态文明体制改革。顶层设计强调要紧紧围绕使市场在资源配置中起决定性作用深化经济体制改革，紧紧围绕坚持党的领导、人民当家作主、依法治国有机统一深化政治体制改革，紧紧围绕更好保障和改善民生、促进社会公平正义深化社会体制改革，等等。2013年12月，中央成立中央全面深化改革领导小组，负责改革的总体设计、统筹协调、整体推进、督促落实，习近平总书记亲自担任组长。这都显示了中央的决心和担当。

三是出台了一系列重大改革方案举措，力度前所未有。五年来，习近平总书记亲自主持召开了38次中央深改组会议，共审议通过了350多个重大改革方案，中央和国家有关部门出台了1500多项改革举措。2014年，中央深改组确定的80个重点改革任务基本完成，各方面共出台了370个改革方案；2015年中央深改组确定的101个重点改革任务基本完成，各方面共出台了415个改革方案；2016年，中央深改组确定的97个重点改革任务基本完成，各方面共出台了419个改革方案；2017年，中央深改组先后召开8次会议，审议通过了73个重点改革文件。总的来看，十八届三中全会提出的60条改革方案、336项改革举措，得到很好贯彻落实。

四是正确处理问题导向和目标导向的关系，重点领域和关键环节改革取得突破进展，主要领域改革主体框架基本确立。例如，在供给侧结构性改革方面，退出钢铁产能超过1.7亿吨，煤炭产能超过8亿吨；分类调控楼市，探索建立房地产市场健康发展长效机制；稳步实施市场化债转股，非金融部门总杠杆率增幅持续下降；减税降费新措施陆续出台，削减中央政府层面设立的涉企收费项目60%以上，降成本连续两年超万亿。五年来，我们紧紧抓住正确处理政府和市场关系这个核心问题，在简政放权方面，以行政审批制度改革、转变政府职能为先手棋、当头炮，"放管服"改革向纵深推进。先后取消下放618个行政审批事项，国务院部门行政审批事项削减44%，非行政许可审批彻底终结，中央政府层面核准的企业投资项目数累计减少90%。在要素市场化配置方面，推进农村土地"三权分置"改革试点，价格改革取得重大进展。中央政府定价项目缩减80%，包括药品价格、非常规天然气气源和直供用户用气价格、高铁票价、食盐出厂批发和零售价格等。目前政府管理价格的比重低于3%，重要垄断行业逐步建立起准许成本+合理收益的定价机制。公平竞争的市场环境进一步建立健全，认真落实完善产权保护制度依法保护产权的意见，涉产权冤错案件甄别纠正工作迈出重要步伐。市场准入负面清单制度深入推进，新增11个省区市试点。石油天然气、电力、盐业等垄断行业改革步伐加快。公平竞争审查制度的出台和实施是建立统一开放、竞争有序市场体系的重大突破。同时，国企国资、财政金融、社会、生态文明等领域改革稳步推进。总之，中央观大势、谋全局、干实事，用改革的重大举措，解决了许多长期想解决而没有解决的难题，办成了许多想办而没有办成的大事，推动党和国家事业发生了深层次的重大变革。

党的十九大强调，在全面建设现代化国家的新征程中，我国已由高速增长阶段转向高质量发展阶段，正处在转变发展方式、优化经济结构、转换增长动力的攻坚期。新时代开启了全面深化改革的新征程，对于那些深层次、根本性的体制机制问题，我们必须准备付出更为艰巨、更为艰苦的努力，把改革进行到底。只有坚定不移地推进改革，才能解决好发展不平衡不充分问题，才能大力提升发展质量和效益，推动中国发展不断向着更高质量、更有效率、更加公平、更可持续的方向迈进。

政策法规

▼

国务院关于实行"划分收支、分级包干"财政管理体制的通知[①]

（1980年2月1日）

各省、市、自治区人民政府（革命委员会），国务院各部委、各直属机构：

　　为了贯彻落实"调整、改革、整顿、提高"的方针，充分发挥中央和地方两个积极性，适应逐步实现四个现代化的需要，国务院决定，从1980年起，实行"划分收支、分级包干"的财政管理体制。各地区财政收支包干的基数，收入上缴和留用的比例，以及受补助地区的固定补助数额，已在最近全国计划会议讨论确定。现将《关于实行"划分收支、分级包干"财政管理体制的暂行规定》发给你们，希按照执行。

　　实行"划分收支、分级包干"，是国家财政管理体制的重大改

---

① 《国务院关于实行"划分收支、分级包干"财政管理体制的通知》，《中华人民共和国国务院公报》，1980年01期。

革。它不仅涉及到财政收支结构、财权划分和财力分配的调整和改进，而且也涉及到计划、基建、物资、企业、事业等管理体制的调整和改进。认真搞好这次改革工作，对于促进国民经济的发展和逐步实现四个现代化，有着重要的意义。各地区、各部门必须高度重视，加强领导，并教育干部顾全大局，正确处理全局与局部、"条条"与"块块"的关系。要结合这次改革，相应地调整和改进经济管理方面的有关制度和规定，使各方面的工作紧紧跟上去。在实行新的财政体制过程中，要及时了解情况，总结经验，研究解决出现的新问题，把改革财政管理体制的工作做得更好。

附：关于实行"划分收支、分级包干"财政管理体制的暂行规定

关于实行"划分收支、分级包干"财政管理体制的暂行规定

为了贯彻落实"调整、改革、整顿、提高"的方针，适应逐步实现四个现代化的需要，从1980年起，国家对省、市、自治区实行"划分收支、分级包干"的财政管理体制。基本原则是：在巩固中央统一领导和统一计划，确保中央必不可少的开支的前提下，明确各级财政的权利和责任，作到权责结合，各行其职，各负其责，充分发挥中央和地方两个积极性。

一、按照经济管理体制规定的隶属关系，明确划分中央和地方财政的收支范围。

收入：中央所属企业的收入、关税收入和中央其他收入，归中央财政，作为中央财政的固定收入；地方所属企业的收入、盐税、农牧业税、工商所得税、地方税和地方其他收入，归地方财政，作为地方财政的固定收入。经国务院批准，上划给中央部门直接管理

的企业，其收入作为固定比例分成收入，80%归中央财政，20%归地方财政。工商税作为中央和地方的调剂收入。

支出：中央的基本建设投资，中央企业的流动资金、挖潜改造资金和新产品试制费，地质勘探费，国防战备费，对外援助支出，国家物资储备支出，以及中央级的文教卫生科学事业费，农林、水利、气象等事业费，工业、交通、商业部门的事业费和行政管理费等，归中央财政支出；地方的基本建设投资，地方企业的流动资金（包括中央代建项目的流动资金）、挖潜改造资金和新产品试制费，支援农村人民公社支出，农林、水利、气象等事业费，工业、交通、商业部门的事业费，城市维护费，人防经费，城镇人口下乡经费，文教卫生科学事业费，抚恤和社会救济费，行政管理费等，归地方财政支出。

少数专项财政支出，如特大自然灾害救济费、特大抗旱防汛补助费、支援经济不发达地区的发展资金等，由中央专案拨款，不列入地方财政包干范围。

二、地方财政收支的包干基数，按照上述划分收支的范围，以1979年财政收支预计执行数为基础，经过适当调整后，计算确定。凡是地方收入大于支出的地区，多余部分按一定的比例上缴；支出大于收入的地区，不足部分从工商税中按一定的比例留给地方，作为调剂收入；有些地区，工商税全部留给地方，收入仍然小于支出的，不足部分由中央财政给予定额补助。分成比例或补助数额确定以后，原则上5年不变，地方多收了可以多支出。

"划分收支、分级包干"以后，在执行过程中，因企业、事业的隶属关系发生变化，新投产的大型企业下放给地方管理，或者开征新的税种，对中央和地方收支影响较大时，应当相应地调整分成比例或补助数额，或者由中央同地方单独结算。根据中央的决定而采取的其他经济措施，包括调整价格、增加职工工资、调整税率和减免税，除另有规定者外，都不再调整比例和补助数额。地方遇有不可抗拒的特大自然灾害时，由中央酌情帮助。

三、对于边远地区、少数民族自治地方、老革命根据地和经济基础比较差的地区，为了帮助他们加快发展生产，中央财政根据国家财力的可能，设立支援经济不发达地区的发展资金。此项资金占国家财政支出总额的比例，应当逐步达到2%，并由财政部掌握分配，实行专案拨款，有重点地使用。

四、民族自治区仍然实行民族自治地方的财政管理体制，保留原来对民族自治地区财政所作的某些特殊规定。但是，中央对民族自治地区的补助数额，由1年一定改为一定5年不变，实行包干的办法。5年内收入增长的部分，全部留给地方。同时，为了照顾民族自治地区发展生产建设和文化教育事业的需要，中央对民族自治区的补助数额每年递增10%。

五、财政管理体制改革以后，各省、市、自治区应当根据国家的方针、政策和统一的计划，统筹安排本地区的生产建设事业和财政支出。地方预算的安排，要瞻前顾后，量力而行，坚持收支平衡、略有结余的原则。不得打赤字预算，不得寅吃卯粮，不得发地方公债，不得搞平调摊派。地方财政预算由地方编制，经财政部汇总审核后，报国务院审定。

中央各企业、事业主管部门，对于应当由地方安排的各项事业，不再归口安排支出，也不再向地方分配财政支出指标。但是，中央各部门仍应提出指导方针和工作方向，制定政策措施，检查经济效果，帮助地方把事情办好。各省、市、自治区应当顾全大局，尊重各部门的意见。对于某些已包干给地方的涉及为全国或地区生产建设事业服务的开支，在地方预算中必须予以安排；国家确定的调出物资和商品，地方必须保证完成。

六、不论中央预算和地方预算的执行，都必须坚持收入按政策、支出按预算、追加按程序的原则。凡是应当纳入预算的收入，都要纳入预算。凡是涉及全国性的重大问题，如税收制度、物价政策、公债发行、工资奖金标准、企业成本开支范围和专项基金提取比例以及重要的开支标准等，各地区、各部门都必须执行全国统一的规定，未经批准，不得变动。要严格执行财经纪律，严禁超越国家规定权限，随意减免税收，或者挤占国家财政收入。各地区、各部门都要努力增加生产，厉行节约，增收节支，保证完成规定的财政收支任务，为国家多作贡献。

七、省、市、自治区对县、市实行什么财政管理体制，由省、市、自治区根据本规定的精神自行确定。

中共中央批转《全国农村工作会议纪要》

（1982年1月1日）

各省、市、自治区党委，各大军区、省军区、野战军党委，中央各部委，国家机关各部委党组，军委各总部、各军兵种党委，各人民团体党组：

现将《全国农村工作会议纪要》发给你们。中央同意纪要的基本内容，望即结合本地区的实际情况贯彻执行。

实践证明，党的十一届三中全会以来，我们的农村政策是正确的，我国农村经济近几年的变化、发展是令人鼓舞的。但是必须看到，我们农业的基础毕竟比较脆弱，工作中也还存在不少问题。所以，一定要加强调查研究，及时地了解新情况，解决新问题，继续艰苦工作，力争一九八二年农业有一个更大的发展。

需要着重指出的是：最近以来，由于各种原因，农村一部分社队基层组织涣散，甚至陷于瘫痪、半瘫痪状态，致使许多事情无人负责，不良现象在滋长蔓延。这种情况应当引起各级党委高度重视，在总结完善生产责任制的同时，一定要把这个问题切实解决好。

中共中央

一九八二年一月一日

全国农村工作会议纪要

党中央在作出关于加快农业发展的决定以后，又就提高农产品收购价格，健全农业生产责任制，发展多种经营等问题，采取一系列的政策措施，进行了农村经济的调整和改革，从而激发了亿万农民的生产积极性，促进了农村经济的蓬勃发展。目前广大农民在实践中又提出了一些新的问题。这些问题必须及时有效地加以解决，才能进一步发动群众，发展大好形势，有力地推动农业生产全面持续的增长。

关于农业生产责任制

（一）截至目前，全国农村已有90%以上的生产队建立了不同形式的农业生产责任制；大规模的变动已经过去，现在，已经转入了总结、完善、稳定阶段。

建立农业生产责任制的工作，获得如此迅速的进展，反映了亿万农民要求按照中国农村的实际状况来发展社会主义农业的强烈愿望。生产责任制的建立，不但克服了集体经济中长期存在的"吃大锅饭"的弊病，而且通过劳动组织、计酬方法等环节的改进，带动了生产关系的部分调整，纠正了长期存在的管理过分集中、经营方式过于单一的缺点，使之更加适合于我国农村的经济状况。目前，我国农村的主体经济形式，是组织规模不等、经营方式不同的集体经济。与它并存的，还有国营农场和作为辅助的家庭经济。这样一种多样化的社会主义农业经济结构，有利于促进社会生产力的更快发展和社会主义制度优越性的充分发挥。它必将给农村经济建设和社会发展带来广阔的前景。实践证明，党在三中全会以来所制定和实行的农村政策是完全正确的，各地各级党组织在这方面所做的工作是卓有成效的、具有深远意义的。

由于这是一场牵动亿万群众的深刻而复杂的变革，时间短，任务重，经验不足，在工作中存在这样那样的问题是难免的。需要我们采取积极而又慎重的态度，毫不松懈地做好生产责任制的完善工作。因此，从现在起，除少部分地区和社队外，从全局来讲，应当稳定下来。各级领导，包括省、地、县、社的主要负责同志，要深入基层，调查研究，有计划地培训干部，总结经验，统一认识，解决实际问题，使现行的农业生产责任制，包括农、林、牧、副、渔各业的责任制能够进一步完善起来。

（二）各级党的领导应向干部和群众进行宣传解释，说明：我国农业必须坚持社会主义集体化的道路，土地等基本生产资料公有制是长期不变的，集体经济要建立生产责任制也是长期不变的。

目前实行的各种责任制，包括小段包工定额计酬，专业承包联产计酬，联产到劳，包产到户、到组，包干到户、到组，等等，都是社会主义集体经济的生产责任制。不论采取什么形式，只要群众不要求改变，就不要变动。

前一个时期有些人认为，责任制只是包干到户一种形式，包干到户就是"土地还家"、平分集体财产、分田单干。这完全是一种误解。包干到户这种形式，在一些生产队实行以后，经营方式起了变化，基本上变为分户经营、自负盈亏；但是，它是建立在土地公有基础上的，农户和集体保持承包关系，由集体统一管理和使用土地、大型农机具和水利设施，接受国家的计划指导，有一定的公共提留，统一安排烈军属、五保户、困难户的生活，有的还在统一规划下进行农业基本建设。所以它不同于合作化以前的小私有的个体经济，而是社会主义农业经济的组成部分；随着生产力的发展，它将会逐步发展成更为完善的集体经济。

（三）健全与完善农业生产责任制的工作，仍应按照中共中央印发的《关于进一步加强和完善农业生产责任制的几个问题》的文件精神，坚持因地制宜分类指导的原则。在各地建立的生产责任制中，实行联产计酬的占生产队总数的80%以上，一般地讲，联产就需要承包。联产承包制的运用，可以恰当地协调集体利益与个人利益，并使集体统一经营和劳动者自主经营两个积极性同时得到发挥，所以能普遍应用并受到群众的热烈欢迎。目前存在于不同地区的名目众多而又各具特色的责任制形式，是群众根据当地不同生产条件灵活运用承包形式的结果。

在经济发展水平较低，没有多少技术分工，而且又以种植业为主，没有多少集体副业的社队，一般是按人劳比例，或者按劳力平均分包耕地；在经济比较发达，已形成了较细的专业分工和技术分工的社队，则一般是由劳力按农、林、牧、副、渔、工等项分业和某些技术分工而实行专业承包；在情况介乎二者之间的地区则宜二者兼用。

适于个人分散劳动的生产项目，可以包到劳力、包到户；需要协作劳动的生产项目，可以包到组。承包到组、到户、到劳力，只是体现劳动组织的规模大小，并不一定标志生产的进步与落后，但必须与当时当地的生产需要相适应，宜统则统，宜分则分，通过承包把统和分协调起来，有统有包。

包工、包产、包干，主要是体现劳动成果分配的不同方法。包干大多是"包交提留"，取消了工分分配，方法简便，群众欢迎。但这种方法一般只适用于某些宜于分散经营的项目和单一经营的单位。在副业收入比重较大，从而所形成的经济关系和劳动方式也比较复杂的社队，为实现劳动的等量交换，就要有一个共同计算标准，还有必要采用包工、包产或以产计工以及其他计酬方法，实行统一分配，以便合理平衡各类从业人员的报酬。

总之，不同形式的承包，都有它在一定地点和条件下的适应性和局限性，即使在一个生产队内，也可以因生产项目、作业种类不同而采取多种形式。各级领导干部在指导群众确定生产责任制形式时，一定要下苦功夫向实践学习，向群众学习，尊重群众的创造精神，真正做到因队制宜。切不可凭主观好恶硬推、硬扭，重复"一刀切"的错误，也不可撒手不管，任其自流。

（四）在建立和完善农业生产责任制的过程中，必须坚持土地的集体所有制，切实注意保护耕地和合理利用耕地。

集体所有的耕地、园地、林地、草地、水面、滩涂以及荒山、荒地等的使用，必须服从集体的统一规划和安排，任何单位和个人一律不准私自占有。集体划分给社员长期使用的自留地、自留山以及宅基地，所有权仍属集体。

不论实行何种类型的承包责任制，土地的承包必须力求合理。在实行包产到户、包干到户的地方，提倡根据生产的需要按劳力或人劳比例承包土地；由于劳力强弱、技术高低不同，承包土地的数量也可以不同。国家职工和干部不承包土地。社员承包的土地应尽可能连片，并保持稳定。这样才能充分调动社员的积极性，提高土地的利用率，并体现按劳分配的原则。集体可以留下少量机动地，暂由劳多户承包，以备调剂使用。为了保证土地所有权和经营权的协调与统一，社员承包的土地，必须依照合同规定，在集体统一计划安排下，从事生产。为了提高土地生产率，鼓励社员在承包土地上加工经营，应按照加工经营后增加的效益给以合理报酬。

严禁在承包土地上盖房、葬坟、起土。社员承包的土地，不准买卖，不准出租，不准转让，不准荒废，否则，集体有权收回；社员无力经营或转营他业时应退还集体。

我国人多地少，控制人口、保护耕地是我们的重大国策。要严格控制机关、企业、团体、部队、学校、社队占用耕地，特别是城市附近的菜地更不应占用；对非法占用或不合理占用的必须加以纠正和处理。今后，应制订各级土地利用规划和严格的土地管理法令。当前要抓紧帮助农民搞好农村房屋建设的规划。

集体土地上的公共建筑、生产设施、树木，以及其他公共财产，都是社会主义公共积累，也是集体经济继续发展的基础，必须妥为保护，可以采取有利于生产的适当的经营方式，但决不可任意破坏。对乘机巧取、强占、哄抢、私分、破坏者，要严肃处理。

（五）要把完善生产责任制的工作和促进农业生产的全面发展目标密切联系起来。当前发展多种经营和商品生产，已成为广大群众的迫切要求，我们的工作必须紧紧跟上。正如一个县的领导同志所讲的："责任制是启动器，多种经营是突破口，两个环子一齐抓，集体个人一齐上，生产力再次大解放。"生产队要因地制宜制订全面发展农、林、牧、副、渔、工、商的规划，有计划地作好劳动力的安排，并选择相应的生产责任制形式。即使在那些目前基本上实行分户经营的生产队，也应逐步量力而行地从事一些多种经营项目，如林场、茶场、果园、养殖场等，逐步发展专业分工和专业承包，逐步改变按人口平均包地、"全部劳力归田"的作法，把剩余劳力转移到多种经营方面来。

（六）实行各种承包责任制的生产队，必须抓好订立合同的工作，把生产队与农户、作业组、专业人之间的经济关系和双方的权利、义务用合同形式确定下来。这是集体经济管理工作的主要手段，必须认真做好。公共建设劳务、计划生育和统购派购任务也应纳入合同。合同可以由粗到细，形式要便于群众理解和接受。签定合同要民主协商，签定之后必须遵守。

关于改善农村商品流通

（七）根据目前国家财力状况，今后一个时期农副产品收购价格必须采取基本稳定的方针。增加农民的收入，不能指望提高收购价格或降低收购基数，而只能主要依靠发展商品生产，实现多产畅销。当前存在的一个突出问题是，一方面农村商业不适应发展商品经济的需要，以至农村多种经营刚有初步发展就出现了流通不畅，买难卖难等问题，造成生产性浪费；一方面也存在着一些单位抬价抢购紧缺商品，冲击国家计划的情况。因此，必须采取切实措施，改善农村商业，疏通流通渠道，加强市场管理，以保证农业生产迅速发展，为同家提供更多的产品，为农民增加更多的收入。

（八）农业经济是国民经济的重要组成部分，要以计划经济为主，市场调节为辅。粮、棉、油等产品仍须坚持统购统销的政策。实行派购的二类农副产品，要确定合理的收购基数，一定几年；某些不便定基数的品种，也要确定合理的购留比例。基数以外的产品，有些仍由国家收购，有些按比例收购一部分，有些全部由社队和农民自行处理。基数外产品的收购价格，允许按照市场供求状况实行一定范围的浮动。城市郊区要鼓励农民多种蔬菜，原来的菜地不得任意改种，以保障和改善城市的蔬菜供应。要逐步推行合同制，通过合同把国家计划任务和农民的生产安排更好地协调起来。

农副产品收购，要坚持国家、集体、个人三兼顾，不能只顾一头。前几年国家提高了农副产品收购价格，并对收购政策作了一些必要的调整，农民从中得到了很大好处。要使这些行之有效的政策、措施保持基本稳定，以照顾农民的既得利益，保证农业生产持续稳定地发展。同时，要教育农民顾全大局，保证按规定质量完成农副产品交售任务，支援工业、城市和出口，力争为国家建设多做贡献。

（九）农村供销合作社是城乡经济交流的一条主要渠道，同时也是促进农村经济联合的纽带。要恢复和加强供销社组织上的群众性、管理上的民主性和经营上的灵活性，使它在组织农村经济生活中发挥更大的作用。供销合作社要逐步进行体制改革。各省、市、自治区可以选择一两个县就以下办法进行试验：基层供销社恢复合作商业性质，在自愿原则下扩大吸收生产队和农民入股，经营利润按股金和按交售农副产品数量分红，实行民主管理，把供销社的经营活动同农民的经济利益联系起来；县级供销社改为基层社的联合社；县联社和基层社都实行独立核算，自负盈亏，向国家交纳所得税的制度；改革后供销社原有国家职工的一切待遇不变。

（十）必须多方设法疏通和开辟流通渠道。国营商业和供销合作社要充分利用现有经营机构，打破地区封锁，按照经济规律组织商品流通，大力开展产品推销工作。同时，要有计划地试办和发展社队集体商业，如贸易货栈、联合供销经理部和农工商联合企业等，逐步实现多成分、多渠道、少环节。各级商业部门应把积极支持和指导社队开展推销和采购业务活动当作自己的一项重要任务。各级计划、财政、物资和交通等部门，应把社队集体商业、社队企业和农工商联合企业列入户头，给予方便。农村商业实行多渠道后，当地人民政府应当加强领导，划分业务范围，做好协调、疏导和管理工作。农村各种商业组织和个人运销活动，都要严格遵守政府的政策、法令，服从工商管理。

（十一）要在保证完成计划上调任务的前提下，积极开展农副产品的就地加工、产品精选和综合利用。这既可以提高产品的利用率和经济价值，又可以减少产品推销、贮存和运输的困难。除农村社队要继续发展农副产品加工业外，商业部门对于收购的农副产品，也可以自己加工，或与社队联合加工和委托社员进行家庭加工，走收购—加工—销售的路子。农村的加工业，要根据经济效益原则，由主管部门协同地方做出规划，有步骤地发展，避免盲目性。

关于农业科学技术

（十二）农业可以吸收多学科的科学技术成就，成为知识密集的产业部门。在充分发扬我国传统农业技术优点的同时，广泛借助现代科学技术的成果，走投资省、耗能低、效益高和有利于保护生态环境的道路，将使我国的农村面貌发生巨大的变化。过去，在领导农业生产中，对科学的作用认识不够，忽视智力投资和现有人材的使用，必须及时改正。

（十三）农业科学研究工作要在调整和整顿的基础上，动员组织各方面的研究力量，紧密结合农、林、牧、渔等业生产近期和长远的需要，拟定一批科研重点项目，如培育优良品种，改进耕作制度和栽培技术，实行科学施肥和合理用水，研制新的高效低残毒农药，有选择地推广适用的农业机械等，有计划地进行科学技术攻关。各级农业科研、教育和推广机构要相互配合，加强协作。国家农委和国家科委要加强领导，共同做好农业科技的组织协调工作。

（十四）要恢复和健全各级农业技术推广机构，充实加强技术力量。重点办好县一级推广机构，逐步把技术推广、植保、土肥等农业技术机构结合起来，实行统一领导，分工协作，使各项技术能够综合应用于生产。各地要把现有农业科技成果分类排队，制订计划，因地制宜，分期推广。

目前各地正在试行多种形式的农业技术责任制，开展群众性的技术协作和科普活动，效果很好，应注意总结、提高。

（十五）要进一步搞好农业资源调查和农业区划这一基础工作，为合理开发、利用、保护农业自然资源、调整农业生产结构和布局提供科学依据。当前要抓紧土地、水、生物等资源和重点开发地区的调查，特别要加强农业资源的保护工作，制止某些地区生态环境继续恶化；抓好县级农业区划和成果的应用。在区划的基础上，制订土地利用和农村建设的总体规划，把山、水、田、林、路的治理，生产、生活、科学、教育、文化、卫生、体育等设施的建设和农村小城镇的建设，全面规划好。

（十六）教育是发展科学技术的基础。有关部门要调整和加强农业院校的领导班子，进一步改善办学条件。县级以及县以下农村的中学要设置农业课程，有的可以改为农业专科学校。继续抓好各级农业领导干部和管理干部以及职工的专业培训，组织师资进修，训练各类专业技术干部。高等农业院校和中等农业学校都要拿出必要的力量承担培训任务。要积极创造条件，加强农民教育，抓紧扫盲工作，提高科学文化水平。

（十七）目前，我国广大农村正在兴起一个学科学、用科学的热潮。农业科技人员要深入农村，安心农业，钻研业务，努力工作，热心为农民和农业生产服务，作出新贡献。各级党组织和农业部门对农业科技人员要在政治上、生活上给予关心，工作上给予支持；并要做好考核、晋升、表彰和奖励工作。今后要逐年分配大中专毕业生到公社一级去担任技术工作，按国家干部待遇。对自学成才的农民技术员，各地可采取定期考试、考核办法，发给证书，给予技术补贴或择优录用。

关于提高经济效益、改善生产条件

（十八）农业生产应和其他各部门一样，十分重视经济效益原则，强调发掘内涵性潜力。长期以来，不讲效益，不讲经济核算，铺张浪费，增产不增收，是一种普遍现象。必须教育干部、群众，切实改正。

我国人多地少，调整期间，农业建设投资有限，要力争做到以最少投入获得最大收益。无论种植业、养殖业、农村工业副业，都必须强调提高单产，提高劳动生产率。粮食和经济作物的增产，主要靠改变广种薄收，实行精耕细作，集约经营，改造中产、低产田。畜牧业要强调提高出栏率、出肉率和产毛率。其他各业都应努力提高经济效益。

（十九）按农、林、牧、副、渔全面发展的要求建立合理的生产结构，可以获得综合经济效益，并增加农业经济的内部积累。合理的生产结构必须避免过去生产单一化的错误，与此同时，又必须注意使个别地区因地制宜的发展计划和全国的合理布局协调起来。各地在调整生产结构中，必须执行中共中央、国务院转发国家农委《关于积极发展农村多种经营的报告》的通知中提出的"决不放松粮食生产，积极开展多种经营"的方针。在土地利用方面，主要是将本来不宜于种粮食，而适宜种其他作物的耕地逐步改为合理种植；在适宜的地区，发展国家急需的原料如棉花、糖料等生产；积极发展多种经营，重点应放在开发山区、水域、滩涂、草原和发展家庭养殖业方面。这些方面存在着巨大的潜力，要广开生产门路，向农业生产的广度和深度进军，而不宜片面地鼓励在有限的耕地上搞自由种植，同时注意不要破坏水土保持和生态平衡。城乡居民的粮食供应绝不可掉以轻心，必须保证粮食生产持续稳步地增长。

只有建立起一个多种经营综合发展的合理的生产结构，实行合理的社会分工，才能吸收农村广大劳动力为社会创造财富，否则，将大量劳动力缩集在十几亿亩土地的种植业上，必将使劳动生产率下降和农村经济萎缩。只有在多种经营的基础上发展社会分工，才有利于动员农村的人力资源。在短短一年多的时间内，实行了专业承包责任制，发展了一大批专业户，涌现出很多饲养能手、种植能手和各类能工巧匠，并开拓出新的生产领域，向生产的社会化、专业化方向发展。这证明：生产、就业、消费三者是互相依存、互相促进的。多种经营综合发展，路子将越走越宽，形势会越来越好。

发展多种经营，要集体与个人一齐上。对现有社队企业必须进行整顿，改善经营管理和民主管理，进一步办好。在现阶段，多数地区，很多项目应主要靠农家经营。近年的经验证明，发展家庭副业，发展专业户，可以充分利用分散的物力、财力和具有技术专长的人材。这是一项巨大的经济资源。对于家庭副业和专业户，必须实行积极扶持的政策，在资金、技术、供销等各方面给以帮助和指导；与此同时，要注意适应生产发展的需要，组织必要的协作和联合。既要倡导在生产队内个人与个人、个人与集体的协作和联合，也要允许跨社队、跨地区的协作和联合。

（二十）现在我国的林业和畜牧业，是国民经济的薄弱环节，应采取有效措施，尽快使它们恢复和发展起来。

要把振兴林业作为国土整治的一项根本大计，要认真贯彻执行一九八一年三月中共中央、国务院关于保护森林发展林业若干问题的决定，和一九八一年十二月五届人大第四次会议关于开展全民义务植树运动的决议。建议有关部门尽快研究建立林业基金制度，实行以林养林。

发展畜牧业要农区牧区两手抓。农区要把一切行之有效的、鼓励畜牧业发展的政策落实到各家各户，充分利用农区劳力充足，设备和饲料条件较好，农牧结合较紧的长处，大力发展畜牧业。牧区要在切实调查的基础上；明确划分草原权属，更好地保护和建设草原。在辽阔的边疆和大片荒山、荒地上，要继续有计划地组织飞机播种、种树、种草。

（二十一）要着重抓好水利、农机、化肥等项投资的利用效益，改善农业生产条件。

建国以来，水利建设成绩很大，但有不小的浪费和损失。今后，大型水利建设，必须根据总体流域规划，按择优原则和基建程序进行，花钱多效益小的缓办，无效益的不办。已建成又有效益的，要搞好配套，建一处成一处。投入使用的，要抓好科学管理。小型农田水利建设要继续积极量力进行，讲求实效。要总结推广先进的灌溉技术和耕作措施，切实做到科学用水、计划用水、节约用水。城乡工农业用水应重新核订收费制度。无灌溉条件或暂时无力兴修水利的旱地，要因地制宜，搞好旱作。

我国耕作制度复杂，劳力众多，集体经济力量薄弱，农业机械化必须有步骤、有选择地进行。在今后相当长的时期内，必须是机械化、半机械化、手工工具并举，人力、畜力、机电动力并用，工程措施和生物技术措施相结合。各地应根据自己的情况推广适宜技术和集约经营。

要积极增产磷、钾和微量元素肥料，改变化肥构成，提高施用效益。要重视利用农家肥、绿肥、豆科作物，发展薪炭林、小水电、沼气池，实行秸秆还田，以调节土壤化学物理性能，增加土壤有机质。化肥分配应在地区间作合理调剂，增加对中、低产地区的化肥供应。

要努力生产高效低残毒农药，力争尽快取代原有的那些高残毒农药。

（二十二）集体经济的核算单位，要建立经济核算制度，搞好经济活动分析，降低生产成本。社队的财务整顿，要认真总结试点经验，分批展开，争取一两年内完成。通过整顿，健全财务管理制度，特别是民主监督的制度。要整顿编制，缩减人员补贴，减轻不合理负担。要清产核资，实行固定资产折旧制度，以利于设备更新和技术改造。要培训经营管理人员，稳定财会队伍，积极试行会计专业化，以提高经营管理水平。

关于加强思想政治工作和基层组织建设

（二十三）近年来，党在农村进行了大量的工作，取得了显著的成效。同时也要看到，农村的思想政治工作还存在着涣散软弱的状况，必须采取措施切实加以改进。

广大农民群众是愿意在党的领导下走社会主义道路的。他们拥护党的三中全会以来的各项方针政策，努力发展生产，支援四化建设。这是基本的方面。但是在现阶段，有些农民还不可避免地保存着旧社会遗留的思想和习惯，这就需要工人阶级的政党给以经常的教育和正确的引导。我们必须动员各方面的力量，采取一切行之有效的方法，在广大农村开展深入的思想政治教育和政策教育，并把这种教育经常化，不断对农民灌输社会主义思想，为建设具有高度精神文明和高度物质文明的新农村而努力。

一九八一年冬到一九八二年春，各地要围绕建立健全生产责任制这个中心，结合实际的工作问题和思想问题，进行"两不变"、"三兼顾"的宣传教育，使农民懂得：我国农业必须坚持社会主义农业集体化的道路，公有制长期不变，生产责任制长期不变；要国家、集体、个人三方面兼顾，不能只顾一头。集体提留、国家任务都必须保证完成。应当向农民讲清，三年来，国家在照顾农民利益方面已尽了最大努力，农民也要照顾国家经济困难，努力发展生产，增加商品，多作贡献。

（二十四）落实党在农村的一切方针、政策和完成各项工作任务，都必须依靠农村基层组织，包括党的组织、政权组织、经济组织和群众团体。否则，一切工作都会落空。

当前一些地方，由于放松了领导，生产队的机构和领导班子陷于瘫痪、半瘫痪状态，致使很多工作无人负责。完善生产责任制，首先要把社队的领导班子搞好，使生产队把应负的经济职能和政权职能担当起来。

要使同志们了解：实行责任制以后，有些事情分散到农户承担，这样更需要改进工作方法，加强集体统一领导、统一管理和协调的工作，干部的担子不是轻了而是重了。生产大队、生产队作为集体经济组织，仍应保留必要的经济职能。要负责合理分配和调剂承包地，管好和用好耕地；安排生产计划、基本建设和推广新技术；签定和执行经济合同，完成征购任务和集体提留；照顾烈属军属和安排困难户的生产、生活等。同时，作为基层政权，特别是公社、大队还要做好社会救济、教育卫生、计划生育、民兵训练、治安保卫、民事调解等各项工作，保护社会主义经济，保证国家法律、法令的执行。

要给基层干部以合理报酬，同时也要注意精简人员，减轻群众负担。要从农村工作的实际出发，经过试点，逐步建立各级干部的岗位责任制，加强行政纪律。

（二十五）党的农村基层组织是团结广大群众前进的核心和战斗堡垒。欲正民风，必先正党风。农村的党组织和广大党员干部过去曾经团结和带领农民群众进行了伟大的革命战争和土地改革，接着又团结和带领农民群众开展了伟大的互助合作运动。我们党以自己的实践和模范作用，取得了农民的信任和拥护。现在我国正处在一个大变化大发展的新时期，作为执政党的党员，更应保持和发扬全心全意为人民服务的传统，坚定地站在人民一边，尊重群众的意愿，代表群众的利益，振作精神，研究新问题，学会新本领，团结和带领农民进行农村经济的调整和改革，为农业现代化做出自己的贡献。当前，特别要站在群众前头带领群众做好完善生产责任制的工作。那种不顾群众利益，违背群众要求，损公利己，或者放弃职守的行为，都是同共产党员的称号不相容的。当然应当首先看到，农村的党员和党的干部，长期战斗在第一线，艰苦奋斗，任劳任怨，是我们的依靠力量。对于那些富于创造精神，工作出色的，要给予鼓励和表扬。对那些精神不振、作风不正的党员和干部，必须进行教育和批评。属于上级的责任，领导要主动承担。从一九八二年起，要以县或公社为单位，利用农闲时间有计划地对农村党员，首先是社队干部进行分批轮训。要组织他们学习六中全会的决议和党在农村的各项政策，用整风精神总结经验，开展批评与自我批评，分清是非，提高觉悟。在思想政治教育的基础上，健全党课制度和民主生活制度，把农村支部建设好，使基层支部真正成为坚强的战斗核心，以保证党对政权组织、经济组织和群众团体的领导，保证各项工作任务的完成。

中共中央关于经济体制改革的决定[①]

（中国共产党第十二届中央委员会第三次全体会议
1984年10月20日通过）

中国共产党第十二届中央委员会第三次全体会议，分析了我国当前的经济和政治形势，总结了我国社会主义建设正反两方面的经验，特别是这几年城乡经济体制改革的经验，一致认为：必须按照把马克思主义基本原理同中国实际结合起来，建设有中国特色的社会主义的总要求，进一步贯彻执行对内搞活经济、对外实行开放的方针，加快以城市为重点的整个经济体制改革的步伐，以利于更好地开创社会主义现代化建设的新局面。

一、改革是当前我国形势发展的迫切需要

我国经济体制的改革，已经经过了几年的酝酿和实践。十一届三中全会在决定把全党工作重点转到经济建设上来的同时就着重指出，为了实现社会主义现代化，必须对经济体制进行改革。那次全会以后，全党在拨乱反正和调整国民经济方面进行了大量工作，改革主要在农村进行。在完成指导思想上的拨乱反正、实现历史性伟大转折的基础上，党的十二大明确提出了有系统地进行经济体制改革的任务，并且指出这是坚持社会主义道路、实现社会主义现代化的重要保证。近两年来特别是今年以来，党中央、国务院又作出了一系列重要决策和指示，推动了各项改革的广泛深入发展。

[①] 《中共中央关于经济体制改革的决定》，《中华人民共和国国务院公报》，1984年26期。

我国经济体制改革首先在农村取得了巨大成就。长期使我们焦虑的农业生产所以能够在短时期内蓬勃发展起来，显示了我国社会主义农业的强大活力，根本原因就在于大胆冲破"左"的思想束缚，改变不适应我国农业生产力发展的体制，全面推行了联产承包责任制，发挥了八亿农民的巨大的社会主义积极性。目前农村的改革还在继续发展，农村经济开始向专业化、商品化、现代化转变，这种形势迫切要求疏通城乡流通渠道，为日益增多的农产品开拓市场，同时满足农民对工业品、科学技术和文化教育的不断增长的需求。农村改革的成功经验，农村经济发展对城市的要求，为以城市为重点的整个经济体制的改革提供了极为有利的条件。

这几年以城市为重点的整个经济体制改革也已经进行了许多试验和探索，采取了一些重大措施，取得了显著成效和重要经验，使经济生活开始出现了多年未有的活跃局面。但是城市改革还只是初步的，城市经济体制中严重妨碍生产力发展的种种弊端还没有从根本上消除。目前，城市企业经济效益还很低，城市经济的巨大潜力还远远没有挖掘出来，生产、建设和流通领域中的种种损失和浪费还很严重，加快改革是城市经济进一步发展的内在要求。城市是我国经济、政治、科学技术、文化教育的中心，是现代工业和工人阶级集中的地方，在社会主义现代化建设中起着主导作用。只有坚决地系统地进行改革，城市经济才能兴旺繁荣，才能适应对内搞活、对外开放的需要，真正起到应有的主导作用，推动整个国民经济更好更快地发展。

还应该看到，正在世界范围兴起的新技术革命，对我国经济的发展是一种新的机遇和挑战。这就要求我们的经济体制，具有吸收当代最新科技成就，推动科技进步，创造新的生产力的更加强大的能力。因此,改革的需要更为迫切。

当前我国安定团结的政治局面日益巩固,经济调整工作取得了重大成绩,国民经济持续增长,第六个五年计划的主要指标提前完成,国家财政状况逐步好转,全党同志和全国各族人民对社会主义现代化建设的信心大为增强,加快经济体制改革的愿望更加强烈。特别是中央和省、自治区、直辖市一级全面整党的健康发展,已经和正在端正各条战线现代化建设的业务指导思想,明确改革的方向。现在,全面改革经济体制的条件已经具备,我们有必要也有可能比较系统地提出和阐明改革中的一系列重大问题,以利于统一和提高全党同志特别是领导干部的认识,使改革更加卓有成效地进行,使社会主义优越性进一步得到发挥。中央希望并且相信,如同十一届三中全会在实行拨乱反正,提出改革任务,推动农村改革方面起了伟大的历史作用那样,十二届三中全会在制订全面改革蓝图,加快改革步伐,推动以城市为重点的整个经济体制的改革方面,也必将起到伟大的历史作用。

二、改革是为了建立充满生机的社会主义经济体制

中华人民共和国的诞生,社会主义制度的建立,结束了半封建半殖民地旧中国一百多年人民灾难深重的历史,消灭了剥削制度,我国各族人民真正成了国家的主人。在中国共产党领导下,全国人民艰苦奋斗,建立了独立的比较完整的工业体系和国民经济体系,取得了旧中国根本不可能取得的巨大成就,为我们建设富强、民主、文明的现代化的社会主义国家奠定了必不可少的物质基础。我国各族人民从长期的历史经验中深切体会到,只有社会主义才能救中国。

马克思主义的创始人曾经预言，社会主义在消灭剥削制度的基础上，必然能够创造出更高的劳动生产率，使生产力以更高的速度向前发展。我国建国三十五年来所发生的深刻变化，已经初步显示出社会主义制度的优越性。但是必须指出，这种优越性还没有得到应有的发挥。其所以如此，除了历史的、政治的、思想的原因之外，就经济方面来说，一个重要的原因，就是在经济体制上形成了一种同社会生产力发展要求不相适应的僵化的模式。这种模式的主要弊端是：政企职责不分，条块分割，国家对企业统得过多过死，忽视商品生产、价值规律和市场的作用，分配中平均主义严重。这就造成了企业缺乏应有的自主权，企业吃国家"大锅饭"、职工吃企业"大锅饭"的局面，严重压抑了企业和广大职工群众的积极性、主动性、创造性，使本来应该生机盎然的社会主义经济在很大程度上失去了活力。

建国初期和第一个五年计划期间，我国面临着实现全国财政经济统一、对资本主义工商业进行社会主义改造和开展有计划的大规模经济建设的繁重任务，逐步建立起全国集中统一的经济体制。那个时候，在许多方面还没有统得很死，而且在社会主义改造的方法和步骤上坚持了从中国实际出发，有很大的创造。但是，随着社会主义改造的基本完成和我国经济发展的规模越来越大，原来为限制和改造资本主义工商业所采取的一些措施已不再适应新的形势，经济体制方面某些统得过多过死的弊端逐渐显露出来。一九五六年，在党的第八次全国代表大会上和大会前后，党中央特别是中央主持经济工作的同志已经觉察到这个问题，并提出了某些改进措施。但是，由于我们党对于如何进行社会主义建设毕竟经验不足，由于长期以来在对社会主义的理解上形成了若干不适合实际情况的固定观念，特别是由于一九五七年以后党在指导思想上的"左"倾错误的影响，把搞活企业和发展社会主义商品经济的种种正确措施当成"资本主义"，结果就使经济体制上过度集中统一的问题不仅长期得不到解决，而且发展得越来越突出。其间多次实行权力下放，但都只限于调整中央和地方、条条和块块的管理权限，没有触及赋予企业自主权这个要害问题，也就不能跳出原有的框框。

为了从根本上改变束缚生产力发展的经济体制，必须认真总结我国的历史经验，认真研究我国经济的实际状况和发展要求，同时必须吸收和借鉴当今世界各国包括资本主义发达国家的一切反映现代社会化生产规律的先进经营管理方法。中央认为，按照党历来要求的把马克思主义基本原理同中国实际相结合的原则，按照正确对待外国经验的原则，进一步解放思想，走自己的路，建立起具有中国特色的、充满生机和活力的社会主义经济体制，促进社会生产力的发展，这就是我们这次改革的基本任务。

社会主义社会的基本矛盾仍然是生产关系和生产力、上层建筑和经济基础之间的矛盾。我们改革经济体制，是在坚持社会主义制度的前提下，改革生产关系和上层建筑中不适应生产力发展的一系列相互联系的环节和方面。这种改革，是在党和政府的领导下有计划、有步骤、有秩序地进行的，是社会主义制度的自我完善和发展。改革的进行，只应该促进而绝不能损害社会的安定、生产的发展、人民生活的改善和国家财力的增强。社会主义的根本任务就是发展社会生产力，就是要使社会财富越来越多地涌现出来，不断地满足人民日益增长的物质和文化需要。社会主义要消灭贫穷，不能把贫穷当作社会主义。必须下定决心，以最大的毅力，集中力量进行经济建设，实现工业、农业、国防和科学技术的现代化，这是历史的必然和人民的愿望。全党同志在进行改革的过程中，应该紧紧把握住马克思主义的这个基本观点，把是否有利于发展社会生产力作为检验一切改革得失成败的最主要标准。

三、增强企业活力是经济体制改革的中心环节

城市企业是工业生产、建设和商品流通的主要的直接承担者，是社会生产力发展和经济技术进步的主导力量。现在，我国城市企业，包括工业、建筑业、交通业、商业和服务业的企业，已有一百多万个，职工共达八千多万人。仅城市工业企业提供的税收和利润，就占全国财政收入的百分之八十以上。这些情况表明，城市企业生产和经营的积极性、主动性、创造性能否充分发挥，八千多万职工的积极性、主动性、创造性能否充分发挥，就是说城市企业是否具有强大的活力，对于我国经济的全局和国家财政经济状况的根本好转，对于党的十二大提出的到本世纪末工农业年总产值翻两番的奋斗目标的实现，是一个关键问题。具有中国特色的社会主义，首先应该是企业有充分活力的社会主义。而现行经济体制的种种弊端，恰恰集中表现为企业缺乏应有的活力。所以，增强企业的活力，特别是增强全民所有制的大、中型企业的活力，是以城市为重点的整个经济体制改革的中心环节。

围绕这个中心环节，主要应该解决好两个方面的关系问题，即确立国家和全民所有制企业之间的正确关系，扩大企业自主权；确立职工和企业之间的正确关系，保证劳动者在企业中的主人翁地位。

过去国家对企业管得太多太死的一个重要原因，就是把全民所有同国家机构直接经营企业混为一谈。根据马克思主义的理论和社会主义的实践，所有权同经营权是可以适当分开的。为了使各个企业的经济活动符合国民经济发展的总体要求，社会主义的国家机构必须通过计划和经济的、行政的、法律的手段对企业进行必要的管理、检查、指导和调节，通过税收等形式从企业集中必须由国家统一使用的纯收入，委派、任免或批准聘选企业的主要领导人员，并且可以决定企业的创建和关、停、并、转、迁。但是，由于社会需求十分复杂而且经常处于变动之中，企业条件千差万别，企业之间的经济联系错综繁复，任何国家机构都不可能完全了解和迅速适应这些情况。如果全民所有制的各种企业都由国家机构直接经营和管理，那就不可避免地会产生严重的主观主义和官僚主义，压抑企业的生机和活力。因此，在服从国家计划和管理的前提下，企业有权选择灵活多样的经营方式，有权安排自己的产供销活动，有权拥有和支配自留资金，有权依照规定自行任免、聘用和选举本企业的工作人员，有权自行决定用工办法和工资奖励方式，有权在国家允许的范围内确定本企业产品的价格，等等。总之，要使企业真正成为相对独立的经济实体，成为自主经营、自负盈亏的社会主义商品生产者和经营者，具有自我改造和自我发展的能力，成为具有一定权利的义务的法人。这样做，既在全体上保证整个国民经济的统一性，又在局部上保证各个企业生产经营的多样性、灵活性和进取性，不但不会削弱而且只会有利于巩固和完善社会主义的全民所有制。

企业活力的源泉，在于脑力劳动者和体力劳动者的积极性、智慧和创造力。当劳动者的主人翁地位在企业的各项制度中得到切实的保障，他们的劳动又与自身的物质利益紧密联系的时候，劳动者的积极性、智慧和创造力就能充分地发挥出来。我国农村改革的经验生动有力地证明了这一点。城市经济体制改革中，必须正确解决职工和企业的关系，真正做到职工当家做主，做到每一个劳动者在各自的岗位上，以主人翁的姿态进行工作，人人关注企业的经营，人人重视企业的效益，人人的工作成果同他的社会荣誉和物质利益密切相联。现代企业必须有集中统一的领导和生产指挥，必须有高度严格的劳动纪律。因为我们的现代企业是社会主义的，在实行这种集中领导和严格纪律的时候，又必须坚决保证广大职工和他们选出的代表参加企业民主管理的权利。在社会主义条件下，企业领导者的权威同劳动者的主人翁地位是统一的，同劳动者的主动性创造性是统一的。这种统一，是劳动者的积极性能够正确地有效地发挥的必要前提。

确立国家和企业、企业和职工这两方面的正确关系，是以城市为重点的整个经济体制改革的本质内容和基本要求。要实现这个基本要求，势必牵动整个经济体制的各个方面，需要进行计划体制、价格体系、国家机构管理经济的职能和劳动工资制度等方面的配套改革。中央认为，这些改革，应该根据国民经济各个环节的内在联系和主客观条件的成熟程度，分别轻重缓急和难易，有先有后，逐步进行，争取用五年左右的时间基本实现。达到这个目标的步骤，另行部署。

四、建立自觉运用价值规律的计划体制，发展社会主义商品经济

社会主义社会在生产资料公有制的基础上实行计划经济，可以避免资本主义社会生产的无政府状态和周期性危机，使生产符合不断满足人民日益增长的物质文化生活需要的目的，这是社会主义经济优越于资本主义经济的根本标志之一。建国以来，我们实行计划经济，集中大量财力、物力、人力，进行大规模的社会主义经济建设，取得了巨大成就。同时，历史的经验也告诉我们，社会主义的计划体制，应该是统一性同灵活性相结合的体制。尤其是考虑到我国幅员广大、人口众多，考虑到交通不便、信息不灵、经济文化发展很不平衡的状况在短期内还难以完全改变，考虑到我国目前商品经济还很不发达，必须大力发展商品生产和商品交换的实际情况，建立这样的计划体制的需要就更加迫切。如果脱离现实的国情，企图把种种社会经济活动统统纳入计划，并且单纯依靠行政命令加以实施，忽视经济杠杆和市场调节的重要作用，那就不可避免地会造成在计划的指导思想上主观和客观相分离，计划同实际严重脱节。列宁在十月革命后，曾经在制订电气化计划的时候产生这样的思想："现在对我们来说，完整的、无所不包的、真正的计划＝'官僚主义的空想'。""不要追求这种空想"。今天我国同当时俄国经济十分困难的情况已大不相同，但是我们的实践经验证明列宁的这个思想不仅适用于当时条件下的俄国，而且具有长久的意义。必须实事求是地认识到，在很长的历史时期内，我们的国民经济计划就总体来说只能是粗线条的和有弹性的，只能是通过计划的综合平衡和经济手段的调节，做到大的方面管住管好、小的方面放开放活，保证重大比例关系比较适当，国民经济大体按比例地协调发展。

改革计划体制，首先要突破把计划经济同商品经济对立起来的传统观念，明确认识社会主义计划经济必须自觉依据和运用价值规律，是在公有制基础上的有计划的商品经济。商品经济的充分发展，是社会经济发展的不可逾越的阶段，是实现我国经济现代化的必要条件。只有充分发展商品经济，才能把经济真正搞活，促使各个企业提高效率，灵活经营，灵敏地适应复杂多变的社会需求，而这是单纯依靠行政手段和指令性计划所不能做到的。同时还应该看到，即使是社会主义的商品经济，它的广泛发展也会产生某种盲目性，必须有计划的指导、调节和行政的管理，这在社会主义条件下是能够做到的。因此，实行计划经济同运用价值规律、发展商品经济，不是互相排斥的，而是统一的，把它们对立起来是错误的。在商品经济和价值规律问题上，社会主义经济同资本主义经济的区别不在于商品经济是否存在和价值规律是否发挥作用，而在于所有制不同，在于剥削阶级是否存在，在于劳动人民是否当家做主，在于为什么样的生产目的服务，在于能否在全社会的规模上自觉地运用价值规律，还在于商品关系的范围不同。在我国社会主义条件下，劳动力不是商品，土地、矿山、银行、铁路等等一切国有的企业和资源也都不是商品。

根据历史的经验和十一届三中全会以来的实践，应该对我国计划体制的基本点进一步作出如下的概括：第一、就总体说，我国实行的是计划经济，即有计划的商品经济，而不是那种完全由市场调节的市场经济；第二、完全由市场调节的生产和交换，主要是部分农副产品、日用小商品和服务修理行业的劳务活动，它们在国民经济中起辅助的但不可缺少的作用；第三、实行计划经济不等于指令性计划为主，指令性计划和指导性计划都是计划经济的具体形式；第四、指导性计划主要依靠运用经济杠杆的作用来实现，指令性计划则是必须执行的，但也必须运用价值规律。按照以上要点改革现行的计划体制，就要有步骤地适当缩小指令性计划的范围，适当扩大指导性计划的范围。对关系国计民生的重要产品中需要由国家调拨分配的部分，对关系全局的重大经济活动，实行指令性计划；对其他大量产品和经济活动，根据不同情况，分别实行指导性计划或完全由市场调节。计划工作的重点要转到中期和长期计划上来，适当简化年度计划，并相应改革计划方法，充分重视经济信息和预测，提高计划的科学性。

五、建立合理的价格体系，充分重视经济杠杆的作用

我国现行的价格体系，由于过去长期忽视价值规律的作用和其他历史原因，存在着相当紊乱的现象，不少商品的价格既不反映价值，也不反映供求关系。不改革这种不合理的价格体系，就不能正确评价企业的生产经营效果，不能保障城乡物资的顺畅交流，不能促进技术进步和生产结构、消费结构的合理化，就必然造成社会劳动的巨大浪费，也会严重妨碍按劳分配原则的贯彻执行。随着企业自主权的进一步扩大，价格对企业生产经营活动的调节作用越来越显著，建立合理的价格体系更为急迫。各项经济体制的改革，包括计划体制和工资制度的改革，它们的成效都在很大程度上取决于价格体系的改革。价格是最有效的调节手段，合理的价格是保证国民经济活而不乱的重要条件，价格体系的改革是整个经济体制改革成败的关键。

当前我国价格体系不合理的主要表现是：同类商品的质量差价没有拉开；不同商品之间的比价不合理，特别是某些矿产品和原材料价格偏低；主要农副产品的购销价格倒挂，销价低于国家购价。必须从现在起采取措施，逐步改变这种状况。

价格体系的不合理，同价格管理体制的不合理有密切的关系。在调整价格的同时，必须改革过分集中的价格管理体制，逐步缩小国家统一定价的范围，适当扩大有一定幅度的浮动价格和自由价格的范围，使价格能够比较灵敏地反映社会劳动生产率和市场供求关系的变化，比较好地符合国民经济发展的需要。

改革价格体系关系国民经济的全局，涉及千家万户，一定要采取十分慎重的态度，根据生产的发展和国家财力负担的可能，在保证人民实际收入逐步增加的前提下，制定周密的切实可行的方案，有计划有步骤地进行。改革的原则是：第一、按照等价交换的要求和供求关系的变化，调整不合理的比价，该降的降，该升的升；第二、在提高部分矿产品和原材料价格的时候，加工企业必须大力降低消耗，使由于矿产品和原材料价格上涨而造成的成本增高基本上在企业内部抵销，少部分由国家减免税收来解决，避免因此提高工业消费品的市场销售价格；第三、在解决农副产品购销价格倒挂和调整消费品价格的时候，必须采取切实的措施，确保广大城乡居民的实际收入不因价格的调整而降低。同时，随着生产的发展和经济效益的提高，职工工资还要逐步提高。必须向群众广泛宣传，我们在生产发展和物资日益丰富的条件下，主动改革价格体系，解决各种比价不合理的问题，决不会引起物价的普遍轮番上涨。这种改革，是进一步发展生产的迫切需要，是符合广大消费者的根本利益的。一切企业都应该通过大力改善经营管理来提高经济效益，而决不应该把增加企业收入的希望寄托在涨价上。决不允许任何单位和任何人趁改革之机任意涨价，人为地制造涨价风，扰乱社会主义市场，损害国家和消费者的利益。

在改革价格体系的同时，还要进一步完善税收制度，改革财政体制和金融体制。越是搞活经济，越要重视宏观调节，越要善于在及时掌握经济动态的基础上综合运用价格、税收、信贷等经济杠杆，以利于调节社会供应总量和需求总量、积累和消费等重大比例关系，调节财力、物力、和人力的流向，调节产业结构和生产力的布局，调节市场供求，调节对外经济往来，等等。我们过去习惯于用行政手段推动经济运行，而长期忽视运用经济杠杆进行调节。学会掌握经济杠杆，并且把领导经济工作的重点放到这一方面来，应该成为各级经济部门特别是综合经济部门的重要任务。

六、实行政企职责分开，正确发挥政府机构管理经济的职能

在无产阶级和全体人民掌握了国家政权以后，领导和组织经济建设就成为国家机构的一项基本职能。建国三十多年来，总的来说，我们的国家机构履行了这方面的职责，起了重大的作用。但是，国家机构特别是政府部门究竟怎样才能更好地领导和组织经济建设，以适应国民经济和社会发展的要求，还是一个需要认真加以解决的问题。过去由于长期政企职责不分，企业实际上成了行政机构的附属物，中央和地方政府包揽了许多本来不应由它们管的事，而许多必须由它们管的事又未能管好。加上条块分割，互相扯皮，使企业工作更加困难。这种状况不改变，就不可能发挥基层和企业的积极性，不可能有效地促进企业之间的合作、联合和竞争，不可能发展社会主义的统一市场，而且势必严重削弱政府机构管理经济的应有作用。因此，按照政企职责分开、简政放权的原则进行改革，是搞活企业和整个国民经济的迫切需要。

根据多年来的实践经验，政府机构管理经济的主要职能应该是：制订经济和社会发展的战略、计划、方针和政策；制订资源开发、技术改造和智力开发的方案；协调地区、部门、企业之间的发展计划和经济关系；部署重点工程特别是能源、交通和原材料工业的建设；汇集和传布经济信息，掌握和运用经济调节手段；制订并监督执行经济法规；按规定的范围任免干部；管理对外经济技术交流和合作，等等。这些职能，需要各级政府付出极大努力来履行，而过去有些没有做好，有的还没有做。但就政府和企业的关系来

说，今后各级政府部门原则上不再直接经营管理企业。至于少数由国家赋予直接经营管理企业责任的政府经济部门，也必须按照简政放权的精神，正确处理同所属企业的关系，以增强企业和基层自主经营的活力，避免由于高度集中可能带来的弊端。全国性和地区性的公司，是在国民经济发展的需要和企业互有需要的基础上建立的联合经济组织，它们必须是企业而不是行政机构，不能因袭过去的一套办法，而必须学会现代科学管理方法。

实行政企职责分开以后，要充分发挥城市的中心作用，逐步形成以城市特别是大、中城市为依托的，不同规模的，开放式、网络型的经济区。在进行这种改革的时候，有必要提起各城市的领导同志们注意，城市政府也必须实行政企职责分开，简政放权，不要重复过去那种主要依靠行政手段管理企业的老做法，以免造成新的条块分割。城市政府应该集中力量做好城市的规划、建设和管理，加强各种公用设施的建设，进行环境的综合整治，指导和促进企业的专业化协作、改组联合、技术改造和经营管理现代化，指导和促进物资和商品的合理流通，搞好文教、卫生、社会福利事业和各项服务事业，促进精神文明的建设和创造良好的社会风气，搞好社会治安。同时，城市政府还应该根据国民经济发展的总体要求和当地的条件，做好中长期的经济和社会发展规划。

社会主义企业之间的关系，首先是互相协作、互相支援的关系，但这种关系并不排斥竞争。长期以来，人们往往把竞争看成是资本主义特有的现象，其实，只要有商品生产，就必然有竞争，只不过在不同的社会制度下竞争的目的、性质、范围和手段不同。社会主义企业之间的竞争，同资本主义条件下的弱肉强食根本不同，它是在公有制基础上，在国家计划和法令的管理下，在为社会主义现代化建设服务的前提下，让企业在市场上直接接受广大消费者的评判和检验，优胜劣汰。这样做，有利于打破阻碍生产发展的封锁和垄断，及时暴露企业的缺点，促使企业改进生产技术和经营管理，推动整个国民经济和社会主义事业的发展。竞争中可能出现某些消极现象和违法行为，各级有关领导机关对此必须保持清醒头脑，加强教育和管理，认真注意解决好这方面的问题。

经济体制的改革和国民经济的发展，使越来越多的经济关系和经济活动准则需要用法律形式固定下来。国家立法机关要加快经济立法，法院要加强经济案件的审判工作，检察院要加强对经济犯罪行为的检察工作，司法部门要积极为经济建设提供法律服务。

实行政企职责分开、简政放权，是社会主义上层建筑的一次深刻改造。体制改了，组织机构和思想作风也要改。要坚定不移地按照为人民服务和精简、统一、效能的原则，改造机关作风，提高工作人员的素质。要改变那种长期形成的领导机关不是为基层和企业服务，而是让基层和企业围着领导机关转的局面，扫除机构重叠、人浮于事、职责不明、互相扯皮的官僚主义积弊，使各级领导机关把自己的全部工作切实转移到为发展生产服务，为基层和企业服务，为国家的繁荣强盛和人民的富裕幸福服务的轨道上来。

七、建立多种形式的经济责任制，认真贯彻按劳分配原则

这几年城市改革的试验充分表明，农村实行承包责任制的基本经验同样适用于城市。为了增强城市企业的活力，提高广大职工的责任心和充分发挥他们的主动性、积极性、创造性，必须在企业内部明确对每个岗位、每个职工的工作要求，建立以承包为主的多种形式的经济责任制。这种责任制的基本原则是：责、权、利相结合，国家、集体、个人利益相统一，职工劳动所得同劳动成果相联系。在把农村经验运用到城市中来的时候，必须考虑城市企业的特点，不应该也不可能照搬农村的具体做法。由于行业性质、企业规模和生产条件各不相同，城市企业实行责任制也不可能有划一的模式。这就要求我们的同志，特别是企业的领导同志，坚持一切从实际出发，在实践中逐步创造出适合自己情况的具体形式，使承包责任制在城市生根、开花、结果。

现代企业分工细密，生产具有高度的连续性，技术要求严格，协作关系复杂，必须建立统一的、强有力的、高效率的生产指挥和经营管理系统。只有实行厂长（经理）负责制，才能适应这种要求。企业中党的组织要积极支持厂长行使统一指挥生产经营活动的职权，保证和监督党和国家各项方针政策的贯彻执行，加强企业党的思想建设和组织建设，加强对企业工会、共青团组织的领导，做好职工思想政治工作。在实行厂长负责制的同时，必须健全职工代表大会制度和各项民主管理制度，充分发挥工会组织和职工代表在审议企业重大决策、监督行政领导和维护职工合法权益等方面的权力和作用，体现工人阶级的主人翁地位。这是社会主义企业的性质所决定的，绝对不容许有任何的忽视和削弱。

随着利改税的普遍推行和企业多种形式经济责任制的普遍建立，按劳分配的社会主义原则将得到进一步的贯彻落实。这方面已经采取的一个重大步骤，就是企业职工奖金由企业根据经营状况自行决定，国家只对企业适当征收超限额奖金税。今后还将采取必要的措施，使企业职工的工资和奖金同企业经济效益的提高更好地挂起钩来。在企业内部，要扩大工资差距，拉开档次，以充分体现奖勤罚懒、奖优罚劣，充分体现多劳多得，少劳少得，充分体现脑力劳动和体力劳动、复杂劳动和简单劳动、熟练劳动和非熟练劳动、繁重劳动和非繁重劳动之间的差别。当前尤其要改变脑力劳动报酬偏低的状况。国家机关、事业单位也要改革工资制度，改革的原则是使职工工资同本人肩负的责任和劳绩密切联系起来。在企业、国家机关和事业单位改革工资制度的同时，还要加快劳动制度的改革。

长期以来在消费资料的分配问题上存在一种误解，似乎社会主义就是要平均，如果一部分社会成员的劳动收入比较多，出现了较大的差别，就认为是两极分化，背离社会主义。这种平均主义思想，同马克思主义关于社会主义的科学观点是完全不相容的。历史的教训告诉我们：平均主义思想是贯彻执行按劳分配原则的一个严重障碍，平均主义的泛滥必然破坏社会生产力。当然，社会主义社会要保证社会成员物质、文化生活水平的逐步提高，达到共同富裕的目标。但是，共同富裕决不等于也不可能是完全平均，决不等于也不可能是所有社会成员在同一时间以同等速度富裕起来。如果把共同富裕理解为完全平均和同步富裕，不但做不到，而且势必导致共同贫穷。只有允许和鼓励一部分地区、一部分企业和一部分人依靠勤奋劳动先富起来，才能对大多数人产生强烈的吸引和鼓舞作用，并带动越来越多的人一浪接一浪地走向富裕。与此同时，我们必须对老弱病残、鳏寡孤独等实行社会救济，对还没有富裕起来的人积极扶持，对经济还很落后的一部分革命老根据地、少数民族地区、边远地区和其他贫困地区实行特殊的优惠政策，并给以必要的物质技术支援。由于一部分人先富起来产生的差别，是全体社会成员在共同富裕道路上有先有后、有快有慢的差别，而绝不是那种极少数人变成剥削者，大多数人陷于贫穷的两极分化。鼓励一部分人先富起来的政策，是符合社会主义发展规律的，是整个社会走向富裕的必由之路。

艰苦奋斗、勤俭建国是我们在长期革命和建设中形成的优良传统，任何时候都不能丢掉这个传统。在新时期坚持这个传统，主要是发扬不怕任何困难，为祖国为人民顽强奋斗的献身精神，在各项生产和建设事业中十分注意节约，反对挥霍国家资财的行为，力求避免造成浪费的决策错误，而不应该把坚持这个传统错误地理解为可以忽视人民消费的应有增长。按照马克思主义的基本原理，生产是整个经济活动的起点和居于支配地位的要素，它决定消费，而消费的增长又是产生新的社会需求，开拓广阔的市场，促进生产更大发展的强大推动力，在这个意义上，消费又决定生产。我们一定要在生产发展、经济效益提高、国家财政收入稳定增长和正确处理积累消费关系的前提下，使我国职工的工资收入逐步有较大的提高，使人民的消费逐步有较大的增长。不顾生产发展的可能提出过高的消费要求，是不对的；在生产发展允许的限度内不去适当增加消费而一味限制消费，也是不对的。

八、积极发展多种经济形式，进一步扩大对外的和国内的经济技术交流

我们要迅速发展各项生产建设事业，较快实现国家繁荣富强和人民富裕幸福，必须调动一切积极因素，在国家政策和计划的指导下，实行国家、集体、个人一起上的方针，坚持发展多种经济形式和多种经营方式；在独立自主、自力更生、平等互利、互守信用的基础上，积极发展对外经济合作和技术交流。

全民所有制经济是我国社会主义经济的主导力量，对于保证社会主义方向和整个经济的稳定发展起着决定性的作用，但是全民所有制经济的巩固和发展决不应以限制和排斥其他经济形式和经营方式的发展为条件。集体经济是社会主义经济的重要组成部分，许多领域的生产建设事业都可以放手依靠集体来兴办。我国现在的个体经济是和社会主义公有制相联系的，不同于和资本主义私有制相联系的个体经济，它对于发展社会生产、方便人民生活、扩大劳动就业具有不可代替的作用，是社会主义经济必要的有益的补充，是从属于社会主义经济的。当前要注意为城市和乡镇集体经济和个体经济的发展扫除障碍，创造条件，并给予法律保护。特别是在以劳务为主和适宜分散经营的经济活动中，个体经济应该大力发展。同时，要在自愿互利的基础上广泛发展全民、集体、个体经济相互之间灵活多样的合作经营和经济联合，有些小型全民所有制企业还可以租给或包给集体或劳动者个人经营。坚持多种经济形式和经营方式的共同发展，是我们长期的方针，是社会主义前进的需要，决不是退回到建国初期那种社会主义公有制尚未在城乡占绝对优势的新民主主义经济，决不会动摇而只会有利于巩固和发展我国的社会主义经济制度。

马克思、恩格斯早在《共产党宣言》中就指出，由于资本主义的发展开拓了世界市场，过去那种地方的和民族的自给自足的闭关自守状态已经被各民族的各方面的互相往来所代替，一切国家的生产和消费都已成为世界性的了。在当代，生产力和科学技术的发展更加迅速，尽管国际关系错综复杂，矛盾重重，但从总的方面来说，国际性的经济技术联系仍然很密切，闭关自守是不可能实现现代化的。十一届三中全会以来，我们把对外开放作为长期的基本国策，作为加快社会主义现代化建设的战略措施，在实践中已经取得显著成效。今后必须继续放宽政策，按照既要调动各方面的积极性、又要实行统一对外的原则改革外贸体制，积极扩大对外经济技术交流和合作的规模，努力办好经济特区，进一步开放沿海港口城市。利用外资，吸引外商来我国举办合资经营企业、合作经营企业和独资企业，也是对我国社会主义经济必要的有益的补充。我们一定要充分利用国内和国外两种资源，开拓国内和国外两个市场，学会组织国内建设和发展对外经济关系两套本领。

对外要开放，国内各地区之间更要互相开放。经济比较发达地区和比较不发达的地区，沿海、内地和边疆，城市和农村，以及各行业各企业之间，都要打破封锁，打开门户，按照扬长避短、形式多样、互利互惠、共同发展的原则，大力促进横向经济联系，促进资金、设备、技术和人才的合理交流，发展各种经济技术合作，联合举办各种经济事业，促进经济结构和地区布局的合理化，加速我国现代化建设的进程。

九、起用一代新人，造就一支社会主义经济管理干部的宏大队伍

经济体制的改革和国民经济的发展，迫切需要大批既有现代化的经济、技术知识，又有革新精神，勇于创造，能够开创新局面的经营管理人才，特别是企业管理干部。现在的问题是，我们的经济管理干部队伍的状况同这个要求很不适应。这支队伍中的大批老同志，在长期的艰苦奋斗中，为我国社会主义经济建设作出了重大贡献。他们表现出来的优良作风、组织才能和恪守党内生活准则的坚定性，教育和影响着广大中青年干部。但是，他们大都已到老年，不能要求他们再担负繁重的领导工作。当前的迫切任务是，大胆起用和积极培养成千上万中青年经济管理干部。

应该看到，在经济建设的实践中，特别是在整党中，在经济体制改革中，已经和正在成长大批优秀人才。各级党委一定要细心地深入地去发现和考察他们，务必不要为那些过时的老观念老框框所束缚，务必不要搞烦琐哲学、求全责备，务必不要受派性和种种闲言碎语的干扰。只要我们这样做了，大批优秀干部就会出现在我们面前。当然，中青年干部有缺乏领导经验的问题，但这种经验可以而且必然能够在实际锻炼中逐步取得，决不能以缺乏经验为理由压抑年轻干部。对经验应该采取分析态度。我们的同志在过去革命和建设中积累起来的正反两方面的丰富经验是十分宝贵的，但是在新时期的崭新任务面前，不论老中青干部，总的来说都缺乏现代化建设所需要的新知识新经验，都要重新认识自己，都要重新学习。那种抱残守缺，老是停留在过了时的经验上的态度，是不对的。

中央要求，在一九八五年底以前完成企业领导班子特别是骨干企业领导班子的调整任务，并且订出规划，采取切实措施，在不太长的时间内，造就出大批能够卓有成效地组织和指挥企业生产和经营的厂长（经理），能够有力地加强企业的技术管理、推动技术进步的总工程师，能够切实加强企业经营、提高经济效益的总经济师，能够严格维护财经纪律、精打细算、开辟财源的总会计师，能够坚持正确的政治方向、团结企业广大职工的党委书记，形成一支包括这些人才在内的，门类齐全、成龙配套的社会主义经济管理干部和技术干部的宏大队伍。

中央已经多次指出，进行社会主义现代化建设必须尊重知识，尊重人才，同一切轻视科学技术、轻视智力开发、轻视知识分子的思想和行为作斗争，坚决纠正许多地方仍然存在的歧视知识分子的状况，采取有力措施提高知识分子的社会地位，改善他们的工作条件和生活待遇。我们的一切改革，都必须有利于促进科学技术的进步，有利于调动各地区、各部门、各单位和个人进行智力开发的积极性，有利于鼓励广大青少年，广大工人、农民和知识分子加速提高文化技术水平。对有重大发明创造和特殊贡献的，要给以重奖。

科学技术和教育对国民经济的发展有极其重要的作用。随着经济体制的改革，科技体制和教育体制的改革越来越成为迫切需要解决的战略性任务。中央将专门讨论这方面的问题，并作出相应的决定。

十、加强党的领导，保证改革的顺利进行

我国经济体制的改革，将在相当广阔的领域内和相当深刻的程度上展开。这个改革，关系国家的前途，关系亿万工人、农民、知识分子的切身利益，全党同志要站在改革这个时代潮流的前列。改革是极其复杂的、群众性的探索和创新的事业。以城市为重点的整个经济体制改革总的说来还处在积累经验的过程，广大干部不是都很熟悉，这就要求党和政府的各级领导机关保持清醒头脑，进行精心指导。要解放思想，实事求是，一切从实际出发，把党的方针政策同各地区、各部门、各单位的实际密切结合起来，创造性地贯彻执行。各少数民族地区的经济体制改革如何进行，尤其应该充分考虑本地区的特点。改革中的一切做法都要接受实践的检验，并在实践中总结出新的经验。失误总是难以完全避免的，但是要尽一切努力去避免那些可以避免的失误。当发生失误的时候，必须力求及时发现，坚决纠正，吸取教训，继续前进。改革的步骤要积极而稳妥，看准了的坚决改，看准一条改一条，看不准的先试点，不企图毕其功于一役。全国性重大改革的实施，由国务院统一部署。要鼓励各地区、各部门和各单位进行改革的探索和试验，但一切涉及全局或广大范围的改革要经国务院批准才能进行。

明年将有更多地方和大批企业的党组织进入整党。改革工作要与整党密切结合起来，以整党促进经济，以经济检验整党。在进行改革的同时，必须加强对整党的领导，切实保证整党不走过场。越是搞活经济、搞活企业，就越要注意抵制资本主义思想的侵蚀，越要注意克服那种利用职权谋取私利的腐败现象，克服一切严重损害国家和消费者利益的行为，就越要加强党风党纪的建设，维护和健全党内健康的、正确的政治生活。在新的时期，党的思想工作和组织工作必须坚定地贯彻执行为实现党的总任务、总目标服务，密切结合经济建设和经济体制改革的实际来进行的指导方针。对于锐意改革的干部和群众，要采取积极支持的态度。对于在改革中出现的偏差和错误，除了严重违法乱纪者必须依法处理外，都要采取疏导的方针，批评教育帮助的方针，而不要戴政治帽子。改革问题上的不同主张和不同理论观点，可以展开讨论。不要在干部和群众中分什么"改革派"、"保守派"，要相信思想一时跟不上形势的同志会在改革的实践中提高认识。农村经济体制改革经过五年时间，许多原来抱怀疑态度的同志都在事实的教育下转变过来。中央在指导农村经济体制改革中坚持耐心教育的方针，保证了改革的顺利进行。这是在重大政策问题上解决党内思想认识问题的极为宝贵的经验，今后一定要坚持这样做。要结合改革的实际，对广大党员和群众进行关于改革的理论和政策的生动教育，使他们充分认识具有中国特色的社会主义应该充满活力，既区别于过去那种僵化的模式，又与资本主义根本不同，加深对社会主义的科学理解，自觉投身于改革的伟大实践。

经济体制的改革，不仅会引起人们经济生活的重大变化，而且会引起人们生活方式和精神状态的重大变化。社会主义物质文明和精神文明的建设要一起抓,这是我们党坚定不移的方针。在创立充满生机和活力的社会主义经济体制的同时,要努力在全社会形成适应现代生产力发展和社会进步要求的、文明的、健康的、科学的生活方式,摒弃那些落后的、愚昧的、腐朽的东西;要努力在全社会振奋起积极的、向上的、进取的精神,克服那些安于现状、思想懒惰、惧怕变革、墨守陈规的习惯势力。这样的生活方式和精神状态,是社会主义精神文明建设的重要内容,是推进经济体制改革和物质文明建设的巨大力量。毛泽东同志说过:人类总是不断发展的,自然界也总是不断发展的,永远不会停止在一个水平上。人类总得不断地总结经验,有所发现,有所发明,有所创造,有所前进。停止的论点,悲观的论点,无所作为和骄傲自满的论点,都是错误的。其所以是错误,因为这些论点不符合人类社会发展的历史事实,也不符合自然界发展的历史事实。毛泽东同志的这段话,生动地表达了马克思主义的世界观和历史观的一个根本观点。中国共产党人以不断推动社会发展和进步为自己的历史使命。在反动统治下,我们党领导广大人民群众进行革命,为推翻旧制度而奋斗;在人民当家作主的社会主义制度下,我们党领导广大人民群众自觉地进行改革,为建设高度文明、高度民主的社会主义现代化强国而奋斗。

当前改革的形势很好。广大群众在改革的实践中有伟大的创造。依靠群众的智慧和力量,坚持四项基本原则,我们的改革一定能够取得成功,党的十二大确定的总任务和总目标一定能够胜利实现。

国务院关于沿海地区发展外向型经济的若干补充规定 [1]

（1988年3月23日）

各省、自治区、直辖市人民政府，国务院各部委、各直属机构：

为实施我国沿海地区的经济发展战略，适应大进大出，发展外向型经济的需要，在继续执行国务院关于加快和深化外贸体制改革、鼓励外商投资、发展来料加工装配以及沿海开放地区各项政策规定的基础上，对经济特区、沿海开放城市和经济开放区等沿海地区的有关政策，作如下补充规定：

一、扩大沿海地区吸收外商直接投资的审批权限

在沿海地区举办中外合资经营企业、中外合作经营企业，凡属符合国家指导吸收外商投资方向规定的生产性项目，建设和生产经营条件以及外汇收支不需要国家综合平衡，产品出口不涉及配额、许可证的，天津、上海、广东、福建、海南和北京仍按原规定，投资总额在三千万美元以下的项目由省（市）自行审批；辽宁、河北、山东、江苏、浙江和广西的自行审批权限，由原规定的投资总额五百万美元以下或一千万美元以下，扩大到投资总额在三千万美元以下的项目；经济特区的审批权限由原规定的轻工业三千万元、重工业五千万元以下，扩大到投资总额在三千万美元以下的项目。沿海省、自治区、直辖市所辖市、县的审批权限，由各省、自治区、直辖市人民政府在上述权限范围内自行规定。地方审批的项目

---

[1] 《国务院关于沿海地区发展外向型经济的若干补充规定》，中国政府网，2012年02月21日。

应报国家计委和经贸部备案。

在沿海地区举办外资企业，除国发〔1985〕90号文件规定的统一归口的项目外，也按上列审批权限办理。

二、鼓励采用中外合资、合作方式加快老企业技术改造

沿海地区的国营企业和集体企业，可以以现有的场地、厂房、设备、工业产权和企业自有资金等作为出资，也可以将国家安排用于企业技术改造的资金（包括外汇和人民币）作为出资，采取与外商合资经营方式进行技术改造，引进先进技术，发展出口产品或替代进口产品。国营企业和集体企业也可以采取与外商合作经营的方式进行技术改造；也可以将多余的场地、厂房、设备出租给外商投资企业。

国营企业和集体企业改变为中外合资经营企业或中外合作经营企业后，对企业多余的职工应按照有关劳动法规合理安排，也可以保持原企业的法人地位，用从合营企业分得的利润或获得的租金，发展其他生产经营，安置多余的劳动力。

三、下放外贸企业审批权

沿海省、自治区、直辖市人民政府的对外经贸部门可以批准成立经营本省、自治区、直辖市进出口业务的外贸企业，并授予其外贸经营权；可以批准有条件承担承包出口任务的企业或企业集团经营本企业所需的设备、原材料、零部件等进口和产品、技术出口业务，并授予其外贸经营权；在征求驻外使馆意见后，可以批准在国外（不含港澳地区、未建交国家和苏联、东欧国家）设立企业或企业分支机构以及在国外举办洽谈会、展销会等经贸活动。对外经济贸易部应制定有关的审批管理办法。

四、改进进料加工出口的原材料管理

沿海地区企业为发展进料加工出口，进口的原材料、零部件等，包括属于国家限制进口产品的成套散件，由省辖市一级政府的对外经贸主管部门审批，海关凭批准文件和合同验放。其中属于国家实行许可证管理的商品，免领进口许可证；属于国家规定统一代理订货的九种进口商品，各地在订货时，应与负责统一订货的进出口总公司协调价格。

进料加工出口企业，可以在互利的原则下，与原料产地建立各种形式的协作关系；也可以用外汇，按不高于出口离岸价，购买外贸公司准备出口的原材料或初级产品，进行深加工后出口。

五、改进和完善对进料加工出口的海关监管

沿海地区企业进料加工出口所用的原材料、零部件等，按实际加工出口的数量免征进口关税和进口环节的产品税或增值税。加工的产品出口，免征出口关税。

海关对沿海地区发展进料加工出口区别不同情况进行有效监管。大力推行保税工厂管理办法，在进料加工出口业务集中的市、县，可以设立保税仓库。对不具备保税监管条件的进料加工，仍实行按一定比例作为不能出口部分予以征税，事后按实核销的办法。

要坚决防止"大进小出"或"只进不出"。为进料加工出口而进口的原材料、零部件等，都应加工出口。海关应完善核销制度，简化手续。因故必须转为内销的，需经批准进口的主管部门核准和海关许可，并补征进口关税和进口环节产品税或增值税。属于国家限制进口或实行进口许可证管理的产品，须按国家有关规定补办进口批件或进口许可证，照章补税后方准内销。加工过程中产生的副次品、边角余料允许内销，由海关合理估价补税。

六、合理安排外汇周转资金

沿海地区发展出口所需增加的外汇周转资金，主要从地方和企业的留成外汇中筹措，中国银行和其他经营外汇业务的金融机构应适当增加沿海地区的外汇贷款指标。

沿海省、自治区、直辖市为发展出口所需的外汇周转资金确有不足又有偿还能力的，可报请中国人民银行，在国家下达的对外借款指标外，核定一个短期借款（一年内的商业借款）的额度。在此额度内借款，不再逐笔报中国人民银行审批，并可在偿还后根据需要再借，实行余额外债管理。

七、收汇实行先还贷后分成

利用国内外外汇贷款开发的项目，新增加的出口收汇或替代进口收汇，可以先还贷，后分成。

八、进一步搞活外汇调剂

沿海地区可以在开放的省辖市设立外汇调剂中心。各类留成外汇、外商投资企业的外汇以及国家外汇管理局准许调剂的其他外汇，都可以通过外汇调剂中心相互调剂。省、自治区、直辖市之间可以互相协商调剂外汇，也可以通过全国外汇调剂中心调剂。调剂价格可以根据外汇的供求状况浮动，必要时由国家外汇管理局规定最高限价。

九、建立出口风险基金

沿海省、自治区、直辖市有条件的地方，可以组织出口企业试办出口风险基金，对由于国际市场变化而造成经营困难的企业进行帮助。基金可按企业的出口收购额或出口收益的一定比例在一定年限内提取，周转使用。具体提取办法由省、自治区、直辖市人民政府规定，报经贸部、财政部备案。

十、为发展外向型经济提供运输保障

沿海省、自治区、直辖市和经济特区可以采取集资、联营、自营等方式，建立或扩大船队，发展近远洋运输，发展铁路、公路、水运、航空多式联运。

船舶运输、港口装卸和船运、货运代理网点的设置，要适应运输和方便用户的需要，在加强管理、统一对外的前提下，允许多家经营和互相兼营，并按同等条件优先的原则，多用国轮运输。

十一、简化国内外商务人员出入境手续

沿海地区有对外经营权的外贸企业、大中型企业或企业集团和加工出口企业、劳务承包工程企业的人员，以及外商投资企业的中方人员，因业务洽谈、采购、推销、售后服务等商务活动出国，由沿海省、自治区、直辖市人民政府授权省辖市一级人民政府和经济特区的人民政府（管理委员会）负责审批，政治审查也由同级政府的人事部门负责办理。一年内再次出国，授权企业自行审批，不再进行政审，不再填写《再次出国人员审查表》。

凡邀请与我国有外交关系或官方贸易往来关系的国家（地区）的非官方人员来华进行经济贸易或科技交流活动，均授权沿海地区的省辖市一级人民政府自行审批。

十二、组织科技力量为发展外向型经济服务

沿海地区各级人民政府应当采取积极有效措施，发挥沿海地区科技水平较高的优势，推动科技与经济密切结合。鼓励、组织科技人员到中小企业服务，到乡镇企业服务，也可以租赁、承包经营乡镇企业。支持和允许科研单位和科技人员创办科技企业和以自有的专利技术、科研成果、技术诀窍等工业产权、知识产权入股经营，发展科研生产联合体，开发出口产品和创汇农业。

十三、注重勤俭节约，讲求经济效益

沿海地区发展外向型经济要充分发挥现有企业的生产经营潜力，充分利用现有场地、厂房、设备，搞加工，搞组装，搞出口。一般暂不搞新的工业区或出口加工区。有些地方结合城市建设规划、乡镇建设规划，开发工业小区的，要适当控制规模，量力而行，所需的资金由地方政府自筹。

十四、本规定自下达之日起执行。

中共中央关于建立社会主义市场经济体制若干问题的决定（节选）[①]

（中国共产党第十四届中央委员会第三次全体会议
1993年11月14日通过）

为贯彻落实党的第十四次全国代表大会提出的经济体制改革的任务，加快改革开放和社会主义现代化建设步伐，十四届中央委员会第三次全体会议讨论了关于建立社会主义市场经济体制的若干重大问题，并作出如下决定。

一、我国经济体制改革面临的新形势和新任务

（1）在邓小平同志建设有中国特色社会主义的理论指导下，经过十多年改革，我国经济体制发生了巨大变化。以公有制为主体的多种经济成份共同发展的格局初步形成，农村经济体制改革不断深入，国有企业经营机制正在转换，市场在资源配置中的作用迅速扩大，对外经济技术交流与合作广泛展开，计划经济体制逐步向社会主义市场经济体制过渡。改革解放和发展了社会生产力，推动我国经济建设、人民生活和综合国力上了一个大台阶。在国际风云急剧变幻的情况下，中国的社会主义制度显示了强大的生命力。改革开放是党和人民在认真总结历史经验的基础上，作出的符合社会经济发展规律的战略决策，是我国实现现代化的必由之路。

以邓小平同志1992年年初重要谈话和党的十四大为标志，我

[①]《中共中央关于建立社会主义市场经济体制若干问题的决定》，《中华人民共和国国务院公报》，1993年28期。

国改革开放和现代化建设事业进入了一个新的发展阶段。十四大明确提出的建立社会主义市场经济体制，这是建设有中国特色社会主义理论的重要组成部分，对于我国现代化建设事业具有重大而深远的意义。在本世纪末初步建立起新的经济体制，是全党和全国各族人民在新时期的伟大历史任务。

（2）社会主义市场经济体制是同社会主义基本制度结合在一起的。建立社会主义市场经济体制，就是要使市场在国家宏观调控下对资源配置起基础性作用。为实现这个目标，必须坚持以公有制为主体、多种经济成份共同发展的方针，进一步转换国有企业经营机制，建立适应市场经济要求、产权清晰、权责明确、政企分开、管理科学的现代企业制度；建立全国统一开放的市场体系，实现城乡市场紧密结合，国内市场与国际市场相互衔接，促进资源的优化配置；转变政府管理经济的职能，建立以间接手段为主的完善的宏观调控体系，保证国民经济的健康运行；建立以按劳分配为主体，效率优先、兼顾公平的收入分配制度，鼓励一部分地区一部分人先富起来，走共同富裕的道路；建立多层次的社会保障制度，为城乡居民提供同我国国情相适应的社会保障，促进经济发展和社会稳定。这些主要环节是相互联系和相互制约的有机整体，构成社会主义市场经济体制的基本框架。必须围绕这些主要环节，建立相应的法律体系，采取切实措施，积极而有步骤地全面推进改革，促进社会生产力的发展。

（3）建立社会主义市场经济体制是一项前无古人的开创性事业，需要解决许多极其复杂的问题。十五年来，我们已经走出一条卓有成效的改革之路，积累了丰富经验。实践证明，毫不动摇地坚持邓小平同志建设有中国特色社会主义的理论，坚持党在社会主义初级阶段的基本路线，我们就能够经受各种考验，顺利实现改革开放和现代化建设的宏伟目标。

在建立社会主义市场经济体制的进程中，我们应当在党的基本理论和基本路线指引下，始终坚持以是否有利于发展社会主义社会的生产力，是否有利于增强社会主义国家的综合国力，是否有利于提高人民的生活水平，作为决定各项改革措施取舍和检验其得失的根本标准，注意把握好以下几点：

——解放思想，实事求是。要转变计划经济的传统观念，提倡积极探索，敢于试验。既继承优良传统，又勇于突破陈规，从中国国情出发，借鉴世界各国包括资本主义发达国家一切反映社会化生产和市场经济一般规律的经验。要警惕右，主要是防止"左"。

——以经济建设为中心，改革开放、经济发展和社会稳定相互促进，互相统一。发展是硬道理。只有抓住有利时机，深化改革，扩大开放，加快发展，才能巩固安定团结的政治局面。只有坚持四项基本原则，坚持两手抓，保持社会政治稳定，才能有力地保证改革开放和经济发展的顺利推进。在积极发展经济和改革开放的过程中，注意稳妥，避免大的损失和社会震动。

——尊重群众首创精神，重视群众切身利益。及时总结群众创造出来的实践经验，尊重群众意愿，把群众的积极性引导好、保护好、发挥好。在深化改革和发展经济的过程中，妥善处理积累和消费、全局和局部、长期利益和近期利益的关系，不断提高群众生活水平，使改革赢得广泛而深厚的群众基础。

——整体推进和重点突破相结合。改革从农村起步逐渐向城市拓展，实现城乡改革结合，微观改革与宏观改革相配套，对内搞活和对外开放紧密联系、相互促进，是符合中国国情的正确决策。重大的改革举措，根据不同情况，有的先制订方案，在经济体制的相关方面配套展开；有的先在局部试验，取得经验后再推广。既注意改革的循序渐进，又不失时机地在重要环节取得突破，带动改革全局。

二、转换国有企业经营机制，建立现代企业制度

（4）以公有制为主体的现代企业制度是社会主义市场经济体制的基础。十几年来，采取扩大国有企业经营自主权、改革经营方式等措施，增强了企业活力，为企业进入市场奠定了初步基础。继续深化企业改革，必须解决深层次矛盾，着力进行企业制度的创新，进一步解放和发展生产力，充分发挥社会主义制度的优越性。

建立现代企业制度，是发展社会化大生产和市场经济的必然要求，是我国国有企业改革的方向。其基本特征，一是产权关系明晰，企业中的国有资产所有权属于国家，企业拥有包括国家在内的出资者投资形成的全部法人财产权，成为享有民事权利、承担民事责任的法人实体。二是企业以其全部法人财产，依法自主经营，自负盈亏，照章纳税，对出资者承担资产保值增值的责任。三是出资者按投入企业的资本额享有所有者的权益，即资产受益、重大决策和选择管理者等权利。企业破产时，出资者只以投入企业的资本额对企业债务负有限责任。四是企业按照市场需求组织生产经营，以提高劳动生产率和经济效益为目的，政府不直接干预企业的生产经营活动。企业在市场竞争中优胜劣汰，长期亏损、资不抵债的应依法破产。五是建立科学的企业领导体制和组织管理制度，调节所有者、经营者和职工之间的关系，形成激励和约束相结合的经营机制。所有企业都要向这个方向努力。

（5）建立现代企业制度是一项艰巨复杂的任务，必须积累经验，创造条件，逐步推进。当前，要继续贯彻《全民所有制工业企业法》和《全民所有制工业企业转换经营机制条例》，把企业的各项权利和责任不折不扣地落到实处。加强国有企业财产的监督管理，实现企业国有资产保值增值。加快转换国有企业经营机制和企业组织结构调整的步伐。坚决制止向企业乱集资、乱摊派、乱收费。减轻企业办社会的负担。有步骤地清产核资，界定产权，清理债权债务，评估资产，核实企业法人财产占用量。从各方面为国有企业稳步地向现代企业制度转变创造条件。

（6）国有大中型企业是国民经济的支柱，推行现代企业制度，对于提高经营管理水平和竞争能力，更好地发挥主导作用，具有重要意义。现代企业按照财产构成可以有多种组织形式。国有企业实行公司制，是建立现代企业制度的有益探索。规范的公司，能够有效地实现出资者所有权与企业法人财产权的分离，有利于政企分开、转换经营机制，企业摆脱对行政机关的依赖，国家解除对企业承担的无限责任；也有利于筹集资金、分散风险。公司可以有不同的类型。具备条件的国有大中型企业，单一投资主体的可依法改组为独资公司，多个投资主体的可依法改组为有限责任公司或股份有限公司。上市的股份有限公司，只能是少数，必须经过严格审定。国有股权在公司中占有多少份额比较合适，可按不同产业和股权分散程度区别处理。生产某些特殊产品的公司和军工企业应由国家独资经营，支柱产业和基础产业中的骨干企业，国家要控股并吸收非国有资金入股，以扩大国有经济的主导作用和影响范围。实行公司制不是简单更换名称，也不是单纯为了筹集资金，而要着重于转换机制。要通过试点，逐步推行，绝不能搞形式主义，一哄而起。要防止把不具备条件的企业硬行改为公司。现有公司要按规范的要求加以整顿。

按照现代企业制度的要求，现有全国性行业总公司要逐步改组为控股公司。发展一批以公有制为主体，以产权联结为主要纽带的跨地区、跨行业的大型企业集团，发挥其在促进结构调整，提高规模效益，加快新技术、新产品开发，增强国际竞争能力等方面的重要作用。

一般小型国有企业，有的可以实行承包经营、租赁经营，有的可以改组为股份合作制，也可以出售给集体或个人。出售企业和股权的收入，由国家转投于急需发展的产业。

（7）改革和完善企业领导体制和组织管理制度。坚持和完善厂长（经理）负责制，保证厂长（经理）依法行使职权。实行公司制的企业，要按照有关法规建立内部组织机构。企业中的党组织要发挥政治核心作用，保证监督党和国家方针政策的贯彻执行。全心全意依靠工人阶级。工会与职工代表大会要组织职工参加企业的民主管理，维护职工的合法权益。要加强职工队伍建设，造就企业家队伍。形成企业内部权责分明、团结合作、相互制约的机制，调动各方面的积极性。

企业要按照市场经济的要求，完善和严格内部经营管理，严肃劳动纪律，加强技术开发、质量管理以及营销、财务和信息工作，提高决策水平、企业素质和经济效益。加强企业文化建设，培育优良的职业道德，树立敬业爱厂、遵法守信、开拓创新的精神。

（8）加强企业中的国有资产管理。对国有资产实行国家统一所有、政府分级监管、企业自主经营的体制。按照政府的社会经济管理职能和国有资产所有者职能分开的原则，积极探索国有资产管理和经营的合理形式和途径。加强中央和省、自治区、直辖市两级政府专司国有资产管理的机构。当前国有资产管理不善和严重流失的情况，必须引起高度重视。有关部门对其分工监管的企业国有资产要负起监督职责，根据需要可派出监事会，对企业的国有资产保值增值实行监督。严禁将国有资产低价折股，低价出售，甚至无偿分给个人。要健全制度，从各方面堵塞漏洞，确保国有资产及其权益不受侵犯。

（9）坚持以公有制为主体、多种经济成份共同发展的方针。在积极促进国有经济和集体经济发展的同时，鼓励个体、私营、外资经济发展，并依法加强管理。随着产权的流动和重组，财产混合所有的经济单位越来越多，将会形成新的财产所有结构。就全国来说，公有制在国民经济中应占主体地位，有的地方、有的产业可以有所差别。公有制的主体地位主要体现在国家和集体所有的资产在社会总资产中占优势，国有经济控制国民经济命脉及其对经济发展的主导作用等方面。公有制经济特别是国有经济，要积极参与市场竞争，在市场竞争中壮大和发展。国家要为各种所有制经济平等参与市场竞争创造条件，对各类企业一视同仁。现有城镇集体企业，也要理顺产权关系，区别不同情况可改组为股份合作制企业或合伙企业。有条件的也可以组建为有限责任公司。少数规模大、效益好的，也可以组建为股份有限公司或企业集团。

三、培育和发展市场体系

（10）发挥市场机制在资源配置中的基础性作用，必须培育和发展市场体系。当前要着重发展生产要素市场，规范市场行为，打破地区、部门的分割和封锁，反对不正当竞争，创造平等竞争的环境，形成统一、开放、竞争、有序的大市场。

（11）推进价格改革，建立主要由市场形成价格的机制。现在大部分商品价格已经放开，但少数生产资料价格双轨制仍然存在，生产要素价格的市场化程度还比较低，价格形成和调节机制还不健全。深化价格改革的主要任务是：在保持价格总水平相对稳定的前提下，放开竞争性商品和服务的价格，调顺少数由政府定价的商品和服务的价格；尽快取消生产资料价格双轨制；加速生产要素价格市场化进程；建立和完善少数关系国计民生的重要商品的储备制度，平抑市场价格。

（12）改革现有商品流通体系，进一步发展商品市场。在重要商品的产地、销地或集散地，建立大宗农产品、工业消费品和生产资料的批发市场。严格规范少数商品期货市场试点。国有流通企业要转换经营机制，积极参与市场竞争，提高经济效益，并在完善和发展批发市场中发挥主导作用。根据商品流通的需要，构造大中小相结合、各种经济形式和经营方式并存、功能完备的商品市场网络，推动流通现代化。

（13）当前培育市场体系的重点是，发展金融市场、劳动力市场、房地产市场、技术市场和信息市场等。

发展和完善以银行融资为主的金融市场。资本市场要积极稳妥地发展债券、股票融资。建立发债机构和债券信用评级制度，促进债券市场健康发展。规范股票的发行和上市，并逐步扩大规模。货币市场要发展规范的银行同业拆借和票据贴现，中央银行开展国债买卖。坚决制止和纠正违法违章的集资、拆借等融资活动。

改革劳动制度，逐步形成劳动力市场。我国劳动力充裕是经济发展的优势，同时也存在着就业的压力，要把开发利用和合理配置人力资源作为发展劳动力市场的出发点。广开就业门路,更多地吸纳城镇劳动力就业。鼓励和引导农村剩余劳动力逐步向非农产业转移和地区间的有序流动。发展多种就业形式,运用经济手段调节就业结构,形成用人单位和劳动者双向选择、合理流动的就业机制。

规范和发展房地产市场。我国地少人多,必须十分珍惜和合理使用土地资源,加强土地管理。切实保护耕地,严格控制农业用地转为非农业用地。国家垄断城镇土地一级市场。实行土地使用权有偿有限期出让制度,对商业性用地使用权的出让,要改变协议批租方式,实行招标、拍卖。同时加强土地二级市场的管理,建立正常的土地使用权价格的市场形成机制。通过开征和调整房地产税费等措施,防止在房地产交易中获取暴利和国家收益的流失。控制高档房屋和高消费游乐设施的过快增长。加快城镇住房制度改革,控制住房用地价格,促进住房商品化和住房建设的发展。

进一步发展技术、信息市场。引入竞争机制,保护知识产权,实行技术成果有偿转让,实现技术产品和信息商品化、产业化。

(14)发展市场中介组织,发挥其服务、沟通、公证、监督作用。当前要着重发展会计师、审计师和律师事务所,公证和仲裁机构,计量和质量检验认证机构,信息咨询机构,资产和资信评估机构等。发挥行业协会、商会等组织的作用。中介组织要依法通过资格认定,依据市场规则,建立自律性运行机制,承担相应的法律和经济责任,并接受政府有关部门的管理和监督。

(15)改善和加强对市场的管理和监督。建立正常的市场进入、市场竞争和市场交易秩序,保证公平交易,平等竞争,保护经营者和消费者的合法权益。坚决依法惩处生产和销售假冒伪劣产品、欺行霸市等违法行为。提高市场交易的公开化程度,建立有权威的市场执法和监督机构,加强对市场的管理,发挥社会舆论对市场的监督作用。

四、转变政府职能,建立健全宏观经济调控体系

(16)转变政府职能,改革政府机构,是建立社会主义市场经济体制的迫切要求。政府管理经济的职能,主要是制订和执行宏观调控政策,搞好基础设施建设,创造良好的经济发展环境。同时,要培育市场体系、监督市场运行和维护平等竞争,调节社会分配和组织社会保障,控制人口增长,保护自然资源和生态环境,管理国有资产和监督国有资产经营,实现国家的经济和社会发展目标。政府运用经济手段、法律手段和必要的行政手段管理国民经济,不直接干预企业的生产经营活动。

目前各级政府普遍存在机构臃肿,人浮于事,职能交叉,效率低下的问题,严重障碍企业经营机制的转换和新体制的建立进程,要按照政企分开,精简、统一、效能的原则,继续并尽早完成政府机构改革。政府经济管理部门要转变职能,专业经济部门要逐步减少,综合经济部门要做好综合协调工作,同时加强政府的社会管理职能,保证国民经济正常运行和良好的社会秩序。

(17)社会主义市场经济必须有健全的宏观调控体系。宏观调控的主要任务是:保持经济总量的基本平衡,促进经济结构的优化,引导国民经济持续、快速、健康发展,推动社会全面进步。宏观调控主要采取经济办法,近期要在财税、金融、投资和计划体制的改革方面迈出重大步伐,建立计划、金融、财政之间相互配合和制约的机制,加强对经济运行的综合协调。计划提出国民经济和社会发展的目标、任务,以及需要配套实施的经济政策;中央银行以稳定币值为首要目标，调节货币供应总量，并保持国际收支平衡；财政运用预算和税收手段，着重调节经济结构和社会分配。运用货币政策与财政政策，调节社会总需求与总供给的基本平衡，并与产业政策相配合，促进国民经济和社会的协调发展。

（18）积极推进财税体制改革。近期改革的重点，一是把现行地方财政包干制改为在合理划分中央与地方事权基础上的分税制，建立中央税收和地方税收体系。维护国家权益和实施宏观调控所必需的税种列为中央税；同经济发展直接相关的主要税种列为共享税；充实地方税税种，增加地方税收入。通过发展经济，提高效益，扩大财源，逐步提高财政收入在国民生产总值中的比重，合理确定中央财政收入和地方财政收入的比例。实行中央财政对地方的返还和转移支付的制度，以调节分配结构和地区结构，特别是扶持经济不发达地区的发展和老工业基地的改造。二是按照统一税法、公平税负、简化税制和合理分权的原则，改革和完善税收制度。推行以增值税为主体的流转税制度，对少数商品征收消费税，对大部分非商品经营继续征收营业税。在降低国有企业所得税税率，取消能源交通重点建设基金和预算调节基金的基础上，企业依法纳税，理顺国家和国有企业的利润分配关系。统一企业所得税和个人所得税，规范税率，扩大税基。开征和调整某些税种，清理税收减免，严格税收征管，堵塞税收流失。三是改进和规范复式预算制度。建立政府公共预算和国有资产经营预算，并可以根据需要建立社会保障预算和其他预算。要严格控制财政赤字。中央财政赤字不再向银行透支，而靠发行长短期国债解决。统一管理政府的国内外债务。

（19）加快金融体制改革。中国人民银行作为中央银行，在国务院领导下独立执行货币政策，从主要依靠信贷规模管理，转变为运用存款准备金率、中央银行贷款利率和公开市场业务等手段，调控货币供应量，保持币值稳定；监管各类金融机构，维护金融秩序，不再对非金融机构办理业务。银行业与证券业实行分业管理。组建货币政策委员会，及时调整货币和信贷政策。按照货币在全国范围流通和需要集中统一调节的要求，中国人民银行的分支机构为总行的派出机构，应积极创造条件跨行政区设置。

建立政策性银行，实行政策性业务与商业性业务分离。组建国家开发银行和进出口信贷银行，改组中国农业银行，承担严格界定的政策性业务。

发展商业性银行。现有的专业银行要逐步转变为商业银行，并根据需要有步骤地组建农村合作银行和城市合作银行。商业银行要实行资产负债比例管理和风险管理。规范与发展非银行金融机构。

中央银行按照资金供求状况及时调整基准利率，并允许商业银行存贷款利率在规定幅度内自由浮动。改革外汇管理体制，建立以市场为基础的有管理的浮动汇率制度和统一规范的外汇市场。逐步使人民币成为可兑换的货币。

实现银行系统计算机网络化，扩大商业汇票和支票等结算工具的使用面，严格结算纪律，提高结算效率，积极推行信用卡，减少现金流通量。

（20）深化投资体制改革。逐步建立法人投资和银行信贷的风险责任。竞争性项目投资由企业自主决策，自担风险，所需贷款由商业银行自主决定，自负盈亏。用项目登记备案制代替现行的行政审批制，把这方面的投融资活动推向市场，国家用产业政策予以引导。基础性项目建设要鼓励和吸引各方投资参与。地方政府负责地区性的基础设施建设。国家重大建设项目，按照统一规划，由国家开发银行等政策性银行，通过财政投融资和金融债券等渠道筹资，采取控股、参股和政策性优惠贷款等多种形式进行；企业法人对筹划、筹资、建设直至生产经营、归还贷款本息以及资产保值增值全过程负责。社会公益性项目建设，要广泛吸收社会各界资金，根据中央和地方事权划分，由政府通过财政统筹安排。

（21）加快计划体制改革，进一步转变计划管理职能。国家计划要以市场为基础，总体上应当是指导性的计划。计划工作的任务，是合理确定国民经济和社会发展的战略、宏观调控目标和产业政策，搞好经济预测，规划重大经济结构、生产力布局、国土整治和重点建设。计划工作要突出宏观性、战略性、政策性，把重点放到中长期计划上，综合协调宏观经济政策和经济杠杆的运用。建立新的国民经济核算体系，完善宏观经济监测预警系统。

（22）合理划分中央与地方经济管理权限，发挥中央和地方两个积极性。宏观经济调控权，包括货币的发行、基准利率的确定、汇率的调节和重要税种税率的调整等，必须集中在中央。这是保证经济总量平衡、经济结构优化和全国市场统一的需要。我国国家大，人口多，必须赋予省、自治区和直辖市必要的权力，使其能够按照国家法律、法规和宏观政策，制订地区性的法规、政策和规划；通过地方税收和预算，调节本地区的经济活动；充分运用地方资源，促进本地区的经济和社会发展。

五、建立合理的个人收入分配和社会保障制度

（23）个人收入分配要坚持以按劳分配为主体、多种分配方式并存的制度，体现效率优先、兼顾公平的原则。劳动者的个人劳动报酬要引入竞争机制，打破平均主义，实行多劳多得，合理拉开差距。坚持鼓励一部分地区一部分人通过诚实劳动和合法经营先富起来的政策，提倡先富带动和帮助后富，逐步实现共同富裕。

（24）建立适应企业、事业单位和行政机关各自特点的工资制度与正常的工资增长机制。国有企业在职工工资总额增长率低于企业经济效益增长率，职工平均工资增长率低于本企业劳动生产率增长的前提下，根据劳动就业供求变化和国家有关政策规定，自主决定工资水平和内部分配方式。行政机关实行国家公务员制度，公务员的工资由国家根据经济发展状况并参照企业平均工资水平确定和调整，形成正常的晋级和工资增长机制。事业单位实行不同的工资制度和分配方式，有条件的可以实行企业工资制度。国家制订最低工资标准，各类企事业单位必须严格执行。积极推进个人收入的货币化和规范化。

（25）国家依法保护法人和居民的一切合法收入和财产，鼓励城乡居民储蓄和投资，允许属于个人的资本等生产要素参与收益分配。逐步建立个人收入应税申报制度，依法强化征管个人所得税，适时开征遗产税和赠与税。要通过分配政策和税收调节，避免由于少数人收入畸高形成两极分化。对侵吞公有财产和采取偷税抗税、行贿受贿、贪赃枉法等非法手段牟取收入的，要依法惩处。

（26）建立多层次的社会保障体系，对于深化企业和事业单位改革，保持社会稳定，顺利建立社会主义市场经济体制具有重大意义。社会保障体系包括社会保险、社会救济、社会福利、优抚安置和社会互助、个人储蓄积累保障。社会保障政策要统一，管理要法制化。社会保障水平要与我国社会生产力发展水平以及各方面的承受能力相适应。城乡居民的社会保障办法应有区别。提倡社会互助。发展商业性保险业，作为社会保险的补充。

（27）按照社会保障的不同类型确定其资金来源和保障方式。重点完善企业养老和失业保险制度，强化社会服务功能以减轻企业负担，促进企业组织结构调整，提高企业经济效益和竞争能力。城镇职工养老和医疗保险金由单位和个人共同负担，实行社会统筹和个人帐户相结合。进一步健全失业保险制度，保险费由企业按职工工资总额一定比例统一筹交。普遍建立企业工伤保险制度。农民养老以家庭保障为主，与社区扶持相结合。有条件的地方，根据农民自愿，也可以实行个人储蓄积累养老保险。发展和完善农村合作医疗制度。

（28）建立统一的社会保障管理机构。提高社会保障事业的管理水平，形成社会保险基金筹集、运营的良性循环机制。社会保障行政管理和社会保险基金经营要分开。社会保障管理机构主要是行使行政管理职能。建立由政府有关部门和社会公众代表参加的社会保险基金监督组织，监督社会保险基金的收支和管理。社会保险基金经办机构，在保证基金正常支付和安全性流动性的前提下，可依法把社会保险基金主要用于购买国家债券，确保社会保险基金的保值增值。

六、深化农村经济体制改革

（29）农业、农村和农民问题，是我国经济发展和现代化建设的根本问题。我国农村十多年来的改革，使农村社会经济面貌发生了历史性的变化，也为整个国民经济的改革和发展奠定了基础。近年来，农村面临着一些亟待解决的新问题，主要是农业特别是粮棉生产的比较效益下降，工农业产品价格剪刀差扩大，农民收入增长缓慢。必须稳定党在农村的基本政策，深化农村改革，加快农村经济发展，增加农民收入，进一步增强农业的基础地位，保证到本世纪末农业再上一个新台阶，广大农民的生活由温饱达到小康水平。

（30）我国农村经济的发展，开始进入以调整结构、提高效益为主要特征的新阶段。要适应市场对农产品消费需求的变化，优化品种结构，使农业朝着高产、优质、高效的方向发展。在保持粮棉等基本农产品稳定增长的前提下，调整农村的产业结构，加快乡镇企业和其他非农产业的发展，为农村剩余劳动力提供更多的就业机会。实现农业产品结构和农村产业结构调整，必须积极培育农村市场，打破地区封锁、城乡分割的状况，进一步搞活流通，增强农村经济发展的开放性，使各种经济资源在更大的范围内流动和组合。这是加快农村经济发展，提高农民收入的根本途径。

（31）以家庭联产承包为主的责任制和统分结合的双层经营体制，是农村的一项基本经济制度，必须长期稳定，并不断完善。在坚持土地集体所有的前提下，延长耕地承包期，允许继承开发性生产项目的承包经营权，允许土地使用权依法有偿转让。少数经济比较发达的地方，本着群众自愿原则，可以采取转包、入股等多种形式发展适度规模经营，提高农业劳动生产率和土地生产率。乡村集体经济组织，要积极兴办服务性的经济实体，为家庭经营提供服务，逐步积累集体资产，壮大集体经济实力。

（32）发展农村社会化服务体系，促进农业专业化、商品化、社会化。从农民实际需要出发，发展多样化的服务组织，形成乡村集体经济组织、国家经济技术部门和各种专业技术协会等农民联合组织相结合的服务网络。各级供销社要继续深化改革，真正办成农民的合作经济组织，积极探索向综合性服务组织发展的新路子。逐步全面放开农产品经营，改变部门分割、产销脱节的状况，发展各种形式的贸工农一体化经营，把生产、加工、销售环节紧密结合起来。加快农村教育的改革和发展。积极推进农科教结合，加强农业科学技术的研究和先进适用技术的推广，用现代科学技术改造传统农业。要积极面向国际市场，大力发展高附加值产品和出口创汇农业。

（33）乡镇企业是农村经济的重要支柱。要完善承包经营责任制，发展股份合作制，进行产权制度和经营方式的创新，进一步增强乡镇企业的活力。在明晰产权的基础上，促进生产要素跨社区流动和组合，形成更合理的企业布局。加强规划，引导乡镇企业适当集中，充分利用和改造现有小城镇，建设新的小城镇。逐步改革小城镇的户籍管理制度，允许农民进入小城镇务工经商，发展农村第三产业，促进农村剩余劳动力的转移。

（34）加强政府对农业生产的支持和对农民利益的保护。各级政府要逐步增加对农业的投入，积极鼓励农民和集体增加劳动和资金投入，不断改善农业生产条件，增强农业的物质技术基础。要抓紧建立和健全粮食等基本农产品的储备调节体系和市场风险基金，实行保护价收购制度，防止市场价格过大波动。扶持农用工业发展。对农民负担的费用和劳务实行规范化、法制化管理，切实保护农民的经济利益。

（35）扶持贫困地区特别是革命老区、少数民族地区、边远地区发展经济。中央和地方都要关心和支持这些地区的社会经济发展，进一步加强扶贫开发工作，重点搞好农业基本建设，改善交通通信状况。扩大发达地区与贫困地区的干部交流和经济技术协作。增强群众的市场经济意识，充分利用当地的资源优势，逐步形成主要靠自己力量脱贫致富的机制。

七、深化对外经济体制改革，进一步扩大对外开放

（36）坚定不移地实行对外开放政策，加快对外开放步伐，充分利用国际国内两个市场、两种资源，优化资源配置。积极参与国际竞争与国际经济合作，发挥我国经济的比较优势，发展开放型经济，使国内经济与国际经济实现互接互补。依照我国国情和国际经济活动的一般准则，规范对外经济活动，正确处理对外经济关系，不断提高国际竞争能力。

（37）实行全方位开放。继续推进经济特区、沿海开放城市、沿海开放地带，以及沿边、沿江和内陆中心城市的对外开放，充分发挥开放地区的辐射和带动作用；加快主要交通干线沿线地带的开发开放；鼓励中、西部地区吸收外资开发和利用自然资源，促进经济振兴；统筹规划，认真办好经济技术开发区、保税区，形成既有层次又各具特点的全方位开放格局。拓宽对外开放的领域，扩大生产要素的流动和交换，在注重工业和贸易领域国际联系的基础上，加快其他产业的对外开放，促进服务贸易的发展。改进海关、商检、运输等各项口岸工作。加强对境外中资企业的管理。认真总结经验，不断提高对外开放程度，引导对外开放向高层次、宽领域、纵深化方向发展。

（38）进一步改革对外经济贸易体制，建立适应国际经济通行规则的运行机制。坚持统一政策、放开经营、平等竞争、自负盈亏、工贸结合、推行代理制的改革方向。加速转换各类企业的对外经营机制，按照现代企业制度改组国有对外经贸企业，赋予具备条件的生产和科技企业对外经营权，发展一批国际化、实业化、集团化的综合贸易公司。国家主要运用汇率、税收和信贷等经济手段调节对外经济活动。改革进出口管理制度，取消指令性计划，减少行政干预；对少数实行数量限制的进出口商品的管理，按照效益、公正和公开的原则，实行配额招标、拍卖或规则化分配。发挥进出口商会协调指导、咨询服务的作用。积极推进以质取胜和市场多元化战略。进一步搞好边境贸易。完善出口退税制度。降低关税总水平，合理调整关税结构，严格征管，打击走私。深化对外经济技术合作体制改革，提高综合经营能力和整体效益。统一和健全对外经济法规，维护国家利益。

（39）积极引进外来资金、技术、人才和管理经验。改善投资环境和管理办法，扩大引进规模，拓宽投资领域，进一步开放国内市场。创造条件对外商投资企业实行国民待遇，依法完善对外商投资企业的管理。引导外资重点投向基础设施、基础产业、高新技术产业和老企业的技术改造，鼓励兴办出口型企业。发挥我国资源和市场的比较优势，吸引外来资金和技术，促进经济发展。

八、进一步改革科技体制和教育体制

（40）科学技术是第一生产力，经济建设必须依靠科学技术，科学技术工作必须面向经济建设。科技体制改革的目标，是建立适应社会主义市场经济发展，符合科技自身发展规律，科技与经济密切结合的新型体制，促进科技进步，攀登科技高峰，以实现经济、科技和社会的综合协调发展。中央、地方和企业都要加大科技投入，逐步形成结构优化、布局合理、精干高效的研究开发体系，推动开发研究、高新技术及其产业和基础性研究的发展，促进科技成果向现实生产力的转化。要改变部门分割的状况，推进科技系统的结构调整和人才的合理分流。实行"稳住一头，放开一片"的方针，加强基础性研究，发展高新技术研究，放开技术开发和科技服务机构的研究开发经营活动。积极发展各种所有制形式和经营方式的科技企业。应用研究和开发研究机构以及科技咨询和信息服务机构要面向市场,逐步实行企业化经营,增强自我发展和市场竞争能力。

(41)积极促进科技经济一体化。一是选择国民经济中重大和关键技术领域,统一协调组织科研力量进行科技攻关。二是建立自主开发与技术引进相互促进的新机制,搞好技术引进和技术创新。办好高新技术产业开发区,促进高新技术成果商品化和产业化。三是鼓励科研机构、高等院校和企业合作进行技术开发,支持技术开发研究机构与大型企业或企业集团联合创办新产品、新工艺的研究开发机构,加快用高新技术改造传统产业的步伐。在企业内部建立起市场、科研、生产一体化的技术进步机制,使企业成为技术开发的主体。四是发展促进技术转让的中介机构、中间试验和工业试验,建立地区和行业的技术创新组织和技术推广网络。五是国防军工科研单位要继续贯彻军民结合的方针,进一步深化改革,转换机制,在保障国防建设的前提下,加强军民两用技术研究开发,积极推进军工技术向民用领域转移。

(42)社会主义市场经济体制的建立和现代化的实现,最终取决于国民素质的提高和人才的培养。各级党委和政府要把优先发展教育事业作为战略任务来抓,加强对教育工作的领导。切实落实《中国教育改革和发展纲要》,加快教育体制改革的步伐。确保教育投入,提高教学质量和办学效益。改变政府包揽办学的状况,形成政府办学为主与社会各界参与办学相结合的新体制。强化义务教育,大力发展职业教育和成人教育,优化教育结构。义务教育主要由政府投资办学,同时鼓励多渠道、多形式社会集资办学和民间办学;职业教育、成人教育以及各种社会教育要更多地面向市场需求，发挥社会各方面的作用。高等教育要改革办学体制，改变条块分割的状况，除特殊行业外，区别不同情况分步过渡到中央和地方两级管理的体制，扩大地方和院校的办学自主权。高等院校要在招生、专业设置、教材内容、教学方法以及毕业生就业等环节进一步改革。各类学校都要加强教师队伍建设，改善德育教育。

（43）尊重知识，尊重人才，进一步创造人尽其才、人才辈出的环境和条件。要采取多种形式和途径，培养大量的熟练劳动者和各种专业人才，同时要造就一批进入世界科技前沿的跨世纪的学术和技术带头人。要把人才培养和合理使用结合起来，配套改革劳动人事与干部选拔制度。要制订各种职业的资格标准和录用标准，实行学历文凭和职业资格两种证书制度，逐步实行公开招聘，平等竞争，促进人才合理流动。实行"支持留学、鼓励回国、来去自由"的方针，采取多种形式，鼓励海外人才为祖国服务。

九、加强法律制度建设

（44）社会主义市场经济体制的建立和完善，必须有完备的法制来规范和保障。要高度重视法制建设，做到改革开放与法制建设的统一，学会运用法律手段管理经济。法制建设的目标是：遵循宪法规定的原则，加快经济立法，进一步完善民商法律、刑事法律、有关国家机构和行政管理方面的法律，本世纪末初步建立适应社会主义市场经济的法律体系；改革、完善司法制度和行政执法机制，提高司法和行政执法水平；建立健全执法监督机制和法律服务机构，深入开展法制教育，提高全社会的法律意识和法制观念。

（45）坚持社会主义法制的统一。改革决策要与立法决策紧密结合。立法要体现改革精神，用法律引导、推进和保障改革顺利进行。要搞好立法规划，抓紧制订关于规范市场主体、维护市场秩序、加强宏观调控、完善社会保障、促进对外开放等方面的法律。要适时修改和废止与建立社会主义市场经济体制不相适应的法律和法规。加强党对立法工作领导，完善立法体制，改进立法程序，加快立法步伐，为社会主义市场经济提供法律规范。

加强和改善司法、行政执法和执法监督，维护社会稳定，保障经济发展和公民的合法权益。依法惩处刑事犯罪和经济犯罪，及时处理经济和民事纠纷。各级政府都要依法行政，依法办事。坚决纠正经济活动以及其他活动中有法不依，执法不严，违法不究，滥用职权，以及为谋求部门和地区利益而违反法律等现象。加强执法队伍建设，提高人员素质和执法水平。建立对执法违法的追究制度和赔偿制度。

（46）加强廉政建设、反对腐败是建立社会主义市场经济体制的必要条件和重要保证，也是关系改革事业成败，关系党和国家命运的大事，必须切实抓紧抓好。反腐败斗争是长期的、艰巨的任务，要坚持不懈地进行。要加强廉政法制建设，完善党和国家机关及其工作人员特别是领导干部的廉洁自律和监督机制。执法、司法、经济管理等部门，要建立有效的约束机制，防范以权谋私，纠正部门和行业不正之风。绝不允许将商品交换原则引入党的政治生活和国家机关的政务活动，搞权钱交易。要依法严肃查处包括法人违法犯罪在内的大案要案，坚决惩处腐败分子。加强党的纪律检查机关和司法、监察、审计部门的工作，发挥法律监督、组织监督、群众监督和舆论监督的作用。

十、加强和改善党的领导，为本世纪末初步建立社会主义市场经济体制而奋斗

（47）建立社会主义市场经济体制，加快现代化建设步伐，必须加强和改善党的领导。党要肩负起新时期的伟大历史任务，必须加强自身建设。当前，党的建设要着重抓好以下工作：一是坚持用邓小平同志建设有中国特色社会主义的理论武装全党。要学习马克思列宁主义毛泽东思想，中心内容是学习建设有中国特色社会主义的理论，提高贯彻执行党的基本路线和发展社会主义市场经济方针政策的坚定性和自觉性，保持思想上政治上的高度一致。二是坚持全心全意为人民服务的宗旨，继承和发扬党的优良传统和作风，进一步密切党同人民群众的联系。三是严格执行党的民主集中制，健全党内政治生活，维护党的团结，严肃党的纪律，增强全局观念，使全党在行动上做到步调一致，令行禁止。四是加强各级领导班子的建设，深入实际，调查研究，坚决克服官僚主义和形式主义，认真学习社会主义市场经济基本知识和现代科技知识，努力提高领导现代化建设的水平。五是切实加强党的基层组织建设，努力改变一部分党组织软弱涣散的状况，充分发挥基层党组织战斗堡垒和广大党员的先锋模范作用。

（48）同建立社会主义市场经济体制和经济发展相适应，积极推进政治体制改革，加强社会主义民主政治建设。坚持和完善人民代表大会制度和共产党领导的多党合作与政治协商制度。发挥工会、共青团、妇联等群众组织作为党联系群众的桥梁和纽带的作用。加快建立健全民主的科学的决策制度，提高决策水平。全面贯彻党的民族政策，完善民族区域自治制度，促进民族地区经济文化发展，巩固和发展平等、互助、团结、合作的社会主义民族关系，

实现各民族的共同繁荣和团结进步。认真贯彻党的宗教政策、侨务政策，为社会主义现代化建设服务。加强基层民主建设，完善各种监督制度，切实保障人民群众依法管理国家事务、经济事务和社会事务的民主权利。

（49）坚持两手抓、两手都要硬的方针，加强以培养有理想、有道德、有文化、有纪律的新人为目标的社会主义精神文明建设。各级党委和政府要发挥思想政治工作优势，加强对宣传思想和文化工作的领导。要加强对邓小平同志建设有中国特色社会主义理论的研究工作，加强以马克思主义为指导的哲学社会科学研究工作。要广泛深入生动地开展爱国主义、集体主义、社会主义教育，开展中国历史特别是近代史现代史和中华民族优良传统的教育，提高民族自尊心、自信心和自豪感，发扬艰苦奋斗精神，把亿万群众的巨大创造力凝聚到建设有中国特色社会主义的伟大事业上来。积极倡导在社会主义市场经济条件下坚持正确的人生观和文明健康的生活方式，加强社会公德和职业道德的建设，反对拜金主义、极端个人主义和腐朽的生活方式。坚持不懈地进行"扫黄"和扫除各种丑恶现象的斗争，加强社会治安综合治理。坚持为人民服务、为社会主义服务和百花齐放、百家争鸣的方针，鼓励创作积极向上、人民群众喜闻乐见的文化艺术作品，丰富人民的精神生活。深化文化体制改革，完善文化经济政策，依法加强文化市场管理。要把社会效益放在首位，正确处理精神产品社会效益与经济效益的关系。对需要扶持的文化艺术精粹，国家要有重点地给予必要的资助。

（50）经济体制改革是一场涉及经济基础和上层建筑许多领域的深刻革命，必然要改变旧体制固有的和体制转变过程中形成的各种不合理的利益格局，不可避免地会遇到这样或那样的困难和阻力。必须从总体上处理好改革、发展和稳定的关系，处理好各方面的利益关系，调动一切积极因素，为国民经济健康发展创造有利条件。当前我国经济在高速增长过程中遇到的一些矛盾和问题，从根本上讲，是由于旧体制的弊病没有完全克服，新体制还没有完全形成，因此，各级党委和政府必须把更大的精力集中到加快改革上来。要紧紧抓住重点领域的改革，制订具体方案，大胆探索，勇于实践，认真总结经验，不断开拓前进。

（后略）

国务院关于金融体制改革的决定 [①]

（1993 年 12 月 25 日）

各省、自治区、直辖市人民政府，国务院各部委、各直属机构：

为了贯彻党的十四届三中全会决定，适应建立社会主义市场经济体制的需要，更好地发挥金融在国民经济中宏观调控和优化资源配置的作用，促进国民经济持续、快速、健康发展，国务院决定改革现行金融体制。

金融体制改革的目标是：建立在国务院领导下，独立执行货币政策的中央银行宏观调控体系；建立政策性金融与商业性金融分离，以国有商业银行为主体、多种金融机构并存的金融组织体系；建立统一开放、有序竞争、严格管理的金融市场体系。

一、确立强有力的中央银行宏观调控体系

深化金融体制改革，首要的任务是把中国人民银行办成真正的中央银行。中国人民银行的主要职能是：制定和实施货币政策，保持货币的稳定；对金融机构实行严格的监管，保证金融体系安全、有效地运行。

（一）明确人民银行各级机构的职责，转换人民银行职能。

1. 中国人民银行是国家领导、管理金融业的职能部门。总行掌握货币发行权、基础货币管理权、信用总量调控权和基准利率调节权，保证全国统一货币政策的贯彻执行。人民银行总行一般只对

---

① 《国务院关于金融体制改革的决定》，《中华人民共和国国务院公报》，1993 年 31 期。

全国性商业银行总行（目前主要指专业银行总行）融通资金。

2. 按照货币在全国范围流通的要求，需要对人民银行各级机构的业务实行集中统一管理。人民银行的分支机构作为总行的派出机构，应积极创造条件跨行政区设置，其基本职责是：金融监督管理、调查统计分析、横向头寸调剂、经理国库、发行基金调拨、外汇管理和联行清算。

（二）改革和完善货币政策体系。

1. 人民银行货币政策的最终目标是保持货币的稳定，并以此促进经济增长；货币政策的中介目标和操作目标是货币供应量、信用总量、同业拆借利率和银行备付金率。

2. 实施货币政策的工具是：法定存款准备金率、中央银行贷款、再贴现利率、公开市场操作、中央银行外汇操作、贷款限额、中央银行存贷款利率。中国人民银行根据宏观经济形势，灵活地、有选择地运用上述政策工具，调控货币供应量。

3. 从一九九四年开始对商业性银行实施资产负债比例管理和资产风险管理。

4. 人民银行要建立完善的调查统计体系和货币政策预警系统，通过加强对宏观经济的分析和预测，为制定货币政策提供科学依据。

5. 建立货币政策委员会，增强货币政策制定的科学性。

（三）健全金融法规，强化金融监督管理。

1. 抓紧拟订《中华人民共和国银行法》、《中国人民银行法》、《票据法》、《保险法》等法律草案，提交全国人大审议。

2. 抓紧制定和完善对各类金融机构的管理条例和监管标准，并依法规范监管方式。监管的主要内容是：注册登记管理、法定代表人资格审查、业务范围界定、资本充足率、资产流动性和资产风险度等。

3．对未经中国人民银行批准擅自设立金融机构和经营金融业务的，要依法查处。

4．要进一步加强稽核监督。中国人民银行要对全国性金融机构进行严格稽核，必要时可对其分支机构实行稽核；人民银行分支机构要加强对辖区内金融机构的稽核。发现违规行为，要认真查处。

（四）改革人民银行财务制度。

取消人民银行各级分支机构的利润留成制度和缴税制度，人民银行总行和各级分支机构实行独立的财务预算管理制度。人民银行各级分支机构每年编制的财务收支计划，由总行批准后执行。各项收支相抵后，实现利润全部上缴中央财政，亏损由中央财政拨补。人民银行系统的财务决算报告要经财政部审核，并接受国家审计。人民银行分支机构工作人员（除工勤人员外）实行行员等级工资制。

二、建立政策性银行

建立政策性银行的目的是，实现政策性金融和商业性金融分离，以解决国有专业银行身兼二任的问题；割断政策性贷款与基础货币的直接联系，确保人民银行调控基础货币的主动权。

政策性银行要加强经营管理，坚持自担风险、保本经营、不与商业性金融机构竞争的原则，其业务受中国人民银行监督。

（一）组建国家开发银行，管辖中国人民建设银行和国家投资机构。

1．国家开发银行办理政策性国家重点建设（包括基本建设和技术改造）贷款及贴息业务。国家开发银行只设总行，不设分支机构，信贷业务由中国人民建设银行代理。中国人民建设银行的政策性业务分离出去以后，转变为以从事中长期信贷业务为主的国有商业银行。国家开发银行投资机构，用国家核拨的资本金向国家重点建设项目进行股本投资。

2. 国家开发银行的财务统一对财政部，经财政部批准，可以调剂各法人之间的资本金与利润。其管辖机构的负责人，由国家开发银行行长提名，报国务院任命。

3. 国家开发银行根据筹资能力和项目风险情况，与国家计委和国家经贸委反复协商后，共同确定重点建设投资和贷款计划，并组织实施。

4. 国家开发银行的资金来源主要是：（1）财政部拨付的资本金和重点建设基金；（2）国家开发银行对社会发行的国家担保债券和对金融机构发行的金融债券，其发债额度由国家计委和人民银行确定；（3）中国人民建设银行吸收存款的一部分。

5. 调整中国人民建设银行的组织结构，将现在的中国投资银行并入中国人民建设银行国际业务部。

6. 制订《国家开发银行条例》和《国家开发银行章程》。国家开发银行从一九九四年开始运作。

（二）组建中国农业发展银行，承担国家粮棉油储备和农副产品合同收购、农业开发等业务中的政策性贷款，代理财政支农资金的拨付及监督使用。

1. 中国农业发展银行为独立法人，其资本金从现在的中国农业银行资本金中拨出一部分解决。中国农业发展银行接管现中国农业银行和中国工商银行的农业政策性贷款（债权），并接受相应的人民银行贷款（债务）。

2. 中国农业发展银行可在若干农业比重大的省、自治区设派出机构（分行或办事处）和县级营业机构。

3. 中国农业发展银行的资金来源主要是：（1）对金融机构发行的金融债券；（2）财政支农资金；（3）使用农业政策性贷款企业的存款。

4. 制订《中国农业发展银行条例》和《中国农业发展银行章程》，一九九四年夏收前完成组建工作。

中国农业发展银行成立后，中国农业银行转变为国有商业银行。

（三）组建中国进出口信贷银行。

1. 中国进出口信贷银行为独立法人，其资本金由财政部核拨。

2. 中国进出口信贷银行的业务是为大型机电成套设备进出口提供买方信贷和卖方信贷，为中国银行的成套机电产品出口信贷办理贴息及出口信用担保，不办理商业银行业务。中国进出口信贷银行的资金来源主要是财政专项资金和对金融机构发行的金融债券等。

3. 中国进出口信贷银行只设总行，不设营业性分支机构，信贷业务由中国银行或其他商业银行代理。中国进出口信贷银行可在个别大城市设派出机构（办事处或代表处），负责调查统计，监督代理业务等事宜。

4. 制订《中国进出口信贷银行条例》和《中国进出口信贷银行章程》。中国进出口信贷银行从一九九四年开始运作。

（四）政策性银行要设立监事会，监事会由财政部、中国人民银行、政府有关部门代表和其他人员组成。监事会受国务院委托，对政策性银行的经营方针及国有资本的保值增值情况进行监督检查；对政策性银行行长的经营业绩进行监督、评价和记录，提出任免、奖惩的建议。

三、把国家专业银行办成真正的国有商业银行

（一）在政策性业务分离出去之后，现国家各专业银行（中国工商银行、中国农业银行、中国银行和中国人民建设银行）要尽快转变为国有商业银行，按现代商业银行经营机制运行。第一，贯彻执行自主经营、自担风险、自负盈亏、自我约束的经营原则；第二，国有商业银行总行要强化集中管理，提高统一调度资金的能力，全行统一核算，分行之间不允许有市场交易行为；第三，一般只允许总行从中央银行融资，总行对本行资产的流动性及支付能力负全部责任；第四，国有商业银行中的国有资产产权按国家国有资产管理的有关法规管理。

允许国有商业银行之间有业务交叉，开展竞争。国有商业银行的一切经营活动必须严格遵守国家有关金融的法律法规，并接受中央银行的监管。

国有商业银行总行设立监事会，监事会由中国人民银行、政府有关部门代表和其他人员组成。监事会受国务院委托，对国有商业银行的经营方针、重大决策及国有资产保值增值的情况进行监督检查，对国有商业银行行长的经营业绩进行考核，提出任免、奖惩的建议。

国有商业银行不得对非金融企业投资。国有商业银行对保险业、信托业和证券业的投资额，不得超过其资本金的一定比例，并要在计算资本充足率时从其资本额中扣除；在人、财、物等方面要与保险业、信托业的证券业脱钩，实行分业经营。国有商业银行的分行、支行没有投资权。

（二）我国商业银行体系包括：国有商业银行、交通银行以及中信实业银行、光大银行、华夏银行、招商银行、福建兴业银行、

广东发展银行、深圳发展银行、上海浦东发展银行和农村合作银行、城市合作银行等。所有商业银行都要按国家有关金融的法律法规完善和发展。

（三）积极稳妥地发展合作银行体系。合作银行体系主要包括两部分：城市合作银行和农村合作银行，其主要任务是为中小企业、农业和发展地区经济服务。

1．在城市信用社的基础上，试办城市合作银行。城市合作银行只设市行和基层行两级，均为独立法人。要制订《城市合作银行条例》，并按此组建和改建城市合作银行。试办城市合作银行，要分期分批进行，防止一哄而起。

2．有步骤地组建农村合作银行。根据农村商品经济发展的需要，在农村信用合作社联社的基础上，有步骤地组建农村合作银行。要制订《农村合作银行条例》，并先将农村信用社联社从中国农业银行中独立出来，办成基层信用社的联合组织。农村合作银行目前只在县（含县）以下地区组建。国有商业银行可以按《农村合作银行条例》向农村合作银行参股，但不能改变农村合作银行的集体合作金融性质。

3．农村合作基金会不属于金融机构，不得办理存、贷款业务，要真正办成社区内的资金互助组织。对目前已办理存、放款业务的农村合作基金会，经整顿验收合格后，可转变为农村信用合作社。

（四）根据对等互惠的原则，经中国人民银行批准，可有计划、有步骤地引进外资金融机构。外资金融机构要按照中国人民银行批准的业务范围开展经营活动。

（五）逐步统一中资金融机构之间以及中资金融机构与外资、合资金融机构的所得税税率。金融机构的所得税为中央财政固定收入。

（六）金融机构经营不善，允许破产，但债权债务要尽可能实现平稳转移。要建立存款保险基金，保障社会公众利益。

四、建立统一开放、有序竞争、严格管理的金融市场

（一）完善货币市场。

1．严格管理货币市场，明确界定和规范进入市场的主体的资格及其行为，防止资金从货币市场流向证券市场、房地产市场。

2．所有金融机构均可在票据交换时相互拆借清算头寸资金。凡向人民银行借款的银行（包括所属分支机构），拆出资金的期限一般不得超过七天；商业银行、合作银行向证券公司、信托投资公司、财务公司、租赁公司拆出资金的期限一般不得超过七天。凡不向人民银行借款的银行拆出资金、非银行金融机构之间的资金拆借，不受上述限制，但要逐渐过渡到通过票据进行。

3．中国人民银行要制定存、贷款利率的上下限，进一步理顺存款利率、贷款利率和有价证券利率之间的关系；各类利率要反映期限、成本、风险的区别，保持合理利差；逐步形成以中央银行利率为基础的市场利率体系。

4．人民银行要严格监管金融机构之间的融资活动，对违反有关规定者要依法查处。

（二）完善证券市场。

1．完善国债市场，为人民银行开展公开市场业务创造条件。财政部停止向中国人民银行借款，财政预算先支后收的头寸短缺靠短期国债解决，财政赤字通过发行国债弥补。政策性银行可按照核定的数额，面向社会发行国家担保债券，用于经济结构的调整。邮政储蓄、社会保障基金节余和各金融机构的资金中，要保有一定比例的国债，全国性商业银行可以以此作为抵押向人民银行融通资金。

2．调整金融债券发行对象，金融债券停止向个人发行。人民银行只对全国性商业银行持有的金融债券办理抵押贷款业务。

3．完善股票市场。在企业股份制改造的基础上规范股票的发行和上市；完善对证券交易所和交易系统的管理；创造条件逐步统一法人股与个人股市场、A股与B股市场。

五、改革外汇管理体制，协调外汇政策与货币政策

外汇管理是中央银行实施货币政策的重要组成部分。我国外汇管理体制改革的长期目标是实现人民币可兑换。根据我国目前的实际情况，并参照国际上的成功经验，近期实施的改革措施是：

（一）一九九四年实现汇率并轨，建立以市场汇率为基础的、单一的、有管理的人民币浮动汇率制度。

（二）取消外汇留成，实行结汇和售汇制。

（三）实现经常项目下人民币有条件可兑换。

（四）严格管理和审批资本项下的外汇流出和流入。

（五）建立全国统一的外汇交易市场，外汇指定银行为市场的交易主体。中国人民银行根据宏观经济调控的要求，适时吞吐外汇，平抑汇价。

（六）停止发行并逐步收回外汇兑换券。严格禁止外币标价、结算和流通。

（七）中国人民银行集中管理国家外汇储备，根据外汇储备的安全性、流动性和盈利性的原则，完善外汇储备的经营机制。

外汇管理体制改革的具体实施，按国务院有关规定执行。

六、正确引导非银行金融机构稳健发展

要明确规定各类非银行金融机构的资本金数额、管理人员素质标准及业务范围，并严格审批，加强管理。要适当发展各类专业保险公司、信托投资公司、证券公司、金融租赁公司、企业集团财务公司等非银行金融机构，对保险业、证券业、信托业和银行业实行分业经营。

（一）保险体制改革要坚持社会保险与商业保险分开经营的原则，坚持政企分开。政策性保险和商业性保险要分别核算，把保险公司办成真正的保险企业，实现平等有序的竞争。保险业要逐步实行人身险和非人身险分别经营；发展一些全国性、区域性、专业性的保险公司；成立再保险公司；采取多种形式逐步发展农村保险事业。要适当扩大保险企业资金运用的范围和自主权，适当提高保险总准备金率，以增强保险企业的经济实力。要建立保险同业公会，加强行业自律管理。

（二）信托投资公司的资金来源，主要是接受长期的、大额的企业信托和委托存款，其业务是办理信托贷款和委托贷款、证券买卖、融资租赁、代理和咨询业务。

（三）企业集团财务公司主要通过发行商业票据为企业融通短期资金。

（四）证券公司不得从事证券投资之外的投资，进入一级市场和二级市场的证券公司要加以区分，证券公司的自营业务与代理业务在内部要严格分离。

七、加强金融业的基础建设，建立现代化的金融管理体系

（一）加快会计、结算制度改革。金融机构要按照国际通用的

会计准则，改革记帐基础、科目设置和会计核算体系，改革统计监测体系。要建设现代化支付系统，实现结算工具票据化，扩大信用卡、商业汇票、支票、银行本票等支付工具的使用对象和范围，增强票据使用的灵活性、流动性和安全性，减少现金使用。

（二）加快金融电子化建设。要加快人民银行卫星通讯网络的建设，推广计算机的运用和开发，实现联行清算、信贷储蓄、信息统计、业务处理和办公的自动化。金融电子化要统一规划，统一标准，分别实施。

（三）加强金融队伍建设。要更新从业人员的知识结构，加速培养现代化金融人才；要实行适合金融系统特点的干部人事制度和劳动工资制度，建立约束机制和激励机制。

国务院关于建立城镇职工基本医疗保险制度的决定

加快医疗保险制度改革，保障职工基本医疗，是建立社会主义市场经济体制的客观要求和重要保障。在认真总结近年来各地医疗保险制度改革试点经验的基础上，国务院决定，在全国范围内进行城镇职工医疗保险制度改革。

一、改革的任务和原则

医疗保险制度改革的主要任务是建立城镇职工基本医疗保险制度，即适应社会主义市场经济体制，根据财政、企业和个人的承受能力，建立保障职工基本医疗需求的社会医疗保险制度。

建立城镇职工基本医疗保险制度的原则是：基本医疗保险的水平要与社会主义初级阶段生产力发展水平相适应；城镇所有用人单位及其职工都要参加基本医疗保险，实行属地管理；基本医疗保险费由用人单位和职工双方共同负担；基本医疗保险基金实行社会统筹和个人帐户相结合。

二、覆盖范围和缴费办法

城镇所有用人单位，包括企业（国有企业、集体企业、外商投资企业、私营企业等）、机关、事业单位、社会团体、民办非企业单位及其职工，都要参加基本医疗保险。乡镇企业及其职工、城镇个体经济组织业主及其从业人员是否参加基本医疗保险，由各省、自治区、直辖市人民政府决定。

基本医疗保险原则上以地级以上行政区（包括地、市、州、盟）为统筹单位，也可以县（市）为统筹单位，北京、天津、上海

3个直辖市原则上在全市范围内实行统筹（以下简称统筹地区）。所有用人单位及其职工都要按照属地管理原则参加所在统筹地区的基本医疗保险，执行统一政策，实行基本医疗保险基金的统一筹集、使用和管理。铁路、电力、远洋运输等跨地区、生产流动性较大的企业及其职工，可以相对集中的方式异地参加统筹地区的基本医疗保险。

基本医疗保险费由用人单位和职工共同缴纳。用人单位缴费率应控制在职工工资总额的6%左右，职工缴费率一般为本人工资收入的2%。随着经济发展，用人单位和职工缴费率可作相应调整。

三、建立基本医疗保险统筹基金和个人帐户

要建立基本医疗保险统筹基金和个人帐户。基本医疗保险基金由统筹基金和个人帐户构成。职工个人缴纳的基本医疗保险费，全部计入个人帐户。用人单位缴纳的基本医疗保险费分为两部分，一部分用于建立统筹基金，一部分划入个人帐户。划入个人帐户的比例一般为用人单位缴费的30%左右，具体比例由统筹地区根据个人帐户的支付范围和职工年龄等因素确定。

统筹基金和个人帐户要划定各自的支付范围，分别核算，不得互相挤占。要确定统筹基金的起付标准和最高支付限额，起付标准原则上控制在当地职工年平均工资的10%左右，最高支付限额原则上控制在当地职工年平均工资的4倍左右。起付标准以下的医疗费用，从个人帐户中支付或由个人自付。起付标准以上、最高支付限额以下的医疗费用，主要从统筹基金中支付，个人也要负担一定比例。超过最高支付限额的医疗费用，可以通过商业医疗保险等途径解决。统筹基金的具体起付标准、最高支付限额以及在起付标准

以上和最高支付限额以下医疗费用的个人负担比例，由统筹地区根据以收定支、收支平衡的原则确定。

四、健全基本医疗保险基金的管理和监督机制

基本医疗保险基金纳入财政专户管理，专款专用，不得挤占挪用。

社会保险经办机构负责基本医疗保险基金的筹集、管理和支付，并要建立健全预决算制度、财务会计制度和内部审计制度。社会保险经办机构的事业经费不得从基金中提取，由各级财政预算解决。

基本医疗保险基金的银行计息办法：当年筹集的部分，按活期存款利率计息；上年结转的基金本息，按3个月期整存整取银行存款利率计息；存入社会保障财政专户的沉淀资金，比照3年期零存整取储蓄存款利率计息，并不低于该档次利率水平。个人帐户的本金和利息归个人所有，可以结转使用和继承。

各级劳动保障和财政部门，要加强对基本医疗保险基金的监督管理。审计部门要定期对社会保险经办机构的基金收支情况和管理情况进行审计。统筹地区应设立由政府有关部门代表、用人单位代表、医疗机构代表、工会代表和有关专家参加的医疗保险基金监督组织，加强对基本医疗保险基金的社会监督。

五、加强医疗服务管理

要确定基本医疗保险的服务范围和标准。劳动保障部会同卫生部、财政部等有关部门制定基本医疗服务的范围、标准和医药费用结算办法，制定国家基本医疗保险药品目录、诊疗项目、医疗服务设施标准及相应的管理办法。各省、自治区、直辖市劳动保障行政管理部门根据国家规定，会同有关部门制定本地区相应的实施标准和办法。

基本医疗保险实行定点医疗机构（包括中医医院）和定点药店管理。劳动保障部会同卫生部、财政部等有关部门制定定点医疗机构和定点药店的资格审定办法。社会保险经办机构要根据中西医并举，基层、专科和综合医疗机构兼顾，方便职工就医的原则，负责确定定点医疗机构和定点药店，并同定点医疗机构和定点药店签订合同，明确各自的责任、权利和义务。在确定定点医疗机构和定点药店时，要引进竞争机制，职工可选择若干定点医疗机构就医、购药，也可持处方在若干定点药店购药。国家药品监督管理局会同有关部门制定定点药店购药药事事故处理办法。

各地要认真贯彻《中共中央、国务院关于卫生改革与发展的决定》（中发〔1997〕3号）精神，积极推进医药卫生体制改革，以较少的经费投入，使人民群众得到良好的医疗服务，促进医药卫生事业的健康发展。要建立医药分开核算、分别管理的制度，形成医疗服务和药品流通的竞争机制，合理控制医药费用水平；要加强医疗机构和药店的内部管理，规范医药服务行为，减员增效，降低医药成本；要理顺医疗服务价格，在实行医药分开核算、分别管理，降低药品收入占医疗总收入比重的基础上，合理提高医疗技术劳务价格；要加强业务技术培训和职业道德教育，提高医药服务人员的素质和服务质量；要合理调整医疗机构布局，优化医疗卫生资源配置，积极发展社区卫生服务，将社区卫生服务中的基本医疗服务项目纳入基本医疗保险范围。卫生部会同有关部门制定医疗机构改革方案和发展社区卫生服务的有关政策。国家经贸委等部门要认真配合做好药品流通体制改革工作。

六、妥善解决有关人员的医疗待遇

离休人员、老红军的医疗待遇不变，医疗费用按原资金渠道解决，支付确有困难的，由同级人民政府帮助解决。离休人员、老红军的医疗管理办法由省、自治区、直辖市人民政府制定。

二等乙级以上革命伤残军人的医疗待遇不变，医疗费用按原资金渠道解决，由社会保险经办机构单独列帐管理。医疗费支付不足部分，由当地人民政府帮助解决。

退休人员参加基本医疗保险，个人不缴纳基本医疗保险费。对退休人员个人帐户的计入金额和个人负担医疗费的比例给予适当照顾。

国家公务员在参加基本医疗保险的基础上，享受医疗补助政策。具体办法另行制定。

为了不降低一些特定行业职工现有的医疗消费水平，在参加基本医疗保险的基础上，作为过渡措施，允许建立企业补充医疗保险。企业补充医疗保险费在工资总额4%以内的部分，从职工福利费中列支，福利费不足列支的部分，经同级财政部门核准后列入成本。

国有企业下岗职工的基本医疗保险费，包括单位缴费和个人缴费，均由再就业服务中心按照当地上年度职工平均工资的60%为基数缴纳。

七、加强组织领导

医疗保险制度改革政策性强，涉及广大职工的切身利益，关系到国民经济发展和社会稳定。各级人民政府要切实加强领导，统一思想，提高认识，做好宣传工作和政治思想工作，使广大职工和社会各方面都积极支持和参与这项改革。各地要按照建立城镇职工基本医疗保险制度的任务、原则和要求，结合本地实际，精心组织实施，保证新旧制度的平稳过渡。

建立城镇职工基本医疗保险制度工作从 1999 年初开始启动，1999 年底基本完成。各省、自治区、直辖市人民政府要按照本决定的要求，制定医疗保险制度改革的总体规划，报劳动保障部备案。统筹地区要根据规划要求，制定基本医疗保险实施方案，报省、自治区、直辖市人民政府审批后执行。

劳动保障部要加强对建立城镇职工基本医疗保险制度工作的指导和检查，及时研究解决工作中出现的问题。财政、卫生、药品监督管理等有关部门要积极参与，密切配合，共同努力，确保城镇职工基本医疗保险制度改革工作的顺利进行。

中共中央关于国有企业改革和发展若干重大问题的决定（节选）[①]

（1999年9月22日）

为实现党的十五大提出的我国改革开放和现代化建设跨世纪发展的宏伟目标，中国共产党第十五届中央委员会第四次全体会议讨论了国有企业改革和发展的若干重大问题，并作如下决定。

一、推进国有企业改革和发展是一项重要而紧迫的任务

新中国成立50年来，我们党领导各族人民不懈奋斗，取得了社会主义建设的巨大成就。我国由一个贫穷落后的农业国，发展成为即将进入小康社会、向工业化和现代化目标大步迈进的社会主义国家。这是中华民族发展进程中一次伟大的历史性跨越。国有企业和工人阶级为此作出了不可磨灭的重大贡献。

党的十一届三中全会以来，在邓小平理论指导下，我们党开辟了建设有中国特色社会主义的新道路。为克服传统计划经济体制的弊端，我们坚持解放思想，实事求是，积极探索，循序渐进，不断深化国有企业改革和整个经济体制改革，推进现代化建设。国有企业管理体制和经营机制发生了深刻变化，一批企业在市场竞争中成长壮大，技术装备水平明显提高，以国有企业为主生产的一些重要产品的产量跃居世界前列。在公有制为主体、多种所有制经济共同发展的新格局下，国有经济的总体实力进一步增强，在国民经济中

[①]《中共中央关于国有企业改革和发展若干重大问题的决定》，《中华人民共和国国务院公报》，1999年34期。

继续发挥着主导作用，并且一直是财政收入的主要来源，有力地支持了国家的改革和建设。经过多年的努力，国有企业朝着建立社会主义市场经济体制的改革目标，迈出了前所未有的重大步伐。

国有企业改革是一场广泛而深刻的变革。当前，国有企业的体制转换和结构调整进入攻坚阶段，一些深层次矛盾和问题集中暴露出来。由于传统体制的长期影响、历史形成的诸多问题、多年以来的重复建设以及市场环境的急剧变化，相当一部分国有企业还不适应市场经济的要求，经营机制不活，技术创新能力不强，债务和社会负担沉重，富余人员过多，生产经营艰难，经济效益下降，一些职工生活困难。必须采取切实有效的措施解决这些问题。这不仅关系到国有企业改革的成败，也关系到整个经济体制改革的成败。全党既要充分认识推进国有企业改革和发展的重要性和紧迫性，又要清醒地看到这项工作的艰巨性和长期性，锲而不舍地努力，不断取得新的突破。

世纪之交，和平和发展依然是时代的主题，但霸权主义和强权政治有新的发展。综合国力越来越成为决定一个国家前途命运的主导因素。我们要增强国家的经济实力、国防实力和民族凝聚力，就必须不断促进国有经济的发展壮大。包括国有经济在内的公有制经济，是我国社会主义制度的经济基础，是国家引导、推动、调控经济和社会发展的基本力量，是实现广大人民群众根本利益和共同富裕的重要保证。坚定不移地贯彻十五大精神，推进国有企业的改革和发展，从总体上增强国有企业的活力和国有经济的控制力，对于建立社会主义市场经济体制，促进经济持续快速健康发展，提高人民生活水平，保持安定团结的政治局面，巩固社会主义制度，都具有十分重要的意义。

国有企业是我国国民经济的支柱。发展社会主义社会的生产力，实现国家的工业化和现代化，始终要依靠和发挥国有企业的重要作用。在经济全球化和科技进步不断加快的形势下，国有企业面临着日趋激烈的市场竞争。发展是硬道理。必须敏锐地把握国内外经济发展趋势，切实转变经济增长方式，拓展发展空间，尽快形成国有企业的新优势。

国有企业改革是整个经济体制改革的中心环节。建立和完善社会主义市场经济体制，实现公有制与市场经济的有效结合，最重要的是使国有企业形成适应市场经济要求的管理体制和经营机制。必须继续解放思想，实事求是，以有利于发展社会主义社会的生产力、有利于增强社会主义国家的综合国力、有利于提高人民的生活水平为根本标准，大胆利用一切反映现代社会化生产规律的经营方式和组织形式，努力探索能够极大促进生产力发展的公有制多种实现形式，在深化国有企业的改革上迈出新步伐。

搞好国有企业的改革和发展，是实现国家长治久安和保持社会稳定的重要基础。必须正确处理改革、发展、稳定的关系，改革的力度、发展的速度要同国力和社会承受能力相适应，努力开创改革、发展、稳定相互促进的新局面。

我们党和我国工人阶级历来勇于面对并善于战胜任何艰难险阻。我们有马克思列宁主义、毛泽东思想、邓小平理论和党的基本路线的指导，有比过去更加雄厚的综合国力，有多年积累的实践经验，有广大职工的积极参与，只要全党坚定信心，团结奋斗，就一定能够夺取国有企业改革和发展的新胜利。

二、国有企业改革和发展的主要目标与指导方针

党的十五大和十五届一中全会提出，用三年左右的时间，使大多数国有大中型亏损企业摆脱困境，力争到本世纪末大多数国有大中型骨干企业初步建立现代企业制度。推进国有企业改革和发展，首先要尽最大努力实现这一目标。要从不同行业和地区的实际出发，根据不平衡发展的客观进程，着力抓好重点行业、重点企业和老工业基地，把解决当前的突出问题与长远发展结合起来，为国有企业跨世纪发展创造有利条件。

到 2010 年，国有企业改革和发展的目标是：适应经济体制与经济增长方式两个根本性转变和扩大对外开放的要求，基本完成战略性调整和改组，形成比较合理的国有经济布局和结构，建立比较完善的现代企业制度，经济效益明显提高，科技开发能力、市场竞争能力和抗御风险能力明显增强，使国有经济在国民经济中更好地发挥主导作用。

推进国有企业改革和发展，必须坚持以下指导方针：

（一）以公有制为主体，多种所有制经济共同发展。调整和完善所有制结构，积极探索公有制多种实现形式，增强国有经济在国民经济中的控制力，促进各种所有制经济公平竞争和共同发展。

（二）从战略上调整国有经济布局和改组国有企业。着眼于搞好整个国有经济，推进国有资产合理流动和重组，调整国有经济布局和结构，积极发展大型企业和企业集团，放开搞活中小企业。

（三）改革同改组、改造、加强管理相结合。适应市场经济的要求，着力转换企业经营机制，提高企业整体素质，构造产业结构优化和经济高效运行的微观基础。

（四）建立现代企业制度。实现产权清晰、权责明确、政企分

开、管理科学，健全决策、执行和监督体系，使企业成为自主经营、自负盈亏的法人实体和市场主体。

（五）推动企业科技进步。加强企业的科研开发和技术改造，重视科技人才，促进产学研结合，形成技术创新机制，走集约型和可持续发展道路。

（六）全面加强企业管理。推行科学管理，强化基础工作，改善经营，提高效益，实行以按劳分配为主体的多种分配方式，形成有效的激励和约束机制。

（七）建立企业优胜劣汰的竞争机制。实行鼓励兼并、规范破产、下岗分流、减员增效和再就业工程。依靠各方面力量，扩大就业门路，确保国有企业下岗职工基本生活。

（八）协调推进各项配套改革。转变政府职能，建立权责明确的国有资产管理、监督和营运体系，保证国有资产保值增值。加强法制建设，维护市场经济秩序。健全社会保障体系。帮助企业增资减债、减轻负担。

（九）全心全意依靠工人阶级，发挥企业党组织的政治核心作用。加强企业党组织建设和思想政治工作，提高企业经营管理者队伍素质，坚持和完善以职工代表大会为基本形式的企业民主管理，切实维护职工合法权益。

（十）推进企业精神文明建设。加强思想道德教育和技术业务培训，全面提高职工队伍素质，培育积极向上的企业文化，推动物质文明和精神文明建设协调发展。

三、从战略上调整国有经济布局

在社会主义市场经济条件下，国有经济在国民经济中的主导作用主要体现在控制力上。（一）国有经济的作用既要通过国有独资企业来实现，更要大力发展股份制，探索通过国有控股和参股企业来实现。（二）国有经济在关系国民经济命脉的重要行业和关键领域占支配地位，支撑、引导和带动整个社会经济的发展，在实现国家宏观调控目标中发挥重要作用。（三）国有经济应保持必要的数量，更要有分布的优化和质的提高；在经济发展的不同阶段，国有经济在不同产业和地区的比重可以有所差别，其布局要相应调整。

从战略上调整国有经济布局，要同产业结构的优化升级和所有制结构的调整完善结合起来，坚持有进有退，有所为有所不为。目前，国有经济分布过宽，整体素质不高，资源配置不尽合理，必须着力加以解决。国有经济需要控制的行业和领域主要包括：涉及国家安全的行业，自然垄断的行业，提供重要公共产品和服务的行业，以及支柱产业和高新技术产业中的重要骨干企业。其他行业和领域，可以通过资产重组和结构调整，集中力量，加强重点，提高国有经济的整体素质。在坚持国有、集体等公有制经济为主体的前提下，鼓励和引导个体、私营等非公有制经济的发展。随着国民经济的不断发展，国有经济有着广阔的发展空间，总量将会继续增加，整体素质进一步提高，分布更加合理，但在整个国民经济中的比重还会有所减少。只要坚持公有制为主体，国家控制国民经济命脉，国有经济的控制力和竞争力得到增强，这种减少不会影响我国的社会主义性质。

积极探索公有制的多种有效实现形式。国有资本通过股份制可以吸引和组织更多的社会资本，放大国有资本的功能，提高国有经济的控制力、影响力和带动力。国有大中型企业尤其是优势企业，宜于实行股份制的，要通过规范上市、中外合资和企业互相参股等形式，改为股份制企业，发展混合所有制经济，重要的企业由国家控股。

统筹规划，采取有效的政策措施，加快老工业基地和中西部地区国有经济布局的调整。对困难较大的老工业基地，国家要在技术改造、资产重组、结构调整以及国有企业下岗职工安置和社会保障资金等方面，加大支持力度。国家要通过优先安排基础设施建设、增加财政转移支付等措施，支持中西部地区和少数民族地区加快发展。国家要实施西部大开发战略。中西部地区要从自身条件出发，发展有比较优势的产业和技术先进的企业，促进产业结构的优化升级。东部地区要在加快改革和发展的同时，本着互惠互利、优势互补、共同发展的原则，通过产业转移、技术转让、对口支援、联合开发等方式，支持和促进中西部地区的经济发展。

四、推进国有企业战略性改组

改革开放以来，国有企业组织结构发生了积极的变化，但目前仍不合理。主要是重复建设严重，企业大而全、小而全，没有形成专业化生产、社会化协作体系和规模经济，缺乏市场竞争能力。要区别不同情况，继续对国有企业实施战略性改组。极少数必须由国家垄断经营的企业，在努力适应市场经济要求的同时，国家给予必要支持，使其更好地发挥应有的功能；竞争性领域中具有一定实力的企业，要吸引多方投资加快发展；对产品有市场但负担过重、经营困难的企业，通过兼并、联合等形式进行资产重组和结构调整，盘活存量资产；产品没有市场、长期亏损、扭亏无望和资源枯竭的企业，以及浪费资源、技术落后、质量低劣、污染严重的小煤矿、小炼油、小水泥、小玻璃、小火电等，要实行破产、关闭。

坚持"抓大放小"。要着力培育实力雄厚、竞争力强的大型企业和企业集团，有的可以成为跨地区、跨行业、跨所有制和跨国经营的大企业集团。要发挥这些企业在资本营运、技术创新、市场开拓等方面的优势，使之成为国民经济的支柱和参与国际竞争的主要力量。发展企业集团，要遵循客观经济规律，以企业为主体，以资本为纽带，通过市场来形成，不能靠行政手段勉强撮合，不能盲目求大求全。要在突出主业、增强竞争优势上下功夫。

放开搞活国有中小企业。要积极扶持中小企业特别是科技型企业，使它们向"专、精、特、新"的方向发展，同大企业建立密切的协作关系，提高生产的社会化水平。要从实际出发，继续采取改组、联合、兼并、租赁、承包经营和股份合作制、出售等多种形式，放开搞活国有小企业，不搞一个模式。对这几年大量涌现的股份合作制企业，要支持和引导，不断总结经验，使之逐步完善。出售要严格按照国家有关规定进行。无论采取哪种放开搞活的形式，都必须听取职工意见，规范操作，注重实效。重视发挥各种所有制中小企业在活跃城乡经济、满足社会多方面需要、吸收劳动力就业、开发新产品、促进国民经济发展等方面的重要作用。培育中小企业服务体系，为中小企业提供信息咨询、市场开拓、筹资融资、贷款担保、技术支持、人才培训等服务。

在国有企业战略性改组过程中，要充分发挥市场机制作用，综合运用经济、法律和必要的行政手段。在涉及产权变动的企业并购中要规范资产评估，防止国有资产流失，防止逃废银行债务及国家税款，妥善安置职工，保护职工合法权益。

五、建立和完善现代企业制度

建立现代企业制度，是发展社会化大生产和市场经济的必然要求，是公有制与市场经济相结合的有效途径，是国有企业改革的方向。要从我国国情出发，总结实践经验，按照十四届三中全会决定和十五大报告关于建立现代企业制度的论述，全面理解和把握产权清晰、权责明确、政企分开、管理科学的要求，突出抓好以下几个环节。

（一）继续推进政企分开。政府对国家出资兴办和拥有股份的企业，通过出资人代表行使所有者职能，按出资额享有资产受益、重大决策和选择经营管理者等权利，对企业的债务承担有限责任，不干预企业日常经营活动。企业依法自主经营，照章纳税，对所有者的净资产承担保值增值责任，不得损害所有者权益。各级党政机关都要同所办的经济实体和直接管理的企业在人财物等方面彻底脱钩。

（二）积极探索国有资产管理的有效形式。要按照国家所有、分级管理、授权经营、分工监督的原则，逐步建立国有资产管理、监督、营运体系和机制，建立与健全严格的责任制度。国务院代表国家统一行使国有资产所有权，中央和地方政府分级管理国有资产，授权大型企业、企业集团和控股公司经营国有资产。要确保出资人到位。允许和鼓励地方试点，探索建立国有资产管理的具体方式。继续试行稽察特派员制度，同时要积极贯彻十五大精神，健全和规范监事会制度，过渡到从体制上、机制上加强对国有企业的监督，确保国有资产及其权益不受侵犯。

（三）对国有大中型企业实行规范的公司制改革。公司制是现代企业制度的一种有效组织形式。公司法人治理结构是公司制的核心。要明确股东会、董事会、监事会和经理层的职责，形成各负其责、协调运转、有效制衡的公司法人治理结构。所有者对企业拥有最终控制权。董事会要维护出资人权益，对股东会负责。董事会对公司的发展目标和重大经营活动作出决策，聘任经营者，并对经营者的业绩进行考核和评价。发挥监事会对企业财务和董事、经营者行为的监督作用。国有独资和国有控股公司的党委负责人可以通过法定程序进入董事会、监事会，董事会和监事会都要有职工代表参加；董事会、监事会、经理层及工会中的党员负责人，可依照党章及有关规定进入党委会；党委书记和董事长可由一人担任，董事长、总经理原则上分设。充分发挥董事会对重大问题统一决策、监事会有效监督的作用。党组织按照党章、工会和职代会按照有关法律法规履行职责。股权多元化有利于形成规范的公司法人治理结构，除极少数必须由国家垄断经营的企业外，要积极发展多元投资主体的公司。

（四）面向市场着力转换企业经营机制。要逐步形成企业优胜劣汰、经营者能上能下、人员能进能出、收入能增能减、技术不断创新、国有资产保值增值等机制。建立与现代企业制度相适应的收入分配制度，在国家政策指导下，实行董事会、经理层等成员按照各自职责和贡献取得报酬的办法；企业职工工资水平，由企业根据当地社会平均工资和本企业经济效益决定；企业内部实行按劳分配原则，适当拉开差距，允许和鼓励资本、技术等生产要素参与收益分配。要采取切实措施，解决目前某些垄断行业个人收入过高的问题。

六、加强和改善企业管理

强化企业管理，提高科学管理水平，是建立现代企业制度的内在要求，也是国有企业扭亏增盈、提高竞争能力的重要途径。必须高度重视和切实加强企业管理工作，从严管理企业，实现管理创新，尽快改变相当一部分企业决策随意、制度不严、纪律松弛、管理水平低下的状况。

加强企业发展战略研究。企业要适应市场，制定和实施明确的发展战略、技术创新战略和市场营销战略，并根据市场变化适时调整。实行科学决策、民主决策，提高决策水平。搞好风险管理，避免出现大的失误。

健全和完善各项规章制度。强化基础工作，彻底改变无章可循、有章不循、违章不究的现象。建立各级、各个环节的严格责任制度，加强考核和督促检查，确保各项工作有人负责。完善劳动合同制，推行职工全员竞争上岗，严格劳动纪律，严明奖惩，充分发挥职工的积极性和创造性。增强法制意识，依法经营管理。

狠抓管理薄弱环节。重点搞好成本管理、资金管理、质量管理。建立健全全国统一的会计制度。要及时编制资产负债表、损益表和现金流量表，真实反映企业经营状况。切实改进和加强经济核算，堵塞各种漏洞。坚持质量第一，采用先进标准，搞好全员全过程的质量管理。坚持预防为主，落实安全措施，确保安全生产。重视企业无形资产的管理、保护和合理利用。要把加强管理和反腐倡廉结合起来，加强对企业经济活动的审计和监督，坚决制止和严肃查处做假帐、违反财经纪律、营私舞弊、挥霍浪费等行为。

广泛采用现代管理技术、方法和手段。总结过去行之有效的管理经验，不断赋予新的内涵。推广先进企业的管理经验，引进国外智力，借鉴国外企业现代管理方法。发挥管理专家的作用，为企业改进经营管理提供咨询服务。加强现代信息技术的运用，建立灵敏、准确的信息系统。合理设置企业内部机构，改变管理机构庞大、管理人员过多的状况。

七、改善国有企业资产负债结构和减轻企业社会负担

逐步解决国有企业负债率过高、资本金不足、社会负担重等问题，对于实现国有企业改革发展目标至关重要。要根据宏观经济环境和国家财力，区别不同情况，有步骤地分类加以解决。

（一）增加银行核销呆坏帐准备金，主要用于国有大中型企业的兼并破产和资源枯竭矿山的关闭，并向重点行业倾斜。国有和集体企业兼并国有企业可以享受有关鼓励政策。所有兼并破产和关闭的企业，都要按国家有关规定，妥善安置职工。

（二）结合国有银行集中处理不良资产的改革，通过金融资产管理公司等方式，对一部分产品有市场、发展有前景，由于负债过重而陷入困境的重点国有企业实行债转股，解决企业负债率过高的问题。实行债转股的企业，必须转换经营机制，实行规范的公司制改革，并经过金融资产管理公司独立评审。要按照市场经济的原则和有关规定规范操作，防止一哄而起和国有资产流失。

（三）提高直接融资比重。符合股票上市条件的国有企业，可通过境内外资本市场筹集资本金，并适当提高公众流通股的比重。有些企业可以通过债务重组，具备条件后上市。允许国有及国有控股企业按规定参与股票配售。选择一些信誉好、发展潜力大的国有控股上市公司，在不影响国家控股的前提下，适当减持部分国有股，所得资金由国家用于国有企业的改革和发展。要完善股票发行、上市制度，进一步推动证券市场健康发展。

（四）非上市企业经批准，可将国家划拨给企业的土地使用权有偿转让及企业资产变现，其所得用于增资减债或结构调整。要严格按照国家的法律法规操作，坚持公开、公平、公正的原则，维护国家所有者权益和银行及其他债权人权益。

（五）严格执行国家利率政策，切实减轻企业利息负担。银行要合理确定贷款期限，支持企业合理的资金需求，对不合理的贷款期限，要及时纠正；不得超过规定擅自提高或以各种名义变相提高贷款利率；对信用等级较高、符合国家产业政策、贷款风险较低的企业，贷款利率可适当下浮。

（六）具备偿债能力的国有大型企业，经过符合资质的中介机构评估，可在国家批准的额度内发行企业债券，有的经批准可在境外发债。严格禁止各种形式的非法集资。

（七）分离企业办社会的职能，切实减轻国有企业的社会负担。位于城市的企业，要逐步把所办的学校、医院和其他社会服务机构移交地方政府统筹管理，所需费用可在一定期限内由企业和政府共同承担，并逐步过渡到由政府承担，有些可以转为企业化经营。独立工矿区也要努力创造条件，实现社会服务机构与企业分离。各级政府要采取措施积极推进这项工作。

改善国有企业资产负债结构和减轻企业社会负担，一定要同防范和化解金融风险相结合，一定要同深化企业内部改革、建立新机制和加强科学管理相结合，防止卸了原有包袱，又重复出现老的问题。

八、做好减员增效、再就业和社会保障工作

下岗分流、减员增效和再就业，是国有企业改革的重要内容。要把减员与增效有机结合起来，达到降低企业成本、提高效率和效益的目的。鼓励有条件的国有企业实行主辅分离、转岗分流，创办独立核算、自负盈亏的经济实体，安置企业富余人员，减轻社会就业压力。要规范职工下岗程序，认真办好企业再就业服务中心，切实做好下岗职工基本生活保障工作，维护社会稳定。下岗分流要同国家财力和社会承受能力相适应。要调整财政支出结构，坚持实行企业、社会、政府各方负担的办法落实资金，亏损企业和社会筹集费用不足的部分，财政要给予保证。地方财政确有困难的，中央财政通过转移支付给予一定的支持。要进一步完善下岗职工基本生活保障、失业保险和城市居民最低生活保障制度，搞好这三条保障线的相互衔接，把保障下岗职工和失业人员基本生活的政策措施落到实处。

大力做好再就业工作。采取有效的政策措施，广开就业门路，增加就业岗位。积极发展第三产业，吸纳更多的下岗职工。引导职工转变择业观念，下大力气搞好下岗职工培训，提高他们的再就业能力。进一步完善促进下岗职工再就业的优惠政策，鼓励下岗职工到非公有制经济单位就业、自己组织起来就业或从事个体经营，使需要再就业的下岗职工尽快走上新的岗位。对自谋职业的，要在工商登记、场地安排、税费减免、资金信贷等方面，给予更多的扶持。要积极发展和规范劳动力市场，形成市场导向的就业机制。

加快社会保障体系建设，是顺利推进国有企业改革的重要条件。要依法扩大养老、失业、医疗等社会保险的覆盖范围，城镇国有、集体、外商投资、私营等各类企业及其职工都要参加社会保险，缴纳社会保险费。强化社会保险费的征缴，提高收缴率，清理追缴企业拖欠的社会保险费，确保养老金的按时足额支付。进一步完善基本养老保险省级统筹制度，增强基金调剂能力。要采取多种措施，包括变现部分国有资产、合理调整财政支出结构等，开拓社会保障新的筹资渠道，充实社会保障基金。严格管理各项社会保障基金，加强监督，严禁挤占挪用，确保基金的安全和增值。逐步推进社会保障的社会化管理，实行退休人员与原企业相分离，养老金由社会服务机构发放，人员由社区管理。认真落实企业离休干部的政治、生活待遇，做好管理和服务工作。

九、加快国有企业技术进步和产业升级

要实现国民经济持续快速健康发展，必须适应全球产业结构调整的大趋势和国内外市场需求的变化，加快技术进步和产业升级。国有经济在国民经济中的重要地位，决定了国有企业必须在技术进步和产业升级中走在前列，积极拓展新的发展空间，发挥关键性作用。

国有企业技术进步和产业升级的方向与重点是：以市场为导向，用先进技术改造传统产业，围绕增加品种、改进质量、提高效益和扩大出口，加强现有企业的技术改造；在电子信息、生物工程、新能源、新材料、航空航天、环境保护等新兴产业和高技术产业占据重要地位，掌握核心技术，占领技术制高点，发挥先导作用。处理好提高质量和增加产量、发展技术密集型产业和劳动密集型产业、自主创新和引进技术、经济发展和环境保护的关系。

通过技术进步和产业升级，少数大型企业和企业集团要在产品质量、工艺技术、生产装备、劳动生产率等方面达到或接近世界先进水平，在国际市场上占有一定的份额；一批企业和企业集团要具有较高技术水平，能够生产高附加值产品，在国内外市场有较强竞争力；多数企业要不断进行技术改造和产品更新，并充分发挥我国劳动力充裕的优势，积极参与国内外市场竞争。

采取积极有效的政策措施，支持企业技术进步和产业升级。特别要利用当前国家实行积极财政政策、扩大内需的有利时机，集中必要力量，对重点行业、重点企业、重点产品和重大先进装备制造加大技术改造投入，并向老工业基地倾斜，在企业技术进步和产业升级方面取得明显成效。对于有市场、有效益、符合国家产业政策的技术改造项目，给予贷款贴息支持；对这类技术改造项目的国产设备投资，实行税收鼓励政策。培育和发展产业投资基金和风险投资基金。充分利用国内外资本市场筹集资金，支持企业技术改造、结构调整和高新技术产业发展。实施促进科技成果转化的鼓励政策，积极发展技术市场。继续采取加速折旧、加大新产品开发费提取、减免进口先进技术与设备的关税和进口环节税等政策措施，鼓励企业进行技术改造。

技术进步和产业升级的主体是企业，要形成以企业为中心的技术创新体系。企业要加强技术开发力量和加大资金投入，大型企业都要建立技术开发中心，研究开发有自主知识产权的主导产品，增加技术储备，搞好技术人才培训。推进产学研结合，鼓励科研机构和大专院校的科研力量进入企业和企业集团，强化应用技术的开发和推广，增加中间试验投入，促进科技成果向现实生产力的转化。对重大技术难题组织联合攻关，重视发挥科技专家的作用。要形成吸引人才和调动科技人员积极性的激励机制，保护知识产权。

十、为国有企业改革和发展创造良好的外部环境

国有企业改革和发展是一个复杂的社会系统工程，需要搞好宏观调控和相关的配套改革。

（一）保持经济总量基本平衡。扩大内需，开拓城乡市场，增加就业，促进国民经济持续快速健康发展，防止经济增长的大幅度波动，为国有企业发展创造有利的宏观经济环境。

（二）继续扩大对外开放。推进和完善全方位、多层次、宽领域的对外开放格局。鼓励国有企业合理利用国内外两个市场、两种资源，提高国际竞争力。积极引进先进技术，注重消化、吸收和创新。优化进出口商品结构，实施市场多元化，拓展对外贸易。改善投资环境，扩大利用外资，提高利用外资水平。确有条件的国有企业发挥比较优势到国外设立企业，开拓国际市场，国家要给予必要的政策支持，并加强监管。

（三）制止不合理的重复建设。加快投融资体制改革，建立投资风险约束机制，严格执行项目资本金制度和项目法人责任制，做到谁决策谁承担责任和风险。政府要通过制定产业政策和发布信息等方式进行引导，鼓励资金投向提高技术水平、产品有市场有效益的项目，对国内生产能力已经明显超过市场需求的新上项目必须严格控制。

（四）发展各类市场，维护正常经济秩序。继续完善商品市场，培育和发展要素市场，建立有利于商品、资金、技术、劳动力合理流动的全国统一的市场体系。健全市场规则，规范市场行为，加强市场监管，清除分割、封锁市场的行政性壁垒，营造公平竞争的市场环境。采取有力措施，抓紧解决企业互相拖欠款项的问题，强化信用观念，严格结算纪律。依法严厉打击走私贩私、制售假冒伪劣商品以及其他经济违法犯罪行为。推进税费改革，清理整治乱收费、乱罚款和各种摊派，切实减轻企业负担。

（五）健全中介服务体系。社会中介服务机构要与政府部门彻底脱钩。规范会计、律师、公证、资产评估、咨询等社会中介机构的行为，真正做到客观、真实、公正。对弄虚作假的要追究责任，依法惩处。整顿和规范各类行业协会，加强行业自律。

（六）建立健全社会主义市场经济的法律制度。要抓紧制定和完善有关维护市场秩序、实施宏观调控、规范市场主体、健全社会保障等方面的法律法规。加强和改善司法、行政执法和执法监督。依法惩处侵犯企业合法权益的违法犯罪行为。加强社会治安综合治理，为企业生产经营创造良好的社会环境。

十一、建设高素质的经营管理者队伍

国有企业要适应建立现代企业制度的要求，在激烈的市场竞争中生存发展，必须建设高素质的经营管理者队伍，培育一大批优秀企业家。国有企业的经营管理者队伍总体是好的，为企业改革和发展作出了重要贡献。发展社会主义市场经济对国有企业经营管理者提出了更高要求。他们应该是：思想政治素质好，认真执行党和国家的方针政策与法律法规，具有强烈的事业心和责任感；经营管理能力强，熟悉本行业务，系统掌握现代管理知识，具有金融、科技和法律等方面基本知识，善于根据市场变化作出科学决策；遵纪守法，廉洁自律，求真务实，联系群众。

深化国有企业人事制度改革。坚持党管干部原则，改进管理方法。中央和地方党委对关系国家安全和国民经济命脉的重要骨干企业领导班子要加强管理。要按照企业的特点建立对经营管理者培养、选拔、管理、考核、监督的办法，并逐步实现制度化、规范化。积极探索适应现代企业制度要求的选人用人新机制，把组织考核推荐和引入市场机制、公开向社会招聘结合起来，把党管干部原则和董事会依法选择经营管理者以及经营管理者依法行使用人权结合起来。进一步完善对国有企业领导人员管理的具体办法，避免一个班子多头管理。对企业及企业领导人不再确定行政级别。加快培育企业经营管理者人才市场，建立企业经营管理人才库。按照公开、平等、竞争、择优原则，优化人才资源配置，打破人才部门所有、条块分割，促进人才合理流动。采取多种形式加强教育培训，全面提高经营管理者素质。继续举办和规范工商管理培训，改进培训内容和方法，提高培训质量。努力创造条件，营造经营管理者和企业家队伍健康成长的社会环境。

建立和健全国有企业经营管理者的激励和约束机制。实行经营管理者收入与企业的经营业绩挂钩。把物质鼓励同精神鼓励结合起来，既要使经营管理者获得与其责任和贡献相符的报酬，又要提倡奉献精神，宣传和表彰有突出贡献者，保护经营管理者的合法权益。少数企业试行经理（厂长）年薪制、持有股权等分配方式，可以继续探索，及时总结经验，但不要刮风。要规范经营管理者的报酬，增加透明度。加强和完善监督机制，把外部监督和内部监督结合起来。健全法人治理结构，发挥党内监督和职工民主监督的作用，加强对企业及经营管理者在资金运作、生产经营、收入分配、用人决策和廉洁自律等重大问题上的监督。建立企业经营业绩考核制度和决策失误追究制度，实行企业领导人员任期经济责任审计，凡是由于违法违规等人为因素给企业造成重大损失的，要依法追究其责任，并不得继续担任或易地担任领导职务。

十二、加强党对国有企业改革和发展工作的领导

加强和改善党的领导是加快国有企业改革和发展的根本保证。要搞好国有企业，必须建立符合市场经济规律和我国国情的国有企业领导体制与组织管理制度，加强企业领导班子建设，发挥企业党组织的政治核心作用，坚持全心全意依靠工人阶级的方针。要把发挥党的政治优势同运用市场机制结合起来，调动各方面的积极性，

形成合力，确保国有企业改革和发展任务的顺利完成。

坚持党的领导，发挥国有企业党组织的政治核心作用，是一个重大原则，任何时候都不能动摇。企业党组织的政治核心作用主要体现在：保证、监督党和国家方针政策在本企业的贯彻执行；参与企业重大问题决策，支持股东会、董事会、监事会和经理（厂长）依法行使职权；全心全意依靠职工群众，领导和支持工会、共青团等群众组织及职工代表大会依照法律和各自章程独立自主地开展工作；领导企业思想政治工作和精神文明建设，努力建设有理想、有道德、有文化、有纪律的职工队伍；加强党组织自身建设，搞好党性党风教育，发挥党支部的战斗堡垒作用和党员的先锋模范作用。企业党组织要认真贯彻党的基本路线，围绕生产经营开展工作，为实现党的任务和企业改革发展服务。要不断改进企业党组织的工作内容和活动方式，进一步探索发挥政治核心作用的途径和方法。加强和改进思想政治工作，用建设有中国特色社会主义的共同理想凝聚群众，引导广大职工积极支持和参与改革，满腔热情地帮助他们解决实际困难。困难企业和实行兼并破产企业的党组织尤其要深入细致地做好群众工作。

搞好国有企业的改革和发展，必须切实尊重职工的主人翁地位，充分发挥职工群众的积极性、主动性和创造性。坚决维护职工的经济利益，保障职工的民主权利。进一步理顺劳动关系，依法进行平等协商，认真执行劳动合同和集体合同制度。发挥工会和职工代表大会在民主决策、民主管理、民主监督中的作用。坚持和完善以职工代表大会为基本形式的企业民主管理制度，实行民主评议企业领导人和厂务公开。加强职工队伍建设。坚持用邓小平理论和党的基本路线武装广大职工，大力弘扬爱国主义、集体主义、社会主义和艰苦创业精神，深入进行形势任务和民主法制教育，引导职工树立正确的世界观、人生观、价值观。加强职工业务技术和劳动技能培训。加强企业精神文明建设，发展企业文化，广泛开展创建文明行业、文明企业、文明班组和争当文明职工活动，树立爱岗敬业、诚实守信、奉献社会的良好职业道德和职业风尚，提倡科学精神，反对封建迷信，不断提高职工的思想道德和科学文化素质。

各级党委和政府要坚定地站在国有企业改革的前列，解放思想，实事求是，遵循客观经济规律，尊重群众首创精神。要认真改进领导作风，从工交、商贸、金融等各行各业国有企业的实际出发，深入调查研究，总结新经验，研究新情况，解决新问题，团结和带领广大干部群众迎难而上，开拓前进。

（下略）

政策法规

中共中央关于完善社会主义市场经济体制若干问题的决定（节选）[①]

（2003年10月14日）

为贯彻落实党的十六大提出的建成完善的社会主义市场经济体制和更具活力、更加开放的经济体系的战略部署，深化经济体制改革，促进经济社会全面发展，十六届中央委员会第三次全体会议讨论了关于完善社会主义市场经济体制的若干重大问题，并作出如下决定。

一、我国经济体制改革面临的形势和任务

（一）深化经济体制改革的重要性和紧迫性。十一届三中全会开始改革开放、十四大确定社会主义市场经济体制改革目标以及十四届三中全会作出相关决定以来，我国经济体制改革在理论和实践上取得重大进展。社会主义市场经济体制初步建立，公有制为主体、多种所有制经济共同发展的基本经济制度已经确立，全方位、宽领域、多层次的对外开放格局基本形成。改革的不断深化，极大地促进了社会生产力、综合国力和人民生活水平的提高，使我国经受住了国际经济金融动荡和国内严重自然灾害、重大疫情等严峻考验。同时也存在经济结构不合理、分配关系尚未理顺、农民收入增长缓慢、就业矛盾突出、资源环境压力加大、经济整体竞争力不强等问题，其重要原因是我国处于社会主义初级阶段，经济体制还不

[①]《中共中央关于完善社会主义市场经济体制若干问题的决定》，《中华人民共和国国务院公报》，2003年34期。

完善，生产力发展仍面临诸多体制性障碍。为适应经济全球化和科技进步加快的国际环境，适应全面建设小康社会的新形势，必须加快推进改革，进一步解放和发展生产力，为经济发展和社会全面进步注入强大动力。

（二）完善社会主义市场经济体制的目标和任务。按照统筹城乡发展、统筹区域发展、统筹经济社会发展、统筹人与自然和谐发展、统筹国内发展和对外开放的要求，更大程度地发挥市场在资源配置中的基础性作用，增强企业活力和竞争力，健全国家宏观调控，完善政府社会管理和公共服务职能，为全面建设小康社会提供强有力的体制保障。主要任务是：完善公有制为主体、多种所有制经济共同发展的基本经济制度；建立有利于逐步改变城乡二元经济结构的体制；形成促进区域经济协调发展的机制；建设统一开放竞争有序的现代市场体系；完善宏观调控体系、行政管理体制和经济法律制度；健全就业、收入分配和社会保障制度；建立促进经济社会可持续发展的机制。

（三）深化经济体制改革的指导思想和原则。以邓小平理论和"三个代表"重要思想为指导，贯彻党的基本路线、基本纲领、基本经验，全面落实十六大精神，解放思想、实事求是、与时俱进。坚持社会主义市场经济的改革方向，注重制度建设和体制创新。坚持尊重群众的首创精神，充分发挥中央和地方两个积极性。坚持正确处理改革发展稳定的关系，有重点、有步骤地推进改革。坚持统筹兼顾，协调好改革进程中的各种利益关系。坚持以人为本，树立全面、协调、可持续的发展观，促进经济社会和人的全面发展。

二、进一步巩固和发展公有制经济，鼓励、支持和引导非公有制经济发展

（四）推行公有制的多种有效实现形式。坚持公有制的主体地位，发挥国有经济的主导作用。积极推行公有制的多种有效实现形式，加快调整国有经济布局和结构。要适应经济市场化不断发展的趋势，进一步增强公有制经济的活力，大力发展国有资本、集体资本和非公有资本等参股的混合所有制经济，实现投资主体多元化，使股份制成为公有制的主要实现形式。需要由国有资本控股的企业，应区别不同情况实行绝对控股或相对控股。完善国有资本有进有退、合理流动的机制，进一步推动国有资本更多地投向关系国家安全和国民经济命脉的重要行业和关键领域，增强国有经济的控制力。其他行业和领域的国有企业，通过资产重组和结构调整，在市场公平竞争中优胜劣汰。发展具有国际竞争力的大公司大企业集团。继续放开搞活国有中小企业。以明晰产权为重点深化集体企业改革，发展多种形式的集体经济。

（五）大力发展和积极引导非公有制经济。个体、私营等非公有制经济是促进我国社会生产力发展的重要力量。清理和修订限制非公有制经济发展的法律法规和政策，消除体制性障碍。放宽市场准入，允许非公有资本进入法律法规未禁入的基础设施、公用事业及其他行业和领域。非公有制企业在投融资、税收、土地使用和对外贸易等方面，与其他企业享受同等待遇。支持非公有制中小企业的发展，鼓励有条件的企业做强做大。非公有制企业要依法经营，照章纳税，保障职工合法权益。改进对非公有制企业的服务和监管。

（六）建立健全现代产权制度。产权是所有制的核心和主要内容，包括物权、债权、股权和知识产权等各类财产权。建立归属清晰、权责明确、保护严格、流转顺畅的现代产权制度，有利于维护公有财产权，巩固公有制经济的主体地位；有利于保护私有财产权，促进非公有制经济发展；有利于各类资本的流动和重组，推动混合所有制经济发展；有利于增强企业和公众创业创新的动力，形成良好的信用基础和市场秩序。这是完善基本经济制度的内在要求，是构建现代企业制度的重要基础。要依法保护各类产权，健全产权交易规则和监管制度，推动产权有序流转，保障所有市场主体的平等法律地位和发展权利。

三、完善国有资产管理体制，深化国有企业改革

（七）建立健全国有资产管理和监督体制。坚持政府公共管理职能和国有资产出资人职能分开。国有资产管理机构对授权监管的国有资本依法履行出资人职责，维护所有者权益，维护企业作为市场主体依法享有的各项权利，督促企业实现国有资本保值增值，防止国有资产流失。建立国有资本经营预算制度和企业经营业绩考核体系。积极探索国有资产监管和经营的有效形式，完善授权经营制度。建立健全国有金融资产、非经营性资产和自然资源资产等的监管制度。

（八）完善公司法人治理结构。按照现代企业制度要求，规范公司股东会、董事会、监事会和经营管理者的权责，完善企业领导人员的聘任制度。股东会决定董事会和监事会成员，董事会选择经营管理者，经营管理者行使用人权，并形成权力机构、决策机构、监督机构和经营管理者之间的制衡机制。企业党组织要发挥政治核心作用，并适应公司法人治理结构的要求，改进发挥作用的方式，支持股东会、董事会、监事会和经营管理者依法行使职权，参与企业重大问题的决策。要坚持党管干部原则，并同市场化选聘企业经营管理者的机制相结合。中央和地方党委要加强和改进对国有重要骨干企业领导班子的管理。要全心全意依靠职工群众，探索现代企业制度下职工民主管理的有效途径，维护职工合法权益。继续推进企业转换经营机制，深化劳动用工、人事和收入分配制度改革，分流安置富余人员，分离企业办社会职能，创造企业改革发展的良好环境。

（九）加快推进和完善垄断行业改革。对垄断行业要放宽市场准入，引入竞争机制。有条件的企业要积极推行投资主体多元化。继续推进和完善电信、电力、民航等行业的改革重组。加快推进铁道、邮政和城市公用事业等改革，实行政企分开、政资分开、政事分开。对自然垄断业务要进行有效监管。

四、深化农村改革，完善农村经济体制

（十）完善农村土地制度。土地家庭承包经营是农村基本经营制度的核心，要长期稳定并不断完善以家庭承包经营为基础、统分结合的双层经营体制，依法保障农民对土地承包经营的各项权利。农户在承包期内可依法、自愿、有偿流转土地承包经营权，完善流转办法，逐步发展适度规模经营。实行最严格的耕地保护制度，保证国家粮食安全。按照保障农民权益、控制征地规模的原则，改革征地制度，完善征地程序。严格界定公益性和经营性建设用地，征地时必须符合土地利用总体规划和用途管制，及时给予农民合理补偿。

（十一）健全农业社会化服务、农产品市场和对农业的支持保护体系。农村集体经济组织要推进制度创新，增强服务功能。支持农民按照自愿、民主的原则，发展多种形式的农村专业合作组织。

鼓励工商企业投资发展农产品加工和营销，积极推进农业产业化经营，形成科研、生产、加工、销售一体化的产业链。深化农业科技推广体制和供销社改革，形成社会力量广泛参与的农业社会化服务体系。完善农产品市场体系，放开粮食收购市场，把通过流通环节的间接补贴改为对农民的直接补贴，切实保护种粮农民的利益。加大国家对农业的支持保护，增加各级财政对农业和农村的投入。加强粮食综合生产能力建设。完善扶贫开发机制。国家新增教育、卫生、文化等公共事业支出主要用于农村。探索建立政策性农业保险制度。

（十二）深化农村税费改革。农村税费改革是减轻农民负担和深化农村改革的重大举措。完善农村税费改革试点的各项政策，取消农业特产税，加快推进县乡机构和农村义务教育体制等综合配套改革。在完成试点工作的基础上，逐步降低农业税率，切实减轻农民负担。

（十三）改善农村富余劳动力转移就业的环境。农村富余劳动力在城乡之间双向流动就业，是增加农民收入和推进城镇化的重要途径。建立健全农村劳动力的培训机制，推进乡镇企业改革和调整，大力发展县域经济，积极拓展农村就业空间，取消对农民进城就业的限制性规定，为农民创造更多就业机会。逐步统一城乡劳动力市场，加强引导和管理，形成城乡劳动者平等就业的制度。深化户籍制度改革，完善流动人口管理，引导农村富余劳动力平稳有序转移。加快城镇化进程，在城市有稳定职业和住所的农业人口，可按当地规定在就业地或居住地登记户籍，并依法享有当地居民应有的权利，承担应尽的义务。

五、完善市场体系，规范市场秩序

（十四）加快建设全国统一市场。强化市场的统一性，是建设现代市场体系的重要任务。大力推进市场对内对外开放，加快要素价格市场化，发展电子商务、连锁经营、物流配送等现代流通方式，促进商品和各种要素在全国范围自由流动和充分竞争。废止妨碍公平竞争、设置行政壁垒、排斥外地产品和服务的各种分割市场的规定，打破行业垄断和地区封锁。积极发展独立公正、规范运作的专业化市场中介服务机构，按市场化原则规范和发展各类行业协会、商会等自律性组织。完善行政执法、行业自律、舆论监督、群众参与相结合的市场监管体系，健全产品质量监管机制，严厉打击制假售假、商业欺诈等违法行为，维护和健全市场秩序。

（十五）大力发展资本和其他要素市场。积极推进资本市场的改革开放和稳定发展，扩大直接融资。建立多层次资本市场体系，完善资本市场结构，丰富资本市场产品。规范和发展主板市场，推进风险投资和创业板市场建设。积极拓展债券市场，完善和规范发行程序，扩大公司债券发行规模。大力发展机构投资者，拓宽合规资金入市渠道。建立统一互联的证券市场，完善交易、登记和结算体系。加快发展土地、技术、劳动力等要素市场。规范发展产权交易。积极发展财产、人身保险和再保险市场。稳步发展期货市场。

（十六）建立健全社会信用体系。形成以道德为支撑、产权为基础、法律为保障的社会信用制度，是建设现代市场体系的必要条件，也是规范市场经济秩序的治本之策。增强全社会的信用意识，政府、企事业单位和个人都要把诚实守信作为基本行为准则。按照完善法规、特许经营、商业运作、专业服务的方向，加快建设企业和个人信用服务体系。建立信用监督和失信惩戒制度。逐步开放信用服务市场。

六、继续改善宏观调控，加快转变政府职能

（十七）完善国家宏观调控体系。进一步健全国家计划和财政政策、货币政策等相互配合的宏观调控体系。国家计划明确的宏观调控目标和总体要求，是制定财政政策和货币政策的主要依据。财政政策要在促进经济增长、优化结构和调节收入方面发挥重要功能，完善财政政策的有效实施方式。货币政策要在保持币值稳定和总量平衡方面发挥重要作用，健全货币政策的传导机制。重视人口老龄化趋势等因素对社会供求的影响。完善统计体制，健全经济运行监测体系，加强各宏观经济调控部门的功能互补和信息共享，提高宏观调控水平。

（十八）转变政府经济管理职能。深化行政审批制度改革，切实把政府经济管理职能转到主要为市场主体服务和创造良好发展环境上来。加强国民经济和社会发展中长期规划的研究和制定，提出发展的重大战略、基本任务和产业政策，促进国民经济和社会全面发展，实现经济增长与人口资源环境相协调。加强对区域发展的协调和指导，积极推进西部大开发，有效发挥中部地区综合优势，支持中西部地区加快改革发展，振兴东北地区等老工业基地，鼓励东部有条件地区率先基本实现现代化。完善政府重大经济社会问题的科学化、民主化、规范化决策程序，充分利用社会智力资源和现代信息技术，增强透明度和公众参与度。

（十九）深化投资体制改革。进一步确立企业的投资主体地位，实行谁投资、谁决策、谁收益、谁承担风险。国家只审批关系经济安全、影响环境资源、涉及整体布局的重大项目和政府投资项目及限制类项目，其他项目由审批制改为备案制，由投资主体自行决策，依法办理用地、资源、环保、安全等许可手续。对必须审批的项目，要合理划分中央和地方权限，扩大大型企业集团投资决策权，完善咨询论证制度，减少环节，提高效率。健全政府投资决策和项目法人约束机制。国家主要通过规划和政策指导、信息发布以及规范市场准入，引导社会投资方向，抑制无序竞争和盲目重复建设。

七、完善财税体制，深化金融改革

（二十）分步实施税收制度改革。按照简税制、宽税基、低税率、严征管的原则，稳步推进税收改革。改革出口退税制度。统一各类企业税收制度。增值税由生产型改为消费型，将设备投资纳入增值税抵扣范围。完善消费税，适当扩大税基。改进个人所得税，实行综合和分类相结合的个人所得税制。实施城镇建设税费改革，条件具备时对不动产开征统一规范的物业税，相应取消有关收费。在统一税政前提下，赋予地方适当的税政管理权。创造条件逐步实现城乡税制统一。

（二十一）推进财政管理体制改革。健全公共财政体制，明确各级政府的财政支出责任。进一步完善转移支付制度，加大对中西部地区和民族地区的财政支持。深化部门预算、国库集中收付、政府采购和收支两条线管理改革。清理和规范行政事业性收费，凡能纳入预算的都要纳入预算管理。改革预算编制制度，完善预算编制、执行的制衡机制，加强审计监督。建立预算绩效评价体系。实行全口径预算管理和对或有负债的有效监控。加强各级人民代表大会对本级政府预算的审查和监督。

（二十二）深化金融企业改革。商业银行和证券公司、保险公司、信托投资公司等要成为资本充足、内控严密、运营安全、服务和效益良好的现代金融企业。选择有条件的国有商业银行实行股份制改造，加快处置不良资产，充实资本金，创造条件上市。深化政策性银行改革。完善金融资产管理公司运行机制。鼓励社会资金参与中小金融机构的重组改造。在加强监管和保持资本金充足的前提下，稳步发展各种所有制金融企业。完善农村金融服务体系，国家给予适当政策支持。通过试点取得经验，逐步把农村信用社改造成为农村社区服务的地方性金融企业。

（二十三）健全金融调控机制。稳步推进利率市场化，建立健全由市场供求决定的利率形成机制，中央银行通过运用货币政策工具引导市场利率。完善人民币汇率形成机制，保持人民币汇率在合理、均衡水平上的基本稳定。在有效防范风险前提下，有选择、分步骤放宽对跨境资本交易活动的限制，逐步实现资本项目可兑换。建立和完善统一、高效、安全的支付清算系统。改进中央银行的金融调控，建立健全货币市场、资本市场、保险市场有机结合、协调发展的机制，维护金融运行和金融市场的整体稳定，防范系统性风险。

（二十四）完善金融监管体制。依法维护金融市场公开、公平、有序竞争，有效防范和化解金融风险，保护存款人、投资者和被保险人的合法权益。健全金融风险监控、预警和处置机制，依法严格实行市场退出制度。强化金融监管手段，防范和打击金融犯罪。增强监管信息透明度并接受社会监督。处理好监管和支持金融创新的关系，鼓励金融企业探索金融经营的有效方式。建立健全银行、证券、保险监管机构之间以及同中央银行、财政部门的协调机制，提高金融监管水平。

八、深化涉外经济体制改革，全面提高对外开放水平

（二十五）完善对外开放的制度保障。按照市场经济和世贸组织规则的要求，加快内外贸一体化进程。形成稳定、透明的涉外经济管理体制，创造公平和可预见的法制环境，确保各类企业在对外经济贸易活动中的自主权和平等地位。依法管理涉外经济活动，强化服务和监管职能，进一步提高贸易和投资的自由、便利程度。建立健全外贸运行监控体系和国际收支预警机制，维护国家经济安全。

（二十六）更好地发挥外资的作用。抓住新一轮全球生产要素优化重组和产业转移的重大机遇，扩大利用外资规模，提高利用外资水平。结合国内产业结构调整升级，更多地引进先进技术、管理经验和高素质人才，注重引进技术的消化吸收和创新提高。继续发展加工贸易，着力吸引跨国公司把更高技术水平、更大增值含量的加工制造环节和研发机构转移到我国，引导加工贸易转型升级。进一步改善投资环境，拓宽投资领域，吸引外资加快向有条件的地区和符合国家产业政策的领域扩展，力争再形成若干外资密集、内外结合、带动力强的经济增长带。

（二十七）增强参与国际合作和竞争的能力。鼓励国内企业充分利用扩大开放的有利时机，增强开拓市场、技术创新和培育自主品牌的能力。提高出口商品质量、档次和附加值，扩大高新技术产品出口，发展服务贸易，全面提高出口竞争力。继续实施"走出去"战略，完善对外投资服务体系，赋予企业更大的境外经营管理自主权，健全对境外投资企业的监管机制，促进我国跨国公司的发展。积极参与和推动区域经济合作。

九、推进就业和分配体制改革,完善社会保障体系

(二十八)深化劳动就业体制改革。把扩大就业放在经济社会发展更加突出的位置,实施积极的就业政策,努力改善创业和就业环境。坚持劳动者自主择业、市场调节就业和政府促进就业的方针。鼓励企业创造更多的就业岗位。改革发展和结构调整都要与扩大就业紧密结合。从扩大就业再就业的要求出发,在产业类型上,注重发展劳动密集型产业;在企业规模上,注重扶持中小企业;在经济类型上,注重发展非公有制经济;在就业方式上,注重采用灵活多样的形式。完善就业服务体系,加强职业教育和技能培训,帮助特殊困难群体就业。规范企业用工行为,保障劳动者合法权益。

(二十九)推进收入分配制度改革。完善按劳分配为主体、多种分配方式并存的分配制度,坚持效率优先、兼顾公平,各种生产要素按贡献参与分配。整顿和规范分配秩序,加大收入分配调节力度,重视解决部分社会成员收入差距过分扩大问题。以共同富裕为目标,扩大中等收入者比重,提高低收入者收入水平,调节过高收入,取缔非法收入。加强对垄断行业收入分配的监管。健全个人收入监测办法,强化个人所得税征管。完善和规范国家公务员工资制度,推进事业单位分配制度改革。规范职务消费,加快福利待遇货币化。

(三十)加快建设与经济发展水平相适应的社会保障体系。完善企业职工基本养老保险制度,坚持社会统筹与个人帐户相结合,逐步做实个人帐户。将城镇从业人员纳入基本养老保险。建立健全省级养老保险调剂基金,在完善市级统筹基础上,逐步实行省级统筹,条件具备时实行基本养老金的基础部分全国统筹。健全失业保险制度,实现国有企业下岗职工基本生活保障向失业保险并轨。继续完善城镇职工基本医疗保险制度、医疗卫生和药品生产流通体制的同步改革，扩大基本医疗保险覆盖面，健全社会医疗救助和多层次的医疗保障体系。继续推行职工工伤和生育保险。积极探索机关和事业单位社会保障制度改革。完善城市居民最低生活保障制度，合理确定保障标准和方式。采取多种方式包括依法划转部分国有资产充实社会保障基金。强化社会保险基金征缴，扩大征缴覆盖面，规范基金监管，确保基金安全。鼓励有条件的企业建立补充保险，积极发展商业养老、医疗保险。农村养老保障以家庭为主，同社区保障、国家救济相结合。有条件的地方探索建立农村最低生活保障制度。

十、深化科技教育文化卫生体制改革，提高国家创新能力和国民整体素质

（三十一）营造实施人才强国战略的体制环境。创新人才工作机制，培养、吸引和用好各类人才。以党政人才、企业经营管理人才和专业技术人才为主体，建设规模宏大、结构合理、素质较高的人才队伍。多层次、多渠道、大规模地开展人才培训，重点培养一批高层次和高技能人才。加强西部和民族地区人才开发，建立促进优秀人才到西部、基层和艰苦地方工作的机制。尊重知识，鼓励创新，实行公平竞争，完善激励制度，形成优秀人才脱颖而出和人尽其才的良好环境。建立和完善人才市场体系，进一步促进人才流动。积极引进现代化建设急需的各类人才。

（三十二）深化科技体制改革。改革科技管理体制，加快国家创新体系建设，促进全社会科技资源高效配置和综合集成，提高科技创新能力，实现科技和经济社会发展紧密结合。确立企业技术创新和科技投入的主体地位，为各类企业创新活动提供平等竞争条件。必须由国家支持的从事基础研究、战略高技术、重要公益研究领域创新活动的研究机构，要按照职责明确、评价科学、开放有序、管理规范的原则建立现代科研院所制度。面向市场的应用技术研究开发机构，要坚持向企业化转制，加快建立现代企业制度。积极推动高等教育和科技创新紧密结合。建立军民结合、寓军于民的创新机制，实现国防科技和民用科技相互促进和协调发展。建设哲学社会科学理论创新体系，促进社会科学和自然科学协调发展。

（三十三）深化教育体制改革。构建现代国民教育体系和终身教育体系，建设学习型社会，全面推进素质教育，增强国民的就业能力、创新能力、创业能力，努力把人口压力转变为人力资源优势。推进教育创新，优化教育结构，改革培养模式，提高教育质量，形成同经济社会发展要求相适应的教育体制。巩固和完善以县级政府管理为主的农村义务教育管理体制。实施全员聘用和教师资格准入制度。完善和规范以政府投入为主、多渠道筹措经费的教育投入体制，形成公办学校和民办学校共同发展的格局。完善国家和社会资助家庭经济困难学生的制度。

（三十四）深化文化体制改革。按照社会主义精神文明建设的特点和规律，适应社会主义市场经济发展的要求，逐步建立党委领导、政府管理、行业自律、企事业单位依法运营的文化管理体制。转变文化行政管理部门的职能，促进文化事业和文化产业协调发展。坚持把社会效益放在首位，努力实现社会效益和经济效益的统一。公益性文化事业单位要深化劳动人事、收入分配和社会保障制度改革，加大国家投入，增强活力，改善服务。经营性文化产业单位要创新体制，转换机制，面向市场，壮大实力。健全文化市场体系，建立富有活力的文化产品生产经营体制。完善文化产业政策，鼓励多渠道资金投入，促进各类文化产业共同发展，形成一批大型文化企业集团，增强文化产业的整体实力和国际竞争力。依法规范文化市场秩序。深化体育改革，构建群众体育服务体系，健全竞技体育体制，促进体育产业健康发展，增强全民体质。

（三十五）深化公共卫生体制改革。强化政府公共卫生管理职能，建立与社会主义市场经济体制相适应的卫生医疗体系。加强公共卫生设施建设，充分利用、整合现有资源，建立健全疾病信息网络体系、疾病预防控制体系和医疗救治体系，提高公共卫生服务水平和突发性公共卫生事件应急能力。加快城镇医疗卫生体制改革。改善乡村卫生医疗条件，积极建立新型农村合作医疗制度，实行对贫困农民的医疗救助。发挥中西医结合的优势。搞好环境卫生建设，树立全民卫生意识。健全卫生监管体系，保证群众的食品、药品和医疗安全。

十一、深化行政管理体制改革，完善经济法律制度

（三十六）继续改革行政管理体制。加快形成行为规范、运转协调、公正透明、廉洁高效的行政管理体制。进一步调整各级政府机构设置，理顺职能分工，实现政府职责、机构和编制的法定化。完善国家公务员制度。推进依法行政，严格按照法定权限和程序行使权力、履行职责。发展电子政务，提高服务和管理水平。建立健全各种预警和应急机制，提高政府应对突发事件和风险的能力。完善安全生产监管体系。深化地方行政管理体制改革，大力精简机构和人员。继续推进事业单位改革。完善基层群众性自治组织，发挥城乡社区自我管理、自我服务的功能。

（三十七）合理划分中央和地方经济社会事务的管理责权。按照中央统一领导、充分发挥地方主动性积极性的原则，明确中央和地方对经济调节、市场监管、社会管理、公共服务方面的管理责权。属于全国性和跨省（自治区、直辖市）的事务，由中央管理，以保证国家法制统一、政令统一和市场统一。属于面向本行政区域的地方性事务，由地方管理，以提高工作效率、降低管理成本、增强行政活力。属于中央和地方共同管理的事务，要区别不同情况，明确各自的管理范围，分清主次责任。根据经济社会事务管理责权的划分，逐步理顺中央和地方在财税、金融、投资和社会保障等领域的分工和职责。

（三十八）全面推进经济法制建设。按照依法治国的基本方略，着眼于确立制度、规范权责、保障权益，加强经济立法。完善市场主体和中介组织法律制度，使各类市场主体真正具有完全的行为能力和责任能力。完善产权法律制度，规范和理顺产权关系，保护各类产权权益。完善市场交易法律制度，保障合同自由和交易安全，维护公平竞争。完善预算、税收、金融和投资等法律法规，规范经济调节和市场监管。完善劳动、就业和社会保障等方面的法律法规，切实保护劳动者和公民的合法权益。完善社会领域和可持续发展等方面的法律法规，促进经济发展和社会全面进步。

（三十九）加强执法和监督。加强对法律法规的解释工作，加大执法力度，提高行政执法、司法审判和检察的能力和水平，确保法律法规的有效实施，维护法制的统一和尊严。按照权力与责任挂钩、权力与利益脱钩的要求，建立权责明确、行为规范、监督有效、保障有力的执法体制，防止和纠正地方保护主义和部门本位主义。改革行政执法体制，相对集中行政处罚权，推进综合执法试点。推进司法体制改革，维护司法公正。实行执法责任制和执法过错追究制，做到严格执法、公正执法、文明执法。

十二、加强和改善党的领导，为完善社会主义市场经济体制而奋斗

（四十）党的领导是顺利推进改革的根本保证。建成完善的社会主义市场经济体制，是我们党在新世纪新阶段作出的具有重大现实意义和深远历史意义的决策，是对全党新的重大考验。全党同志要充分认识肩负的历史责任，不断学习新知识、研究新情况、解决新问题，继续探索社会主义制度和市场经济有机结合的途径和方式。要自觉适应社会主义市场经济发展的新形势，改革和完善党的领导方式和执政方式，坚持谋全局、把方向、管大事，进一步提高科学判断形势的能力、驾驭市场经济的能力、应对复杂局面的能力、依法执政的能力和总揽全局的能力。要坚持党管人才原则，培养和造就大批适应现代化建设需要的各类人才，加强各级领导班子和基层党组织建设，为改革和发展提供强有力的组织保证。要着眼于我国基本国情，坚持一切从实际出发，因地制宜，把改革的力度、发展的速度和社会可承受的程度统一起来，及时化解各种矛盾，确保社会稳定和工作有序进行。要统筹推进各项改革，努力实现宏观经济改革和微观经济改革相协调，经济领域改革和社会领域改革相协调，城市改革和农村改革相协调，经济体制改革和政治体制改革相协调。

（四十一）加强和改进党风廉政建设。加强党风廉政建设、反对和防止腐败，是建立和完善社会主义市场经济体制的重要保证，必须贯穿于改革开放和现代化建设的全过程。要进一步抓好党和国家机关工作人员特别是领导干部的廉洁自律，坚决查处各种违纪违法案件，切实纠正损害群众利益的不正之风。要坚持标本兼治、综合治理，注重思想道德教育，加强廉政法制建设，完善监督制约机制，建立健全与社会主义市场经济体制相适应的教育、制度、监督并重的惩治和预防腐败体系。坚持立党为公、执政为民，务必继续保持谦虚谨慎、不骄不躁的作风，务必继续保持艰苦奋斗的作风，坚决抵制各种不良风气的侵蚀，为完善社会主义市场经济体制营造良好的社会氛围。

（四十二）坚持社会主义物质文明、政治文明和精神文明协调发展。中国特色社会主义是社会主义市场经济、社会主义民主政治和社会主义先进文化协调发展的伟大事业。要积极稳妥地推进政治体制改革，扩大社会主义民主，健全社会主义法制，巩固和壮大爱国统一战线，加强思想政治工作，为发展社会主义市场经济提供强有力的政治保证。要大力加强社会主义文化建设，着力建立与社会主义市场经济相适应、与社会主义法律规范相协调、与中华民族传统美德相承接的社会主义思想道德体系，弘扬和培育民族精神，不断提高全民族的思想道德素质和科学文化素质，为改革和发展提供强大的精神动力和智力支持。

（下略）

国务院关于鼓励支持和引导个体私营等非公有制经济发展的若干意见[1]

（2005 年 2 月 19 日）

各省、自治区、直辖市人民政府，国务院各部委、各直属机构：

公有制为主体、多种所有制经济共同发展是我国社会主义初级阶段的基本经济制度。毫不动摇地巩固和发展公有制经济，毫不动摇地鼓励、支持和引导非公有制经济发展，使两者在社会主义现代化进程中相互促进，共同发展，是必须长期坚持的基本方针，是完善社会主义市场经济体制、建设中国特色社会主义的必然要求。改革开放以来，我国个体、私营等非公有制经济不断发展壮大，已经成为社会主义市场经济的重要组成部分和促进社会生产力发展的重要力量。积极发展个体、私营等非公有制经济，有利于繁荣城乡经济、增加财政收入，有利于扩大社会就业、改善人民生活，有利于优化经济结构、促进经济发展，对全面建设小康社会和加快社会主义现代化进程具有重大的战略意义。

鼓励、支持和引导非公有制经济发展，要以邓小平理论和"三个代表"重要思想为指导，全面落实科学发展观，认真贯彻中央确定的方针政策，进一步解放思想，深化改革，消除影响非公有制经济发展的体制性障碍，确立平等的市场主体地位，实现公平竞争；进一步完善国家法律法规和政策，依法保护非公有制企业和职工的合法权益；进一步加强和改进政府监督管理和服务，为非公有制经

---

[1]《国务院关于鼓励支持和引导个体私营等非公有制经济发展的若干意见》，《中华人民共和国国务院公报》，2005 年 10 期。

济发展创造良好环境；进一步引导非公有制企业依法经营、诚实守信、健全管理，不断提高自身素质，促进非公有制经济持续健康发展。为此，现提出以下意见：

一、放宽非公有制经济市场准入

（一）贯彻平等准入、公平待遇原则。允许非公有资本进入法律法规未禁入的行业和领域。允许外资进入的行业和领域，也允许国内非公有资本进入，并放宽股权比例限制等方面的条件。在投资核准、融资服务、财税政策、土地使用、对外贸易和经济技术合作等方面，对非公有制企业与其他所有制企业一视同仁，实行同等待遇。对需要审批、核准和备案的事项，政府部门必须公开相应的制度、条件和程序。国家有关部门与地方人民政府要尽快完成清理和修订限制非公有制经济市场准入的法规、规章和政策性规定工作。外商投资企业依照有关法律法规的规定执行。

（二）允许非公有资本进入垄断行业和领域。加快垄断行业改革，在电力、电信、铁路、民航、石油等行业和领域，进一步引入市场竞争机制。对其中的自然垄断业务，积极推进投资主体多元化，非公有资本可以参股等方式进入；对其他业务，非公有资本可以独资、合资、合作、项目融资等方式进入。在国家统一规划的前提下，除国家法律法规等另有规定的外，允许具备资质的非公有制企业依法平等取得矿产资源的探矿权、采矿权，鼓励非公有资本进行商业性矿产资源的勘查开发。

（三）允许非公有资本进入公用事业和基础设施领域。加快完善政府特许经营制度，规范招投标行为，支持非公有资本积极参与城镇供水、供气、供热、公共交通、污水垃圾处理等市政公用事业和基础设施的投资、建设与运营。在规范转让行为的前提下，具备条件的公用事业和基础设施项目，可向非公有制企业转让产权或经营权。鼓励非公有制企业参与市政公用企业、事业单位的产权制度和经营方式改革。

（四）允许非公有资本进入社会事业领域。支持、引导和规范非公有资本投资教育、科研、卫生、文化、体育等社会事业的非营利性和营利性领域。在放开市场准入的同时，加强政府和社会监管，维护公众利益。支持非公有制经济参与公有制社会事业单位的改组改制。通过税收等相关政策，鼓励非公有制经济捐资捐赠社会事业。

（五）允许非公有资本进入金融服务业。在加强立法、规范准入、严格监管、有效防范金融风险的前提下，允许非公有资本进入区域性股份制银行和合作性金融机构。符合条件的非公有制企业可以发起设立金融中介服务机构。允许符合条件的非公有制企业参与银行、证券、保险等金融机构的改组改制。

（六）允许非公有资本进入国防科技工业建设领域。坚持军民结合、寓军于民的方针，发挥市场机制的作用，允许非公有制企业按有关规定参与军工科研生产任务的竞争以及军工企业的改组改制。鼓励非公有制企业参与军民两用高技术开发及其产业化。

（七）鼓励非公有制经济参与国有经济结构调整和国有企业重组。大力发展国有资本、集体资本和非公有资本等参股的混合所有制经济。鼓励非公有制企业通过并购和控股、参股等多种形式，参与国有企业和集体企业的改组改制改造。非公有制企业并购国有企业，参与其分离办社会职能和辅业改制，在资产处置、债务处理、职工安置和社会保障等方面，参照执行国有企业改革的相应政策。鼓励非公有制企业并购集体企业，有关部门要抓紧研究制定相应政策。

（八）鼓励、支持非公有制经济参与西部大开发、东北地区等老工业基地振兴和中部地区崛起。西部地区、东北地区等老工业基地和中部地区要采取切实有效的政策措施，大力发展非公有制经济，积极吸引非公有制企业投资建设和参与国有企业重组。东部沿海地区也要继续鼓励、支持非公有制经济发展壮大。

二、加大对非公有制经济的财税金融支持

（九）加大财税支持力度。逐步扩大国家有关促进中小企业发展专项资金规模，省级人民政府及有条件的市、县应在本级财政预算中设立相应的专项资金。加快设立国家中小企业发展基金。研究完善有关税收扶持政策。

（十）加大信贷支持力度。有效发挥贷款利率浮动政策的作用，引导和鼓励各金融机构从非公有制经济特点出发，开展金融产品创新，完善金融服务，切实发挥银行内设中小企业信贷部门的作用，改进信贷考核和奖惩管理方式，提高对非公有制企业的贷款比重。城市商业银行和城市信用社要积极吸引非公有资本入股；农村信用社要积极吸引农民、个体工商户和中小企业入股，增强资本实力。政策性银行要研究改进服务方式，扩大为非公有制企业服务的范围，提供有效的金融产品和服务。鼓励政策性银行依托地方商业银行等中小金融机构和担保机构，开展以非公有制中小企业为主要服务对象的转贷款、担保贷款等业务。

（十一）拓宽直接融资渠道。非公有制企业在资本市场发行上市与国有企业一视同仁。在加快完善中小企业板块和推进制度创新的基础上，分步推进创业板市场，健全证券公司代办股份转让系统的功能，为非公有制企业利用资本市场创造条件。鼓励符合条件的

非公有制企业到境外上市。规范和发展产权交易市场，推动各类资本的流动和重组。鼓励非公有制经济以股权融资、项目融资等方式筹集资金。建立健全创业投资机制，支持中小投资公司的发展。允许符合条件的非公有制企业依照国家有关规定发行企业债券。

（十二）鼓励金融服务创新。改进对非公有制企业的资信评估制度，对符合条件的企业发放信用贷款。对符合有关规定的企业，经批准可开展工业产权和非专利技术等无形资产的质押贷款试点。鼓励金融机构开办融资租赁、公司理财和账户托管等业务。改进保险机构服务方式和手段，开展面向非公有制企业的产品和服务创新。支持非公有制企业依照有关规定吸引国际金融组织投资。

（十三）建立健全信用担保体系。支持非公有制经济设立商业性或互助性信用担保机构。鼓励有条件的地区建立中小企业信用担保基金和区域性信用再担保机构。建立和完善信用担保的行业准入、风险控制和补偿机制，加强对信用担保机构的监管。建立健全担保业自律性组织。

三、完善对非公有制经济的社会服务

（十四）大力发展社会中介服务。各级政府要加大对中介服务机构的支持力度，坚持社会化、专业化、市场化原则，不断完善社会服务体系。支持发展创业辅导、筹资融资、市场开拓、技术支持、认证认可、信息服务、管理咨询、人才培训等各类社会中介服务机构。按照市场化原则，规范和发展各类行业协会、商会等自律性组织。整顿中介服务市场秩序，规范中介服务行为，为非公有制经济营造良好的服务环境。

（十五）积极开展创业服务。进一步落实国家就业和再就业政策，加大对自主创业的政策扶持，鼓励下岗失业人员、退役士兵、大学毕业生和归国留学生等各类人员创办小企业，开发新岗位，以创业促就业。各级政府要支持建立创业服务机构，鼓励为初创小企业提供各类创业服务和政策支持。对初创小企业，可按照行业特点降低公司注册资本限额，允许注册资金分期到位，减免登记注册费用。

（十六）支持开展企业经营者和员工培训。根据非公有制经济的不同需求，开展多种形式的培训。整合社会资源，创新培训方式，形成政府引导、社会支持和企业自主相结合的培训机制。依托大专院校、各类培训机构和企业，重点开展法律法规、产业政策、经营管理、职业技能和技术应用等方面的培训，各级政府应给予适当补贴和资助。企业应定期对职工进行专业技能培训和安全知识培训。

（十七）加强科技创新服务。要加大对非公有制企业科技创新活动的支持，加快建立适合非公有制中小企业特点的信息和共性技术服务平台，推进非公有制企业的信息化建设。大力培育技术市场，促进科技成果转化和技术转让。科技中介服务机构要积极为非公有制企业提供科技咨询、技术推广等专业化服务。引导和支持科研院所、高等院校与非公有制企业开展多种形式的产学研联合。鼓励国有科研机构向非公有制企业开放试验室，充分利用现有科技资源。支持非公有资本创办科技型中小企业和科研开发机构。鼓励有专长的离退休人员为非公有制企业提供技术服务。切实保护单位和个人知识产权。

（十八）支持企业开拓国内外市场。改进政府采购办法，在政府采购中非公有制企业与其他企业享受同等待遇。推动信息网络建设，积极为非公有制企业提供国内外市场信息。鼓励和支持非公有制企业扩大出口和"走出去"，到境外投资兴业，在对外投资、进出口信贷、出口信用保险等方面与其他企业享受同等待遇。鼓励非公有制企业在境外申报知识产权。发挥行业协会、商会等中介组织作用,利用好国家中小企业国际市场开拓资金,支持非公有制企业开拓国际市场。

(十九)推进企业信用制度建设。加快建立适合非公有制中小企业特点的信用征集体系、评级发布制度以及失信惩戒机制,推进建立企业信用档案试点工作,建立和完善非公有制企业信用档案数据库。对资信等级较高的企业,有关登记审核机构应简化年检、备案等手续。要强化企业信用意识,健全企业信用制度,建立企业信用自律机制。

四、维护非公有制企业和职工的合法权益

(二十)完善私有财产保护制度。要严格执行保护合法私有财产的法律法规和行政规章,任何单位和个人不得侵犯非公有制企业的合法财产,不得非法改变非公有制企业财产的权属关系。按照宪法修正案规定,加快清理、修订和完善与保护合法私有财产有关的法律法规和行政规章。

(二十一)维护企业合法权益。非公有制企业依法进行的生产经营活动,任何单位和个人不得干预。依法保护企业主的名誉、人身和财产等各项合法权益。非公有制企业合法权益受到侵害时提出的行政复议等,政府部门必须及时受理,公平对待,限时答复。

(二十二)保障职工合法权益。非公有制企业要尊重和维护职工的各项合法权益,要依照《中华人民共和国劳动法》等法律法规,在平等协商的基础上与职工签订规范的劳动合同,并健全集体合同制度,保证双方权利与义务对等;必须依法按时足额支付职工工资，工资标准不得低于或变相低于当地政府规定的最低工资标准，逐步建立职工工资正常增长机制；必须尊重和保障职工依照国家规定享有的休息休假权利，不得强制或变相强制职工超时工作，加班或延长工时必须依法支付加班工资或给予补休；必须加强劳动保护和职业病防治，按照《中华人民共和国安全生产法》等法律法规要求，切实做好安全生产与作业场所职业危害防治工作，改善劳动条件，加强劳动保护。要保障女职工合法权益和特殊利益，禁止侵用童工。

（二十三）推进社会保障制度建设。非公有制企业及其职工要按照国家有关规定，参加养老、失业、医疗、工伤、生育等社会保险，缴纳社会保险费。按照国家规定建立住房公积金制度。有关部门要根据非公有制企业量大面广、用工灵活、员工流动性大等特点，积极探索建立健全职工社会保障制度。

（二十四）建立健全企业工会组织。非公有制企业要保障职工依法参加和组建工会的权利。企业工会组织实行民主管理，依法代表和维护职工合法权益。企业必须为工会正常开展工作创造必要条件，依法拨付工会经费，不得干预工会事务。

五、引导非公有制企业提高自身素质

（二十五）贯彻执行国家法律法规和政策规定。非公有制企业要贯彻执行国家法律法规，依法经营，照章纳税。服从国家的宏观调控，严格执行有关技术法规，自觉遵守环境保护和安全生产等有关规定，主动调整和优化产业、产品结构，加快技术进步，提高产品质量，降低资源消耗，减少环境污染。国家支持非公有制经济投资高新技术产业、现代服务业和现代农业，鼓励发展就业容量大的加工贸易、社区服务、农产品加工等劳动密集型产业。

（二十六）规范企业经营管理行为。非公有制企业从事生产经营活动，必须依法获得安全生产、环保、卫生、质量、土地使用、资源开采等方面的相应资格和许可。企业要强化生产、营销、质量等管理，完善各项规章制度。建立安全、环保、卫生、劳动保护等责任制度，并保证必要的投入。建立健全会计核算制度，如实编制财务报表。企业必须依法报送统计信息。加快研究改进和完善个体工商户、小企业的会计、税收、统计等管理制度。

（二十七）完善企业组织制度。企业要按照法律法规的规定，建立规范的个人独资企业、合伙企业和公司制企业。公司制企业要按照《中华人民共和国公司法》要求，完善法人治理结构。探索建立有利于个体工商户、小企业发展的组织制度。

（二十八）提高企业经营管理者素质。非公有制企业出资人和经营管理人员要自觉学习国家法律法规和方针政策，学习现代科学技术和经营管理知识，增强法制观念、诚信意识和社会公德，努力提高自身素质。引导非公有制企业积极开展扶贫开发、社会救济和"光彩事业"等社会公益性活动，增强社会责任感。各级政府要重视非公有制经济的人才队伍建设，在人事管理、教育培训、职称评定和政府奖励等方面，与公有制企业实行同等政策。建立职业经理人测评与推荐制度，加快企业经营管理人才职业化、市场化进程。

（二十九）鼓励有条件的企业做强做大。国家支持有条件的非公有制企业通过兼并、收购、联合等方式，进一步壮大实力，发展成为主业突出、市场竞争力强的大公司大集团，有条件的可向跨国公司发展。鼓励非公有制企业实施品牌发展战略，争创名牌产品。支持发展非公有制高新技术企业，鼓励其加大科技创新和新产品开发力度，努力提高自主创新能力，形成自主知识产权。国家关于企业技术改造、科技进步、对外贸易以及其他方面的扶持政策，对非公有制企业同样适用。

（三十）推进专业化协作和产业集群发展。引导和支持企业从事专业化生产和特色经营，向"专、精、特、新"方向发展。鼓励中小企业与大企业开展多种形式的经济技术合作，建立稳定的供应、生产、销售、技术开发等协作关系。通过提高专业化协作水平，培育骨干企业和知名品牌，发展专业化市场，创新市场组织形式，推进公共资源共享，促进以中小企业集聚为特征的产业集群健康发展。

六、改进政府对非公有制企业的监管

（三十一）改进监管方式。各级人民政府要根据非公有制企业生产经营特点，完善相关制度，依法履行监督和管理职能。各有关监管部门要改进监管办法，公开监管制度，规范监管行为，提高监管水平。加强监管队伍建设，提高监管人员素质。及时向社会公布有关监管信息，发挥社会监督作用。

（三十二）加强劳动监察和劳动关系协调。各级劳动保障等部门要高度重视非公有制企业劳动关系问题，加强对非公有制企业执行劳动合同、工资报酬、劳动保护和社会保险等法规、政策的监督检查。建立和完善非公有制企业劳动关系协调机制，健全劳动争议处理制度，及时化解劳动争议，促进劳动关系和谐，维护社会稳定。

（三十三）规范国家行政机关和事业单位收费行为。进一步清理现有行政机关和事业单位收费，除国家法律法规和国务院财政、价格主管部门规定的收费项目外，任何部门和单位无权向非公有制企业强制收取任何费用，无权以任何理由强行要求企业提供各种赞助费或接受有偿服务。要严格执行收费公示制度和收支两条线的管理规定，企业有权拒绝和举报无证收费和不合法收费行为。各级人民政府要加强对各类收费的监督检查，严肃查处乱收费、乱罚款及各种摊派行为。

七、加强对发展非公有制经济的指导和政策协调

（三十四）加强对非公有制经济发展的指导。各级人民政府要根据非公有制经济发展的需要，强化服务意识，改进服务方式，创新服务手段。要将非公有制经济发展纳入国民经济和社会发展规划，加强对非公有制经济发展动态的监测和分析，及时向社会公布有关产业政策、发展规划、投资重点和市场需求等方面的信息。建立促进非公有制经济发展的工作协调机制和部门联席会议制度，加强部门之间配合，形成促进非公有制经济健康发展的合力。要充分发挥各级工商联在政府管理非公有制企业方面的助手作用。统计部门要改进和完善现行统计制度，及时准确反映非公有制经济发展状况。

（三十五）营造良好的舆论氛围。大力宣传党和国家鼓励、支持和引导非公有制经济发展的方针政策与法律法规，宣传非公有制经济在社会主义现代化建设中的重要地位和作用，宣传和表彰非公有制经济中涌现出的先进典型，形成有利于非公有制经济发展的良好社会舆论环境。

（三十六）认真做好贯彻落实工作。各地区、各部门要加强调查研究，抓紧制订和完善促进非公有制经济发展的具体措施及配套办法，认真解决非公有制经济发展中遇到的新问题，确保党和国家的方针政策落到实处，促进非公有制经济健康发展。

国务院关于进一步促进中小企业发展的若干意见[1]

（2009年9月19日）

各省、自治区、直辖市人民政府，国务院各部委、各直属机构：

中小企业是我国国民经济和社会发展的重要力量，促进中小企业发展，是保持国民经济平稳较快发展的重要基础，是关系民生和社会稳定的重大战略任务。受国际金融危机冲击，去年下半年以来，我国中小企业生产经营困难。中央及时出台相关政策措施，加大财税、信贷等扶持力度，改善中小企业经营环境，中小企业生产经营出现了积极变化，但发展形势依然严峻。主要表现在：融资难、担保难问题依然突出，部分扶持政策尚未落实到位，企业负担重，市场需求不足，产能过剩，经济效益大幅下降，亏损加大等。必须采取更加积极有效的政策措施，帮助中小企业克服困难，转变发展方式，实现又好又快发展。现就进一步促进中小企业发展提出以下意见：

一、进一步营造有利于中小企业发展的良好环境

（一）完善中小企业政策法律体系。落实扶持中小企业发展的政策措施，清理不利于中小企业发展的法律法规和规章制度。深化垄断行业改革，扩大市场准入范围，降低准入门槛，进一步营造公开、公平的市场环境。加快制定融资性担保管理办法，修订《贷款通则》，修订中小企业划型标准，明确对小型企业的扶持政策。

---

[1]《国务院关于进一步促进中小企业发展的若干意见》，中国政府网，2009年9月30日。

（二）完善政府采购支持中小企业的有关制度。制定政府采购扶持中小企业发展的具体办法，提高采购中小企业货物、工程和服务的比例。进一步提高政府采购信息发布透明度，完善政府公共服务外包制度，为中小企业创造更多的参与机会。

（三）加强对中小企业的权益保护。组织开展对中小企业相关法律和政策特别是金融、财税政策贯彻落实情况的监督检查，发挥新闻舆论和社会监督的作用，加强政策效果评价。坚持依法行政，保护中小企业及其职工的合法权益。

（四）构建和谐劳动关系。采取切实有效措施，加大对劳动密集型中小企业的支持，鼓励中小企业不裁员、少裁员，稳定和增加就业岗位。对中小企业吸纳困难人员就业、签订劳动合同并缴纳社会保险费的，在相应期限内给予基本养老保险补贴、基本医疗保险补贴、失业保险补贴。对受金融危机影响较大的困难中小企业，将阶段性缓缴社会保险费或降低费率政策执行期延长至2010年底，并按规定给予一定期限的社会保险补贴或岗位补贴、在岗培训补贴等。中小企业可与职工就工资、工时、劳动定额进行协商，符合条件的，可向当地人力资源社会保障部门申请实行综合计算工时和不定时工作制。

二、切实缓解中小企业融资困难

（五）全面落实支持小企业发展的金融政策。完善小企业信贷考核体系，提高小企业贷款呆账核销效率，建立完善信贷人员尽职免责机制。鼓励建立小企业贷款风险补偿基金，对金融机构发放小企业贷款按增量给予适度补助，对小企业不良贷款损失给予适度风险补偿。

（六）加强和改善对中小企业的金融服务。国有商业银行和股份制银行都要建立小企业金融服务专营机构，完善中小企业授信业务制度，逐步提高中小企业中长期贷款的规模和比重。提高贷款审批效率，创新金融产品和服务方式。完善财产抵押制度和贷款抵押物认定办法，采取动产、应收账款、仓单、股权和知识产权质押等方式，缓解中小企业贷款抵质押不足的矛盾。对商业银行开展中小企业信贷业务实行差异化的监管政策。建立和完善中小企业金融服务体系。加快研究鼓励民间资本参与发起设立村镇银行、贷款公司等股份制金融机构的办法；积极支持民间资本以投资入股的方式，参与农村信用社改制为农村商业（合作）银行、城市信用社改制为城市商业银行以及城市商业银行的增资扩股。支持、规范发展小额贷款公司，鼓励有条件的小额贷款公司转为村镇银行。

（七）进一步拓宽中小企业融资渠道。加快创业板市场建设，完善中小企业上市育成机制，扩大中小企业上市规模，增加直接融资。完善创业投资和融资租赁政策，大力发展创业投资和融资租赁企业。鼓励有关部门和地方政府设立创业投资引导基金，引导社会资金设立主要支持中小企业的创业投资企业，积极发展股权投资基金。发挥融资租赁、典当、信托等融资方式在中小企业融资中的作用。稳步扩大中小企业集合债券和短期融资券的发行规模，积极培育和规范发展产权交易市场，为中小企业产权和股权交易提供服务。

（八）完善中小企业信用担保体系。设立包括中央、地方财政出资和企业联合组建的多层次中小企业融资担保基金和担保机构。各级财政要加大支持力度，综合运用资本注入、风险补偿和奖励补助等多种方式，提高担保机构对中小企业的融资担保能力。落实好对符合条件的中小企业信用担保机构免征营业税、准备金提取和代偿损失税前扣除的政策。国土资源、住房城乡建设、金融、工商等部门要为中小企业和担保机构开展抵押物和出质的登记、确权、转让等提供优质服务。加强对融资性担保机构的监管，引导其规范发展。鼓励保险机构积极开发为中小企业服务的保险产品。

（九）发挥信用信息服务在中小企业融资中的作用。推进中小企业信用制度建设，建立和完善中小企业信用信息征集机制和评价体系，提高中小企业的融资信用等级。完善个人和企业征信系统，为中小企业融资提供方便快速的查询服务。构建守信受益、失信惩戒的信用约束机制，增强中小企业信用意识。

三、加大对中小企业的财税扶持力度

（十）加大财政资金支持力度。逐步扩大中央财政预算扶持中小企业发展的专项资金规模，重点支持中小企业技术创新、结构调整、节能减排、开拓市场、扩大就业，以及改善对中小企业的公共服务。加快设立国家中小企业发展基金，发挥财政资金的引导作用，带动社会资金支持中小企业发展。地方财政也要加大对中小企业的支持力度。

（十一）落实和完善税收优惠政策。国家运用税收政策促进中小企业发展，具体政策由财政部、税务总局会同有关部门研究制定。为有效应对国际金融危机，扶持中小企业发展，自 2010 年 1 月 1 日至 2010 年 12 月 31 日，对年应纳税所得额低于 3 万元（含 3 万元）的小型微利企业，其所得减按 50%计入应纳税所得额，按 20%的税率缴纳企业所得税。中小企业投资国家鼓励类项目，除《国内投资项目不予免税的进口商品目录》所列商品外，所需的进口自用设备以及按照合同随设备进口的技术及配套件、备件，免征进口关税。中小企业缴纳城镇土地使用税确有困难的，可按有关规定向省级财税部门或省级人民政府提出减免税申请。中小企业因有特殊困难不能按期纳税的，可依法申请在三个月内延期缴纳。

（十二）进一步减轻中小企业社会负担。凡未按规定权限和程序批准的行政事业性收费项目和政府性基金项目，均一律取消。全面清理整顿涉及中小企业的收费，重点是行政许可和强制准入的中介服务收费、具有垄断性的经营服务收费，能免则免，能减则减，能缓则缓。严格执行收费项目公示制度，公开前置性审批项目、程序和收费标准，严禁地方和部门越权设立行政事业性收费项目，不得擅自将行政事业性收费转为经营服务性收费。进一步规范执收行为，全面实行中小企业缴费登记卡制度，设立各级政府中小企业负担举报电话。健全各级政府中小企业负担监督制度，严肃查处乱收费、乱罚款及各种摊派行为。任何部门和单位不得通过强制中小企业购买产品、接受指定服务等手段牟利。严格执行税收征收管理法律法规，不得违规向中小企业提前征税或者摊派税款。

四、加快中小企业技术进步和结构调整

（十三）支持中小企业提高技术创新能力和产品质量。支持中小企业加大研发投入，开发先进适用的技术、工艺和设备，研制适销对路的新产品，提高产品质量。加强产学研联合和资源整合，加强知识产权保护，重点在轻工、纺织、电子等行业推进品牌建设，引导和支持中小企业创建自主品牌。支持中华老字号等传统优势中小企业申请商标注册，保护商标专用权，鼓励挖掘、保护、改造民间特色传统工艺，提升特色产业。

（十四）支持中小企业加快技术改造。按照重点产业调整和振兴规划要求，支持中小企业采用新技术、新工艺、新设备、新材料进行技术改造。中央预算内技术改造专项投资中，要安排中小企业技术改造资金，地方政府也要安排中小企业技术改造专项资金。中小企业的固定资产由于技术进步原因需加速折旧的，可按规定缩短折旧年限或者采取加速折旧的方法。

（十五）推进中小企业节能减排和清洁生产。促进重点节能减排技术和高效节能环保产品、设备在中小企业的推广应用。按照发展循环经济的要求，鼓励中小企业间资源循环利用。鼓励专业服务机构为中小企业提供合同能源管理、节能设备租赁等服务。充分发挥市场机制作用，综合运用金融、环保、土地、产业政策等手段，依法淘汰中小企业中的落后技术、工艺、设备和产品，防止落后产能异地转移。严格控制过剩产能和"两高一资"行业盲目发展。对纳入环境保护、节能节水企业所得税优惠目录的投资项目，按规定给予企业所得税优惠。

（十六）提高企业协作配套水平。鼓励中小企业与大型企业开展多种形式的经济技术合作，建立稳定的供应、生产、销售等协作关系。鼓励大型企业通过专业分工、服务外包、订单生产等方式，加强与中小企业的协作配套，积极向中小企业提供技术、人才、设备、资金支持，及时支付货款和服务费用。

（十七）引导中小企业集聚发展。按照布局合理、特色鲜明、用地集约、生态环保的原则，支持培育一批重点示范产业集群。加强产业集群环境建设，改善产业集聚条件，完善服务功能，壮大龙头骨干企业，延长产业链，提高专业化协作水平。鼓励东部地区先进的中小企业通过收购、兼并、重组、联营等多种形式，加强与中西部地区中小企业的合作，实现产业有序转移。

（十八）加快发展生产性服务业。鼓励支持中小企业在科技研发、工业设计、技术咨询、信息服务、现代物流等生产性服务业领域发展。积极促进中小企业在软件开发、服务外包、网络动漫、广告创意、电子商务等新兴领域拓展，扩大就业渠道，培育新的经济增长点。

五、支持中小企业开拓市场

（十九）支持引导中小企业积极开拓国内市场。支持符合条件的中小企业参与家电、农机、汽车摩托车下乡和家电、汽车"以旧换新"等业务。中小企业专项资金、技术改造资金等要重点支持销售渠道稳定、市场占有率高的中小企业。采取财政补助、降低展费标准等方式，支持中小企业参加各类展览展销活动。支持建立各类中小企业产品技术展示中心，办好中国国际中小企业博览会等展览展销活动。鼓励电信、网络运营企业以及新闻媒体积极发布市场信息，帮助中小企业宣传产品，开拓市场。

（二十）支持中小企业开拓国际市场。进一步落实出口退税等支持政策，研究完善稳定外需、促进外贸发展的相关政策措施，稳定和开拓国际市场。充分发挥中小企业国际市场开拓资金和出口信用保险的作用，加大优惠出口信贷对中小企业的支持力度。鼓励支持有条件的中小企业到境外开展并购等投资业务，收购技术和品牌，带动产品和服务出口。

（二十一）支持中小企业提高自身市场开拓能力。引导中小企业加强市场分析预测，把握市场机遇，增强质量、品牌和营销意识，改善售后服务，提高市场竞争力。提升和改造商贸流通业，推广连锁经营、特许经营等现代经营方式和新型业态，帮助和鼓励中小企业采用电子商务，降低市场开拓成本。支持餐饮、旅游、休闲、家政、物业、社区服务等行业拓展服务领域，创新服务方式，促进扩大消费。

六、努力改进对中小企业的服务

（二十二）加快推进中小企业服务体系建设。加强统筹规划，完善服务网络和服务设施，积极培育各级中小企业综合服务机构。通过资格认定、业务委托、奖励等方式，发挥工商联以及行业协会（商会）和综合服务机构的作用，引导和带动专业服务机构的发展。建立和完善财政补助机制，支持服务机构开展信息、培训、技术、创业、质量检验、企业管理等服务。

（二十三）加快中小企业公共服务基础设施建设。通过引导社会投资、财政资金支持等多种方式，重点支持在轻工、纺织、电子信息等领域建设一批产品研发、检验检测、技术推广等公共服务平台。支持小企业创业基地建设，改善创业和发展环境。鼓励高等院校、科研院所、企业技术中心开放科技资源，开展共性关键技术研究，提高服务中小企业的水平。完善中小企业信息服务网络，加快发展政策解读、技术推广、人才交流、业务培训和市场营销等重点信息服务。

（二十四）完善政府对中小企业的服务。深化行政审批制度改革，全面清理并进一步减少、合并行政审批事项，实现审批内容、标准和程序的公开化、规范化。投资、工商、税务、质检、环保等部门要简化程序、缩短时限、提高效率，为中小企业设立、生产经营等提供便捷服务。地方各级政府在制定和实施土地利用总体规划和年度计划时，要统筹考虑中小企业投资项目用地需求，合理安排用地指标。

七、提高中小企业经营管理水平

（二十五）引导和支持中小企业加强管理。支持培育中小企业管理咨询机构，开展管理咨询活动。引导中小企业加强基础管理，强化营销和风险管理，完善治理结构，推进管理创新，提高经营管理水平。督促中小企业苦练内功、降本增效，严格遵守安全、环保、质量、卫生、劳动保障等法律法规，诚实守信经营，履行社会责任。

（二十六）大力开展对中小企业各类人员的培训。实施中小企业银河培训工程，加大财政支持力度，充分发挥行业协会（商会）、中小企业培训机构的作用，广泛采用网络技术等手段，开展政策法规、企业管理、市场营销、专业技能、客户服务等各类培训。高度重视对企业经营管理者的培训，在3年内选择100万家成长型中小企业，对其经营管理者实施全面培训。

（二十七）加快推进中小企业信息化。继续实施中小企业信息化推进工程，加快推进重点区域中小企业信息化试点，引导中小企业利用信息技术提高研发、管理、制造和服务水平，提高市场营销和售后服务能力。鼓励信息技术企业开发和搭建行业应用平台，为中小企业信息化提供软硬件工具、项目外包、工业设计等社会化服务。

八、加强对中小企业工作的领导

（二十八）加强指导协调。成立国务院促进中小企业发展工作领导小组，加强对中小企业工作的统筹规划、组织领导和政策协调，领导小组办公室设在工业和信息化部。各地可根据工作需要，建立相应的组织机构和工作机制。

（二十九）建立中小企业统计监测制度。统计部门要建立和完善对中小企业的分类统计、监测、分析和发布制度，加强对规模以下企业的统计分析工作。有关部门要及时向社会公开发布发展规划、产业政策、行业动态等信息，逐步建立中小企业市场监测、风险防范和预警机制。

促进中小企业健康发展既是一项长期战略任务，也是当前保增长、扩内需、调结构、促发展、惠民生的紧迫任务。各地区、各有关部门要进一步提高认识，统一思想，结合实际，尽快制定贯彻本意见的具体办法，并切实抓好落实。

中共中央、国务院关于推进价格机制改革的若干意见[①]

（2015年10月12日）

价格机制是市场机制的核心，市场决定价格是市场在资源配置中起决定性作用的关键。改革开放以来，作为经济体制改革的重要组成部分，价格改革持续推进、不断深化，放开了绝大多数竞争性商品价格，对建立健全社会主义市场经济体制、促进经济社会持续健康发展发挥了重要作用。特别是近年来，价格改革步伐大大加快，一大批商品和服务价格陆续放开，成品油、天然气、铁路运输等领域价格市场化程度显著提高。同时也要看到，一些重点领域和关键环节价格改革还需深化，政府定价制度需要进一步健全，市场价格行为有待进一步规范。为推动价格改革向纵深发展，加快完善主要由市场决定价格机制，现提出以下意见。

一、总体要求

（一）指导思想。全面贯彻党的十八大和十八届二中、三中、四中全会精神，按照党中央、国务院决策部署，主动适应和引领经济发展新常态，紧紧围绕使市场在资源配置中起决定性作用和更好发挥政府作用，全面深化价格改革，完善重点领域价格形成机制，健全政府定价制度，加强市场价格监管和反垄断执法，为经济社会发展营造良好价格环境。

[①]《中共中央、国务院关于推进价格机制改革的若干意见》，《中华人民共和国国务院公报》，2015年30期。

（二）基本原则

——坚持市场决定。正确处理政府和市场关系，凡是能由市场形成价格的都交给市场，政府不进行不当干预。推进水、石油、天然气、电力、交通运输等领域价格改革，放开竞争性环节价格，充分发挥市场决定价格作用。

——坚持放管结合。进一步增强法治、公平、责任意识，强化事中事后监管，优化价格服务。政府定价领域，必须严格规范政府定价行为，坚决管细管好管到位；经营者自主定价领域，要通过健全规则、加强执法，维护市场秩序，保障和促进公平竞争，推进现代市场体系建设。

——坚持改革创新。在价格形成机制、调控体系、监管方式上探索创新，尊重基层和群众的首创精神，推动价格管理由直接定价向规范价格行为、营造良好价格环境、服务宏观调控转变。充分发挥价格杠杆作用，促进经济转型升级和提质增效。

——坚持稳慎推进。价格改革要与财政税收、收入分配、行业管理体制等改革相协调，合理区分基本与非基本需求，统筹兼顾行业上下游、企业发展和民生保障、经济效率和社会公平、经济发展和环境保护等关系，把握好时机、节奏和力度，切实防范各类风险，确保平稳有序。

（三）主要目标。到2017年，竞争性领域和环节价格基本放开，政府定价范围主要限定在重要公用事业、公益性服务、网络型自然垄断环节。到2020年，市场决定价格机制基本完善，科学、规范、透明的价格监管制度和反垄断执法体系基本建立，价格调控机制基本健全。

二、深化重点领域价格改革，充分发挥市场决定价格作用

紧紧围绕使市场在资源配置中起决定性作用，加快价格改革步伐，深入推进简政放权、放管结合、优化服务，尊重企业自主定价权、消费者自由选择权，促进商品和要素自由流动、公平交易。

（四）完善农产品价格形成机制。统筹利用国际国内两个市场，注重发挥市场形成价格作用，农产品价格主要由市场决定。按照"突出重点、有保有放"原则，立足我国国情，对不同品种实行差别化支持政策，调整改进"黄箱"支持政策，逐步扩大"绿箱"支持政策实施规模和范围，保护农民生产积极性，促进农业生产可持续发展，确保谷物基本自给、口粮绝对安全。继续执行并完善稻谷、小麦最低收购价政策，改革完善玉米收储制度，继续实施棉花、大豆目标价格改革试点，完善补贴发放办法。加强农产品成本调查和价格监测，加快建立全球农业数据调查分析系统，为政府制定农产品价格、农业补贴等政策提供重要支撑。

（五）加快推进能源价格市场化。按照"管住中间、放开两头"总体思路，推进电力、天然气等能源价格改革，促进市场主体多元化竞争，稳妥处理和逐步减少交叉补贴，还原能源商品属性。择机放开成品油价格，尽快全面理顺天然气价格，加快放开天然气气源和销售价格，有序放开上网电价和公益性以外的销售电价，建立主要由市场决定能源价格的机制。把输配电价与发售电价在形成机制上分开，单独核定输配电价，分步实现公益性以外的发售电价由市场形成。按照"准许成本加合理收益"原则，合理制定电网、天然气管网输配价格。扩大输配电价改革试点范围，逐步覆盖到各省级电网，科学核定电网企业准许收入和分电压等级输配电价，改变对电网企业的监管模式，逐步形成规则明晰、水平合理、监管有力、

科学透明的独立输配电价体系。在放开竞争性环节电价之前，完善煤电价格联动机制和标杆电价体系，使电力价格更好反映市场需求和成本变化。

（六）完善环境服务价格政策。统筹运用环保税收、收费及相关服务价格政策，加大经济杠杆调节力度，逐步使企业排放各类污染物承担的支出高于主动治理成本，提高企业主动治污减排的积极性。按照"污染付费、公平负担、补偿成本、合理盈利"原则，合理提高污水处理收费标准，城镇污水处理收费标准不应低于污水处理和污泥处理处置成本，探索建立政府向污水处理企业拨付的处理服务费用与污水处理效果挂钩调整机制，对污水处理资源化利用实行鼓励性价格政策。积极推进排污权有偿使用和交易试点工作，完善排污权交易价格体系，运用市场手段引导企业主动治污减排。

（七）理顺医疗服务价格。围绕深化医药卫生体制改革目标，按照"总量控制、结构调整、有升有降、逐步到位"原则，积极稳妥推进医疗服务价格改革，合理调整医疗服务价格，同步强化价格、医保等相关政策衔接，确保医疗机构发展可持续、医保基金可承受、群众负担不增加。建立以成本和收入结构变化为基础的价格动态调整机制，到2020年基本理顺医疗服务比价关系。落实非公立医疗机构医疗服务市场调节价政策。公立医疗机构医疗服务项目价格实行分类管理，对市场竞争比较充分、个性化需求比较强的医疗服务项目价格实行市场调节价，其中医保基金支付的服务项目由医保经办机构与医疗机构谈判合理确定支付标准。进一步完善药品采购机制，发挥医保控费作用，药品实际交易价格主要由市场竞争形成。

（八）健全交通运输价格机制。逐步放开铁路运输竞争性领域价格，扩大由经营者自主定价的范围；完善铁路货运与公路挂钩的价格动态调整机制，简化运价结构；构建以列车运行速度和等级为基础、体现服务质量差异的旅客运输票价体系。逐步扩大道路客运、民航国内航线客运、港口经营等领域由经营者自主定价的范围，适时放开竞争性领域价格，完善价格收费规则。放开邮政竞争性业务资费，理顺邮政业务资费结构和水平。实行有利于促进停车设施建设、有利于缓解城市交通拥堵、有效促进公共交通优先发展与公共道路资源利用的停车收费政策。进一步完善出租汽车运价形成机制，发挥运价调节出租汽车运输市场供求关系的杠杆作用，建立健全出租汽车运价动态调整机制以及运价与燃料价格联动办法。

（九）创新公用事业和公益性服务价格管理。清晰界定政府、企业和用户的权利义务，区分基本和非基本需求，建立健全公用事业和公益性服务财政投入与价格调整相协调机制，促进政府和社会资本合作，保证行业可持续发展，满足多元化需求。全面实行居民用水用电用气阶梯价格制度，推行供热按用热量计价收费制度，并根据实际情况进一步完善。教育、文化、养老、殡葬等公益性服务要结合政府购买服务改革进程，实行分类管理。对义务教育阶段公办学校学生免收学杂费，公办幼儿园、高中（含中职）、高等学校学费作为行政事业性收费管理；营利性民办学校收费实行自主定价，非营利性民办学校收费政策由省级政府按照市场化方向根据当地实际情况确定。政府投资兴办的养老服务机构依法对"三无"老人免费；对其他特殊困难老人提供养老服务，其床位费、护理费实行政府定价管理，其他养老服务价格由经营者自主定价。分类推进旅游景区门票及相关服务价格改革。推动公用事业和公益性服务经营者加大信息公开力度，接受社会监督，保障社会公众知情权、监督权。

三、建立健全政府定价制度，使权力在阳光下运行

对于极少数保留的政府定价项目，要推进定价项目清单化，规范定价程序，加强成本监审，推进成本公开，坚决管细管好管到位，最大限度减少自由裁量权，推进政府定价公开透明。

（十）推进政府定价项目清单化。中央和地方要在加快推进价格改革的基础上，于2016年以前制定发布新的政府定价目录，将政府定价范围主要限定在重要公用事业、公益性服务、网络型自然垄断环节。凡是政府定价项目，一律纳入政府定价目录管理。目录内的定价项目要逐项明确定价内容和定价部门，确保目录之外无定价权，政府定价纳入权力和责任清单。定期评估价格改革成效和市场竞争程度，适时调整具体定价项目。

（十一）规范政府定价程序。对纳入政府定价目录的项目，要制定具体的管理办法、定价机制、成本监审规则，进一步规范定价程序。鼓励和支持第三方提出定调价方案建议、参与价格听证。完善政府定价过程中的公众参与、合法性审查、专家论证等制度，保证工作程序明晰、规范、公开、透明，主动接受社会监督，有效约束政府定价行为。

（十二）加强成本监审和成本信息公开。坚持成本监审原则，将成本监审作为政府制定和调整价格的重要程序，不断完善成本监审机制。对按规定实行成本监审的，要逐步建立健全成本公开制度。公用事业和公益性服务的经营者应当按照政府定价机构的规定公开成本，政府定价机构在制定和调整价格前应当公开成本监审结论。

四、加强市场价格监管和反垄断执法，逐步确立竞争政策的基础性地位

清理和废除妨碍全国统一市场和公平竞争的各种规定和做法，严禁和惩处各类违法实行优惠政策行为，建立公平、开放、透明的市场价格监管规则，大力推进市场价格监管和反垄断执法，反对垄断和不正当竞争。加快建立竞争政策与产业、投资等政策的协调机制，实施公平竞争审查制度，促进统一开放、竞争有序的市场体系建设。

（十三）健全市场价格行为规则。在经营者自主定价领域，对经济社会影响重大特别是与民生紧密相关的商品和服务，要依法制定价格行为规则和监管办法；对存在市场竞争不充分、交易双方地位不对等、市场信息不对称等问题的领域，要研究制定相应议价规则、价格行为规范和指南，完善明码标价、收费公示等制度规定，合理引导经营者价格行为。

（十四）推进宽带网络提速降费。规范电信资费行为，推进宽带网络提速降费，为"互联网+"发展提供有力支撑。指导、推动电信企业简化资费结构，切实提高宽带上网等业务的性价比，并为城乡低收入群体提供更加优惠的资费方案。督促电信企业合理制定互联网接入服务资费标准和计费办法，促进电信网间互联互通。严禁利用不正当定价行为阻碍电信服务竞争，扰乱市场秩序。加强资费行为监管，清理宽带网络建设环节中存在的进场费、协调费、分摊费等不合理费用，严厉打击价格违法行为。

（十五）加强市场价格监管。建立健全机构权威、法律完备、机制完善、执行有力的市场价格监管工作体系，有效预防、及时制止和依法查处各类价格违法行为。坚持日常监管和专项检查相结合，加强民生领域价格监管，着力解决群众反映的突出问题，保护消费者权益。加大监督检查力度，对政府已放开的商品和服务价格，要确保经营者依法享有自主定价权。

（十六）强化反垄断执法。密切关注竞争动态，对涉嫌垄断行为及时启动反垄断调查，着力查处达成实施垄断协议、滥用市场支配地位和滥用行政权力排除限制竞争等垄断行为，依法公布处理决定，维护公平竞争的市场环境。建立健全垄断案件线索收集机制，拓宽案件来源。研究制定反垄断相关指南，完善市场竞争规则。促进经营者加强反垄断合规建设。

（十七）完善价格社会监督体系。充分发挥全国四级联网的12358价格举报管理信息系统作用，鼓励消费者和经营者共同参与价格监督。加强举报数据分析，定期发布分析报告，警示经营者，提醒消费者。建立健全街道、社区、乡镇、村居民价格监督员队伍，完善价格社会监督网络。依托社会信用体系，加快推进价格诚信建设，构建经营者价格信用档案，开展价格诚信单位创建活动，设立价格失信者"黑名单"，对构成价格违法的失信行为予以联合惩戒。鼓励和支持新闻媒体积极参与价格社会监督，完善舆论监督和引导机制。

五、充分发挥价格杠杆作用，更好服务宏观调控

在全面深化改革、强化价格监管的同时，加强和改善宏观调控，保持价格总水平基本稳定；充分发挥价格杠杆作用，促进节能环保和结构调整，推动经济转型升级。

（十八）加强价格总水平调控。加强价格与财政、货币、投资、产业、进出口、物资储备等政策手段的协调配合，合理运用法律手段、经济手段和必要的行政手段，形成政策合力，努力保持价格总水平处于合理区间。加强通缩、通胀预警，制定和完善相应防范治理预案。健全价格监测预警机制和应急处置体系，构建大宗商品价格指数体系，健全重要商品储备制度，提升价格总水平调控能力。

（十九）健全生产领域节能环保价格政策。建立有利于节能减排的价格体系，逐步使能源价格充分反映环境治理成本。继续实施并适时调整脱硫、脱硝、除尘等环保电价政策。鼓励各地根据产业发展实际和结构调整需要，结合电力、水等领域体制改革进程，研究完善对"两高一剩"（高耗能、高污染、产能过剩）行业落后工艺、设备和产品生产的差别电价、水价等价格措施，对电解铝、水泥等行业实行基于单位能耗超定额加价的电价政策，加快淘汰落后产能，促进产业结构转型升级。

（二十）完善资源有偿使用制度和生态补偿制度。加快自然资源及其产品价格和财税制度改革，全面反映市场供求、资源稀缺程度、生态环境损害成本和修复效益。完善涉及水土保持、矿山、草原植被、森林植被、海洋倾倒等资源环境收费基金或有偿使用收费政策。推进水资源费改革，研究征收水资源税，推动在地下水超采地区先行先试。采取综合措施逐步理顺水资源价格，深入推进农业水价综合改革，促进水资源保护和节约使用。

（二十一）创新促进区域发展的价格政策。对具有区域特征的政府和社会资本合作项目，已具备竞争条件的，尽快放开价格管理；仍需要实行价格管理的，探索将定价权限下放到地方，提高价格调整灵活性，调动社会投资积极性。加快制定完善适应自由贸易试验区发展的价格政策，能够下放到区内自主实施的尽快下放，促进各类市场主体公平竞争。

六、保障措施

价格工作涉及面广、政策性强、社会关注度高，牵一发而动全身。必须加强组织落实，科学制定方案，完善配套措施，做好舆论引导，为加快完善主要由市场决定价格机制提供有力保障。

（二十二）加强组织落实。各地区各有关部门要充分认识加快完善主要由市场决定价格机制的重要性、紧迫性和艰巨性，统一思想、形成合力，以敢啃"硬骨头"精神打好攻坚战。要深入调研、科学论证，广泛听取各方面意见，突出重点、分类推进，细化工作方案，及时总结评估，稳步有序推进，务求取得实效。影响重大、暂不具备全面推开条件的，可先行开展试点，发挥示范引领作用，积累可复制、可推广的经验。要以抓铁有痕、踏石留印的作风，狠抓落实，明确时间表、路线图、责任状，定期督查、强化问责，全力打通政策出台的"最先一公里"、政策实施的"中梗阻"与政策落地的"最后一公里"，确保各项措施落地生根。

（二十三）健全价格法制。紧密结合价格改革、调控和监管工作实际，加快修订价格法等相关法律法规，完善以价格法、反垄断法为核心的价格法律法规，及时制定或修订政府定价行为规则以及成本监审、价格监测、价格听证、规范市场价格行为等规章制度，全面推进依法治价。

（二十四）强化能力建设。在减少政府定价事项的同时，注重做好价格监测预警、成本调查监审、价格调控、市场价格监管和反垄断执法、价格公共服务等工作，并同步加强队伍建设，充实和加强工作力量，夯实工作基础。大力推进价格信息化建设，为增强价格调控监管服务能力提供有力支撑。鼓励高等学校和科研机构建立价格与反垄断研究机构，加强国际交流合作，培养专门人才。整合反垄断执法主体和力量，相对集中执法权。

（二十五）兜住民生底线。牢固树立底线思维，始终把保障和改善民生作为工作的出发点和落脚点。推行涉及民生的价格政策特别是重大价格改革政策时，要充分考虑社会承受能力，特别是政策对低收入群体生活的可能影响，做好风险评估，完善配套措施。落实和完善社会救助、保障标准与物价上涨挂钩的联动机制，完善社会救助制度特别是对特困人群的救助措施，保障困难群众基本生活不受影响。加强民生领域价格监管，做好价格争议纠纷调解处理，维护群众合法价格权益。

（二十六）做好舆论引导。加大对全面深化价格改革、规范政府定价、强化市场价格监管与反垄断执法等方面的宣传报道力度，加强新闻发布，准确阐述价格政策，讲好"价格改革故事"，及时引导舆论，回应社会关切，传递有利于加快完善主要由市场决定价格机制、推动经济转型升级的好声音和正能量，积极营造良好舆论氛围。

关于深化混合所有制改革试点若干政策的意见[①]

（国家发改委、财政部、人力资源社会保障部、国土资源部、国务院国资委、税务总局、中国证监会、国防科工局）

（2017年11月29日）

各省、自治区、直辖市及计划单列市发展改革委、财政厅（局）、人力资源社会保障厅（局）、国土资源厅（局）、国资委、国家税务局、地方税务局、证监局、国防科工局：

按照党中央国务院关于国有企业混合所有制改革的部署，在国务院国有企业改革领导小组领导下，国家发展改革委、国务院国资委会同有关部门已先后推出两批重要领域混合所有制改革试点，并取得显著改革成效。试点推进过程中企业普遍反映，为使试点顺利推进取得实效，必须认真研究解决试点中存在的具体问题。国务院国有企业改革领导小组高度重视，国有企业改革领导小组办公室积极协调，提出解决办法。为全面贯彻落实党的十九大精神，以习近平新时代中国特色社会主义思想为指引，更加卓有成效地推动混合所有制改革，现就混合所有制改革试点中的相关政策问题提出以下意见。

一、关于国有资产定价机制

科学准确地对国有资产进行定价，是国有企业混合所有制改革的基础，是防止国有资产流失的重要手段。目前，国有非上市公司

[①]《关于深化混合所有制改革试点若干政策的意见》，中国政府网，2017年11月29日。

交易相关定价制度办法需进一步完善，有关部门要加快研究修订《国有资产评估管理办法》，严格规范国有资产评估程序、细化评估方式、强化监管和法律责任追究、强化违法失信联合惩戒，有效防止国有资产流失。对于按规定程序和方式评估交易的国有资产，建立免责容错机制，鼓励国有企业推动混合所有制改革。

二、关于职工劳动关系

有关部门要加强协调指导，督促混合所有制改革试点企业严格按照《劳动合同法》和《国务院关于国有企业发展混合所有制经济的意见》(国发〔2015〕54号)涉及职工劳动关系调整的相关规定，依法妥善解决混合所有制改革涉及的国有企业职工劳动关系调整、社会保险关系接续等问题，确保职工队伍稳定。企业混合所有制改革时，职工劳动合同未到期的应当依法继续履行，可按有关规定与职工变更劳动合同，改制前后职工的工作年限应合并计算。企业依法与职工解除劳动合同的，应当支付经济补偿。混合所有制改革企业要形成市场化劳动用工制度，实现员工能进能出。

三、关于土地处置和变更登记

土地是国有企业混合所有制改革能够注入的重要资产。由于一些国有企业历史上获得划拨国有土地证照不全、证实不符、权属不清、土地分割等问题，按现有规定办理，存在确权困难、程序繁琐、审批时间长等问题，影响混合所有制改革进程。认真落实国有企业改革1+N系列文件，有关部门要研究加强国有土地资产处置管理工作，解决国有土地授权经营、作价出资（入股）等历史遗留问题。国有企业要加强内部管理，抓紧解决历史上获得划拨国有土地证照不全、证实不符、权属不清、土地分割等问题。各地要进一步优化简化相关审批程序，为解决混合所有制改革中的土地处置和变更登记提供便利。

四、关于员工持股

坚持依法合规、公开透明、立足增量、不动存量、同股同价、现金入股、以岗定股、动态调整等原则，积极推进混合所有制改革试点企业员工持股，有效实现企业与员工利益和风险绑定，强化内部激励，完善公司治理。试点企业数量不受《关于国有控股混合所有制企业开展员工持股试点的意见》（国资发改革〔2016〕133号）规定的数量限制。试点企业名单由国家发展改革委、国务院国资委按程序报请国务院国有企业改革领导小组确定。为有效指导混合所有制企业员工持股工作，有关部门要抓紧研究制定重要领域混合所有制企业开展员工持股试点的意见，明确相关政策，加强规范引导。

五、关于集团公司层面开展混合所有制改革

党的十九大报告指出，深化国有企业改革，发展混合所有制经济，培育具有全球竞争力的世界一流企业。集团公司层面开展混合所有制改革，既符合中央要求和改革方向，也是实现具有全球竞争力的世界一流企业的重要途径。积极探索中央企业集团公司层面开展混合所有制改革的可行路径，国务院国资委审核中央企业申请改革试点的方案，按程序报国务院批准后开展试点，鼓励探索解决集团层面混合所有制改革后国有股由谁持有等现实问题的可行路径。积极支持各地省属国有企业集团公司开展混合所有制改革。

六、关于试点联动

国有企业混合所有制改革、落实董事会职权、市场化选聘经营管理者、剥离企业办社会职能和解决历史遗留问题等各项国有企业改革试点核心任务关联性较高,加强各项试点联动,可以有效协同攻坚,发挥政策合力。要进一步加强混合所有制改革试点与其他国有企业改革试点之间的联动。对于纳入混合所有制改革试点的企业,符合条件的,可以同步申请开展其他国有企业改革试点,按规定程序批准后,适用相关试点政策。

七、关于财税支持政策

企业符合税法规定条件的股权(资产)收购、合并、分立、债务重组、债转股等重组行为,可按税法规定享受企业所得税递延纳税优惠政策;企业以非货币性资产投资,可按规定享受 5 年内分期缴纳企业所得税政策;企业符合税法规定条件的债权损失可按规定在计算企业所得税应纳税所得额时扣除;在企业重组过程中,企业通过合并、分立、出售、置换等方式,将全部或者部分实物资产以及与其相关联的债权、负债和劳动力,一并转让给其他单位和个人,其中涉及的货物、不动产、土地使用权转让行为,符合规定的,不征收增值税;企业重组改制涉及的土地增值税、契税、印花税,符合规定的,可享受相关优惠政策。有关混合所有制改革企业要科学设计改革路径,最大程度用足用好现有国家对企业改制重组的税收优惠政策。

八、关于工资总额管理制度

为建立健全与混合所有制企业相适应的市场化薪酬机制、有效发挥薪酬激励效用，有关部门要加快研究制订改革国有企业工资决定机制的意见，支持符合条件的混合所有制改革试点企业实行更加灵活的工资总额管理制度。对于集团层面混合所有制改革试点企业，要比照落实董事会职权试点相关政策，实行工资总额备案制。鼓励集团公司对下属混合所有制改革试点企业采取差异化工资总额管理方式，充分激发企业内生活力。

九、关于军工企业国有股权控制类别和军工事项审查程序

军工企业混合所有制改革不断深化，既有的关于军工企业国有股权控制类别界定的政策规定，已不适应军民融合发展的需要。有关部门要抓紧对军工企业国有控股类别相关规定进行修订。类别修订完成前，确属混改需要突破相关比例规定的，允许符合条件的企业一事一议方式报国防科工局等军工企业混合所有制改革相关主管部门研究办理。

中共中央、国务院关于构建更加完善的要素市场化配置体制机制的意见[①]

（2020年3月30日）

完善要素市场化配置是建设统一开放、竞争有序市场体系的内在要求，是坚持和完善社会主义基本经济制度、加快完善社会主义市场经济体制的重要内容。为深化要素市场化配置改革，促进要素自主有序流动，提高要素配置效率，进一步激发全社会创造力和市场活力，推动经济发展质量变革、效率变革、动力变革，现就构建更加完善的要素市场化配置体制机制提出如下意见。

一、总体要求

（一）指导思想。以习近平新时代中国特色社会主义思想为指导，全面贯彻党的十九大和十九届二中、三中、四中全会精神，坚持稳中求进工作总基调，坚持以供给侧结构性改革为主线，坚持新发展理念，坚持深化市场化改革、扩大高水平开放，破除阻碍要素自由流动的体制机制障碍，扩大要素市场化配置范围，健全要素市场体系，推进要素市场制度建设，实现要素价格市场决定、流动自主有序、配置高效公平，为建设高标准市场体系、推动高质量发展、建设现代化经济体系打下坚实制度基础。

（二）基本原则。一是市场决定，有序流动。充分发挥市场配置资源的决定性作用，畅通要素流动渠道，保障不同市场主体平等

[①]《中共中央、国务院关于构建更加完善的要素市场化配置体制机制的意见》，《中华人民共和国国务院公报》，2020年11期。

获取生产要素，推动要素配置依据市场规则、市场价格、市场竞争实现效益最大化和效率最优化。二是健全制度，创新监管。更好发挥政府作用，健全要素市场运行机制，完善政府调节与监管，做到放活与管好有机结合，提升监管和服务能力，引导各类要素协同向先进生产力集聚。三是问题导向，分类施策。针对市场决定要素配置范围有限、要素流动存在体制机制障碍等问题，根据不同要素属性、市场化程度差异和经济社会发展需要，分类完善要素市场化配置体制机制。四是稳中求进，循序渐进。坚持安全可控，从实际出发，尊重客观规律，培育发展新型要素形态，逐步提高要素质量，因地制宜稳步推进要素市场化配置改革。

二、推进土地要素市场化配置

（三）建立健全城乡统一的建设用地市场。加快修改完善土地管理法实施条例，完善相关配套制度，制定出台农村集体经营性建设用地入市指导意见。全面推开农村土地征收制度改革，扩大国有土地有偿使用范围。建立公平合理的集体经营性建设用地入市增值收益分配制度。建立公共利益征地的相关制度规定。

（四）深化产业用地市场化配置改革。健全长期租赁、先租后让、弹性年期供应、作价出资（入股）等工业用地市场供应体系。在符合国土空间规划和用途管制要求前提下，调整完善产业用地政策，创新使用方式，推动不同产业用地类型合理转换，探索增加混合产业用地供给。

（五）鼓励盘活存量建设用地。充分运用市场机制盘活存量土地和低效用地，研究完善促进盘活存量建设用地的税费制度。以多种方式推进国有企业存量用地盘活利用。深化农村宅基地制度改革试点，深入推进建设用地整理，完善城乡建设用地增减挂钩政策，为乡村振兴和城乡融合发展提供土地要素保障。

（六）完善土地管理体制。完善土地利用计划管理，实施年度建设用地总量调控制度，增强土地管理灵活性，推动土地计划指标更加合理化，城乡建设用地指标使用应更多由省级政府负责。在国土空间规划编制、农村房地一体不动产登记基本完成的前提下，建立健全城乡建设用地供应三年滚动计划。探索建立全国性的建设用地、补充耕地指标跨区域交易机制。加强土地供应利用统计监测。实施城乡土地统一调查、统一规划、统一整治、统一登记。推动制定不动产登记法。

三、引导劳动力要素合理畅通有序流动

（七）深化户籍制度改革。推动超大、特大城市调整完善积分落户政策，探索推动在长三角、珠三角等城市群率先实现户籍准入年限同城化累计互认。放开放宽除个别超大城市外的城市落户限制，试行以经常居住地登记户口制度。建立城镇教育、就业创业、医疗卫生等基本公共服务与常住人口挂钩机制，推动公共资源按常住人口规模配置。

（八）畅通劳动力和人才社会性流动渠道。健全统一规范的人力资源市场体系，加快建立协调衔接的劳动力、人才流动政策体系和交流合作机制。营造公平就业环境，依法纠正身份、性别等就业歧视现象，保障城乡劳动者享有平等就业权利。进一步畅通企业、社会组织人员进入党政机关、国有企事业单位渠道。优化国有企事业单位面向社会选人用人机制，深入推行国有企业分级分类公开招聘。加强就业援助，实施优先扶持和重点帮助。完善人事档案管理服务，加快提升人事档案信息化水平。

（九）完善技术技能评价制度。创新评价标准，以职业能力为核心制定职业标准，进一步打破户籍、地域、身份、档案、人事关系等制约，畅通非公有制经济组织、社会组织、自由职业专业技术人员职称申报渠道。加快建立劳动者终身职业技能培训制度。推进社会化职称评审。完善技术工人评价选拔制度。探索实现职业技能等级证书和学历证书互通衔接。加强公共卫生队伍建设，健全执业人员培养、准入、使用、待遇保障、考核评价和激励机制。

（十）加大人才引进力度。畅通海外科学家来华工作通道。在职业资格认定认可、子女教育、商业医疗保险以及在中国境内停留、居留等方面，为外籍高层次人才来华创新创业提供便利。

四、推进资本要素市场化配置

（十一）完善股票市场基础制度。制定出台完善股票市场基础制度的意见。坚持市场化、法治化改革方向，改革完善股票市场发行、交易、退市等制度。鼓励和引导上市公司现金分红。完善投资者保护制度，推动完善具有中国特色的证券民事诉讼制度。完善主板、科创板、中小企业板、创业板和全国中小企业股份转让系统（新三板）市场建设。

（十二）加快发展债券市场。稳步扩大债券市场规模，丰富债券市场品种，推进债券市场互联互通。统一公司信用类债券信息披露标准，完善债券违约处置机制。探索对公司信用类债券实行发行注册管理制。加强债券市场评级机构统一准入管理，规范信用评级行业发展。

（十三）增加有效金融服务供给。健全多层次资本市场体系。

构建多层次、广覆盖、有差异、大中小合理分工的银行机构体系，优化金融资源配置，放宽金融服务业市场准入，推动信用信息深度开发利用，增加服务小微企业和民营企业的金融服务供给。建立县域银行业金融机构服务"三农"的激励约束机制。推进绿色金融创新。完善金融机构市场化法治化退出机制。

（十四）主动有序扩大金融业对外开放。稳步推进人民币国际化和人民币资本项目可兑换。逐步推进证券、基金行业对内对外双向开放，有序推进期货市场对外开放。逐步放宽外资金融机构准入条件，推进境内金融机构参与国际金融市场交易。

五、加快发展技术要素市场

（十五）健全职务科技成果产权制度。深化科技成果使用权、处置权和收益权改革，开展赋予科研人员职务科技成果所有权或长期使用权试点。强化知识产权保护和运用，支持重大技术装备、重点新材料等领域的自主知识产权市场化运营。

（十六）完善科技创新资源配置方式。改革科研项目立项和组织实施方式，坚持目标引领，强化成果导向，建立健全多元化支持机制。完善专业机构管理项目机制。加强科技成果转化中试基地建设。支持有条件的企业承担国家重大科技项目。建立市场化社会化的科研成果评价制度，修订技术合同认定规则及科技成果登记管理办法。建立健全科技成果常态化路演和科技创新咨询制度。

（十七）培育发展技术转移机构和技术经理人。加强国家技术转移区域中心建设。支持科技企业与高校、科研机构合作建立技术研发中心、产业研究院、中试基地等新型研发机构。积极推进科研院所分类改革，加快推进应用技术类科研院所市场化、企业化发展。支持高校、科研机构和科技企业设立技术转移部门。建立国家技术转移人才培养体系,提高技术转移专业服务能力。

(十八)促进技术要素与资本要素融合发展。积极探索通过天使投资、创业投资、知识产权证券化、科技保险等方式推动科技成果资本化。鼓励商业银行采用知识产权质押、预期收益质押等融资方式,为促进技术转移转化提供更多金融产品服务。

(十九)支持国际科技创新合作。深化基础研究国际合作,组织实施国际科技创新合作重点专项,探索国际科技创新合作新模式,扩大科技领域对外开放。加大抗病毒药物及疫苗研发国际合作力度。开展创新要素跨境便利流动试点,发展离岸创新创业,探索推动外籍科学家领衔承担政府支持科技项目。发展技术贸易,促进技术进口来源多元化,扩大技术出口。

六、加快培育数据要素市场

(二十)推进政府数据开放共享。优化经济治理基础数据库,加快推动各地区各部门间数据共享交换,制定出台新一批数据共享责任清单。研究建立促进企业登记、交通运输、气象等公共数据开放和数据资源有效流动的制度规范。

(二十一)提升社会数据资源价值。培育数字经济新产业、新业态和新模式,支持构建农业、工业、交通、教育、安防、城市管理、公共资源交易等领域规范化数据开发利用的场景。发挥行业协会商会作用,推动人工智能、可穿戴设备、车联网、物联网等领域数据采集标准化。

(二十二)加强数据资源整合和安全保护。探索建立统一规范的数据管理制度,提高数据质量和规范性,丰富数据产品。研究根据数据性质完善产权性质。制定数据隐私保护制度和安全审查制度。推动完善适用于大数据环境下的数据分类分级安全保护制度，加强对政务数据、企业商业秘密和个人数据的保护。

七、加快要素价格市场化改革

（二十三）完善主要由市场决定要素价格机制。完善城乡基准地价、标定地价的制定与发布制度，逐步形成与市场价格挂钩动态调整机制。健全最低工资标准调整、工资集体协商和企业薪酬调查制度。深化国有企业工资决定机制改革，完善事业单位岗位绩效工资制度。建立公务员和企业相当人员工资水平调查比较制度，落实并完善工资正常调整机制。稳妥推进存贷款基准利率与市场利率并轨，提高债券市场定价效率，健全反映市场供求关系的国债收益率曲线，更好发挥国债收益率曲线定价基准作用。增强人民币汇率弹性，保持人民币汇率在合理均衡水平上的基本稳定。

（二十四）加强要素价格管理和监督。引导市场主体依法合理行使要素定价自主权，推动政府定价机制由制定具体价格水平向制定定价规则转变。构建要素价格公示和动态监测预警体系，逐步建立要素价格调查和信息发布制度。完善要素市场价格异常波动调节机制。加强要素领域价格反垄断工作，维护要素市场价格秩序。

（二十五）健全生产要素由市场评价贡献、按贡献决定报酬的机制。着重保护劳动所得，增加劳动者特别是一线劳动者劳动报酬，提高劳动报酬在初次分配中的比重。全面贯彻落实以增加知识价值为导向的收入分配政策，充分尊重科研、技术、管理人才，充分体现技术、知识、管理、数据等要素的价值。

八、健全要素市场运行机制

（二十六）健全要素市场化交易平台。拓展公共资源交易平台功能。健全科技成果交易平台，完善技术成果转化公开交易与监管体系。引导培育大数据交易市场，依法合规开展数据交易。支持各类所有制企业参与要素交易平台建设，规范要素交易平台治理，健全要素交易信息披露制度。

（二十七）完善要素交易规则和服务。研究制定土地、技术市场交易管理制度。建立健全数据产权交易和行业自律机制。推进全流程电子化交易。推进实物资产证券化。鼓励要素交易平台与各类金融机构、中介机构合作，形成涵盖产权界定、价格评估、流转交易、担保、保险等业务的综合服务体系。

（二十八）提升要素交易监管水平。打破地方保护，加强反垄断和反不正当竞争执法，规范交易行为，健全投诉举报查处机制，防止发生损害国家安全及公共利益的行为。加强信用体系建设，完善失信行为认定、失信联合惩戒、信用修复等机制。健全交易风险防范处置机制。

（二十九）增强要素应急配置能力。把要素的应急管理和配置作为国家应急管理体系建设的重要内容，适应应急物资生产调配和应急管理需要，建立对相关生产要素的紧急调拨、采购等制度，提高应急状态下的要素高效协同配置能力。鼓励运用大数据、人工智能、云计算等数字技术，在应急管理、疫情防控、资源调配、社会管理等方面更好发挥作用。

九、组织保障

（三十）加强组织领导。各地区各部门要充分认识完善要素市场化配置的重要性，切实把思想和行动统一到党中央、国务院决策部署上来，明确职责分工，完善工作机制，落实工作责任，研究制定出台配套政策措施，确保本意见确定的各项重点任务落到实处。

（三十一）营造良好改革环境。深化"放管服"改革，强化竞争政策基础地位，打破行政性垄断、防止市场垄断，清理废除妨碍统一市场和公平竞争的各种规定和做法，进一步减少政府对要素的直接配置。深化国有企业和国有金融机构改革，完善法人治理结构，确保各类所有制企业平等获取要素。

（三十二）推动改革稳步实施。在维护全国统一大市场的前提下，开展要素市场化配置改革试点示范。及时总结经验，认真研究改革中出现的新情况新问题，对不符合要素市场化配置改革的相关法律法规，要按程序抓紧推动调整完善。

政策法规

中共中央、国务院关于新时代加快完善社会主义市场经济体制的意见[1]

（2020 年 5 月 11 日）

社会主义市场经济体制是中国特色社会主义的重大理论和实践创新，是社会主义基本经济制度的重要组成部分。改革开放特别是党的十八大以来，我国坚持全面深化改革，充分发挥经济体制改革的牵引作用，不断完善社会主义市场经济体制，极大调动了亿万人民的积极性，极大促进了生产力发展，极大增强了党和国家的生机活力，创造了世所罕见的经济快速发展奇迹。同时要看到，中国特色社会主义进入新时代，社会主要矛盾发生变化，经济已由高速增长阶段转向高质量发展阶段，与这些新形势新要求相比，我国市场体系还不健全、市场发育还不充分，政府和市场的关系没有完全理顺，还存在市场激励不足、要素流动不畅、资源配置效率不高、微观经济活力不强等问题，推动高质量发展仍存在不少体制机制障碍，必须进一步解放思想，坚定不移深化市场化改革，扩大高水平开放，不断在经济体制关键性基础性重大改革上突破创新。为贯彻落实党的十九大和十九届四中全会关于坚持和完善社会主义基本经济制度的战略部署，在更高起点、更高层次、更高目标上推进经济体制改革及其他各方面体制改革，构建更加系统完备、更加成熟定型的高水平社会主义市场经济体制，现提出如下意见。

---

[1]《中共中央、国务院关于新时代加快完善社会主义市场经济体制的意见》，《中华人民共和国国务院公报》，2020 年 15 期。

一、总体要求

（一）指导思想。以习近平新时代中国特色社会主义思想为指导，全面贯彻党的十九大和十九届二中、三中、四中全会精神，坚决贯彻党的基本理论、基本路线、基本方略，统筹推进"五位一体"总体布局和协调推进"四个全面"战略布局，坚持稳中求进工作总基调，坚持新发展理念，坚持以供给侧结构性改革为主线，坚持以人民为中心的发展思想，坚持和完善社会主义基本经济制度，以完善产权制度和要素市场化配置为重点，全面深化经济体制改革，加快完善社会主义市场经济体制，建设高标准市场体系，实现产权有效激励、要素自由流动、价格反应灵活、竞争公平有序、企业优胜劣汰，加强和改善制度供给，推进国家治理体系和治理能力现代化，推动生产关系同生产力、上层建筑同经济基础相适应，促进更高质量、更有效率、更加公平、更可持续的发展。

（二）基本原则

——坚持以习近平新时代中国特色社会主义经济思想为指导。坚持和加强党的全面领导，坚持和完善中国特色社会主义制度，强化问题导向，把握正确改革策略和方法，持续优化经济治理方式，着力构建市场机制有效、微观主体有活力、宏观调控有度的经济体制，使中国特色社会主义制度更加巩固、优越性充分体现。

——坚持解放和发展生产力。牢牢把握社会主义初级阶段这个基本国情，牢牢扭住经济建设这个中心，发挥经济体制改革牵引作用，协同推进政治、文化、社会、生态文明等领域改革，促进改革发展高效联动，进一步解放和发展社会生产力，不断满足人民日益增长的美好生活需要。

——坚持和完善社会主义基本经济制度。坚持和完善公有制为主体、多种所有制经济共同发展，按劳分配为主体、多种分配方式并存，社会主义市场经济体制等社会主义基本经济制度，把中国特色社会主义制度与市场经济有机结合起来，为推动高质量发展、建设现代化经济体系提供重要制度保障。

——坚持正确处理政府和市场关系。坚持社会主义市场经济改革方向，更加尊重市场经济一般规律，最大限度减少政府对市场资源的直接配置和对微观经济活动的直接干预，充分发挥市场在资源配置中的决定性作用，更好发挥政府作用，有效弥补市场失灵。

——坚持以供给侧结构性改革为主线。更多采用改革的办法，更多运用市场化法治化手段，在巩固、增强、提升、畅通上下功夫，加大结构性改革力度，创新制度供给，不断增强经济创新力和竞争力，适应和引发有效需求，促进更高水平的供需动态平衡。

——坚持扩大高水平开放和深化市场化改革互促共进。坚定不移扩大开放，推动由商品和要素流动型开放向规则等制度型开放转变，吸收借鉴国际成熟市场经济制度经验和人类文明有益成果，加快国内制度规则与国际接轨，以高水平开放促进深层次市场化改革。

二、坚持公有制为主体、多种所有制经济共同发展，增强微观主体活力

毫不动摇巩固和发展公有制经济，毫不动摇鼓励、支持、引导非公有制经济发展，探索公有制多种实现形式，支持民营企业改革发展，培育更多充满活力的市场主体。

（一）推进国有经济布局优化和结构调整。坚持有进有退、有所为有所不为，推动国有资本更多投向关系国计民生的重要领域和关系国家经济命脉、科技、国防、安全等领域，服务国家战略目标，增强国有经济竞争力、创新力、控制力、影响力、抗风险能力，做强做优做大国有资本，有效防止国有资产流失。对处于充分竞争领域的国有经济，通过资本化、证券化等方式优化国有资本配置，提高国有资本收益。进一步完善和加强国有资产监管，有效发挥国有资本投资、运营公司功能作用，坚持一企一策，成熟一个推动一个，运行一个成功一个，盘活存量国有资本，促进国有资产保值增值。

（二）积极稳妥推进国有企业混合所有制改革。在深入开展重点领域混合所有制改革试点基础上，按照完善治理、强化激励、突出主业、提高效率要求，推进混合所有制改革，规范有序发展混合所有制经济。对充分竞争领域的国家出资企业和国有资本运营公司出资企业，探索将部分国有股权转化为优先股，强化国有资本收益功能。支持符合条件的混合所有制企业建立骨干员工持股、上市公司股权激励、科技型企业股权和分红激励等中长期激励机制。深化国有企业改革，加快完善国有企业法人治理结构和市场化经营机制，健全经理层任期制和契约化管理，完善中国特色现代企业制度。对混合所有制企业，探索建立有别于国有独资、全资公司的治理机制和监管制度。对国有资本不再绝对控股的混合所有制企业，探索实施更加灵活高效的监管制度。

（三）稳步推进自然垄断行业改革。深化以政企分开、政资分开、特许经营、政府监管为主要内容的改革，提高自然垄断行业基础设施供给质量，严格监管自然垄断环节，加快实现竞争性环节市场化，切实打破行政性垄断，防止市场垄断。构建有效竞争的电力市场，有序放开发用电计划和竞争性环节电价，提高电力交易市场化程度。推进油气管网对市场主体公平开放，适时放开天然气气源和销售价格，健全竞争性油气流通市场。深化铁路行业改革，促进铁路运输业务市场主体多元化和适度竞争。实现邮政普遍服务业务与竞争性业务分业经营。完善烟草专卖专营体制，构建适度竞争新机制。

（四）营造支持非公有制经济高质量发展的制度环境。健全支持民营经济、外商投资企业发展的市场、政策、法治和社会环境，进一步激发活力和创造力。在要素获取、准入许可、经营运行、政府采购和招投标等方面对各类所有制企业平等对待，破除制约市场竞争的各类障碍和隐性壁垒，营造各种所有制主体依法平等使用资源要素、公开公平公正参与竞争、同等受到法律保护的市场环境。完善支持非公有制经济进入电力、油气等领域的实施细则和具体办法，大幅放宽服务业领域市场准入，向社会资本释放更大发展空间。健全支持中小企业发展制度，增加面向中小企业的金融服务供给，支持发展民营银行、社区银行等中小金融机构。完善民营企业融资增信支持体系。健全民营企业直接融资支持制度。健全清理和防止拖欠民营企业中小企业账款长效机制，营造有利于化解民营企业之间债务问题的市场环境。完善构建亲清政商关系的政策体系，建立规范化机制化政企沟通渠道，鼓励民营企业参与实施重大国家战略。

三、夯实市场经济基础性制度，保障市场公平竞争

建设高标准市场体系，全面完善产权、市场准入、公平竞争等制度，筑牢社会主义市场经济有效运行的体制基础。

（一）全面完善产权制度。健全归属清晰、权责明确、保护严格、流转顺畅的现代产权制度，加强产权激励。完善以管资本为主的经营性国有资产产权管理制度，加快转变国资监管机构职能和履职方式。健全自然资源资产产权制度。健全以公平为原则的产权保护制度，全面依法平等保护民营经济产权，依法严肃查处各类侵害民营企业合法权益的行为。落实农村第二轮土地承包到期后再延长30年政策，完善农村承包地"三权分置"制度。深化农村集体产权制度改革，完善产权权能，将经营性资产折股量化到集体经济组织成员，创新农村集体经济有效组织形式和运行机制，完善农村基本经营制度。完善和细化知识产权创造、运用、交易、保护制度规则，加快建立知识产权侵权惩罚性赔偿制度，加强企业商业秘密保护，完善新领域新业态知识产权保护制度。

（二）全面实施市场准入负面清单制度。推行"全国一张清单"管理模式，维护清单的统一性和权威性。建立市场准入负面清单动态调整机制和第三方评估机制，以服务业为重点试点进一步放宽准入限制。建立统一的清单代码体系，使清单事项与行政审批体系紧密衔接、相互匹配。建立市场准入负面清单信息公开机制，提升准入政策透明度和负面清单使用便捷性。建立市场准入评估制度，定期评估、排查、清理各类显性和隐性壁垒，推动"非禁即入"普遍落实。改革生产许可制度。

（三）全面落实公平竞争审查制度。完善竞争政策框架，建立健全竞争政策实施机制，强化竞争政策基础地位。强化公平竞争审查的刚性约束，修订完善公平竞争审查实施细则，建立公平竞争审查抽查、考核、公示制度，建立健全第三方审查和评估机制。统筹做好增量审查和存量清理，逐步清理废除妨碍全国统一市场和公平竞争的存量政策。建立违反公平竞争问题反映和举报绿色通道。加强和改进反垄断和反不正当竞争执法，加大执法力度，提高违法成本。培育和弘扬公平竞争文化，进一步营造公平竞争的社会环境。

四、构建更加完善的要素市场化配置体制机制，进一步激发全社会创造力和市场活力

以要素市场化配置改革为重点，加快建设统一开放、竞争有序的市场体系，推进要素市场制度建设，实现要素价格市场决定、流动自主有序、配置高效公平。

（一）建立健全统一开放的要素市场。加快建设城乡统一的建设用地市场，建立同权同价、流转顺畅、收益共享的农村集体经营性建设用地入市制度。探索农村宅基地所有权、资格权、使用权"三权分置"，深化农村宅基地改革试点。深化户籍制度改革，放开放宽除个别超大城市外的城市落户限制，探索实行城市群内户口通迁、居住证互认制度。推动公共资源由按城市行政等级配置向按实际服务管理人口规模配置转变。加快建立规范、透明、开放、有活力、有韧性的资本市场，加强资本市场基础制度建设，推动以信息披露为核心的股票发行注册制改革，完善强制退市和主动退市制度，提高上市公司质量，强化投资者保护。探索实行公司信用类债券发行注册管理制。构建与实体经济结构和融资需求相适应、多层次、广覆盖、有差异的银行体系。加快培育发展数据要素市场，建立数据资源清单管理机制，完善数据权属界定、开放共享、交易流通等标准和措施，发挥社会数据资源价值。推进数字政府建设，加强数据有序共享，依法保护个人信息。

（二）推进要素价格市场化改革。健全主要由市场决定价格的机制，最大限度减少政府对价格形成的不当干预。完善城镇建设用地价格形成机制和存量土地盘活利用政策，推动实施城镇低效用地再开发，在符合国土空间规划前提下，推动土地复合开发利用、用途合理转换。深化利率市场化改革，健全基准利率和市场化利率体系，更好发挥国债收益率曲线定价基准作用，提升金融机构自主定价能力。完善人民币汇率市场化形成机制，增强双向浮动弹性。加快全国技术交易平台建设，积极发展科技成果、专利等资产评估服务，促进技术要素有序流动和价格合理形成。

（三）创新要素市场化配置方式。缩小土地征收范围，严格界定公共利益用地范围，建立土地征收目录和公共利益用地认定机制。推进国有企事业单位改革改制土地资产处置，促进存量划拨土地盘活利用。健全工业用地多主体多方式供地制度，在符合国土空间规划前提下，探索增加混合产业用地供给。促进劳动力、人才社会性流动，完善企事业单位人才流动机制，畅通人才跨所有制流动渠道。抓住全球人才流动新机遇，构建更加开放的国际人才交流合作机制。

（四）推进商品和服务市场提质增效。推进商品市场创新发展，完善市场运行和监管规则，全面推进重要产品信息化追溯体系建设，建立打击假冒伪劣商品长效机制。构建优势互补、协作配套的现代服务市场体系。深化流通体制改革，加强全链条标准体系建设，发展"互联网+流通"，降低全社会物流成本。强化消费者权益保护，探索建立集体诉讼制度。

五、创新政府管理和服务方式，完善宏观经济治理体制

完善政府经济调节、市场监管、社会管理、公共服务、生态环境保护等职能，创新和完善宏观调控，进一步提高宏观经济治理能力。

（一）构建有效协调的宏观调控新机制。加快建立与高质量发展要求相适应、体现新发展理念的宏观调控目标体系、政策体系、决策协调体系、监督考评体系和保障体系。健全以国家发展规划为战略导向，以财政政策、货币政策和就业优先政策为主要手段，投资、消费、产业、区域等政策协同发力的宏观调控制度体系，增强宏观调控前瞻性、针对性、协同性。完善国家重大发展战略和中长期经济社会发展规划制度。科学稳健把握宏观政策逆周期调节力度，更好发挥财政政策对经济结构优化升级的支持作用，健全货币政策和宏观审慎政策双支柱调控框架。实施就业优先政策，发挥民生政策兜底功能。完善促进消费的体制机制，增强消费对经济发展的基础性作用。深化投融资体制改革，发挥投资对优化供给结构的关键性作用。加强国家经济安全保障制度建设，构建国家粮食安全和战略资源能源储备体系。优化经济治理基础数据库。强化经济监测预测预警能力，充分利用大数据、人工智能等新技术，建立重大风险识别和预警机制，加强社会预期管理。

（二）加快建立现代财税制度。优化政府间事权和财权划分，建立权责清晰、财力协调、区域均衡的中央和地方财政关系，形成稳定的各级政府事权、支出责任和财力相适应的制度。适当加强中央在知识产权保护、养老保险、跨区域生态环境保护等方面事权，减少并规范中央和地方共同事权。完善标准科学、规范透明、约束有力的预算制度，全面实施预算绩效管理，提高财政资金使用效率。依法构建管理规范、责任清晰、公开透明、风险可控的政府举债融资机制，强化监督问责。清理规范地方融资平台公司，剥离政府融资职能。深化税收制度改革，完善直接税制度并逐步提高其比重。研究将部分品目消费税征收环节后移。建立和完善综合与分类相结合的个人所得税制度。稳妥推进房地产税立法。健全地方税体系，调整完善地方税税制，培育壮大地方税税源，稳步扩大地方税管理权。

（三）强化货币政策、宏观审慎政策和金融监管协调。建设现代中央银行制度，健全中央银行货币政策决策机制，完善基础货币投放机制，推动货币政策从数量型调控为主向价格型调控为主转型。建立现代金融监管体系，全面加强宏观审慎管理，强化综合监管，突出功能监管和行为监管，制定交叉性金融产品监管规则。加强薄弱环节金融监管制度建设，消除监管空白，守住不发生系统性金融风险底线。依法依规界定中央和地方金融监管权责分工，强化地方政府属地金融监管职责和风险处置责任。建立健全金融消费者保护基本制度。有序实现人民币资本项目可兑换，稳步推进人民币国际化。

（四）全面完善科技创新制度和组织体系。加强国家创新体系建设，编制新一轮国家中长期科技发展规划，强化国家战略科技力量，构建社会主义市场经济条件下关键核心技术攻关新型举国体制，使国家科研资源进一步聚焦重点领域、重点项目、重点单位。健全鼓励支持基础研究、原始创新的体制机制，在重要领域适度超前布局建设国家重大科技基础设施，研究建立重大科技基础设施建设运营多元投入机制，支持民营企业参与关键领域核心技术创新攻关。建立健全应对重大公共事件科研储备和支持体系。改革完善中央财政科技计划形成机制和组织实施机制，更多支持企业承担科研任务，激励企业加大研发投入，提高科技创新绩效。建立以企业为主体、市场为导向、产学研深度融合的技术创新体系，支持大中小企业和各类主体融通创新，创新促进科技成果转化机制，完善技术成果转化公开交易与监管体系，推动科技成果转化和产业化。完善科技人才发现、培养、激励机制，健全符合科研规律的科技管理体制和政策体系，改进科技评价体系，试点赋予科研人员职务科技成果所有权或长期使用权。

（五）完善产业政策和区域政策体系。推动产业政策向普惠化和功能性转型，强化对技术创新和结构升级的支持，加强产业政策和竞争政策协同。健全推动发展先进制造业、振兴实体经济的体制机制。建立市场化法治化化解过剩产能长效机制，健全有利于促进市场化兼并重组、转型升级的体制和政策。构建区域协调发展新机制，完善京津冀协同发展、长江经济带发展、长江三角洲区域一体化发展、粤港澳大湾区建设、黄河流域生态保护和高质量发展等国家重大区域战略推进实施机制，形成主体功能明显、优势互补、高质量发展的区域经济布局。健全城乡融合发展体制机制。

（六）以一流营商环境建设为牵引持续优化政府服务。深入推进"放管服"改革，深化行政审批制度改革，进一步精简行政许可事项，对所有涉企经营许可事项实行"证照分离"改革，大力推进"照后减证"。全面开展工程建设项目审批制度改革。深化投资审批制度改革，简化、整合投资项目报建手续，推进投资项目承诺制改革，依托全国投资项目在线审批监管平台加强事中事后监管。创新行政管理和服务方式，深入开展"互联网+政务服务"，加快推进全国一体化政务服务平台建设。建立健全运用互联网、大数据、人工智能等技术手段进行行政管理的制度规则。落实《优化营商环境条例》，完善营商环境评价体系，适时在全国范围开展营商环境评价，加快打造市场化、法治化、国际化营商环境。

（七）构建适应高质量发展要求的社会信用体系和新型监管机

制。完善诚信建设长效机制，推进信用信息共享，建立政府部门信用信息向市场主体有序开放机制。健全覆盖全社会的征信体系，培育具有全球话语权的征信机构和信用评级机构。实施"信易+"工程。完善失信主体信用修复机制。建立政务诚信监测治理体系，建立健全政府失信责任追究制度。严格市场监管、质量监管、安全监管，加强违法惩戒。加强市场监管改革创新，健全以"双随机、一公开"监管为基本手段、以重点监管为补充、以信用监管为基础的新型监管机制。以食品安全、药品安全、疫苗安全为重点，健全统一权威的全过程食品药品安全监管体系。完善网络市场规制体系，促进网络市场健康发展。健全对新业态的包容审慎监管制度。

六、坚持和完善民生保障制度，促进社会公平正义

坚持按劳分配为主体、多种分配方式并存，优化收入分配格局，健全可持续的多层次社会保障体系，让改革发展成果更多更公平惠及全体人民。

（一）健全体现效率、促进公平的收入分配制度。坚持多劳多得，着重保护劳动所得，增加劳动者特别是一线劳动者劳动报酬，提高劳动报酬在初次分配中的比重，在经济增长的同时实现居民收入同步增长，在劳动生产率提高的同时实现劳动报酬同步提高。健全劳动、资本、土地、知识、技术、管理、数据等生产要素由市场评价贡献、按贡献决定报酬的机制。完善企业薪酬调查和信息发布制度，健全最低工资标准调整机制。推进高校、科研院所薪酬制度改革，扩大工资分配自主权。鼓励企事业单位对科研人员等实行灵活多样的分配形式。健全以税收、社会保障、转移支付等为主要手段的再分配调节机制。完善第三次分配机制，发展慈善等社会公益事业。多措并举促进城乡居民增收，缩小收入分配差距，扩大中等收入群体。

（二）完善覆盖全民的社会保障体系。健全统筹城乡、可持续的基本养老保险制度、基本医疗保险制度，稳步提高保障水平。实施企业职工基本养老保险基金中央调剂制度，尽快实现养老保险全国统筹，促进基本养老保险基金长期平衡。全面推开中央和地方划转部分国有资本充实社保基金工作。大力发展企业年金、职业年金、个人储蓄性养老保险和商业养老保险。深化医药卫生体制改革，完善统一的城乡居民医保和大病保险制度，健全基本医保筹资和待遇调整机制，持续推进医保支付方式改革，加快落实异地就医结算制度。完善失业保险制度。开展新业态从业人员职业伤害保障试点。统筹完善社会救助、社会福利、慈善事业、优抚安置等制度。加强社会救助资源统筹，完善基本民生保障兜底机制。加快建立多主体供给、多渠道保障、租购并举的住房制度，改革住房公积金制度。

（三）健全国家公共卫生应急管理体系。强化公共卫生法治保障，完善公共卫生领域相关法律法规。把生物安全纳入国家安全体系，系统规划国家生物安全风险防控和治理体系建设，全面提高国家生物安全治理能力。健全公共卫生服务体系，优化医疗卫生资源投入结构，加强农村、社区等基层防控能力建设。完善优化重大疫情救治体系，建立健全分级、分层、分流的传染病等重大疫情救治机制。完善突发重特大疫情防控规范和应急救治管理办法。健全重大疾病医疗保险和救助制度，完善应急医疗救助机制。探索建立特殊群体、特定疾病医药费豁免制度。健全统一的应急物资保障体系，优化重要应急物资产能保障和区域布局，健全国家储备体系，完善储备品类、规模、结构，提升储备效能。

七、建设更高水平开放型经济新体制，以开放促改革促发展

实行更加积极主动的开放战略，全面对接国际高标准市场规则体系，实施更大范围、更宽领域、更深层次的全面开放。

（一）以"一带一路"建设为重点构建对外开放新格局。坚持互利共赢的开放战略，推动共建"一带一路"走深走实和高质量发展，促进商品、资金、技术、人员更大范围流通，依托各类开发区发展高水平经贸产业合作园区，加强市场、规则、标准方面的软联通，强化合作机制建设。加大西部和沿边地区开放力度，推进西部陆海新通道建设，促进东中西互动协同开放，加快形成陆海内外联动、东西双向互济的开放格局。

（二）加快自由贸易试验区、自由贸易港等对外开放高地建设。深化自由贸易试验区改革，在更大范围复制推广改革成果。建设好中国（上海）自由贸易试验区临港新片区，赋予其更大的自主发展、自主改革和自主创新管理权限。聚焦贸易投资自由化便利化，稳步推进海南自由贸易港建设。

（三）健全高水平开放政策保障机制。推进贸易高质量发展，拓展对外贸易多元化，提升一般贸易出口产品附加值，推动加工贸易产业链升级和服务贸易创新发展。办好中国国际进口博览会，更大规模增加商品和服务进口，降低关税总水平，努力消除非关税贸易壁垒，大幅削减进出口环节制度性成本，促进贸易平衡发展。推动制造业、服务业、农业扩大开放，在更多领域允许外资控股或独资经营，全面取消外资准入负面清单之外的限制。健全外商投资准入前国民待遇加负面清单管理制度，推动规则、规制、管理、标准等制度型开放。健全外商投资国家安全审查、反垄断审查、国家技术安全清单管理、不可靠实体清单等制度。健全促进对外投资政策和服务体系。全面实施外商投资法及其实施条例，促进内外资企业公平竞争，建立健全外资企业投诉工作机制，保护外资合法权益。创新对外投资方式，提升对外投资质量。推进国际产能合作，积极开展第三方市场合作。

（四）积极参与全球经济治理体系变革。维护完善多边贸易体制，维护世界贸易组织在多边贸易体制中的核心地位，积极推动和参与世界贸易组织改革，积极参与多边贸易规则谈判，推动贸易和投资自由化便利化，推动构建更高水平的国际经贸规则。加快自由贸易区建设，推动构建面向全球的高标准自由贸易区网络。依托共建"一带一路"倡议及联合国、上海合作组织、金砖国家、二十国集团、亚太经合组织等多边和区域次区域合作机制，积极参与全球经济治理和公共产品供给，构建全球互联互通伙伴关系，加强与相关国家、国际组织的经济发展倡议、规划和标准的对接。推动国际货币基金组织份额与治理改革以及世界银行投票权改革。积极参与国际宏观经济政策沟通协调及国际经济治理体系改革和建设，提出更多中国倡议、中国方案。

八、完善社会主义市场经济法律制度，强化法治保障

以保护产权、维护契约、统一市场、平等交换、公平竞争、有效监管为基本导向，不断完善社会主义市场经济法治体系，确保有法可依、有法必依、违法必究。

（一）完善经济领域法律法规体系。完善物权、债权、股权等各类产权相关法律制度，从立法上赋予私有财产和公有财产平等地

位并平等保护。健全破产制度，改革完善企业破产法律制度，推动个人破产立法，建立健全金融机构市场化退出法规，实现市场主体有序退出。修订反垄断法，推动社会信用法律建设，维护公平竞争市场环境。制定和完善发展规划、国土空间规划、自然资源资产、生态环境、农业、财政税收、金融、涉外经贸等方面法律法规。按照包容审慎原则推进新经济领域立法。健全重大改革特别授权机制，对涉及调整现行法律法规的重大改革，按法定程序经全国人大或国务院统一授权后，由有条件的地方先行开展改革试验和实践创新。

（二）健全执法司法对市场经济运行的保障机制。深化行政执法体制改革，最大限度减少不必要的行政执法事项，规范行政执法行为，进一步明确具体操作流程。根据不同层级政府的事权和职能，优化配置执法力量，加快推进综合执法。强化对市场主体之间产权纠纷的公平裁判，完善涉及查封、扣押、冻结和处置公民财产行为的法律制度。健全涉产权冤错案件有效防范和常态化纠正机制。

（三）全面建立行政权力制约和监督机制。依法全面履行政府职能，推进机构、职能、权限、程序、责任法定化，实行政府权责清单制度。健全重大行政决策程序制度，提高决策质量和效率。加强对政府内部权力的制约，强化内部流程控制，防止权力滥用。完善审计制度，对公共资金、国有资产、国有资源和领导干部履行经济责任情况实行审计全覆盖。加强重大政策、重大项目财政承受能力评估。推动审批监管、执法司法、工程建设、资源开发、海外投资和在境外国有资产监管、金融信贷、公共资源交易、公共财政支出等重点领域监督机制改革和制度建设。依法推进财政预算、公共资源配置、重大建设项目批准和实施、社会公益事业建设等领域政府信息公开。

（四）完善发展市场经济监督制度和监督机制。坚持和完善党和国家监督体系，强化政治监督，严格约束公权力，推动落实党委（党组）主体责任、书记第一责任人责任、纪委监委监督责任。持之以恒深入推进党风廉政建设和反腐败斗争，坚决依规依纪依法查处资源、土地、规划、建设、工程、金融等领域腐败问题。完善监察法实施制度体系，围绕权力运行各个环节，压减权力设租寻租空间，坚决破除权钱交易关系网，实现执规执纪执法贯通，促进党内监督、监察监督、行政监督、司法监督、审计监督、财会监督、统计监督、群众监督、舆论监督协同发力，推动社会主义市场经济健康发展。

九、坚持和加强党的全面领导，确保改革举措有效实施

发挥党总揽全局、协调各方的领导核心作用，把党领导经济工作的制度优势转化为治理效能，强化改革落地见效，推动经济体制改革不断走深走实。

（一）坚持和加强党的领导。进一步增强"四个意识"、坚定"四个自信"、做到"两个维护"，从战略和全局高度深刻认识加快完善社会主义市场经济体制的重大意义，把党的领导贯穿于深化经济体制改革和加快完善社会主义市场经济体制全过程，贯穿于谋划改革思路、制定改革方案、推进改革实施等各环节，确保改革始终沿着正确方向前进。

（二）健全改革推进机制。各地区各部门要按照本意见要求并结合自身实际，制定完善配套政策或实施措施。从国情出发，坚持问题导向、目标导向和结果导向相统一，按照系统集成、协同高效要求纵深推进，在精准实施、精准落实上下足功夫，把落实党中央要求、满足实践需要、符合基层期盼统一起来，克服形式主义、官僚主义，一个领域一个领域盯住抓落实。将顶层设计与基层探索结合起来，充分发挥基层首创精神，发挥经济特区、自由贸易试验区（自由贸易港）的先行先试作用。

（三）完善改革激励机制。健全改革的正向激励体系，强化敢于担当、攻坚克难的用人导向，注重在改革一线考察识别干部，把那些具有改革创新意识、勇于改革、善谋改革的干部用起来。巩固党风廉政建设成果，推动构建亲清政商关系。建立健全改革容错纠错机制，正确把握干部在改革创新中出现失误错误的性质和影响，切实保护干部干事创业的积极性。加强对改革典型案例、改革成效的总结推广和宣传报道，按规定给予表彰激励，为改革营造良好舆论环境和社会氛围。

中外合资经营企业登记管理办法[1]

（1980年7月26日国务院公布施行）

第一条　根据《中华人民共和国中外合资经营企业法》的规定，为了对中外合资经营企业进行登记管理，保障合法经营，制定本办法。

第二条　经中华人民共和国外国投资管理委员会批准的中外合资经营企业，应在批准后的一个月内，向中华人民共和国工商行政管理总局登记。

中华人民共和国工商行政管理总局委托省、自治区、直辖市工商行政管理局办理所管辖地区内中外合资经营企业的登记手续，经中华人民共和国工商行政管理总局核准后，发给营业执照。

第三条　中外合资经营企业申请登记，应提交下列证件：（1）中华人民共和国外国投资管理委员会的批准文件；（2）合营各方签订的合营协议、合同和企业章程的中外文副本各三份；（3）外国合营者所在国（或地区）政府主管部门发给的营业执照副本或其他证件。

第四条　中外合资经营企业申请登记时，应以中外文字填写登记表一式三份，登记的主要项目：企业名称，地址，生产经营范围，生产经营方式，注册资本及合资各方的份额，董事长、副董事长，总经理、副总经理或厂长、副厂长，批准文件的文号和日期，职工总人数，外籍职工人数。

---

[1]《中外合资经营企业登记管理办法》，《中华人民共和国国务院公报》，1980年10期。

第五条　从核发营业执照之日起，中外合资经营企业即告正式成立，其正当的生产经营活动，受中华人民共和国的法律保护。

未经登记的企业，不准开业。

第六条　中外合资经营企业应持营业执照，向中国银行或者经中国银行同意的银行开户，向当地税务机关办理纳税登记。

第七条　中外合资经营企业迁移、转产、增减或转让注册资本和延长合同期限时，应在中华人民共和国外国投资管理委员会批准后的一个月内向所在地的省、自治区、直辖市工商行政管理局办理变更登记手续。

其他登记项目变动时，应在年终向所在地的省、自治区、直辖市工商行政管理局书面报告。

第八条　中外合资经营企业在登记或变更登记时，应交纳登记费或变更登记费，其金额由中华人民共和国工商行政管理总局规定。

第九条　中外合资经营企业合同期满或提前终止合同，应持中华人民共和国外国投资管理委员会的批准文件，向所在地的省、自治区、直辖市工商行政管理局办理注销登记手续，经中华人民共和国工商行政管理总局核准后，缴销营业执照。

第十条　中华人民共和国工商行政管理总局和省、自治区、直辖市工商行政管理局，有权对所管辖地区内的中外合资经营企业进行监督检查。对违反本办法的，根据情节轻重，分别给予警告、罚款的处分。

第十一条　本办法自发布之日起施行。

城乡个体工商户管理暂行条例[1]

（1987年8月5日国务院发布）

第一条 为了指导、帮助城乡劳动者个体经济的发展，加强对个体工商户的监督、管理，保护其合法权益。根据国家法律规定，制定本条例。

第二条 有经营能力的城镇待业人员、农村村民以及国家政策允许的其他人员，可以申请从事个体工商业经营，依法经核准登记后为个体工商户。

第三条 个体工商户可以在国家法律和政策允许的范围内，经营工业、手工业、建筑业、交通运输业、商业、饮食业、服务业、修理业及其他行业。

第四条 个体工商户，可以个人经营，也可以家庭经营。个人经营的，以个人全部财产承担民事责任；家庭经营的，以家庭全部财产承担民事责任。

个体工商户可以根据经营情况请一、二个帮手；有技术的个体工商户可以带三、五个学徒。

第五条 个体工商户的合法权益受国家法律保护，任何单位和个人不得侵害。

第六条 国家工商行政管理局和地方各级工商行政管理局对个体工商户履行下列行政管理职责：

（一）对从事个体工商业经营的申请进行审核、登记，颁发营

---

[1] 《城乡个体工商户管理暂行条例》，《中华人民共和国国务院公报》，1987年20期。

业执照；

（二）依照法律和本条例的规定，对个体工商户的经营活动进行管理和监督，保护合法经营，查处违法经营活动，维护城乡市场秩序；

（三）对个体劳动者协会的工作给予指导；

（四）国家授予的其他管理权限。

各有关行业主管部门应当按照国家规定，对个体工商户进行业务管理、指导、帮助。

第七条　申请从事个体工商业经营的个人或者家庭，应当持所在地户籍证明及其他有关证明，向所在地工商行政管理机关申请登记，经县级工商行政管理机关核准领取营业执照后，方可营业。

国家规定经营者需要具备特定条件或者需经行业主管部门批准的，应当在申请登记时提交有关批准文件。

申请经营旅店业、刻字业、信托寄卖业、印刷业，应当经所在地公安机关审查同意。

第八条　个体工商户应当登记的主要项目如下：字号名称、经营者姓名和住所、从业人数、资金数额、组成形式、经营范围、经营方式、经营场所。

第九条　个体工商户改变字号名称、经营者住所、组成形式、经营范围、经营方式、经营场所等项内容，以及家庭经营的个体工商户改变家庭经营者姓名时，应当向原登记的工商行政管理机关办理变更登记。未经批准，不得擅自改变。

个人经营的个体工商户改变经营者时，应当重新申请登记。

第十条　个体工商户应当每年在规定时间内，向所在地工商行政管理机关办理验照手续。逾期不办理且无正当理由的，工商行政管理机关有权收缴营业执照。

第十一条 个体工商户歇业时，应当办理歇业手续，缴销营业执照。自行停业超过六个月的，由原登记的工商行政管理机关收缴营业执照。

第十二条 个体工商户缴销、被收缴或者吊销营业执照时，应当向债权人清偿债务。

第十三条 个体工商户应当按照规定缴纳登记费和管理费。登记费和管理费的收费标准及管理办法，由国家工商行政管理局和财政部共同制定。

第十四条 个体工商户所需生产经营场地，当地人民政府应当纳入城乡建设规划，统筹安排。经批准使用的经营场地，任何单位和个人不得随意侵占。

第十五条 个体工商户生产经营所需原材料，燃料以及货源，需要由国营批发单位供应的，供应单位应当合理安排，不得歧视。

第十六条 个体工商户可以凭营业执照在银行或者其他金融机构按有关规定，开立帐户，申请贷款。

第十七条 个体工商户营业执照是国家授权工商行政管理机关核发的合法凭证，除工商行政管理机关依照法定程序可以扣缴或者吊销外，任何单位和个人不得扣缴或者吊销。

第十八条 除法律、法规和省级人民政府另有规定者外，任何单位和个人不得向个体工商户收取费用。

对擅自向个体工商户收取费用的，个体工商户有权拒付，各级工商行政管理机关有权予以制止。

第十九条 个体工商户应当遵守国家法律和政策的规定，自觉维护市场秩序，遵守职业道德，从事正当经营，不得从事下列活动：

（一）投机诈骗，走私贩私；

（二）欺行霸市，哄抬物价，强买强卖；

（三）偷工减料，以次充好，短尺少秤，掺杂使假；

（四）出售不符合卫生标准的、有害人身健康的食品；

（五）生产或者销售毒品、假商品、冒牌商品；

（六）出售反动、荒诞、诲淫诲盗的书刊、画片、音像制品；

（七）法律和政策不允许的其他生产经营活动。

第二十条　个体工商户应当按照税务机关的规定办理税务登记、建立帐簿和申报纳税，不得漏税、偷税、抗税。

第二十一条　个体工商户按规定请帮手、带学徒应当签订书面合同，约定双方的权利和义务，规定劳动报酬、劳动保护、福利待遇、合同期限等事项。所签合同受国家法律保护，不得随意违反。

从事关系到人身健康、生命安全等行业的个体工商户，必须为其帮手、学徒向中国人民保险公司投保。

第二十二条　个体工商户违反本条例第七条、第九条、第十条、第十一条、第十三条、第十九条的规定，由工商行政管理机关根据不同情况分别给予下列处罚：

（一）警告；

（二）罚款；

（三）没收非法所得；

（四）责令停止营业；

（五）扣缴或者吊销营业执照。

以上处罚，可以并处。

违反治安管理的，由公安机关依照有关规定处罚；触犯刑律的，依法追究刑事责任。

第二十三条　个体工商户及其从业人员拒绝、阻挠工商行政管理人员及其他管理人员依法执行职务，尚不够刑事处罚的，由公安机关依照有关规定处罚；触犯刑律的，依法追究刑事责任。

第二十四条　工商行政管理机关的工作人员或者其他管理人员违反本条例规定，严重失职、营私舞弊、收受贿赂或者侵害个体工商户合法权益的，有关主管机关应当根据情节给予行政处分和经济处罚；造成经济损失的，责令赔偿；触犯刑律的，依法追究刑事责任。

第二十五条　个体工商户对管理机关作出的违章处理不服时，应当首先按照处理决定执行，然后在收到处理决定通知之日起十五日内向作出处理的机关的上级机关申请复议。上级机关应当在接到申请之日起三十日内作出答复，对答复不服的，可以在接到答复之日起三十日内，向人民法院起诉。

第二十六条　依照国家有关规定，个人经营或者家庭经营营利性的文化教育、体育娱乐、信息传播、科技交流、咨询服务，以及各种技术培训等项业务的，参照本条例规定执行。

第二十七条　本条例由国定工商行政管理局负责解释；实施细则由国家工商行政管理局制定。

第二十八条　本条例自 1987 年 9 月 1 日起施行。

全民所有制工业企业承包经营责任制暂行条例[①]

（1988年2月27日国务院发布）

第一章　总则

第一条　为发展和完善全民所有制工业企业（以下简称企业）承包经营责任制，转变企业经营机制，增强企业活力，提高经济效益，制定本条例。

第二条　承包经营责任制，是在坚持企业的社会主义全民所有制的基础上，按照所有权与经营权分离的原则，以承包经营合同形式，确定国家与企业的责权利关系，使企业做到自主经营、自负盈亏的经营管理制度。

第三条　实行承包经营责任制，必须兼顾国家、企业、经营者和生产者利益，调动企业经营者和生产者积极性，挖掘企业内部潜力，确保上交国家利润，增强企业自我发展能力，逐步改善职工生活。

第四条　实行承包经营责任制，应当按照责权利相结合的原则，切实落实企业的经营管理自主权，保护企业的合法权益。

第五条　实行承包经营责任制，按照包死基数、确保上交、超收多留、欠收自补的原则，确定国家与企业的分配关系。

第六条　实行承包经营责任制，合同双方必须遵守国家法律、法规和政策，接受人民政府有关部门的监督。

第七条　实行承包经营责任制，由国家审计机关及其委托的其

[①]《全民所有制工业企业承包经营责任制暂行条例》，《中华人民共和国国务院公报》1988年05期。

他审计组织对合同双方及企业经营者进行审计。

第二章　承包经营责任制的内容和形式

第八条　承包经营责任制的主要内容是：包上交国家利润，包完成技术改造任务，实行工资总额与经济效益挂钩。

在上述主要内容的基础上，不同企业可以根据实际情况确定其它承包内容。

第九条　承包上交国家利润的形式有：

（一）上交利润递增包干；

（二）上交利润基数包干，超收分成；

（三）微利企业上交利润定额包干；

（四）亏损企业减亏（或补贴）包干；

（五）国家批准的其他形式。

第十条　上交利润基数一般以上年上交的利润额（实行第二步利改税的企业，是指依法缴纳的所得税、调节税部分，下同）为准。

受客观因素影响，利润变化较大的企业，可以承包前二至三年上交利润的平均数为基数。

确定上交利润基数时，可参照本地区、本行业平均资金利润率进行适当调整。

上交利润递增率或超收分成比例，应当根据企业的生产增长潜力并适当考虑企业的技术改造任务确定。

第十一条　上交利润的方式为：企业按照税法纳税，纳税额中超过承包经营合同规定的上交利润额多上交的部分，由财政部门每季返还80%给企业，年终结算，多退少补，保证兑现。

第十二条　技术改造任务，应当根据国家的产业政策、市场需求、技术改造规划和企业的经济技术状况确定。

第十三条 实行工资总额与经济效益挂钩，其具体形式，可根据国家的规定和企业的实际情况确定。

第三章 承包经营合同

第十四条 实行承包经营责任制，必须由企业经营者代表承包方同发包方订立承包经营合同。

发包方为人民政府指定的有关部门，承包方为实行承包经营的企业。

第十五条 订立承包经营合同，合同双方必须坚持平等、自愿和协商的原则。

第十六条 承包经营合同一般应当包括下列主要条款：

（一）承包形式；

（二）承包期限；

（三）上交利润或减亏数额；

（四）国家指令性供应计划和产品生产计划；

（五）产品质量及其他主要经济技术指标；

（六）技术改造任务，国家资产维护和增殖；

（七）留利使用，贷款归还，承包前的债权债务处理；

（八）双方权利和义务；

（九）违约责任；

（十）对企业经营者的奖罚；

（十一）合同双方约定的其他事项。

第十七条 承包期限，一般不得少于三年。

第十八条 承包经营合同依法成立，即具有法律效力，任何一方均不得随意变更或解除。

第十九条 国务院对税种、税率和指令性计划产品价格进行重大调整，合同双方可按国务院规定协商变更承包经营合同。

因不可抗力或由于一方当事人虽无过失但无法防止的外因使企业无法履行承包经营合同时，合同双方可协商变更或解除承包经营合同。

第二十条 由于承包方经营管理不善完不成承包经营合同任务时，发包方有权提出解除承包经营合同。

由于发包方违约使承包方无法履行承包经营合同时，承包方有权提出解除承包经营合同。

第二十一条 合同双方发生纠纷，应当协商解决。协商不成的，合同双方可以根据承包经营合同规定向国家工商行政管理机关申请仲裁；也可以根据承包经营合同规定直接向人民法院起诉。

第四章 承包经营合同双方的权利和义务

第二十二条 发包方有权按承包经营合同规定，对承包方的生产经营活动进行检查、监督。

发包方应当按承包经营合同规定维护承包方和企业经营者的合法权益，并在职责范围内帮助协调解决承包方生产经营中的困难。

第二十三条 承包方享有国家法律、法规、政策和承包经营合同规定的经营管理自主权。

承包方必须按承包经营合同规定完成各项任务。

第二十四条 由于发包方没有履行合同，影响承包经营合同完成时，发包方应当承担违约责任，并视情节轻重追究发包方直接责任者的行政责任和经济责任。

第二十五条　承包方完不成承包经营合同任务时，应当承担违约责任，并视情节轻重追究企业经营者的行政责任和经济责任。

第五章　企业经营者

第二十六条　实行承包经营责任制，一般应当采取公开招标办法通过竞争确定企业经营者或经营集团。也可以按国家规定的其他方式确定企业经营者。

招标可在本企业或本行业中进行，有条件的也可以面向社会通过人才市场进行。投标者可以是个人、集团或企业法人。集团或企业法人中标后，必须确定企业经营者。

国家鼓励企业法人投标经营其他企业，以促进产品结构和企业组织结构的调整。

第二十七条　地方各级人民政府应当积极创造条件，逐步建立承包市场，为企业承包经营提供招标投标信息，为企业经营人才提供平等的竞争机会。

第二十八条　由发包方组织有承包企业职工代表参加的招标委员会（或小组），对投标者进行全面评审，公开答辩，择优选定。

第二十九条　企业经营者必须具备下列条件：

（一）国家规定的厂长（经理）条件；

（二）招标规定的其他条件。

第三十条　企业经营者是企业的厂长（经理），企业的法定代表人，对企业全面负责。

第三十一条　企业经营者可根据需要，按国家有关规定聘任一定数量的人员，组成企业领导班子。承包期满后，原企业领导班子即告解散。

第三十二条　企业经营者必须履行承包经营合同规定的有关义务；在承包期间，按年度向发包方和企业职工代表大会提交承包经营合同执行情况的报告。

第三十三条　企业经营者的年收入，视完成承包经营合同情况，可高于本企业职工年平均收入的一至三倍，贡献突出的，还可适当高一些。企业领导班子其他成员的收入要低于企业经营者。

完不成承包经营合同时，应当扣减企业经营者的收入，直至只保留其基本工资的一半。企业领导班子其他成员也要承担相应的经济责任。

第六章　承包经营企业的管理

第三十四条　实行承包经营责任制的企业，试行资金分帐制度，划分国家资金和企业资金，分别列帐。

承包前企业占用的全部固定资产和流动资金，列为国家资金。

承包期间的留利，以及用留利投入形成的固定资产和补充的流动资金，列为企业资金。

承包期间利用贷款形成的固定资产，用留利还贷的，划入企业资金；税前还贷的，按承包前国家与企业的利润分配比例，折算成国家资金和企业资金。

承包期间所提取的固定资产折旧基金，按固定资产中国家资金和企业资金的比例，分别列为国家资金和企业资金。

企业资金属全民所有制性质。

第三十五条　企业资金作为承包经营企业负亏的风险基金。承包期满后转入下期承包的企业资金。

企业完不成上交利润，先用企业当年留利抵交。不足时，用企业资金抵交。

第三十六条　承包经营企业必须合理核定留利中的生产发展基金、福利基金和奖励基金分配比例，并提取一定比例的福利基金和奖励基金用于住房制度改革。承包后新增的留利应当主要作为生产发展基金。

第三十七条　实行承包前的贷款，由国家承担的部分，要在承包经营合同中规定还款额度和期限，分年还清，然后按规定调整承包基数。实行承包后的贷款，原则上要用企业资金偿还。

第三十八条　承包经营企业必须严格遵守国家物价政策，不得擅自涨价或变相涨价。企业发生价格违法行为时，按国家有关规定追究企业和企业经营者的责任。

第三十九条　承包经营企业应当搞好企业内部领导制度改革，实行厂长（经理）负责制。

第四十条　承包经营企业应当加强民主管理，健全职工代表大会制度，充分发挥工会的作用，切实保障职工的民主权利。

第四十一条　承包经营企业应当按照责权利相结合的原则，建立和健全企业内部经济责任制，搞好企业内部承包。

第四十二条　承包经营企业应当贯彻按劳分配原则，确定适合本企业的工资形式和分配办法，积极推行计件工资制和定额工资制，使职工的劳动所得同劳动成果紧密挂钩。

第七章　附则

第四十三条　交通、建筑、农林、物资、商业、外贸行业的全民所有制企业实行承包经营责任制的，可参照本条例执行。

实行行业包干的部门和国家计划单列的企业集团的承包，按国家有关规定办理，不适用本条例。

第四十四条　各省、自治区、直辖市人民政府可根据本条例制定实施办法。

第四十五条　本条例自 1988 年 3 月 1 日起施行。

中华人民共和国个人独资企业法[1]

（1999年8月30日第九届全国人民代表大会常务委员会第十一次会议通过，同日公布）

目录

第一章　总则
第二章　个人独资企业的设立
第三章　个人独资企业的投资人及事务管理
第四章　个人独资企业的解散和清算
第五章　法律责任
第六章　附则

第一章　总则

第一条　为了规范个人独资企业的行为，保护个人独资企业投资人和债权人的合法权益，维护社会经济秩序，促进社会主义市场经济的发展，根据宪法，制定本法。

第二条　本法所称个人独资企业，是指依照本法在中国境内设立，由一个自然人投资，财产为投资人个人所有，投资人以其个人财产对企业债务承担无限责任的经营实体。

第三条　个人独资企业以其主要办事机构所在地为住所。

第四条　个人独资企业从事经营活动必须遵守法律、行政法规，遵守诚实信用原则，不得损害社会公共利益。

---

[1]　《中华人民共和国个人独资企业法》，《中华人民共和国最高人民法院公报》，1999年05期。

个人独资企业应当依法履行纳税义务。

第五条　国家依法保护个人独资企业的财产和其他合法权益。

第六条　个人独资企业应当依法招用职工。职工的合法权益受法律保护。

个人独资企业职工依法建立工会，工会依法开展活动。

第七条　在个人独资企业中的中国共产党党员依照中国共产党章程进行活动。

第二章　个人独资企业的设立

第八条　设立个人独资企业应当具备下列条件：

（一）投资人为一个自然人；

（二）有合法的企业名称；

（三）有投资人申报的出资；

（四）有固定的生产经营场所和必要的生产经营条件；

（五）有必要的从业人员。

第九条　申请设立个人独资企业，应当由投资人或者其委托的代理人向个人独资企业所在地的登记机关提交设立申请书、投资人身份证明、生产经营场所使用证明等文件。委托代理人申请设立登记时，应当出具投资人的委托书和代理人的合法证明。

个人独资企业不得从事法律、行政法规禁止经营的业务；从事法律、行政法规规定须报经有关部门审批的业务，应当在申请设立登记时提交有关部门的批准文件。

第十条　个人独资企业设立申请书应当载明下列事项：

（一）企业的名称和住所；

（二）投资人的姓名和居所；

（三）投资人的出资额和出资方式；

（四）经营范围。

第十一条　个人独资企业的名称应当与其责任形式及从事的营业相符合。

第十二条　登记机关应当在收到设立申请文件之日起十五日内，对符合本法规定条件的，予以登记，发给营业执照；对不符合本法规定条件的，不予登记，并应当给予书面答复，说明理由。

第十三条　个人独资企业的营业执照的签发日期，为个人独资企业成立日期。

在领取个人独资企业营业执照前，投资人不得以个人独资企业名义从事经营活动。

第十四条　个人独资企业设立分支机构，应当由投资人或者其委托的代理人向分支机构所在地的登记机关申请登记，领取营业执照。

分支机构经核准登记后，应将登记情况报该分支机构隶属的个人独资企业的登记机关备案。

分支机构的民事责任由设立该分支机构的个人独资企业承担。

第十五条　个人独资企业存续期间登记事项发生变更的，应当在作出变更决定之日起的十五日内依法向登记机关申请办理变更登记。

第三章　个人独资企业的投资人及事务管理

第十六条　法律、行政法规禁止从事营利性活动的人，不得作为投资人申请设立个人独资企业。

第十七条　个人独资企业投资人对本企业的财产依法享有所有

权，其有关权利可以依法进行转让或继承。

第十八条　个人独资企业投资人在申请企业设立登记时明确以其家庭共有财产作为个人出资的，应当依法以家庭共有财产对企业债务承担无限责任。

第十九条　个人独资企业投资人可以自行管理企业事务，也可以委托或者聘用其他具有民事行为能力的人负责企业的事务管理。

投资人委托或者聘用他人管理个人独资企业事务，应当与受托人或者被聘用的人签订书面合同，明确委托的具体内容和授予的权利范围。

受托人或者被聘用的人员应当履行诚信、勤勉义务，按照与投资人签订的合同负责个人独资企业的事务管理。

投资人对受托人或者被聘用的人员职权的限制，不得对抗善意第三人。

第二十条　投资人委托或者聘用的管理个人独资企业事务的人员不得有下列行为：

（一）利用职务上的便利，索取或者收受贿赂；

（二）利用职务或者工作上的便利侵占企业财产；

（三）挪用企业的资金归个人使用或者借贷给他人；

（四）擅自将企业资金以个人名义或者以他人名义开立帐户储存；

（五）擅自以企业财产提供担保；

（六）未经投资人同意，从事与本企业相竞争的业务；

（七）未经投资人同意，同本企业订立合同或者进行交易；

（八）未经投资人同意，擅自将企业商标或者其他知识产权转让给他人使用；

（九）泄露本企业的商业秘密；

（十）法律、行政法规禁止的其他行为。

第二十一条　个人独资企业应当依法设置会计帐簿，进行会计核算。

第二十二条　个人独资企业招用职工的，应当依法与职工签订劳动合同，保障职工的劳动安全，按时、足额发放职工工资。

第二十三条　个人独资企业应当按照国家规定参加社会保险，为职工缴纳社会保险费。

第二十四条　个人独资企业可以依法申请贷款、取得土地使用权，并享有法律、行政法规规定的其他权利。

第二十五条　任何单位和个人不得违反法律、行政法规的规定，以任何方式强制个人独资企业提供财力、物力、人力；对于违法强制提供财力、物力、人力的行为，个人独资企业有权拒绝。

第四章　个人独资企业的解散和清算

第二十六条　个人独资企业有下列情形之一时，应当解散：

（一）投资人决定解散；

（二）投资人死亡或者被宣告死亡，无继承人或者继承人决定放弃继承；

（三）被依法吊销营业执照；

（四）法律、行政法规规定的其他情形。

第二十七条　个人独资企业解散，由投资人自行清算或者由债权人申请人民法院指定清算人进行清算。

投资人自行清算的，应当在清算前十五日内书面通知债权人，无法通知的，应当予以公告。债权人应当在接到通知之日起三十日内，未接到通知的应当在公告之日起六十日内，向投资人申报其债权。

第二十八条　个人独资企业解散后，原投资人对个人独资企业存续期间的债务仍应承担偿还责任，但债权人在五年内未向债务人提出偿债请求的，该责任消灭。

第二十九条　个人独资企业解散的，财产应当按照下列顺序清偿：

（一）所欠职工工资和社会保险费用；

（二）所欠税款；

（三）其他债务。

第三十条　清算期间，个人独资企业不得开展与清算目的无关的经营活动。在按前条规定清偿债务前，投资人不得转移、隐匿财产。

第三十一条　个人独资企业财产不足以清偿债务的，投资人应当以其个人的其他财产予以清偿。

第三十二条　个人独资企业清算结束后，投资人或者人民法院指定的清算人应当编制清算报告，并于十五日内到登记机关办理注销登记。

第五章　法律责任

第三十三条　违反本法规定，提交虚假文件或采取其他欺骗手段，取得企业登记的，责令改正，处以五千元以下的罚款；情节严重的，并处吊销营业执照。

第三十四条　违反本法规定，个人独资企业使用的名称与其在登记机关登记的名称不相符合的，责令限期改正，处以二千元以下的罚款。

第三十五条　涂改、出租、转让营业执照的，责令改正，没收违法所得，处以三千元以下的罚款；情节严重的，吊销营业执照。

伪造营业执照的，责令停业，没收违法所得，处以五千元以下的罚款。构成犯罪的，依法追究刑事责任。

第三十六条　个人独资企业成立后无正当理由超过六个月未开业的，或者开业后自行停业连续六个月以上的，吊销营业执照。

第三十七条　违反本法规定，未领取营业执照，以个人独资企业名义从事经营活动的，责令停止经营活动，处以三千元以下的罚款。

个人独资企业登记事项发生变更时，未按本法规定办理有关变更登记的，责令限期办理变更登记；逾期不办理的，处以二千元以下的罚款。

第三十八条　投资人委托或者聘用的人员管理个人独资企业事务时违反双方订立的合同，给投资人造成损害的，承担民事赔偿责任。

第三十九条　个人独资企业违反本法规定，侵犯职工合法权益，未保障职工劳动安全，不缴纳社会保险费用的，按照有关法律、行政法规予以处罚，并追究有关责任人员的责任。

第四十条　投资人委托或者聘用的人员违反本法第二十条规定，侵犯个人独资企业财产权益的，责令退还侵占的财产；给企业造成损失的，依法承担赔偿责任；有违法所得的，没收违法所得；构成犯罪的，依法追究刑事责任。

第四十一条　违反法律、行政法规的规定强制个人独资企业提供财力、物力、人力的，按照有关法律、行政法规予以处罚，并追究有关责任人员的责任。

第四十二条　个人独资企业及其投资人在清算前或清算期间隐匿或转移财产，逃避债务的，依法追回其财产，并按照有关规定予以处罚；构成犯罪的，依法追究刑事责任。

第四十三条　投资人违反本法规定，应当承担民事赔偿责任和缴纳罚款、罚金，其财产不足以支付的，或者被判处没收财产的，应当先承担民事赔偿责任。

第四十四条　登记机关对不符合本法规定条件的个人独资企业予以登记，或者对符合本法规定条件的企业不予登记的，对直接责任人员依法给予行政处分；构成犯罪的，依法追究刑事责任。

第四十五条　登记机关的上级部门的有关主管人员强令登记机关对不符合本法规定条件的企业予以登记，或者对符合本法规定条件的企业不予登记的，或者对登记机关的违法登记行为进行包庇的，对直接责任人员依法给予行政处分；构成犯罪的，依法追究刑事责任。

第四十六条　登记机关对符合法定条件的申请不予登记或者超过法定时限不予答复的，当事人可依法申请行政复议或提起行政诉讼。

第六章　附则

第四十七条　外商独资企业不适用本法。

第四十八条　本法自 2000 年 1 月 1 日起施行。

企业国有资产监督管理暂行条例[1]

（2003年5月27日中华人民共和国国务院令第378号公布 根据2011年1月8日《国务院关于废止和修改部分行政法规的决定》第一次修订 根据2019年3月2日《国务院关于修改部分行政法规的决定》第二次修订）

第一章 总则

第一条 为建立适应社会主义市场经济需要的国有资产监督管理体制，进一步搞好国有企业，推动国有经济布局和结构的战略性调整，发展和壮大国有经济，实现国有资产保值增值，制定本条例。

第二条 国有及国有控股企业、国有参股企业中的国有资产的监督管理，适用本条例。

金融机构中的国有资产的监督管理，不适用本条例。

第三条 本条例所称企业国有资产，是指国家对企业各种形式的投资和投资所形成的权益，以及依法认定为国家所有的其他权益。

第四条 企业国有资产属于国家所有。国家实行由国务院和地方人民政府分别代表国家履行出资人职责，享有所有者权益，权利、义务和责任相统一，管资产和管人、管事相结合的国有资产管理体制。

第五条 国务院代表国家对关系国民经济命脉和国家安全的大

---

[1] 《企业国有资产监督管理暂行条例》，中国政府网，2008年3月28日。

型国有及国有控股、国有参股企业，重要基础设施和重要自然资源等领域的国有及国有控股、国有参股企业，履行出资人职责。国务院履行出资人职责的企业，由国务院确定、公布。

省、自治区、直辖市人民政府和设区的市、自治州级人民政府分别代表国家对由国务院履行出资人职责以外的国有及国有控股、国有参股企业，履行出资人职责。其中，省、自治区、直辖市人民政府履行出资人职责的国有及国有控股、国有参股企业，由省、自治区、直辖市人民政府确定、公布，并报国务院国有资产监督管理机构备案；其他由设区的市、自治州级人民政府履行出资人职责的国有及国有控股、国有参股企业，由设区的市、自治州级人民政府确定、公布，并报省、自治区、直辖市人民政府国有资产监督管理机构备案。

国务院，省、自治区、直辖市人民政府，设区的市、自治州级人民政府履行出资人职责的企业，以下统称所出资企业。

第六条　国务院，省、自治区、直辖市人民政府，设区的市、自治州级人民政府，分别设立国有资产监督管理机构。国有资产监督管理机构根据授权，依法履行出资人职责，依法对企业国有资产进行监督管理。

企业国有资产较少的设区的市、自治州，经省、自治区、直辖市人民政府批准，可以不单独设立国有资产监督管理机构。

第七条　各级人民政府应当严格执行国有资产管理法律、法规，坚持政府的社会公共管理职能与国有资产出资人职能分开，坚持政企分开，实行所有权与经营权分离。

国有资产监督管理机构不行使政府的社会公共管理职能，政府其他机构、部门不履行企业国有资产出资人职责。

第八条　国有资产监督管理机构应当依照本条例和其他有关法律、行政法规的规定，建立健全内部监督制度，严格执行法律、行政法规。

第九条　发生战争、严重自然灾害或者其他重大、紧急情况时，国家可以依法统一调用、处置企业国有资产。

第十条　所出资企业及其投资设立的企业，享有有关法律、行政法规规定的企业经营自主权。

国有资产监督管理机构应当支持企业依法自主经营，除履行出资人职责以外，不得干预企业的生产经营活动。

第十一条　所出资企业应当努力提高经济效益，对其经营管理的企业国有资产承担保值增值责任。

所出资企业应当接受国有资产监督管理机构依法实施的监督管理，不得损害企业国有资产所有者和其他出资人的合法权益。

第二章　国有资产监督管理机构

第十二条　国务院国有资产监督管理机构是代表国务院履行出资人职责、负责监督管理企业国有资产的直属特设机构。

省、自治区、直辖市人民政府国有资产监督管理机构，设区的市、自治州级人民政府国有资产监督管理机构是代表本级政府履行出资人职责、负责监督管理企业国有资产的直属特设机构。

上级政府国有资产监督管理机构依法对下级政府的国有资产监督管理工作进行指导和监督。

第十三条　国有资产监督管理机构的主要职责是：

（一）依照《中华人民共和国公司法》等法律、法规，对所出资企业履行出资人职责，维护所有者权益；

（二）指导推进国有及国有控股企业的改革和重组；

（三）依照规定向所出资企业委派监事；

（四）依照法定程序对所出资企业的企业负责人进行任免、考核，并根据考核结果对其进行奖惩；

（五）通过统计、稽核等方式对企业国有资产的保值增值情况进行监管；

（六）履行出资人的其他职责和承办本级政府交办的其他事项。

国务院国有资产监督管理机构除前款规定职责外，可以制定企业国有资产监督管理的规章、制度。

第十四条　国有资产监督管理机构的主要义务是：

（一）推进国有资产合理流动和优化配置，推动国有经济布局和结构的调整；

（二）保持和提高关系国民经济命脉和国家安全领域国有经济的控制力和竞争力，提高国有经济的整体素质；

（三）探索有效的企业国有资产经营体制和方式，加强企业国有资产监督管理工作，促进企业国有资产保值增值，防止企业国有资产流失；

（四）指导和促进国有及国有控股企业建立现代企业制度，完善法人治理结构，推进管理现代化；

（五）尊重、维护国有及国有控股企业经营自主权，依法维护企业合法权益，促进企业依法经营管理，增强企业竞争力；

（六）指导和协调解决国有及国有控股企业改革与发展中的困难和问题。

第十五条　国有资产监督管理机构应当向本级政府报告企业国有资产监督管理工作、国有资产保值增值状况和其他重大事项。

第三章　企业负责人管理

第十六条　国有资产监督管理机构应当建立健全适应现代企业制度要求的企业负责人的选用机制和激励约束机制。

第十七条　国有资产监督管理机构依照有关规定，任免或者建议任免所出资企业的企业负责人：

（一）任免国有独资企业的总经理、副总经理、总会计师及其他企业负责人；

（二）任免国有独资公司的董事长、副董事长、董事，并向其提出总经理、副总经理、总会计师等的任免建议；

（三）依照公司章程，提出向国有控股的公司派出的董事、监事人选，推荐国有控股的公司的董事长、副董事长和监事会主席人选，并向其提出总经理、副总经理、总会计师人选的建议；

（四）依照公司章程，提出向国有参股的公司派出的董事、监事人选。

国务院，省、自治区、直辖市人民政府，设区的市、自治州级人民政府，对所出资企业的企业负责人的任免另有规定的，按照有关规定执行。

第十八条　国有资产监督管理机构应当建立企业负责人经营业绩考核制度，与其任命的企业负责人签订业绩合同，根据业绩合同对企业负责人进行年度考核和任期考核。

第十九条　国有资产监督管理机构应当依照有关规定，确定所出资企业中的国有独资企业、国有独资公司的企业负责人的薪酬；依据考核结果，决定其向所出资企业派出的企业负责人的奖惩。

第四章　企业重大事项管理

第二十条　国有资产监督管理机构负责指导国有及国有控股企业建立现代企业制度，审核批准其所出资企业中的国有独资企业、国有独资公司的重组、股份制改造方案和所出资企业中的国有独资公司的章程。

第二十一条　国有资产监督管理机构依照法定程序决定其所出资企业中的国有独资企业、国有独资公司的分立、合并、破产、解散、增减资本、发行公司债券等重大事项。其中，重要的国有独资企业、国有独资公司分立、合并、破产、解散的，应当由国有资产监督管理机构审核后，报本级人民政府批准。

国有资产监督管理机构依照法定程序审核、决定国防科技工业领域其所出资企业中的国有独资企业、国有独资公司的有关重大事项时，按照国家有关法律、规定执行。

第二十二条　国有资产监督管理机构依照公司法的规定，派出股东代表、董事，参加国有控股的公司、国有参股的公司的股东会、董事会。

国有控股的公司、国有参股的公司的股东会、董事会决定公司的分立、合并、破产、解散、增减资本、发行公司债券、任免企业负责人等重大事项时，国有资产监督管理机构派出的股东代表、董事，应当按照国有资产监督管理机构的指示发表意见、行使表决权。

国有资产监督管理机构派出的股东代表、董事，应当将其履行职责的有关情况及时向国有资产监督管理机构报告。

第二十三条　国有资产监督管理机构决定其所出资企业的国有股权转让。其中，转让全部国有股权或者转让部分国有股权致使国家不再拥有控股地位的，报本级人民政府批准。

第二十四条　所出资企业投资设立的重要子企业的重大事项，需由所出资企业报国有资产监督管理机构批准的，管理办法由国务院国有资产监督管理机构另行制定，报国务院批准。

第二十五条　国有资产监督管理机构依照国家有关规定组织协调所出资企业中的国有独资企业、国有独资公司的兼并破产工作，并配合有关部门做好企业下岗职工安置等工作。

第二十六条　国有资产监督管理机构依照国家有关规定拟订所出资企业收入分配制度改革的指导意见，调控所出资企业工资分配的总体水平。

第二十七条　国有资产监督管理机构可以对所出资企业中具备条件的国有独资企业、国有独资公司进行国有资产授权经营。

被授权的国有独资企业、国有独资公司对其全资、控股、参股企业中国家投资形成的国有资产依法进行经营、管理和监督。

第二十八条　被授权的国有独资企业、国有独资公司应当建立和完善规范的现代企业制度，并承担企业国有资产的保值增值责任。

第五章　企业国有资产管理

第二十九条　国有资产监督管理机构依照国家有关规定，负责企业国有资产的产权界定、产权登记、资产评估监管、清产核资、资产统计、综合评价等基础管理工作。

国有资产监督管理机构协调其所出资企业之间的企业国有资产产权纠纷。

第三十条　国有资产监督管理机构应当建立企业国有资产产权交易监督管理制度，加强企业国有资产产权交易的监督管理，促进企业国有资产的合理流动，防止企业国有资产流失。

第三十一条　国有资产监督管理机构对其所出资企业的企业国有资产收益依法履行出资人职责；对其所出资企业的重大投融资规划、发展战略和规划，依照国家发展规划和产业政策履行出资人职责。

第三十二条　所出资企业中的国有独资企业、国有独资公司的重大资产处置，需由国有资产监督管理机构批准的，依照有关规定执行。

第六章　企业国有资产监督

第三十三条　国有资产监督管理机构依法对所出资企业财务进行监督，建立和完善国有资产保值增值指标体系，维护国有资产出资人的权益。

第三十四条　国有及国有控股企业应当加强内部监督和风险控制，依照国家有关规定建立健全财务、审计、企业法律顾问和职工民主监督等制度。

第三十五条　所出资企业中的国有独资企业、国有独资公司应当按照规定定期向国有资产监督管理机构报告财务状况、生产经营状况和国有资产保值增值状况。

第七章　法律责任

第三十六条　国有资产监督管理机构不按规定任免或者建议任免所出资企业的企业负责人，或者违法干预所出资企业的生产经营活动，侵犯其合法权益，造成企业国有资产损失或者其他严重后果的，对直接负责的主管人员和其他直接责任人员依法给予行政处分；构成犯罪的，依法追究刑事责任。

第三十七条　所出资企业中的国有独资企业、国有独资公司未按照规定向国有资产监督管理机构报告财务状况、生产经营状况和国有资产保值增值状况的，予以警告；情节严重的，对直接负责的主管人员和其他直接责任人员依法给予纪律处分。

第三十八条　国有及国有控股企业的企业负责人滥用职权、玩忽职守，造成企业国有资产损失的，应负赔偿责任，并对其依法给予纪律处分；构成犯罪的，依法追究刑事责任。

第三十九条　对企业国有资产损失负有责任受到撤职以上纪律处分的国有及国有控股企业的企业负责人，5年内不得担任任何国有及国有控股企业的企业负责人；造成企业国有资产重大损失或者被判处刑罚的，终身不得担任任何国有及国有控股企业的企业负责人。

第八章　附则

第四十条　国有及国有控股企业、国有参股企业的组织形式、组织机构、权利和义务等，依照《中华人民共和国公司法》等法律、行政法规和本条例的规定执行。

第四十一条　国有及国有控股企业、国有参股企业中中国共产党基层组织建设、社会主义精神文明建设和党风廉政建设，依照《中国共产党章程》和有关规定执行。

国有及国有控股企业、国有参股企业中工会组织依照《中华人民共和国工会法》和《中国工会章程》的有关规定执行。

第四十二条　国务院国有资产监督管理机构，省、自治区、直辖市人民政府可以依据本条例制定实施办法。

第四十三条　本条例施行前制定的有关企业国有资产监督管理的行政法规与本条例不一致的，依照本条例的规定执行。

第四十四条　政企尚未分开的单位，应当按照国务院的规定，加快改革，实现政企分开。政企分开后的企业，由国有资产监督管理机构依法履行出资人职责，依法对企业国有资产进行监督管理。

第四十五条　本条例自公布之日起施行。

个体工商户条例[①]

（2011年3月30日国务院第149次常务会议通过 2011年4月16日中华人民共和国国务院令第596号公布 自2011年11月1日起施行 根据2014年2月19日中华人民共和国国务院令第648号公布的《国务院关于废止和修改部分行政法规的决定》第一次修订 根据2016年2月6日中华人民共和国国务院令第666号公布的《国务院关于修改部分行政法规的决定》第二次修订）

第一条 为了保护个体工商户的合法权益，鼓励、支持和引导个体工商户健康发展，加强对个体工商户的监督、管理，发挥其在经济社会发展和扩大就业中的重要作用，制定本条例。

第二条 有经营能力的公民，依照本条例规定经工商行政管理部门登记，从事工商业经营的，为个体工商户。

个体工商户可以个人经营，也可以家庭经营。

个体工商户的合法权益受法律保护，任何单位和个人不得侵害。

第三条 县、自治县、不设区的市、市辖区工商行政管理部门为个体工商户的登记机关（以下简称登记机关）。登记机关按照国务院工商行政管理部门的规定，可以委托其下属工商行政管理所办理个体工商户登记。

第四条 国家对个体工商户实行市场平等准入、公平待遇的原则。

[①] 《个体工商户条例》，中国政府网，2016年12月9日。

申请办理个体工商户登记，申请登记的经营范围不属于法律、行政法规禁止进入的行业的，登记机关应当依法予以登记。

第五条　工商行政管理部门和县级以上人民政府其他有关部门应当依法对个体工商户实行监督和管理。

个体工商户从事经营活动，应当遵守法律、法规，遵守社会公德、商业道德，诚实守信，接受政府及其有关部门依法实施的监督。

第六条　地方各级人民政府和县级以上人民政府有关部门应当采取措施，在经营场所、创业和职业技能培训、职业技能鉴定、技术创新、参加社会保险等方面，为个体工商户提供支持、便利和信息咨询等服务。

第七条　依法成立的个体劳动者协会在工商行政管理部门指导下，为个体工商户提供服务，维护个体工商户合法权益，引导个体工商户诚信自律。

个体工商户自愿加入个体劳动者协会。

第八条　申请登记为个体工商户，应当向经营场所所在地登记机关申请注册登记。申请人应当提交登记申请书、身份证明和经营场所证明。

个体工商户登记事项包括经营者姓名和住所、组成形式、经营范围、经营场所。个体工商户使用名称的，名称作为登记事项。

第九条　登记机关对申请材料依法审查后，按照下列规定办理：

（一）申请材料齐全、符合法定形式的，当场予以登记；申请材料不齐全或者不符合法定形式要求的，当场告知申请人需要补正的全部内容；

（二）需要对申请材料的实质性内容进行核实的，依法进行核查，并自受理申请之日起 15 日内作出是否予以登记的决定；

（三）不符合个体工商户登记条件的，不予登记并书面告知申请人，说明理由，告知申请人有权依法申请行政复议、提起行政诉讼。

予以注册登记的，登记机关应当自登记之日起 10 日内发给营业执照。

国家推行电子营业执照。电子营业执照与纸质营业执照具有同等法律效力。

第十条　个体工商户登记事项变更的，应当向登记机关申请办理变更登记。

个体工商户变更经营者的，应当在办理注销登记后，由新的经营者重新申请办理注册登记。家庭经营的个体工商户在家庭成员间变更经营者的，依照前款规定办理变更手续。

第十一条　申请注册登记或者变更登记的登记事项属于依法须取得行政许可的，应当向登记机关提交许可证明。

第十二条　个体工商户不再从事经营活动的，应当到登记机关办理注销登记。

第十三条　个体工商户应当于每年 1 月 1 日至 6 月 30 日，向登记机关报送年度报告。

个体工商户应当对其年度报告的真实性、合法性负责。

个体工商户年度报告办法由国务院工商行政管理部门制定。

第十四条　登记机关将未按照规定履行年度报告义务的个体工商户载入经营异常名录，并在企业信用信息公示系统上向社会公示。

第十五条　登记机关接收个体工商户年度报告和抽查不得收取任何费用。

第十六条　登记机关和有关行政机关应当在其政府网站和办公场所，以便于公众知晓的方式公布个体工商户申请登记和行政许可的条件、程序、期限、需要提交的全部材料目录和收费标准等事项。

登记机关和有关行政机关应当为申请人申请行政许可和办理登记提供指导和查询服务。

第十七条　个体工商户在领取营业执照后，应当依法办理税务登记。

个体工商户税务登记内容发生变化的，应当依法办理变更或者注销税务登记。

第十八条　任何部门和单位不得向个体工商户集资、摊派，不得强行要求个体工商户提供赞助或者接受有偿服务。

第十九条　地方各级人民政府应当将个体工商户所需生产经营场地纳入城乡建设规划，统筹安排。

个体工商户经批准使用的经营场地，任何单位和个人不得侵占。

第二十条　个体工商户可以凭营业执照及税务登记证明，依法在银行或者其他金融机构开立账户，申请贷款。

金融机构应当改进和完善金融服务，为个体工商户申请贷款提供便利。

第二十一条　个体工商户可以根据经营需要招用从业人员。

个体工商户应当依法与招用的从业人员订立劳动合同，履行法律、行政法规规定和合同约定的义务，不得侵害从业人员的合法权益。

第二十二条　个体工商户提交虚假材料骗取注册登记，或者伪造、涂改、出租、出借、转让营业执照的，由登记机关责令改正，处4000元以下的罚款；情节严重的，撤销注册登记或者吊销营业执照。

第二十三条　个体工商户登记事项变更，未办理变更登记的，由登记机关责令改正，处 1500 元以下的罚款；情节严重的，吊销营业执照。

个体工商户未办理税务登记的，由税务机关责令限期改正；逾期未改正的，经税务机关提请，由登记机关吊销营业执照。

第二十四条　在个体工商户营业执照有效期内，有关行政机关依法吊销、撤销个体工商户的行政许可，或者行政许可有效期届满的，应当自吊销、撤销行政许可或者行政许可有效期届满之日起 5 个工作日内通知登记机关，由登记机关撤销注册登记或者吊销营业执照，或者责令当事人依法办理变更登记。

第二十五条　工商行政管理部门以及其他有关部门应当加强个体工商户管理工作的信息交流，逐步建立个体工商户管理信息系统。

第二十六条　工商行政管理部门以及其他有关部门的工作人员，滥用职权、徇私舞弊、收受贿赂或者侵害个体工商户合法权益的，依法给予处分；构成犯罪的，依法追究刑事责任。

第二十七条　香港特别行政区、澳门特别行政区永久性居民中的中国公民，台湾地区居民可以按照国家有关规定，申请登记为个体工商户。

第二十八条　个体工商户申请转变为企业组织形式，符合法定条件的，登记机关和有关行政机关应当为其提供便利。

第二十九条　无固定经营场所摊贩的管理办法，由省、自治区、直辖市人民政府根据当地实际情况规定。

第三十条　本条例自 2011 年 11 月 1 日起施行。1987 年 8 月 5 日国务院发布的《城乡个体工商户管理暂行条例》同时废止。

报刊摘要

▼

关于我国社会主义所有制形式问题
（董辅礽，《经济研究》，1979 年 01 期）

本文从全民所有制的国家所有制形式和集体所有制的"政社合一"形式两个方面进行论述，认为我国的全民所有制形式和集体所有制形式都存在不少问题，都有许多不完善的方面，它们限制了生产力的迅速发展，需要变革。

论社会主义经济中计划与市场的关系
（刘国光、赵人伟，《经济研究》，1979 年 05 期）

本文从社会主义经济中计划和市场相结合的必然性、社会主义计划经济条件下如何利用市场、在利用市场机制的条件下加强经济发展的计划性等多角度进行分析，并指出社会主义经济中的计划与市场的关系问题，涉及社会主义经济管理的各个方面，它的解决不可能是一蹴而就的，而需要一定的条件，要通过一定的步骤。计划与市场关系的正确处理，只有通过调整、整顿和改革的过程才能逐步实现。

企业本位论

（蒋一苇，《中国社会科学》，1980 年 01 期）

本文论证了社会主义经济的基本单位仍然应当是具有独立性的企业；而且，企业必须是一个个能动的有机体，在国家计划的指导下，按照市场供求情况，对劳动力、劳动手段和劳动对象可以自行增减、选择，具有独立经营、自主发展的条件；在局部利益服从整体利益、眼前利益服从长远利益的原则下，企业应当具有各自的经济利益；国家与企业的关系应是经济利益的关系，国家对企业的领导应采取经济手段。这样做不但不违背社会主义原则，而且能更好地体现社会主义原则。

阳关道与独木桥——试谈包产到户的由来、利弊、性质和前景

（吴象，《人民日报》，1980 年 11 月 5 日）

自从生产资料所有制的社会主义改造基本完成以来，我们长期以来一直认为，我国的经济结构问题已经完全解决了，就是两种社会主义公有制并存，全民所有制只需要一个模式，集体所有制也只需要一个模式。这显然不符合我国生产力发展的实际情况。这种认识不

但不能发挥社会主义的优越性，而且破坏社会主义的优越性。没有高度发展的商品生产，就没有社会化大生产，而社会主义是建立在社会化大生产高度发展的基础上的。我们应该打破框框，解放思想，大胆探索，在生产资料公有制占绝对优势的前提下，允许一定数量的其他补充成分，采取多种多样的经营形式，开展竞争，发展商品经济。

以价格体制的改革为中心，带动整个经济体制的改革

（张维迎，国务院技术经济研究中心能源组

《专家建议》（三），1984年6月）

中国经济体制改革的基本目标应该是：通过改革，把计划建立在价值规律的基础上。导入市场机制，建立一个具有自动调节功能的计划经济的新体制，以保证经济系统在正常的轨道上正常地运行。价格改革是经济体制改革的中心环节，不改革现行的价格制度，就解不开旧体制的纽结点，整个改革就不能顺利进行。价格改革的核心是改变价格形成机制而不是调整价格，有计划地放活价格管制，逐步形成灵活反映市场供求关系的平衡的价格体系，以充分发挥价格在计划经济中的功能作用。

论我国价格体系改革方向及其有关的模型方法

（周小川、楼继伟，《经济研究》，1984年10期）

衡量价格体系优良的标准应是，在国民收入分配基本合理的前

提下，使国民收入最大化，保证国民经济持续稳定地增长。我国现行价格体系所导致的短线制约、地方投资放行严重扭曲及结构演变迟缓等问题，比起苦乐不均来说，更严重地阻碍着国民经济的发展。从各种价格体系作用于经济活动的机制和对上述弊病的疗效的分析来看，逐步靠近供求价格体系才是出路。

关于社会主义制度下我国商品经济的再探索

（马洪，《经济研究》，1984 年 12 期）

党的十一届三中全会以来，我国实行对内搞活经济、对外开放的方针，并在经济体制方面进行了一系列改革。中央的正确决策，是符合我国国情的，是对我国社会主义经济的性质有了更加全面、更加深刻的认识的结果。社会主义经济之所以是大力发展商品生产和商品交换的计划经济，这是因为社会主义经济内涵地具有商品经济的属性，这一认识是对传统社会主义经济理论的重大突破。社会主义商品经济是建立在公有制基础上的、没有资本家参加的商品经济；社会主义商品经济是在全社会实行计划经济的前提下有计划地发展，而不是无政府状态的商品经济。

特区建设和沿海城市开放的几个问题

（马洪，《城市规划》，1985 年 02 期）

作者结合到深圳、珠海、汕头等特区，以及天津、河北、河南、山西等地的调查情况，探讨了特区之间、经济技术开发区与开放城市之间的关系，特区、开放城市与各自腹地的关系，让出必要的国内市场与适度保护民族工业的关系，老企业的技术改造与新上项目的关系等问题，认为在建设特区过程中，必须充分考虑每一个特区的特点和优势，避免重复引进、重复建设，以取得最大的社会经济效益。

论具有中国特色的价格改革道路

（华生等，《经济研究》，1985 年 02 期）

我国当前的价格改革不能仅是一个调的过程，也不能仅靠一个放的办法，而必须从我国当前的国情出发，从经济改革的实际出发，改、调、放结合，外改内调，以改促调，以改养调，因势利导，走出一条符合中国国情的价格改革道路。价格改革要有意识地破除各种行政干预和对非统配物资流通的价格管制，在解决基础工业品价格的同时，对供求平衡、选择性强的一般工业品的价格管理办法，可以步伐较大地进行改革，比较迅速地过渡到浮动价为主的价格形式。

改革：我们面临的挑战与选择
——城市经济体制改革调查综合报告

（中国经济体制改革研究所综合调查组，《经济研究》，
1985 年 11 期）

本报告概括了中国经济体制改革研究所今年若干调查的部分成果，结合全国综合情况，对经济体制改革的现状、问题和进一步改革的若干战略重点作一个概括性分析。从中国缺少市场机制作用的现实着眼，农村伊始，改革走了一条以简政放权为基本指导思想的路线，经过几年的努力，取得了重大成就。经济系统运行开始向市场方向倾斜，为改革向更深层次的市场突破，创造了比改革之初优越得多的基础。

关于体制改革总体规划的研究

（郭树清、楼继伟、刘吉瑞等，《经济研究参考资料》，1986 年 35 期）

本文首先讨论了体制改革的目标模式，包括计划与市场、微观经济活动、宏观经济的调节控制，认为经济体制改革的实质就是彻底承认我国经济的商品经济性质，建立一个计划与市场、宏观与微观相互独立有机统一的经济体制。其次讨论了经济体制改革过渡方法和阶段划分，认为应当分阶段推进经济体制改革任务，保持适度增长、同步调整结构、防止投资过散、统筹安排开放、兼顾效率就业、突出科技教育。最后讨论了经济体制改革第一阶段各项改革如

价格改革、税制改革、财政支出政策转变、金融体制改革等的实施步骤。

我国所有制改革的设想

（厉以宁，《人民日报》，1986年9月26日）

所有制改革是经济体制改革的关键。所有制改革是指突破传统的全民所有制形式，把传统的公有制改变为新型的公有制。家庭联产承包责任制是新型公有制，在城市中进行的所有制改革，将以建立越来越多的股份企业、合作企业作为重点。股份企业的社会主义国家参与制体现于对股份企业的政府控股，政府董事代表国家股份的利益。企业可以利用自己的利润留成在本企业投资入股，或对其他企业投资入股。

股份制是明确企业财产关系的最好形式

（厉以宁，《红旗》，1988年01期）

国营企业存在着双重所有制度，企业自己持有的财产的最终所有权仍归于国家。只要确认企业股的存在，那么一切国营企业在建成投产并有利润再投资的条件下，至少有两个股东；如果投资渠道是多元的，股东就在两个以上。于是企业财产关系就可以明确下来，企业也真正成为利益、责任、权利的主体。国营企业实行股份制的最大好处正在于此。

灰市场理论

(樊纲，《经济研究》，1988年08期)

所谓"灰市场"，是指现实中存在的那一类既不是按照国营商业流通的原则和方式进行的，也不是按照竞争市场的原则和方式进行的物品交易关系。对国营紧缺商品（既包括消费品，也包括生产资料产品）的批售权构成了"灰色交易权"。在互惠式灰市场（灰市交易买卖双方互能提供某种国营短缺商品）存在的情况下，整个经济被分割为两个部分：由灰市场构成的均衡局部和由经济其他部分构成的非均衡局部。灰市交易的存在使经济其他部分的短缺加重。

论作为资源配置方式的计划与市场

(吴敬琏，《中国社会科学》，1991年06期)

从马克思主义古典观念到列宁在新经济政策实践中的认识转变，从斯大林时代的理论僵化到社会主义各国引进市场机制、在经济体制改革上不断探索，根据"实践是检验真理的唯一标准"的原则，20世纪80年代中期，我国在处理计划与市场关系的问题上取得重大突破，两项重要结论得以确立并逐渐取得共识，一是社会主义经济是建立在公有制基础上的商品经济，二是经济的"计划性"完全有可能通过计划指导下的市场机制来保持。实践证明，一切较为发展的商品经济都必定要靠市场机制来配置稀缺资源，因而现代商品经济必然是市场经济。以市场配置为基础的商品经济运行方式是一种适合于社会化大生产、能够保证有效率地成长的经济体制，它的确立已成为不可逆转的历史趋势。

企业与银行关系的重建

（中国经济体制改革总体设计课题组，《改革》，1993 年 06 期）

企业过度负债经营与银行信贷周转缓慢、资产质量差是同一个问题在两个不同产业部门中的体现。作者认为，解决这一问题应当在适应和推动经济体制改革的基础上，找出一条无须财政增支，又能解除企业的过度债务负担，并能保证银行的资产质量等级的改革出路。

为什么要提出"劳动力市场"

（高尚全，《经济日报》，1993 年 11 月 19 日）

劳动力市场是生产要素市场也是市场体系的重要组成部分，只有理直气壮地提出劳动力市场，才能加快建立社会主义市场经济体制。确立劳动力市场的概念是建立社会主义市场经济体制的内在要求，只有劳动力进入市场，劳动者的素质、劳动者的价值得到准确公正的评价，企业和劳动者才能在自愿基础上进行双向选择，从而促进劳动力资源以及整个社会资源的优化配置。确立劳动力市场的概念，并不影响工人阶级主人翁的地位。

中国各地区市场化相对进程报告

（樊纲、王小鲁、张立文、朱恒鹏，《经济研究》，2003 年 03 期）

该文章是对一项开拓性研究课题"中国各地区市场化进程相对指数"(简称"市场化指数")的分析报告。市场化指数由五个方面、23 个分指标为基础，用"主因素分析法"（Principal Component Analysis）为基本计量方法构造而成，其各分指标在指数中的权重，不依赖于"专家评分"等主观因素而定。这一指数的价值就在于它可以作为一个"制度变量"，在许多理论研究中作为解释体制变革在中国经济效绩的改进中的作用的有效工具，也可以在改革政策的分析中，被用来分析各地区差距、使各地区相互借鉴、加速改革进程的有效工具。

图书著作

▼

《中国社会主义经济问题研究》
（薛暮桥著，人民出版社 1979 年出版）

本书是改革开放以来第一本从中国经济建设实际出发，探索社会主义经济发展的理论著作。在分析问题的方法上，开始摆脱斯大林对社会主义经济问题中某些形而上学的思想束缚，分析了社会主义商品经济条件下经济运转的规律性，基本上反映了 20 世纪 80 年代初期中国经济理论界的学术观点进展。

《政治经济学社会主义部分探索（二）》
（于光远著，人民出版社 1981 年出版）

本书认为，在一个社会主义国家里，不同的历史时期最能促进生产力发展的生产关系，就是当时当地最优越的生产关系。同时，在一个社会主义国家的某一个时期，可能同时并存着几种不同的社会主义所有制。它们对不同的部门，对规模不同的经济组织，对生产力发展水平不同的地区以及其他各种不同的情况，可以各有其特有的优越性。

《论社会主义商品经济》

(卓炯著，广东人民出版社 1981 年出版)

本书收录了作者从 20 世纪 60 年代初到 80 年代初的论文三十篇，包括《论商品经济》《论社会分工在政治经济学中的重要地位》《试论社会主义的基本经济规律》等重要文章，是作者关于社会主义商品经济理论从提出到丰富和完善整个过程的代表作。其中，1961 年《论商品经济》等文章，是我国较早系统论述社会主义经济是"计划商品经济"等观点的重要论著，对我国市场经济体制改革的理论研究和政策实践产生了较为重要的影响。

《社会主义经济论稿》

(孙冶方著，人民出版社 1985 年出版)

本书是一本社会主义政治经济学图书，核心内容是系统地批判了传统的计划管理体制，以最小的费用取得最大的效果，强调利用价值规律来管理国民经济，提供经济核算，追求经济效果，把利润指标作为考核国营企业的主要指标。

图书著作

《中国农村经济改革》

（杜润生著，中国社会科学出版社1985年出版）

本书收录了作者自1980年9月至1984年12月这段时间的讲话、文章，包括《关于农业生产责任制》（1980年）、《实行生产责任制是为了完善社会主义合作制》（1981年）、《发展农村商品经济》（1981年）、《联产承包制是农村合作经济的新发展》（1982年）等共28篇。党的十一届三中全会以后，我国经济体制的改革，首先在农村铺开，主要是改革农村原来的合作经济体制，全面推行家庭联产承包责任制，并进而有步骤地改革农业计划管理体制和价格体系，促进农村产业结构调整。本书对农村经济改革的有关问题，作出了许多重要论述，对农村经济改革的理论和实践产生了重要而深远的影响。

《中国改革大思路》

（国家经济体制改革委员会综合规划司著，沈阳出版社1988年出版）

本书包括中国社会科学院、北京大学、中央党校、中国人民大学、吴敬琏课题组、国务院农研中心、原国家计委、上海课题组等八个单位的报告成果，是一场基层讨论、顶层设计的改革方案研究，描绘了后续改革的重要蓝图。这项研究凝聚了一大批经济学家、数百名经济理论和实际工作者的智慧和心血，体现了更广泛的代表性、更完整的理论性和更强的可操作性，对中国改革理论和实践产生了非常深远的影响。

《中国经济体制改革的模式研究》

（刘国光主编，中国社会科学出版社 1988 年出版）

本书全面阐述我国经济体制改革的目标模式、转换途径及现实道路，提出我国社会主义经济体制改革的总目标是"在计划指导下有宏观控制的市场（协调）模式"，采取渐进方式，由双重体制向目标模式转换的中心环节是增强企业活力，枢纽为完善市场体系，归宿是国家经济管理由以直接控制为主转向以间接控制为主。同时，该书还进一步探讨了经济改革与发展模式、经济环境、结构调整、对外开放、政治体制改革之间的辩证关系，对我国经济体制改革产生了重要影响。

《非均衡的中国经济》

（厉以宁著，经济日报出版社 1990 年出版）

本书提出我国经济的本质特征是非均衡。围绕这一特征，全书从政府、企业、市场三者的关系分析了资源配置、产业结构、制度创新和经济波动等紧迫问题，深入揭示了中国经济宏观和微观运行机制的特点，并探讨了以企业改革为中心，通过改革调整走出困境，实现顺利发展的途径。

图书著作

《论竞争性市场体制》

(吴敬琏、刘吉瑞著,中国财政经济出版社 1991 年出版)

本书在汲取新古典经济学资源配置理论和社会主义经济改革理论的精华、总结国内外尤其是我国经济改革前 10 年经验教训的基础上,系统地阐述了社会主义市场经济理论和体制转轨的策略原则,全面讨论了建立社会主义市场体制的问题,在经济学界产生了重大影响。

《市场经济总构想》

(曾国祥、彭森主编,改革出版社 1992 年出版)

本书第一次明确提出了"市场在社会资源配置中起基础性和决定性作用"。该著作系统论述了社会主义市场经济的基本内涵、本质要求、基本框架、产权关系、证券市场、劳动力市场、财税体制、金融体制、货币政策、科技发展、法制建设等问题,探讨 20 世纪 90 年代改革的推进方式,提出社会主义市场经济体制为中国经济体制改革的目标模式,其基本内容包括现代企业制度,宏观经济管理制度,市场制度,政府经济管理机构,劳动就业、收入分配制度,社会保障,法律制度和监督制度。

《社会主义市场经济概论》

（高尚全著，上海远东出版社1994年出版）

本书坚持理论与实践相结合、逻辑过程与历史进程相统一的原则，首先用一定的篇幅叙述市场经济的产生和发展，分析市场经济的基本范畴和基本理论，阐明市场经济的运行机制和运行规律，为市场经济奠定了理论基础。在此基础上结合我国社会主义建设的实践，用较大篇幅分析我国从计划经济转变为市场经济的必然性，揭示市场经济与社会主义制度相结合而产生的社会主义市场经济的特点、运行机制和运行规律，并以建立和完善社会主义市场经济体制为目标全面阐述我国的经济体制改革。最后论述了市场经济国际化和全球化的必然趋势以及我国的全方位对外开放。

《新价格模式的建立与市场发育的关系》

（张卓元主编，经济管理出版社1996年出版）

本书在中国价格改革、价格模式转换和市场发育等已有研究成果的基础上，着重从价格改革和市场发育两者相互关系的角度，探讨了价格改革如何受到其他改革相对滞后的影响，特别是新的符合社会主义市场经济发展要求的价格模式的建立，如何受制于市场发育状况；分析了不断向前推进的价格改革如何有力推动市场发育，打破各种市场障碍，加速经济的市场化进程。基于前述研究，本书为中国价格改革和市场体系建设，为加快社会主义市场经济体制的建设进程，提供了基本的背景判断和政策建议。

图书著作

《中国社会主义初级阶段的经济》
（于光远著，广东经济出版社 1998 年出版）

本书重点阐述了社会主义初级阶段和社会主义发展阶段的一般问题，社会主义经济的基本特征，社会主义制度中的所有权和经营权，中国社会主义初级阶段的生产关系，社会主义初级阶段的社会主义所有制和经济体制改革，我国社会主义初级阶段改革的特点。

《论社会主义的企业模式》
（蒋一苇著，广东经济出版社 1998 年出版）

本书是一本专门讨论企业模式的著作，收录了作者从 1979 年起近十年研究的总结，勾画出企业与国家、企业与职工、企业与企业等基本关系，并强调了在自己的理论观点中大体分为"企业本位论""职工主体论""经济民主论"三大部分，其中，最终出发点和基础是"企业本位论"。本书提出的"社会主义企业模式""混合所有制"等概念及其分析论证，具有重要的理论意义和实践价值。

《中国改革 20 年规划总集：构筑社会主义市场经济的蓝图》
（彭森、郑定铨主编，改革出版社 1999 年出版）

本书收录了国家体改委及其前身——国务院负责体改工作的

两个办公室在 20 年（1979—1999 年）中制定的中长期改革规划 20 篇、年度改革实施要点 12 篇。这些规划方案大部分符合中国实际情况，切实可行，是已经实施并成为指导改革实践的理论、方针和政策；也有的是长远目标和总体设想，随着改革深化的进程，不断探索、检验和完善，分步骤得以实施；当然，还有一些设想囿于当时的理论和其他客观条件，不够成熟，没有付诸实践。本书所载的改革规划和方案，反映了理论与实践不断探索、发展的轨迹。

《薛暮桥经济文选》

（薛暮桥著，中国时代经济出版社 2010 年出版）

本书收录了薛暮桥有关社会经济的文章。其中，《深化改革，摆脱困境——给中央政治局常委的一封信》具有重要意义。1990 年，改革进入关键时期，保守思想回潮，将苏联和东欧剧变归因于改革开放。薛暮桥在 1990 年 7 月给中央政治局常委写了这封信，提出针锋相对的观点。他认为，当时企业乃至整个国民经济所发生的困难，都是不按商品经济的规律办事，保留"大锅饭""铁饭碗"制度造成的，并认为在我国人民对各项事业有一定承受能力，对党的经济政策能够理解和支持的基础上，应当抓住当时需求与供给比较接近的时机，推出以建立在商品经济基础上的计划管理体制为目的的综合改革。

图书著作

《中国经济中长期发展和转型》
（林重庚、迈克尔·斯宾塞编著，中信出版社 2011 年出版）

本书是一项关于中国经济中长期发展战略和"十二五"规划研究课题的成果汇总，分析了中国经济未来发展可能遇到的重要问题，例如增长方式转变、扩大内需、人口结构和劳动力市场变化、城市化和住房政策、地区差距和收入分配差距、养老保障体制建设、公共财政改革、中国在世界经济中的角色，等等。在此基础上，专家们就可供选择的应对策略或措施，提出了中肯的建议。

《中国改革开放四十年——回顾与思考（上、下）》
（高尚全著，人民出版社 2018 年出版）

本书按计划经济到商品经济的改革探索阶段、市场经济体制框架建立阶段、市场经济体制初步完善阶段和新时代的全面深化改革 4 个时间段，对我国改革开放 40 年来的成就、经验和教训进行了系统的回顾和梳理，从一个重要侧面展现和反映了我国改革开放 40 年的实践探索与理论成果。

重要文献索引

政策文件

《国务院关于实行"划分收支、分级包干"财政管理体制的通知》,《中华人民共和国国务院公报》,1980年01期。

《国务院关于切实加强信贷管理严格控制货币发行的决定》,《中华人民共和国国务院公报》,1981年02期。

《中共中央关于印发进一步加强和完善农业生产责任制的几个问题的通知》,《山西省人民政府公报》,1981年06期。

《国务院批转国家经济委员会、国务院体制改革办公室关于实行工业生产经济责任制若干问题的意见的通知》,《中华人民共和国国务院公报》,1981年24期。

《国务院关于中国人民银行专门行使中央银行职能的决定》,《中华人民共和国国务院公报》,1983年21期。

《国务院关于国营企业工资改革问题的通知》,《山西省人民政府公报》,1985年Z1期。

《中共中央、国务院关于进一步活跃农村经济的十项政策》,《中华人民共和国国务院公报》,1985年09期。

《国务院关于做好当前物价工作和稳定市场的紧急通知》,《中华人民共和国国务院公报》，1985年09期。

《国务院关于沿海地区发展外向型经济的若干补充规定》，《广西壮族自治区人民政府公报》，1988年05期。

《中共中央关于建立社会主义市场经济体制若干问题的决定》，人民出版社，1993年版。

《国务院关于加快粮食流通体制改革的通知》，《中华人民共和国国务院公报》，1993年03期。

《国务院关于实行分税制财政管理体制的决定》，《中华人民共和国国务院公报》，1993年30期。

《国务院关于金融体制改革的决定》，《中华人民共和国国务院公报》，1993年31期。

《国务院关于进一步改革外汇管理体制的通知》，载国家经济体制改革委员会编，《中国经济体制改革年鉴1994》，改革出版社，1994年版，第43-46页。

《国务院关于深化企业职工养老保险制度改革的通知》，《河北省人民政府公报》，1995年07期。

《关于严禁操纵证券市场行为的通知》，《中华人民共和国国务院公报》，1997年03期。

《国务院关于建立统一的企业职工基本养老保险制度的决定》，《中华人民共和国国务院公报》，1997年28期。

《国务院关于在全国建立城市居民最低生活保障制度的通知》，《中华人民共和国国务院公报》，1997年31期。

《国务院关于进一步深化城镇住房制度改革加快住房建设的通知》，《中华人民共和国国务院公报》，1998年17期。

《国务院关于建立城镇职工基本医疗保险制度的决定》，《中华人民共和国国务院公报》，1998 年 33 期。

《中共中央关于国有企业改革和发展若干重大问题的决定》，人民出版社，1999 年版。

《在京中央和国家机关进一步深化住房制度改革实施方案》，《城乡建设》，1999 年 10 期。

《国务院办公厅转发国务院体改办等部门关于城镇医药卫生体制改革指导意见的通知》，《湖南省人民政府公报》，2000 年 06 期。

《中共中央关于完善社会主义市场经济体制若干问题的决定》，人民出版社，2003 年版。

《关于规范国有企业改制工作的意见》，《福建省人民政府公报》，2004 年 04 期。

《国务院关于推进资本市场改革开放和稳定发展的若干意见》，《中华人民共和国国务院公报》，2004 年 09 期。

《国务院关于深化改革严格土地管理的决定》，《中华人民共和国国务院公报》，2004 年 35 期。

《国务院关于投资体制改革的决定》，《安徽省人民政府公报》，2005 年 04 期。

《国务院关于鼓励支持和引导个体私营等非公有制经济发展的若干意见》，《中华人民共和国国务院公报》，2005 年 10 期。

《国务院办公厅转发国资委关于推进国有资本调整和国有企业重组指导意见的通知》，《中华人民共和国国防科学技术工业委员会文告》，2006 年 07 期。

《国务院关于加强土地调控有关问题的通知》，《中华人民共和国国务院公报》，2006 年 30 期。

《国家发展改革委关于批准重庆市和成都市设立全国统筹城乡综合

配套改革试验区的通知》，国家发改委网站，2007年6月11日。

《国务院关于开展城镇居民基本医疗保险试点的指导意见》，《中华人民共和国国务院公报》，2007年24期。

《中共中央、国务院关于全面推进集体林权制度改革的意见》，人民出版社，2008年版。

《国务院办公厅关于当前金融促进经济发展的若干意见》，中国对外经济贸易文告，2008年79期。

《重庆市人民政府关于印发重庆市统筹城乡综合配套改革实验总体方案的通知》，《重庆市人民政府公报》，2009年13期。

《国务院关于进一步促进中小企业发展的若干意见》，《江西省人民政府公报》，2009年21期。

《财政部关于推进省直接管理县财政改革的意见》，《宁夏回族自治区人民政府公报》，2009年23期。

《关于进一步推进国有企业贯彻落实"三重一大"决策制度的意见》，人民出版社，2010年版。

《国务院关于坚决遏制部分城市房价过快上涨的通知》，《辽宁省人民政府公报》，2010年09期。

《国务院关于鼓励和引导民间投资健康发展的若干意见》，《宁夏回族自治区人民政府公报》，2010年17期。

《国务院关于进一步做好房地产市场调控工作有关问题的通知》，《辽宁省人民政府公报》，2011年03期。

《国务院关于开展城镇居民社会养老保险试点的指导意见》，《江西省人民政府公报》，2011年12期。

《国务院关于进一步支持小型微型企业健康发展的意见》，《中华人民共和国国务院公报》，2012年13期。

《关于广开就业门路，搞活经济，解决城镇就业问题的若干决定》，载中共中央文献研究室编，《三中全会以来重要文献选编》(下)，中央文献出版社，2011年版，第294–304页。

《关于印发〈关于国有企业改制重组中积极引入民间投资的指导意见〉的通知》，中国政府网，2012年5月25日。

《中共中央关于全面深化改革若干重大问题的决定》，人民出版社，2013年版。

《国家发展和改革委员会 财政部 水利部关于水资源费征收标准有关问题的通知》，《中华人民共和国水利部公报》，2013年01期。

《国务院关于印发"十三五"市场监管规划的通知》，中国政府网，2013年1月23日。

《国家发展改革委关于进一步完善成品油价格形成机制的通知》，国家发改委网站，2013年3月26日。

《国务院关于促进市场公平竞争维护市场正常秩序的若干意见》，人民出版社，2014年版。

《关于非公立医疗机构医疗服务实行市场调节价有关问题的通知》，国家发改委网站，2014年4月9日。

《中国人民银行关于人民币合格境内机构投资者境外证券投资有关事项的通知》，中国人民银行网站，2014年11月5日。

《国务院办公厅关于多措并举着力缓解企业融资成本高问题的指导意见》，《辽宁省人民政府公报》，2014年17期。

《中共中央、国务院关于推进价格机制改革的若干意见》，人民出版社，2015年版。

《中共中央、国务院关于深化国有企业改革的指导意见》，人民出版社，2015年版。

《国务院关于改革和完善国有资产管理体制的若干意见》，人民出版社，2015年版。

《国务院关于实行市场准入负面清单制度的意见》，人民出版社，2015年版。

《国务院关于清理规范税收等优惠政策的通知》，《辽宁省人民政府公报》，2015年01期。

《国务院办公厅关于加强和改进企业国有资产监督防止国有资产流失的意见》，《中华人民共和国国务院公报》，2015年32期。

《国务院办公厅关于推进农业水价综合改革的意见》，《中华人民共和国国务院公报》，2016年06期。

《国务院关于印发全面推开营改增试点后调整中央与地方增值税收入划分过渡方案的通知》，《中华人民共和国国务院公报》，2016年14期。

《国务院关于印发降低实体经济企业成本工作方案的通知》，《中华人民共和国国务院公报》，2016年25期。

《国务院关于推进中央与地方财政事权和支出责任划分改革的指导意见》，《中华人民共和国国务院公报》，2016年26期。

《国务院关于积极稳妥降低企业杠杆率的意见》，《中华人民共和国国务院公报》，2016年30期。

《中共中央、国务院关于进一步深化电力体制改革的若干意见》，载《中国电力年鉴》编辑委员会编，《中国电力年鉴2016》，中国电力出版社，2016年版，第553-556页。

《中共中央、国务院关于稳步推进农村集体产权制度改革的意见》，人民出版社，2017年版。

《中共中央、国务院关于营造企业家健康成长环境弘扬优秀企业家精神更好发挥企业家作用的意见》，人民出版社，2017年版。

《发展改革委、卫生计生委、人力资源社会保障部、财政部关于印发推进医疗服务价格改革意见的通知》,《中华人民共和国国务院公报》,2017 年 07 期。

《国务院办公厅关于进一步完善国有企业法人治理结构的指导意见》,《中华人民共和国国务院公报》,2017 年 14 期。

《国务院关于改革国有企业工资决定机制的意见》,《中华人民共和国国务院公报》,2018 年 06 期。

《关于深化混合所有制改革试点若干政策的意见》,中国政府网,2018 年 12 月 31 日。

《国务院办公厅关于保持基础设施领域补短板力度的指导意见》,《中华人民共和国国务院公报》,2018 年 32 期。

《关于营造更好发展环境支持民营企业改革发展的意见》,人民出版社,2019 年版。

《关于印发〈加快完善市场主体退出制度改革方案〉的通知》,中国政府网,2019 年 7 月 16 日。

《国务院办公厅关于在制定行政法规规章行政规范性文件过程中充分听取企业和行业协会商会意见的通知》,《中华人民共和国国务院公报》,2019 年 09 期。

《国家发展改革委关于建立健全企业家参与涉企政策制定机制的实施意见》,国家发改委网站,2019 年 9 月 17 日。

《国务院关于印发改革国有资本授权经营体制方案的通知》,《中华人民共和国国务院公报》,2019 年 13 期。

《中共中央、国务院关于新时代加快完善社会主义市场经济体制的意见》,人民出版社,2020 年版。

《关于支持民营企业加快改革发展与转型升级的实施意见》,中国政府网，2020年10月23日。

《中共中央、国务院关于构建更加完善的要素市场化配置体制机制的意见》，《中华人民共和国国务院公报》，2020年11期。

《国务院办公厅关于推进对外贸易创新发展的实施意见》，《中华人民共和国国务院公报》，2020年32期。

《中共中央、国务院关于完善产权保护制度依法保护产权的意见》，人民出版社，2021年版。

《中共中央办公厅、国务院办公厅印发〈建设高标准市场体系行动方案〉》，中国政府网，2021年1月31日。

《国务院关于进一步深化预算管理制度改革的意见》，《中华人民共和国国务院公报》，2021年12期。

法律规章

《国务院关于中外合营企业建设用地的暂行规定》，载《中国房地产市场年鉴》编委会编，《中国房地产市场年鉴（1996）》，中国计划出版社，1996年版，第653—654页。

《中外合资经营企业劳动管理规定》，《中华人民共和国国务院公报》，1980年10期。

《中外合资经营企业登记管理办法》，《中华人民共和国国务院公报》，1980年10期。

《中华人民共和国中外合资经营企业所得税法》，中国财政经济出版社，1981年版。

《国务院批转关于实行工业生产经济责任制若干问题的暂行规定的通知》，《中华人民共和国国务院公报》，1981年24期。

《国务院关于城镇集体所有制经济若干政策问题的暂行规定》，《中华人民共和国国务院公报》，1983 年 10 期。

《国务院关于深化企业改革增强企业活力的若干规定》，《四川省人民政府公报》，1987 年 01 期。

《城乡个体工商户管理暂行条例》，《中华人民共和国国务院公报》，1987 年 20 期。

《中华人民共和国全民所有制工业企业法》，法律出版社，1988 年版。

《全民所有制工业企业承包经营责任制暂行条例》，《中华人民共和国国务院公报》，1988 年 05 期。

《国务院关于鼓励投资开发海南岛的规定》，《中华人民共和国国务院公报》，1988 年 12 期。

《股票发行与交易管理暂行条例》，《中华人民共和国国务院公报》，1993 年 10 期。

《禁止证券欺诈行为暂行办法》，《中华人民共和国国务院公报》，1993 年 21 期。

《中华人民共和国土地增值税暂行条例》，《中华人民共和国国务院公报》，1993 年 29 期。

《中华人民共和国企业所得税暂行条例》，《中华人民共和国国务院公报》，1993 年 29 期。

《中华人民共和国资源税暂行条例》，《中华人民共和国国务院公报》，1993 年 29 期。

《中华人民共和国中国人民银行法》，中国法制出版社，1995 年版。

《关于发布〈证券投资基金管理暂行办法〉的通知》，《中华人民共和国国务院公报》，1997 年 35 期。

《中华人民共和国个人独资企业法》，中国法制出版社，1999 年版。

《中华人民共和国公司法》，中国法制出版社，2000 年版。

《中华人民共和国劳动法》，法律出版社，2000年版。

《证券公司管理办法》，《中国证券监督管理委员会公告》，2002年01期。

《企业国有资产监督管理暂行条例》，《河北省人民政府公报》，2003年07期。

《企业国有产权转让管理暂行办法》，《中华人民共和国国务院公报》，2004年27期。

《对外贸易经营者备案登记办法》，载中国对外贸易经济合作企业协会、《中国对外贸易经济合作企业年鉴》编委会编，《中国对外贸易经济合作企业年鉴（2004—2005）》，中国统计出版社，2005年版，第231-232页。

《中华人民共和国增值税暂行条例》，《中华人民共和国国务院公报》，2008年33期。

《中华人民共和国消费税暂行条例》，《中华人民共和国国务院公报》，2008年33期。

《中华人民共和国营业税暂行条例》，《中华人民共和国国务院公报》，2008年33期。

《个体工商户条例》，《辽宁省人民政府公报》，2011年13期。

《中华人民共和国中外合资经营企业法》，法律出版社，2016年版。

《中华人民共和国对外贸易法》，法律出版社，2016年版。

《严重违法失信企业名单管理暂行办法》，《中华人民共和国国务院公报》，2016年09期。

《中小企业促进法》，中国法制出版社，2017年版。

《反不正当竞争法》，中国法制出版社，2017年版。

《企业境外投资管理办法》，《中国对外经济贸易文告》，2017年78期。

《上市公司治理准则》，《中华人民共和国国务院公报》，2019年04期。

《优化营商环境条例》，《中国价格监管与反垄断》，2019年11期。

《中华人民共和国证券法》，人民出版社，2021年版。

报刊文章

孙尚清、陈吉元、张耳，《社会主义经济的计划性与市场性相结合的几个理论问题》，《经济研究》，1979年05期。

孙尚清、张卓元、陈吉元，《试评我国经济学界三十年来关于商品、价值问题的讨论》，《经济研究》，1979年10期。

杜润生，《农业生产责任制与农村经济体制改革》，《中共山西省委党校学报》，1981年03期。

吴敬琏，《计划与市场关系的讨论和我国经济体制的取向》，《改革》，1991年01期。

王梦奎，《关于产业政策、产业结构和经济体制》，《计划经济研究》，1991年S1期。

皇甫平，《做改革开放的带头羊》，《解放日报》，1991年2月15日。

皇甫平，《改革开放要有新思路》，《改革》，1991年03期。

皇甫平，《扩大开放的意识要更强些》，《改革》，1991年03期。

皇甫平，《改革开放需要大批德才兼备的干部》，《解放日报》，1991年4月12日。

于光远，《从市场经济和计划经济并存到以社会主义市场经济为主体的经济》，《经济体制改革》，1992年04期。

于光远，《改革后我国经济的主体应是社会主义的市场经济》，《经济社会体制比较》，1992年04期。

刘国光，《关于社会主义市场经济理论的几个问题》，《经济研究》，

1992 年 10 期。

张卓元,《中国经济改革理论三步曲:商品经济论、市场取向论、市场经济论》,《财贸经济》,1992 年 11 期。

于光远,《我的观点——股份制是我国社会主义所有制的主要形式》,《特区经济》,1993 年 01 期。

马凯,《关于建立社会主义市场价格体制的几个问题》,《财贸经济》,1993 年 01 期。

魏礼群,《加快计划和投资体制改革的契机、启示与思路》,《计划经济研究》,1993 年 09 期。

倪大奇,《邓小平关于社会主义市场经济思想发展的脉络》,《复旦大学学报（社会科学版）》,1994 年 01 期。

高尚全,《现代企业制度是社会主义市场经济的基本制度》,《改革》,1994 年 01 期。

王梦奎,《社会主义市场经济体制基本框架的五大支柱》,《马克思主义与现实》,1994 年 01 期。

王在清,《财政分税制改革》,《市场观察》,1994 年 09 期。

李晓西,《社会主义市场经济运行基础——市场体系的培育与发展》,《经济研究参考》,1994 年 50 期。

孙尚清、陈清泰、王仕元、邓鸿勋、杨启先、塞风、魏杰、陆百甫、张卓元、李琮、严瑞珍、杨纪珂,《中国市场经济新体制的完善与经济发展》,《管理世界》,1995 年 01 期。

谢旭人、王在清,《市场经济下国有资产监管体系构想》,《财政》,1995 年 02 期。

王梦奎,《社会主义市场经济论纲》,《中国社会科学》,1996 年 01 期。

陈锦华,《关于市场经济条件下政府的作用》,《经济改革与发展》,

1997 年 02 期。

高尚全,《调整和完善所有制结构是经济体制改革的重大任务》,《经济体制改革》,1997 年 05 期。

高尚全,《我国的所有制结构与经济体制改革》,《中国社会科学》,1998 年 01 期。

张卓元,《中国经济体制改革的总体回顾与展望》,《经济研究》,1998 年 03 期。

马凯,《中国价格改革 20 年的历史进程和基本经验》,《价格理论与实践》,1999 年 01 期。

吴敬琏,《二十年来中国的经济改革和经济发展》,《百年潮》,1999 年 11 期。

杨启先,《认真搞好民营经济发展 促进经济持续快速增长》,《经济纵横》,2000 年 10 期。

吴敬琏,《银行改革:当前中国金融改革的重中之重》,《世界经济文汇》,2002 年 04 期。

郑新立,《混合所有的股份制是公有制的主要实现形式》,《党建研究》,2003 年 11 期。

高尚全,《入世后我国的经济体制改革与结构调整》,《宏观经济研究》,2003 年 11 期。

杜润生,《中国农村的社会主义改造与经济体制改革》,《中国改革》,2003 年 12 期。

高尚全,《商品经济可以富中国——记〈中共中央关于经济体制改革的决定〉公布始末》,《农村工作通讯》,2005 年 04 期。

彭真怀,《论"非公经济 36 条"出台始末》,《瞭望新闻周刊》,2005 年 11 期。

张卓元，《深化改革，推进粗放型经济增长方式转变》,《经济研究》,2005年11期。

楼继伟,《社会主义市场经济条件下的财政职能》,《求是》,2006年17期。

杨启先,《中国国有企业改革的实践与深化产权改革》,《中国金融》,2007年01期。

《关于分配与所有制关系若干问题的思考》,《高校理论战线》,2007年10期。

陈锦华,《关于二十世纪九十年代确立社会主义市场经济体制和加强国家宏观调控问题有关情况的回顾》,《党的文献》,2008年04期。

魏礼群,《中国经济体制改革回顾与前瞻》,《国家行政学院学报》,2008年05期。

于光远,《背景与论题:对改革开放初期若干经济理论问题讨论的回顾》,《经济科学》,2008年06期。

刘国光,《回顾改革开放30年:计划与市场关系的变革》,《财贸经济》,2008年11期。

张卓元,《中国价格改革三十年:成效、历程与展望》,《经济纵横》,2008年12期。

高尚全,《参加起草中央关于经济体制改革的三个决定》,《百年潮》,2009年02期。

房维中,《总结经验教训 加快转变增长方式 完善社会主义市场经济体制》,《中国经贸导刊》,2009年15期。

高尚全,《市场经济条件下政府与市场的关系》,《中国经贸导刊》,2011年16期。

张卓元,《深刻理解"高水平社会主义市场经济体制"》,《经济日报》，2012年12期。

郑新立，《政府和市场的关系：经济体制改革的核心问题》，《求是》，2013年02期。

陈锦华，《1990年至1992年酝酿和确立社会主义市场经济体制有关情况的回顾》，《百年潮》，2013年09期。

王梦奎，《社会主义市场经济体制的首个总体设计》，《经济日报》，2013年11月7日。

刘世锦，《"新常态"下如何处理好政府与市场的关系》，《求是》，2014年18期。

《七问供给侧结构性改革——权威人士谈当前经济怎么看怎么干》，《人民日报》，2016年1月4日。

《开局首季问大势——权威人士谈当前中国经济》，《人民日报》，2016年5月9日。

李晓西、林永生，《改革开放40年的中国市场经济发展》，《全球化》，2017年07期。

高尚全，《亲历社会主义市场经济体制的建立》，《紫光阁》，2018年07期。

郑新立，《构建更加系统完备成熟定型的高水平社会主义市场经济体制》，《中国党政干部论坛》，2020年10期。

图书著作

薛暮桥著，《中国经济体制改革的模式研究》，人民出版社，1979年版。

于光远著，《政治经济学社会主义部分探索（二）》，人民出版社，1981年版。

卓炯著，《论社会主义商品经济》，广东人民出版社，1981年版。

孙冶方著，《社会主义经济论稿》，人民出版社，1985年版。

杜润生著，《中国农村经济改革》，中国社会科学出版社，1985年版。

国家经济体制改革委员会综合规划司编，《中国改革大思路》，沈阳出版社，1988年版。

刘国光主编，《中国经济体制改革的模式研究》，中国社会科学出版社，1988年版。

厉以宁著，《非均衡的中国经济》，经济日报出版社，1990年版。

吴敬琏、刘吉瑞主编，《论竞争性市场体制》，中国财政经济出版社，1991年版。

曾国祥、彭森主编，《市场经济总构想》，改革出版社，1992年版。

高尚全著，《中国经济制度的创新：从计划经济走向社会主义市场经济》，人民出版社，1993年版。

马洪、孙尚清主编，《市场经济与经济计划》，经济科学出版社，1993年版。

项怀诚等编著，《中国：市场经济与宏观调控》，中国财政经济出版社，1993年版。

高尚全著，《社会主义市场经济概论》，上海远东出版社，1994年版。

林兆木编著，《市场经济体制宏观调控的国际比较》，中国经济出版社，1994年版。

魏礼群主编,《社会主义市场经济与计划模式改革》,中国计划出版社,1994年版。

张卓元主编,《新价格模式的建立与市场发育的关系》,经济管理出版社,1996年版。

于光远著,《中国社会主义初级阶段的经济》,广东经济出版社,1998年版。

蒋一苇著,《论社会主义的企业模式》,广东经济出版社,1998年版。

郭树清主编,《走向市场经济的投融资体制》,改革出版社,1998年版。

彭森、郑定铨主编,《中国改革20年规划总集:构筑社会主义市场经济的蓝图》,改革出版社,1999年版。

王梦奎主编,《回顾和前瞻:走向市场经济的中国》,中国经济出版社,2003年版。

马凯主编,《计划经济体制向社会主义市场经济体制转轨》,人民出版社,2004年版。

陈锦华、江春泽等著,《论社会主义与市场经济兼容》,人民出版社,2005年版。

彭森等著,《中国经济体制改革重大事件》,中国人民大学出版社,2008年版。

薛暮桥著,《薛暮桥经济文选》,中国时代经济出版社,2010年版。

林重庚、迈克尔·斯宾塞编著,《中国经济中长期发展和转型》,中信出版社,2011年版。

高尚全著,《中国改革开放四十年——回顾与思考(上、下)》,

人民出版社，2018年版。

国家发展改革委宏观经济研究院市场与价格研究所著，《中国经济发展系列丛书:市场决定的伟大历程：中国社会主义市场经济的执着探索与锐意创新》，人民出版社，2018年版。

国务院发展研究中心市场经济研究所著，《改革开放40年：市场体系建立、发展与展望》，中国发展出版社，2019年版。

厉以宁著，《股份制与现代市场经济》，商务印书馆，2020年版。

张卓元、胡家勇、万军著，《完善社会主义市场经济体制》，广东经济出版社，2021年版。

中国社会主义市场经济体制
形成与发展大事记

▼

1978 年

5月11日,《光明日报》刊登题为《实践是检验真理的唯一标准》的特约评论员文章。文章论述了马克思主义的实践第一的观点,指出任何理论都要接受实践的检验。

9月5日,国务院召开全国计划会议,安排1979年、1980年的经济计划。会议确定,经济战线必须实行三个转变:一是把注意力转到生产斗争和技术革命上来。二是把管理制度和管理方法转到按照经济规律办事的科学管理的轨道上来。三是从闭关自守或半闭关自守状态转到积极引进国外先进技术,利用国外资金,大胆进入国际市场的开放政策上来。

12月18—22日,党的十一届三中全会在北京举行。全会冲破长期"左"的错误的严重束缚,彻底否定"两个凡是"的错误方针,高度评价关于真理标准问题的讨论,重新确定了党的实事求是的思想路线。全会决定,将全党工作的着重点应该从1979年起转移到社会主义现代化上来。全会指出,实现四个现代化是一场广泛、深刻的革命。要采取一系列新的重大的经济措施,对经济管理体制和经营管理方法进行认真的改革，在自力更生的基础上积极发展同世界各国平等互利的经济合作。

1979 年

1月11日，中共中央将经过党的十一届三中全会原则通过的《中共中央关于加快农业发展若干问题的决定（草案）》和《农村人民公社工作条例（试行草案）》印发各省、市、自治区讨论和试行。

1月31日，中共中央、国务院决定在广东蛇口建立全国第一个对外开放工业区，由香港招商局集资并组织实施。

3月1日，根据党的十一届三中全会提出的建议，国务院决定从3月起，提高粮、棉、油、猪等18种主要农副产品的收购价格。

3月12—24日，国家农委邀请广东、湖南、四川、江苏、安徽、河北、吉林7省农村工作部门和安徽全椒、广东博罗、四川广汉3县的负责人召开座谈会，讨论建立健全农业生产责任制问题。

4月5—28日，中共中央在京召开工作会议，主要讨论经济调整问题。会议正式提出对国民经济实行"调整、改革、整顿、提高"的方针。

5月25日，国家经委、财政部等6个部门发出通知，确定在京、津、沪3市的8个企业进行企业管理改革的试点。

7月2日，国务院财经委经济体制改革研究小组成立。

7月13日，国务院下发关于按照5个改革管理体制文件组织扩大国营企业经营管理自主权试点的通知。这5个文件是《关于扩大国营工业企业经营管理自主权的若干规定》《关于国营企业实行利润留成的规定》《关于开征国营工业企业固定资产税的暂行规定》《关于提高国营工业企业固定资产折旧率和改进折旧费使用办法的暂行规定》《关于国营工业企业实行流动资金全额信贷的暂行规定》。

7月15日，中共中央、国务院批转中共广东省委《关于发挥广东优越条件，扩大对外贸易，加快经济发展的报告》以及中共福建省委、福建省革委会《关于利用侨资、外资，发展对外贸易，加速福建社会主义建设的请示报告》，决定对两省的对外经济活动实行"特殊政策和灵活措施"，同意在深圳、珠海两市试办出口特区，待取得经验后，再考虑在汕头、厦门设置特区的问题。

9月28日，党的十一届四中全会通过《中共中央关于加快农业发展若干问题的决定》，提出了25条发展农业生产力的政策和措施。

12月3日，国务院财经委经济体制改革研究小组将《关于经济体制改革总体设想的初步意见》印发全国计划会议，这是我国第一个经济体制改革总体规划。

1980年

2月1日，国务院下发《关于实行"划分收支，分级包干"财政管理体制的暂行规定》，实行"划分收支，分级包干"，是国家财政管理体制的重大改革。它不仅涉及财政收支结构、财权划分和财力分配的调整和改进，而且也涉及计划、基建、物资、企业、事业等管理体制的调整和改进。

4月8日，中共中央、国务院下发《关于加强物价管理，坚决制止乱涨价和变相涨价的通知》，指出要大力加强物价管理，切实纠正一切违反物价政策的现象。

5月8日，国务院决定设立国务院体制改革办公室，负责制订改革的总体规划，协调各方面的改革工作。

5月16日，中共中央和国务院批准《广东、福建两省会议纪要》，决定在广东省的深圳市、珠海市、汕头市和福建省的厦门市各划出一定范围的区域试办经济特区。

8月26日，五届全国人大常委会第十五次会议决定，同意在广东省深圳、珠海、汕头和福建省厦门设置经济特区，批准了《广东省经济特区条例》。

9月2日，国务院批转国家经委《关于扩大企业自主权试点工作情况和今后意见的报告》，批准从下年起把扩大企业自主权的工作，在国营工业企业中全面推开。

9月27日，中共中央印发《关于进一步加强和完善农业生产责任制的几个问题》，提出在那些边远山区和贫困落后的地区，长期"吃粮靠返销，生产靠贷款，生活靠救济"的生产队，可以包产到户，也可以包干到户。

10月17日，国务院下发《关于开展和保护社会主义竞争的暂行规定》，指出应当逐步改革现行的经济管理体制，积极地开展竞争，保护竞争的顺利进行。

1981年

5月20日，国家经济委员会、国务院体制改革办公室等十部门联合印发《贯彻落实国务院有关扩权文件，巩固提高扩权工作的具体实施暂行办法》，指出在加强宏观经济集中统一的同时，要进一步把微观经济搞活，把生产搞活；各有关部门要密切配合，共同努力，使扩权改革工作能够同步配套，不断巩固提高，取得更好的经济效益。

6月12日，国务院体制改革办公室提出《关于调整时期经济体制改革的意见》，调整时期经济体制改革要紧紧围绕促进国民经济协调发展、经济结构合理化和提高经济效益来进行。

6月27—29日，党的十一届六中全会在北京举行。全会审议和通过的《关于建国以来党的若干历史问题的决议》指出，我们的社会主义制度还是处于初级的阶段，必须在公有制基础上实行计划经济，同时发挥市场调节的辅助作用。要大力发展社会主义的商品生产和商品交换。

7月7日，国务院印发《关于城镇非农业个体经济若干政策性规定》，明确制定了城镇非农业个体经济的经营项目、范围、国家鼓励支持的各种政策，经营者依法经营须遵守的各项政策及享有的权利等内容。

7月31日，国务院批准国务院体改办《关于湖北省沙市经济体制改革综合试点报告》。沙市是全国第一个经济体制改革综合试点城市。

9月5日，国务院批转财政部《关于改革工商税制的设想》，提出把现行的工商税按性质拟分为产品税、增值税、营业税和盐税4个税种，开征资源税和利润调节税，对国营企业征收所得税。

10月17日，中共中央、国务院作出《关于广开门路，搞活经济，解决城镇就业问题的若干决定》，指出个体劳动者是我国社会主义的劳动者。

10月29日，国务院批转国家经济委员会、国务院体制改革办公室《关于实行工业生产经济责任制若干问题的意见》，提出工业生产经济责任制必须进一步发展和完善，不仅要和利润挂钩，而且要和产量、质量、品种、成本等挂起钩来。

1982 年

1月15日，中共中央、国务院批转《沿海九省、市、自治区对外经济贸易工作座谈会纪要》，提出在新形势下，要发挥沿海地区的优势，加强对外经济贸易工作。

3月8日，五届全国人大常委会第二十二次会议通过《关于国务院机构改革问题的决议》，原则批准国务院机构改革初步方案。

3月16日，国务院印发《关于全国性专业公司管理体制的暂行规定》，提出所有全国性专业公司不列入国务院行政机构，分别由有关部门领导；公司在经营管理上有自主权，成为经济实体。

4月17日，国务院批转国家建委、国家城建总局《关于城市出售住宅试点工作座谈会情况的报告》，初步选定先在常州、郑州、沙市、四平四个城市进行试点。

5月4日，五届全国人大常委会第二十三次会议批准国务院设立国家经济体制改革委员会。

9月1—11日，党的十二大召开，邓小平在开幕词中第一次提出了"建设有中国特色的社会主义"的崭新命题。

9月16日，国务院批转国家物价局等部门《关于逐步放开小商品价格实行市场调节的报告的通知》，指出有计划地逐步放开小商品价格，是促进小商品生产，搞活小商品流通，满足市场需要的一项重要措施。

12月4日，国务院下发《关于改进"划分收支，分级包干"财政管理体制的通知》。

12月31日，中共中央政治局会议讨论通过《当前农村经济政策的若干问题》。

1983 年

2月5日，国务院印发《城乡集市贸易管理办法》，规定城乡集市贸易的管理，应当在国家计划指导下，充分发挥市场调节的辅助作用。

2月11日，国务院批转国家体改委、商业部《关于改革农村商业流通体制若干问题的试行规定》，指出面对农村商品生产迅速发展和商品交换规模日益扩大的新形势，农村商品流通体制的改革，已经势在必行。

2月28日，国务院批转财政部《关于国营企业利改税试行办法（草案）的报告》，指出对国营企业实行利改税，是经济管理体制改革的一个重要方面。

4月1日，中共中央、国务院批转《关于加快海南岛开发建设问题讨论纪要》并发出通知，指出中央决定加快海南的开发建设，在政策上放宽，给予海南行政区较多的自主权。

4月24日，国务院批转财政部《关于国营企业利改税试行办法》，规定凡有盈利的国营大中型企业（包括金融保险组织），均根据实现的利润，按55%的税率交纳所得税。企业交纳所得税后的利润，一部分上交国家，一部分按照国家核定的留利水平留给企业。

9月17日，国务院作出《关于中国人民银行专门行使中央银行职能的决定》，规定中国人民银行专门行使中央银行职能，不再兼办工商信贷和储蓄业务。

10月4日，国务院批转国家物价局、国家经委《关于进一步贯彻工业品按质论价政策的报告》，指出贯彻工业品按质论价政策，实行优质优价、低质低价，对劣质陈旧产品规定惩罚价格，这对促进企业积极采用新技术、新工艺，开发新产品，不断提高产品质量，增加新品种，提高社会经济效益，有着十分重要的意义。

1984 年

2月25日，国务院印发《关于合作商业组织和个人贩运农副产品若干问题的规定》，强调除国营商业和供销合作社积极开展农副产品购销业务外，国家允许其他合作商业组织和个人按照本规定贩运农副产品。

3月1日，中共中央、国务院转发农牧渔业部和部党组《关于开创社队企业新局面的报告》，同意将社队企业改称为乡镇企业。

5月10日，国务院印发《关于进一步扩大国营工业企业自主权的暂行规定》，扩大了国营工业企业在制订生产经营计划、产品销售、确定产品价格、物资选购、资金使用、资产处置、机构设置、人事劳动管理、工资奖金发放、联合经营等10个方面的自主权。

5月15—31日，六届全国人大二次会议在北京举行。会议决定设立海南行政区，并设立海南行政区人民代表大会和人民政府。海南行政区人民政府归广东省人民政府领导。

10月20日，党的十二届三中全会在北京举行。全会一致通过《中共中央关于经济体制改革的决定》，指出改革计划体制，首先要突破把计划经济同商品经济对立起来的传统观念，明确认识社会主义计划经济必须自觉依据和运用价值规律，是在公有制基础上的有计划的商品经济。

1985 年

1月1日，中共中央、国务院印发《关于进一步活跃农村经济的十项政策》。以这个文件为标志，我国农村开始了以改革农产品统购派购制度、调整产业结构为主要内容的第二步改革。

1月24日，经国务院批准，国家物价局和国家物资局印发《关于放开工业生产资料超产自销产品价格的通知》，指出工业生产资料属于企业自销和完成国家计划后的超产部分的出厂价格，取消原定的不高于国家定价20%的规定，可按稍低于当地的市场价格出售，参与市场调节，起平抑价格作用。企业不得在价格之外加收费用。

2月18日，中共中央、国务院批转《长江、珠江三角洲和闽南厦漳泉三角地区座谈会纪要》，指出在长江三角洲、珠江三角洲和闽南厦漳泉三角地区开辟沿海经济开放区，是我国实施对内搞活经济、对外实行开放的又一重要步骤，是社会主义经济建设中具有重要战略意义的布局。

3月13日，中共中央作出《关于科学技术体制改革的决定》，提出经济建设必须依靠科学技术、科学技术工作必须面向经济建设的战略方针。

3月21日，国务院下发《关于实行"划分税种、核定收支、分级包干"财政管理体制的规定的通知》，规定从1985年起，实行"划分税种、核定收支、分级包干"的财政管理体制。

5月24—25日，国家经委、国家体改委等七部门联合召开国营工业小企业转让试点工作座谈会。会议决定在邯郸、丹东、大连等10个城市中选择部分国营工业小企业进行试点。

9月11日，国务院批转国家经委、国家体改委《关于增强大中型国营工业企业活力若干问题的暂行规定》，对搞活大中型国营工业企业有关的14个方面的问题作了规定。

9月23日，党的十二届三中全会通过《中共中央关于制定国民经济和社会发展第七个五年计划的建议》，明确提出了"七五"计划的指导思想、主要任务和一系列适应新形势的方针政策。

1986年

4月12日，六届全国人大四次会议通过《中华人民共和国外资企业法》，指出为了扩大对外经济合作和技术交流，促进我国经济的发展，我国允许外国的企业和其他经济组织或者个人在中国境内举办外资企业，保护外资企业的合法权益。

6月25日，六届全国人大常委会第十六次会议通过《中华人民共和国土地管理法》，规定我国实行土地的社会主义公有制，即全民所有制和劳动群众集体所有制。

7月11日，我国向世界关税及贸易总协定总干事提交关于恢复中国在关贸总协定缔约国地位的申请，并准备就此问题同关贸总协定缔约各方进行谈判。

10月11日，国务院印发《关于鼓励外商投资的规定》，鼓励外国投资者在中国境内举办中外合资经营企业、中外合作经营企业和外资企业。

11月29日，国务院办公厅转发《关于烟台、唐山、蚌埠、常州、江门五城市住房制度改革试点工作会议纪要》，指出五城市即将开始进行的改革试点，是我国住房制度改革在整个经济体制改革的推动下迈出的重要一步，确实令人鼓舞。

12月5日，国务院印发《关于深化企业改革增强企业活力的若干规定》，提出全民所有制小型企业可积极试行租赁、承包经营。全民所有制大中型企业要实行多种形式的经营责任制。各地可以选择少数有条件的全民所有制大中型企业进行股份制试点。

1987 年

1月14日，国务院下发《关于加强物价管理 保持市场物价基本稳定的通知》，指出物价是关系国民经济和社会安定的重大问题，关系到广大人民群众的切身利益。

1月22日，中共中央印发《把农村改革引向深入》，指出为了把农村改革引向深入，今后要继续改革统购派购制度，扩大农产品市场；搞活农村金融，开拓生产要素市场；完善分散经营和统一经营相结合的双层经营体制，稳定家庭联产承包制；发展多种形式的经济联合；对农村各类自营专业户、个体经营者实行长期稳定的方针；调整产业结构，促进农业劳动力的转移；加强基层组织建设和思想建设；有计划地建立改革试验区等。

5月8日，中央财经领导小组会议讨论国家计委提出的《关于改革计划体制的12条意见》。

8月20日，中共中央办公厅、国务院办公厅转发国家体改委、劳动人事部《关于推进中等城市机构改革试点工作的报告》。

9月11日，国务院发布《中华人民共和国价格管理条例》，规定国家对价格管理采取直接管理和间接控制相结合的原则，实行国家定价、国家指导价和市场调节价三种价格形式。

10月25日—11月1日，党的十三大在北京举行，提出社会主义有计划商品经济的体制，应该是计划与市场内在统一的体制。

12月1日，深圳特区举行首次土地使用权的公开拍卖。深圳房地产公司以525万元的地价款，获得一块8588平方米住宅用地50年的使用权。这是我国城市土地使用制度的一次重要改革，标志着我国无偿无限期使用国家城市土地时代的终结，土地开始成为商品进入市场。

1988 年

2月25日，国务院下发《关于在全国城镇分期分批推行住房制度改革的实施方案的通知》，住房制度改革从此推开。

3月18日，国务院下发《关于进一步扩大沿海经济开放区范围的通知》，决定适当扩大沿海经济开放区，新划入沿海经济开放区的有140个市、县，包括杭州、南京、沈阳等省会城市，人口增加到1.6亿。

4月12日，七届全国人大一次会议通过《中华人民共和国宪法修正案》，规定国家允许私营经济在法律规定的范围内存在和发展。私营经济是社会主义公有制经济的补充。国家保护私营经济的合法的权利和利益，对私营经济实行引导、监督和管理。任何组织或个人不得侵占、买卖或者以其他形式非法转让土地。土地的使用权可以依照法律的规定转让。

4月13日，七届全国人大一次会议通过《关于设立海南省的决定》和《关于建立海南经济特区的决议》。

5月4日，国务院下发《关于深化物资体制改革方案的通知》，指出物资体制改革是深化经济体制改革的重要内容。

6月1日，中央政治局召开第九次全体会议，强调要通过深化经济体制改革和政治体制改革，逐步建立起与社会主义商品经济相适应的新秩序。

7月21日,中共中央办公厅、国务院办公厅下发《关于解决公司政企不分问题的通知》,规定除国务院授权兼有行政管理职能和经营权的少数公司外,其他政企不分、政企合一的公司必须将经营权与行政权严格分开;凡是从事企业经营的公司一律不能有行业管理、政府职能的权力,凡是有政府职能、进行行业管理的公司一律不准从事企业经营。

7月28日,国务院作出《关于地方实行财政包干办法的决定》,指出从1988年到1990年期间,在原定财政体制的基础上,对包干办法作出改进。

8月15—17日,中共中央政治局第十次全体会议在北戴河召开,讨论并原则通过《关于价格、工资改革的初步方案》。

9月26—30日,党的十三届三中全会在北京举行。全会批准了中共中央政治局提出的治理经济环境、整顿经济秩序、全面深化改革的指导方针和政策、措施。

1989 年

2月28日,国务院下发《关于提高棉花价格和实行棉花调出调入包干办法的通知》,指出棉花是国家管理的计划商品,实行调拨包干以后,仍必须坚持国家统一计划和规定的收购、供应价格,坚持由供销社统一经营。不放开棉花市场,不搞价格双轨制。

3月4日,国务院批转国家体改委《一九八九年经济体制改革要点》,指出1989年经济体制改革的指导原则是:紧紧围绕治理经济环境、整顿经济秩序这个中心,把深化改革的重点放在发展、完善已经出台的各项改革措施上,同时要利用治理整顿的有利时机，积极稳妥地进行深层改革的试验和探索。

3月21日，财政部、国家体改委印发《关于国营企业实行利税分流的试点方案》，提出将企业实现的利润分别以所得税和利润的形式上交，税后还贷，上交的利润采取多种形式承包的办法。

11月6—9日，党的十三届五中全会在北京举行。会议通过《中共中央关于进一步治理整顿和深化改革的决定》，指出改革的核心问题，在于逐步建立计划经济同市场调节相结合的经济运行机制。

1990 年

3月20日，七届全国人大三次会议上所作的《政府工作报告》指出，我国社会主义经济是以公有制为基础的有计划商品经济，实行计划经济同发展商品经济不是彼此排斥而是相互统一的，应当并且可能既发挥计划经济的优越性，又发挥市场调节的积极作用。

6月2日，国务院发布《关于开发和开放浦东问题的批复》，指出党中央、国务院原则同意上海市委、上海市人民政府关于开发和开放浦东问题的请示。

9月10日，国务院有关部门和上海市政府宣布了开发、开放浦东新区的9项具体政策规定，包括《上海外资金融机构、中外合资金融机构管理办法》《上海市鼓励外商投资浦东新区的若干规定》。这些政策标志着浦东开发进入了一个实质性启动阶段。

11月10日，国务院下发《关于打破地区间市场封锁进一步搞活商品流通的通知》，提出维护企业的生产、经营自主权，确保商品流通畅通无阻，加强物价管理等6条具体要求。

11月26日，经国务院授权、中国人民银行批准，上海证券交易所正式成立。这是新中国成立以来在中国大陆开业的第一家证券交易所。

1991 年

1月18—23日，全国农业工作会议在北京举行。会议提出以家庭联产承包为主的责任制是党在农村的基本政策，应在稳定的前提下逐步加以完善。完善的主要途径应是发展多形式、多层次的服务，并逐步形成社会化服务体系。

2月25日—3月1日，国务院在北京召开全国经济体制改革工作会议。会议讨论了《经济体制改革"八五"纲要和十年规划》以及1991年经济体制改革的要点。提出20世纪90年代我国经济体制改革的总目标是：初步建立起社会主义有计划商品经济的新体制和计划经济与市场调节相结合的运行机制。

3月2日，《解放日报》发表署名皇甫平的文章《改革开放要有新思路》指出，研究新情况、探索新思路，关键在于要进一步解放思想。

4月4日，国务院印发《关于调整粮油统销价格的决定》，从1991年5月1日起，调整粮油统销价格。

4月11日，中国人民银行正式批准成立深圳证券交易所。

6月7日，国务院下发《关于继续积极稳妥地进行城镇住房制度改革的通知》，指出住房制度改革是经济体制改革的重要组成部分，也是人民群众十分关注的重大问题，其根本目的是要缓解居民住房的困难，不断改善住房条件，正确引导消费，逐步实现住房商品化，发展房地产业。

6月26日，国务院作出《关于企业职工养老保险制度改革的决定》，指出要逐步建立起基本养老保险与企业补充养老保险和职工个人储蓄性养老保险相结合的制度。

8月14日，财政部、国家体改委印发《国营企业实行"税利分流、税后还贷、税后承包"的试点办法》，指出税利分流是将国营企业实现的利润分别以所得税和利润形式上交国家一部分，并实行所得税后还贷、所得税后承包。盈利企业一律按33%的比例税率向国家交纳所得税。

10月28日，国务院下发《关于进一步搞活农产品流通的通知》，指出国家对农产品流通问题，总的要求是：随着农村商品经济的发展，适当缩小指令性计划管理，完善指导性计划管理，更多地发挥市场机制的作用。

11月25—29日，党的十三届八中全会在京举行。全会审议通过了《中共中央关于进一步加强农业和农村工作的决定》。

1992年

3月9—10日，中共中央政治局在北京召开全体会议，讨论中国改革和发展的若干重大问题。这次中共中央政治局全体会议，是把中国改革开放和现代化建设事业推进到一个新的阶段的重要会议。

5月16日，中共中央政治局会议通过《中共中央关于加快改革，扩大开放，力争经济更好更快地上一个新台阶的意见》，指出以上海浦东开发为龙头，进一步开放长江沿岸城市；逐步开放沿边城市，形成周边的对外开放格局。

7月23日，国务院公布《全民所有制工业企业转换经营机制条例》，明确企业转换经营机制的目标是：使企业适应市场的要求，成为依法自主经营、自负盈亏、自我发展、自我约束的商品生产和经营单位，成为独立享有民事权利和承担民事义务的企业法人。

9月22日，国务院批转国家体改委《关于改革棉花流通体制的意见》，提出积极推进棉花流通体制改革的最终目标是：放开经营，放开市场，放开价格，逐步建立起在国家宏观调控下、以市场调节为主要手段、内外贸相互联结、高效畅通的棉花流通新体制。

9月25日，国务院作出《关于发展高产优质高效农业的决定》，指出抓紧当前有利时机，加快粮食购销体制改革，进一步向粮食商品化、经营市场化的方向推进。

10月12—18日，党的十四大在北京举行。明确提出我国经济体制改革的目标是在坚持公有制和按劳分配为主体、其他经济成分和分配方式为补充的基础上，建立和完善社会主义市场经济体制。

11月4日，国务院下发《关于发展房地产业若干问题的通知》，指出要进一步深化土地使用制度改革。逐步扩大城镇国有土地有偿有限期使用范围。

1993年

2月15日，国务院下发《关于加快粮食流通体制改革的通知》，指出粮食价格改革是粮食流通体制改革的核心。

3月5—7日，党的十四届二中全会在北京举行。全会审议通过《关于调整"八五"计划若干指标的建议》和《关于党政机构改革的方案》。

5月20日，中央财经领导小组听取国家体改委关于《建立社会主义市场经济体制规划纲要》的汇报，纲要提出从总体上说，我们所要建立的社会主义市场经济体制，是公有制与市场经济内在统一的，在积极有效的国家宏观调控下，市场机制对资源配置起基础性作用的经济体制。

6月24日，中共中央、国务院印发《关于当前经济情况和加强宏观调控的意见》，指出要强化间接调控，更多地采取经济手段、经济政策和经济立法。

8月17日，国务院下发《关于积极稳妥地推进物价改革抑制物价总水平过快上涨的通知》，要求严格控制国家管理的商品和服务项目提价。

11月11—14日，党的十四届三中全会在北京举行。全会审议并通过《中共中央关于建立社会主义市场经济体制若干问题的决定》，把党的十四大确定的经济体制改革的目标和原则加以系统化、具体化，是中国建立社会主义市场经济体制的总体规划。

12月13日，国务院公布《中华人民共和国增值税暂行条例》。

12月15日，国务院作出《关于实行分税制财政管理体制的决定》，确定从1994年1月1日起改革现行地方财政包干体制，对各省、自治区、直辖市以及计划单列市实行分税制财政管理体制。

12月25日，国务院作出《关于金融体制改革的决定》，提出金融体制改革的目标是：建立在国务院领导下，独立执行货币政策的中央银行宏观调控体系；建立政策性金融与商业性金融分离，以国有商业银行为主体、多种金融机构并存的金融组织体系；建立统一开放、有序竞争、严格管理的金融市场体系。

12月28日，中国人民银行发布《关于进一步改革外汇管理体制的公告》，从1994年1月1日起，实行人民币汇率并轨。

1994年

4月4日，设在上海的全国统一的外汇市场——中国外汇交易中心正式运行，从此中国外汇市场由带有计划经济色彩的外汇调剂市场发展到符合市场经济要求的银行间外汇市场的新阶段。

5月12日，八届全国人大常委会第七次会议通过《中华人民共和国对外贸易法》。该法是为了扩大对外开放，发展对外贸易，维护对外贸易秩序，保护对外贸易经营者的合法权益，促进社会主义市场经济的健康发展而制定的法律。

6月8日，国务院批转国家体改委《关于一九九四年经济体制改革实施要点》，提出1994年经济体制改革的重点：一是转换国有企业经营机制，积极探索建立现代企业制度的有效途径；二是加快财税、金融、外贸、外汇体制改革。

7月18日，国务院作出《关于深化城镇住房制度改革的决定》，提出城镇住房制度改革根本目的是：建立与社会主义市场经济体制相适应的新的城镇住房制度，实现住房商品化、社会化；加快住房建设，改善居住条件，满足城镇居民不断增长的住房需求。

11月18日，国务院发布《关于江苏省镇江市、江西省九江市职工医疗保障制度改革试点方案的批复》，对镇江市、九江市职工医疗保障制度改革试点过程中遇到的问题，提出了具体的解决办法和指导意见。

12月27—29日，全国城镇企业职工养老保险制度改革试点工作会议在北京召开。会议指出，养老保险金由企业和个人共同负担，实行社会统筹和个人账户相结合。

1995 年

3月1日，国务院下发《关于深化企业职工养老保险制度改革的通知》，提出企业职工养老保险制度改革的目标是：到20世纪末，基本建立起适应社会主义市场经济体制要求，适用城镇各类企业职工和个体劳动者，资金来源多渠道、保障方式多层次、社会统筹与个人账户相结合、权利与义务相对应、管理服务社会化的养老保险体系。

3月28日，国务院批转农业部《关于稳定和完善土地承包关系的意见》，指出以家庭联产承包为主的责任制和统分结合的双层经营体制，是党在农村的一项基本政策和我国农村经济的一项基本制度，必须保持长期稳定，任何时候都不能动摇。

9月28日，党的十四届五中全会通过的《中共中央关于制定国民经济和社会发展"九五"计划和二〇一〇年远景目标的建议》指出，要实现我们的奋斗目标，关键在于实行两个具有全局意义的根本性转变，一是经济体制从传统的计划经济体制向社会主义市场经济体制转变，二是经济增长方式从粗放型向集约型转变。

1996 年

5月17日，中国人民银行发出《关于取消同业拆借利率上限管理的通知》，明确指出银行间同业拆借市场利率由拆借双方根据市场资金供求自主确定。银行间同业拆借利率正式放开。

6月20日，国家体改委印发《关于加快国有小企业改革的若干意见》，指出对于国有小企业，各地可以区别不同情况，加快改革和改组的步伐。

12月5—8日，全国计划会议在北京召开。会议贯彻落实中央经济工作会议精神，讨论和部署1997年国民经济和社会发展计划，研究以市场需求为导向，加快结构调整，开发和培育新的经济增长点，推进经济体制和经济增长方式转变，稳定和改善宏观经济环境，促进国民经济持续、快速、健康发展和社会全面进步。

1997年

2月3日，中共中央、国务院印发《1997年农业和农村工作的意见》，在加快粮食流通体制改革方面提出，逐步建立起适应社会主义市场经济要求、适合我国国情的粮食流通体制。

7月16日，国务院印发《关于建立统一的企业职工基本养老保险制度的决定》，确定了全国城镇职工养老金制度从过去现收现付的企业养老制，向社会统筹与个人账户相结合的基本养老保险转变。

8月6日，国务院下发《关于按保护价敞开收购议购粮的通知》，要求各地区要及时制定并公布当地议购粮保护价政策，粮食部门必须坚决执行按保护价敞开收购议购粮的政策。

8月27日，中共中央办公厅、国务院办公厅下发《关于进一步稳定和完善农村土地承包关系的通知》，要求切实提高对稳定农村土地承包关系重要性的认识，认真做好延长土地承包期的工作。

9月12—18日，党的十五大在北京举行。大会提出21世纪前50年"三步走"的发展战略；把邓小平理论确立为党的指导思想写进党章；提出党在社会主义初级阶段的基本纲领；明确公有制为主体、多种所有制经济共同发展是我国社会主义初级阶段的基本经济制度；强调依法治国，建设社会主义法治国家。

12月29日，八届全国人大常委会第二十九次会议通过《中华人民共和国价格法》。

1998年

1月20日，国家发计委发出《发挥价格调节作用积极促进经济结构调整的若干意见》，指出价格工作要认真贯彻中央的要求，更好地发挥价格合理配置资源的作用，通过完善价格机制，调整价格结构，健全价格调控，改进价格管理，整顿价格秩序，拓宽价格服务领域，积极促进经济结构的调整和优化。

1月24日，中共中央、国务院印发《关于1998年农业和农村工作的意见》，指出当前要重点落实好稳定土地承包关系、减轻农民负担和按保护价敞开收购余粮的政策。

2月27日，国务院下发《关于纺织工业深化改革调整结构解困扭亏工作有关问题的通知》，决定把纺织工业作为实现用3年左右时间，通过改革、改组、改造和加强管理，使大多数国有大中型亏损企业摆脱困境，力争到20世纪末使大多数国有大中型骨干企业初步建立起现代企业制度总体目标的突破口。

4月14日，中共中央、国务院印发《关于进一步扩大对外开放提高利用外资水平的意见》，提出进一步发展和完善全方位、多层次、宽领域的对外开放，充分利用国内国外两个市场、两种资源，更多更好地利用外资，促进国民经济持续快速健康发展和社会全面进步。

5月10日，国务院印发《关于进一步深化粮食流通体制改革的决定》，发起了新一轮粮食流通体制改革。改革的原则是"四分开一完善"，即实行政企分开、中央与地方责任分开、储备与经营分开、新老财务账目分开，完善粮食价格机制。

10月12—14日，党的十五届三中全会在北京举行。会议审议通过了《中共中央关于农业和农村工作若干重大问题的决定》，强调以公有制为主体、多种所有制经济共同发展的基本经济制度，以家庭承包经营为基础、统分结合的经营制度，以劳动所得为主和按生产要素分配相结合的分配制度，必须长期坚持。

12月14日，国务院印发《关于建立城镇职工基本医疗保险制度的决定》，提出在全国范围内进行城镇职工医疗保险制度改革。

1999年

3月5—15日，九届全国人大二次会议举行。会议通过《中华人民共和国宪法修正案》，明确非公有制经济是我国社会主义市场经济的重要组成部分。

9月19—22日，党的十五届四中全会在北京举行。全会审议通过《中共中央关于国有企业改革和发展若干重大问题的决定》。

2000年

3月2日，中共中央、国务院印发《关于进行农村税费改革试点工作的通知》，并确定在安徽省以省为单位进行农村税费改革试点。

10月9—11日，党的十五届五中全会在北京举行。全会审议并通过了《中共中央关于制定国民经济和社会发展第十个五年计划的建议》。

12月3—5日，全国计划会议在北京召开。会议指出，"十五"计划是社会主义市场经济体制初步建立后的第一个五年计划，要充分体现社会主义市场经济的要求。

2001 年

3月13日，国家经贸委、人事部、劳动保障部印发《关于深化国有企业内部人事、劳动、分配制度改革的意见》，提出深化企业三项制度改革的目标是：把深化企业三项制度改革作为规范建立现代企业制度的必备条件之一，建立与社会主义市场经济体制和现代企业制度相适应，能够充分调动广大职工积极性的企业用人和分配制度。

4月27日，国务院印发《关于整顿和规范市场经济秩序的决定》，在全国范围内开展整顿和规范市场经济秩序的工作。

7月31日，国务院印发《关于进一步深化粮食流通体制改革的意见》，提出粮食主销区实现粮食购销市场化，是当前深化粮食流通体制改革的重大举措，必须不失时机地加快推进。

10月18日，国务院批转监察部等四部门《关于行政审批制度改革工作的实施意见》，要求各级政府进一步转变政府职能，减少行政审批。

12月11日，我国正式加入世界贸易组织，成为其第143个成员。

12月30日，中共中央下发《关于做好农户承包地使用权流转工作的通知》，指出在稳定家庭承包经营制度的基础上，允许土地使用权合理流转，是农业发展的客观要求，也符合党的一贯政策。

2002 年

5月9日，国土资源部印发《招标拍卖挂牌出让国有土地使用权规定》，对应当以招标拍卖挂牌方式出让国有土地使用权而擅自采用协议方式出让的，规定了严格的法律责任。

8月29日，九届全国人大常委会第二十九次会议审议并通过《中华人民共和国农村土地承包法》，规定国家实行农村土地承包经营制度。

11月8—14日，党的十六大在北京举行。大会报告《全面建设小康社会，开创中国特色社会主义事业新局面》正式宣告社会主义市场经济体制初步建立。

11月18日，国家经贸委等八部门印发《关于国有大中型企业主辅分离辅业改制分流安置富余人员的实施办法》，提出总体思路是：坚持党的十五届四中全会确定的国有企业改革方向，鼓励有条件的国有大中型企业在进行结构调整、重组改制和主辅分离中，利用非主业资产、闲置资产和关闭破产企业的有效资产，改制创办面向市场、独立核算、自负盈亏的法人经济实体，多渠道分流安置企业富余人员和关闭破产企业职工，减轻社会就业压力。

2003年

1月16日，国务院办公厅转发卫生部、财政部、农业部《关于建立新型农村合作医疗制度的意见》，提出建立新型农村合作医疗制度要遵循以下原则：自愿参加，多方筹资；以收定支，保障适度；先行试点，逐步推广。

2月24—26日，党的十六届二中全会在北京举行。全会审议通过了《关于深化行政管理体制和机构改革的意见》，建议国务院根据这个意见形成《国务院机构改革方案》提交十届全国人大一次会议审议。

5月27日，国务院公布《企业国有资产监督管理暂行条例》。

指出企业国有资产属于国家所有，国家实行由国务院和地方人民政府分别代表国家履行出资人职责，享有所有者权益，权利、义务和责任相统一，管资产和管人、管事相结合的国有资产管理体制。

10月11—14日，党的十六届三中全会在北京举行。全会审议通过《中共中央关于完善社会主义市场经济体制若干问题的决定》。

11月30日，《国务院办公厅转发国资委关于规范国有企业改制工作意见的通知》在总结经验的基础上对国有企业改制的全过程进行了规范，对国有企业改制涉及的主要环节和方面，提出了明确的政策要求。

2004 年

1月31日，国务院印发《关于推进资本市场改革开放和稳定发展的若干意见》。

3月5—14日，十届全国人大二次会议在北京举行。会议通过了《中华人民共和国宪法（修正案）》，"公民的合法的私有财产不受侵犯"、"国家尊重和保护人权"等内容写入宪法。

3月18日，国土资源部和监察部联合印发《关于继续开展经营性土地使用权招标拍卖挂牌出让情况执法监察工作的通知》，要求各地要严格按国家有关政策规定界定《招标拍卖挂牌出让国有土地使用权规定》实施前的历史遗留问题，不得擅自扩大范围，也不得弄虚作假，变相搭车。

7月16日，国务院正式批准《关于投资体制改革的决定》，明确对于企业不使用政府性资金投资建设的项目，政府一律不再进行审批，区别不同情况实行核准制和备案制。政府投资主要用于关系国家安全和市场不能有效配置资源的经济和社会领域。

8月28日，十届全国人大常委会第十一次会议通过《关于修改〈中华人民共和国土地管理法〉的决定》，其中第二条第四款修改为：国家为了公共利益的需要，可以依法对土地实行征收或者征用并给予补偿。

9月16—19日，党的十六届四中全会在北京举行。全会明确提出，要坚持最广泛最充分地调动一切积极因素，不断提高构建社会主义和谐社会的能力。

2005年

2月19日，国务院印发《关于鼓励支持和引导个体私营等非公有制经济发展的若干意见》。

4月4日，国务院印发《关于2005年深化经济体制改革的意见》，指出2005年推进经济体制改革的总体要求是：认真贯彻党的十六大、十六届三中四中全会和中央经济工作会议精神，紧扣影响经济社会发展的突出矛盾和问题推进体制创新，把深化改革同贯彻落实科学发展观、加强和改善宏观调控、促进经济平稳较快发展、构建社会主义和谐社会紧密结合起来，在一些重点领域和关键环节取得实质性突破。

4月11日，国资委、财政部印发《企业国有产权向管理层转让暂行规定》，指出国有资产监督管理机构已经建立或政府已经明确国有资产保值增值行为主体和责任主体的地区或部门，可以探索中小型国有及国有控股企业国有产权向管理层转让（法律、法规和部门规章另有规定的除外）。大型国有及国有控股企业及所属从事该大型企业主营业务的重要全资或控股企业的国有产权和上市公司的国有股权不向管理层转让。

7月21日，中国人民银行发布关于完善人民币汇率形成机制改革的公告，宣布自当日起，我国开始实行以市场供求为基础、参考一篮子货币进行调节、有管理的浮动汇率制度。人民币汇率，不再盯住单一美元，形成更富有弹性的人民币汇率机制。

10月8—11日，党的十六届五中全会在北京举行。全会审议通过了《中共中央关于制定国民经济和社会发展第十一个五年规划的建议》。

12月29日，十届全国人大常委会第十九次会议通过《全国人民代表大会常务委员会关于废止〈中华人民共和国农业税条例〉的决定》。会议决定《中华人民共和国农业税条例》自2006年1月1日起废止。

12月31日，中共中央、国务院印发《关于推进社会主义新农村建设的若干意见》，指出全面建设小康社会，最艰巨最繁重的任务在农村。加速推进现代化，必须妥善处理工农城乡关系。构建社会主义和谐社会，必须促进农村经济社会全面进步。

2006年

3月12日，国务院下发《关于加快推进产能过剩行业结构调整的通知》，指出推进产能过剩行业结构调整，关键是要发挥市场配置资源的基础性作用，充分利用市场的力量推动竞争，促进优胜劣汰。

6月7日，国务院常务会议原则通过《中华人民共和国反垄断法（草案）》。草案从我国实际出发，借鉴国际经验，规定了禁止垄断协议、禁止滥用市场支配地位，以及对垄断行为的调查处理等内容。

8月27日，十届全国人大常委会第二十三次会议表决通过《中华人民共和国企业破产法》。该法确立了企业有序退出的法律制度，规范了企业破产程序。

10月8—11日，党的十六届六中全会在北京举行。会议通过《中共中央关于构建社会主义和谐社会若干重大问题的决定》，提出到2020年构建社会主义和谐社会的目标、主要任务和原则，对构建社会主义和谐社会作出了部署。

2007 年

3月5—16日，十届全国人大五次会议举行。会议通过《中华人民共和国物权法》，规定国家实行社会主义市场经济，保障一切市场主体的平等法律地位和发展权利；国家、集体、私人的物权和其他权利人的物权受法律保护，任何单位和个人不得侵犯。

6月7日，国家发改委印发《关于批准重庆市和成都市设立全国统筹城乡综合配套改革试验区的通知》，要求两市从实际出发，全面推进各个领域的体制改革，并在重点领域和关键环节率先突破，大胆创新，尽快形成统筹城乡发展的体制机制。

6月29日，十届全国人大会常委会第二十八次会议通过《中华人民共和国劳动合同法》，通过对劳动合同的订立、履行和变更、解除和终止等作出符合社会主义市场经济要求和我国国情的规定。

7月10日，国务院印发《关于开展城镇居民基本医疗保险试点的指导意见》，决定从2007年起开展城镇居民基本医疗保险试点，2010年在全国全面推开。

7月11日，国务院下发《关于在全国建立农村最低生活保障制度的通知》，提出建立农村最低生活保障制度的目标是：通过在全国范围建立农村最低生活保障制度，将符合条件的农村贫困人口全部纳入保障范围，稳定、持久、有效地解决全国农村贫困人口的温饱问题。

10月15—21日，党的十七大在北京举行。大会报告指出，要完善社会主义市场经济体制，推进各方面体制改革创新，加快重要领域和关键环节改革步伐，全面提高开放水平，着力构建充满活力、富有效率、更加开放、有利于科学发展的体制机制，为发展中国特色社会主义提供强大动力和体制保障。

12月6日，国家发改委等六部门印发《建立和完善知识产权交易市场的指导意见》，要求通过政府引导和市场推动，逐步构建以重点区域知识产权交易市场为主导，各类分支交易市场为基础，专业知识产权市场为补充，各类专业中介组织广泛参与，与国际惯例接轨，布局合理，功能齐备，充满活力的多层次知识产权交易市场体系。

2008年

2月25—27日，党的十七届二中全会在北京举行。全会审议通过《关于深化行政管理体制改革的意见》，确立了我国深化行政管理体制改革的指导思想、基本原则和总体目标。

3月28日，国务院印发《关于完善企业职工基本养老保险制度的决定》，确定了完善企业职工基本养老保险制度的指导思想和主要任务。

7月14日，中共中央、国务院印发《关于全面推进集体林权制度改革的意见》，明确提出将用5年左右时间基本完成明晰产权、承包到户的改革任务。规定集体林地承包期为70年，承包期满，可以按国家相关规定继续承包。

10月9—12日，党的十七届三中全会在北京举行。全会审议并通过了《中共中央关于推进农村改革发展若干重大问题的决定》。

10月28日，十一届全国人大常委会第五次会议通过《中华人民共和国企业国有资产法》。

11月5日，国务院第三十四次常务会议修订通过《中华人民共和国增值税暂行条例》。规定在中华人民共和国境内销售货物或者提供加工、修理修配劳务以及进口货物的单位和个人，为增值税的纳税人，应当按照本条例缴纳增值税。

2009年

3月17日，中共中央、国务院印发《关于深化医药卫生体制改革的意见》，提出到2011年，基本医疗保障制度全面覆盖城乡居民。到2020年，覆盖城乡居民的基本医疗卫生制度基本建立。

5月26日，《深圳市综合配套改革总体方案》获国务院批准。深圳将在深化行政管理体制改革、全面深化经济体制改革、积极推进社会领域改革、完善自主创新体制机制、全面创新对外开放和区域合作的体制机制、建立资源节约环境友好的体制机制等方面实现重点突破。

6月22日，财政部印发《关于推进省直接管理县财政改革的意见》，明确提出了改革的总体目标是：2012年底前，力争全国除民族自治地区外全面推进省直接管理县财政改革，近期首先将粮食、油料、棉花、生猪生产大县全部纳入改革范围。

12月27—28日，中央农村工作会议提出，坚定不移深化农村改革。要稳定和完善农村基本经营制度，确保农村现有土地承包关系保持稳定并长久不变，继续深化集体林权制度改革，继续推进草原基本经营制度改革，大力发展农民专业合作社。有序推进农村土地管理制度改革，坚持最严格的耕地保护制度和最严格的节约用地制度。加快农村金融改革步伐，加快推进农村金融制度创新、产品创新和服务创新。继续深化农村综合改革。

2010 年

5月7日，国务院办公厅印发《关于鼓励和引导民间投资健康发展的若干意见》，提出进一步拓宽民间投资的领域和范围等十二条意见。

10月15—18日，党的十七届五中全会在北京举行。全会审议通过《中共中央关于制定国民经济和社会发展第十二个五年规划的建议》。

10月28日，十一届全国人大常委会第十七次会议通过《中华人民共和国社会保险法》。该法自2011年7月1日起施行。

12月10—12日，中央经济工作会议在北京举行。会议提出了2011年经济工作的包括加强和改善宏观调控、推进发展现代农业、加快经济结构战略性调整等六项任务。

2011 年

2月26日，国务院办公厅下发《关于积极稳妥推进户籍管理制度改革的通知》，提出分类明确户口迁移政策，并要求依法保障农民土地权益、着力解决农民工实际问题。

10月26日，国务院常务会议决定从2012年1月1日起，在部分地区和行业开展深化增值税制度改革试点，逐步将目前征收营业税的行业改为征收增值税。

2012 年

5月16日，国务院常务会议讨论通过《国家基本公共服务体系"十二五"规划》，主要阐明国家基本公共服务的制度安排，明确基本范围、标准和工作重点，引导公共资源配置，是"十二五"乃至更长一段时期构建国家基本公共服务体系的综合性、基础性和指导性文件，是政府履行公共服务职责的重要依据。

5月23日，国务院常务会议，分析当前经济形势，部署近期工作。会议鼓励民间投资参与铁路、能源、电信、教育、医疗等领域建设。大力支持小型微型企业创业兴业。

11月8—14日，党的十八大在北京举行。大会确定全面建成小康社会和全面深化改革开放的目标，阐明中国特色社会主义道路、中国特色社会主义理论体系、中国特色社会主义制度的科学内涵及其相互联系。

2013 年

2月3日，国务院批转发展改革委等部门《关于深化收入分配制度改革若干意见》，提出深化收入分配制度改革的总体要求和主要目标。

5月18日，国务院批转国家发改委《关于2013年深化经济体制改革重点工作的意见》，提出2013年深化经济体制改革工作的总体要求是，正确处理好政府与市场、政府与社会的关系，处理好加强顶层设计与尊重群众首创精神的关系，处理好增量改革与存量优化的关系，处理好改革创新与依法行政的关系，处理好改革、发展、稳定的关系，确保改革顺利有效推进。

8月9日，国务院印发《关于改革铁路投融资体制加快推进铁路建设的意见》，围绕推进铁路投融资体制改革，多方式多渠道筹集建设资金、不断完善铁路运价机制，稳步理顺铁路价格关系等方面提出了六大重点任务。

8月15日，国务院发布《关于同意建立金融监管协调部际联席会议制度的批复》，同意建立由中国人民银行牵头的金融监管协调部际联席会议制度。

9月1日，国务院批复同意建立经济体制改革工作部际联席会议制度。联席会议由中央编办、国家发改委等35个单位组成。

9月29日，中国（上海）自由贸易试验区正式挂牌成立。

11月9—12日，党的十八届三中全会在北京举行。全会审议通过了《中共中央关于全面深化改革若干重大问题的决定》，指出全面深化改革的总目标是完善和发展中国特色社会主义制度，推进国家治理体系和治理能力现代化。

12月30日，中共中央政治局召开会议，决定成立中央全面深化改革领导小组，负责改革的总体设计、统筹协调、整体推进、督促落实。

2014年

1月19日，中共中央、国务院印发《关于全面深化农村改革加快推进农业现代化的若干意见》。

2月28日，中央全面深化改革领导小组第二次会议审议通过《中央全面深化改革领导小组2014年工作要点》。

5月9日，国务院印发《关于进一步促进资本市场健康发展的若干意见》，提出到 2020 年，基本形成结构合理、功能完善、规范透明、稳健高效、开放包容的多层次资本市场体系。

6 月 4 日，国务院印发《关于促进市场公平竞争维护市场正常秩序的若干意见》，指出围绕使市场在资源配置中起决定性作用和更好发挥政府作用。

6 月 14 日，国务院发布《社会信用体系建设规划纲要（2014—2020 年）》，指出社会信用体系建设要按照"政府推动、社会共建；健全法制、规范发展；统筹规划、分步实施；重点突破、强化应用"的原则有序推进。

6 月 30 日，中共中央政治局召开会议，审议通过的《深化财税体制改革总体方案》提出 2016 年我国基本完成深化财税体制改革重点工作和任务，2020 年基本建立现代财政制度。

8 月 31 日，十二届全国人大常委会第十次会议通过《全国人民代表大会常务委员会关于修改〈中华人民共和国预算法〉的决定》，修订后的预算法自 2015 年 1 月 1 日起施行。

9 月 21 日，国务院印发《关于加强地方政府性债务管理的意见》，全面部署加强地方政府性债务管理。

10 月 20—23 日，党的十八届四中全会在北京举行。全会审议通过《中共中央关于全面推进依法治国若干重大问题的决定》。

11 月 10 日，中国证监会、香港证监会发布联合公告，决定批准上海证券交易所、香港联合交易所有限公司、中国证券登记结算有限责任公司、香港中央结算有限公司正式启动沪港股票交易互联互通机制试点（简称沪港通），沪港通下的股票交易将于 11 月 17 日开始。

12 月 21 日，国务院下发《关于推广中国（上海）自由贸易试验区可复制改革试点经验的通知》。经党中央、国务院批准，上海自贸试验区的可复制改革试点经验将在全国范围内推广。

2015 年

1月3日，国务院印发《关于实行中期财政规划管理的意见》，部署加快建立现代财政制度、改进预算管理和控制，全面推进中期财政规划管理。

2月2日，国务院印发《关于改革和完善中央对地方转移支付制度的意见》，指出改革和完善转移支付制度，应围绕建立现代财政制度，以推进地区间基本公共服务均等化为主要目标，加强转移支付管理，充分发挥中央和地方两个积极性，促进经济社会持续健康发展，并遵循加强顶层设计、合理划分事权、清理整合规范、市场调节为主、规范资金管理等五条基本原则。

3月10日，国务院办公厅印发《关于创新投资管理方式建立协同监管机制的若干意见》，提出要坚持依法行政、简政放权、放管并重，进一步转变政府投资管理职能，创新投资管理方式。

3月13日，中共中央、国务院印发《关于深化体制机制改革加快实施创新驱动发展战略的若干意见》，指出到2020年，基本形成适应创新驱动发展要求的制度环境和政策法律体系，为进入创新型国家行列提供有力保障。

3月15日，中共中央、国务院印发《关于进一步深化电力体制改革的若干意见》，提出进一步深化电力体制改革，解决制约电力行业科学发展的突出矛盾和深层次问题，促进电力行业又好又快发展，推动结构调整和产业升级。

6月5日，中央全面深化改革领导小组第十三次会议审议通过

《关于在深化国有企业改革中坚持党的领导加强党的建设的若干意见》《关于加强和改进企业国有资产监督防止国有资产流失的意见》等改革文件。

6月11日,国务院印发《关于大力推进大众创业万众创新若干政策措施的意见》,围绕实现创业便利化、强化创业扶持、实现便捷融资、扩大创业投资、发展创业服务、建设创业创新平台、发展创新型创业、拓宽城乡创业渠道等方面提出30条重点举措。

6月22日,国务院办公厅转发中国银监会《关于促进民营银行发展的指导意见》并发出通知,提出在加强监管前提下,积极推动具备条件的民间资本依法发起设立中小型银行等金融机构,提高审批效率,进一步丰富和完善银行业金融机构体系,激发民营经济活力。

7月18日,中国人民银行等十部门联合印发《关于促进互联网金融健康发展的指导意见》,遵循"鼓励创新、防范风险、趋利避害、健康发展"的总体要求,提出了一系列鼓励创新、支持互联网金融稳步发展的政策措施。

8月24日,中共中央、国务院印发《关于深化国有企业改革的指导意见》,全面提出了新时期国有企业改革的目标任务和重大举措。

9月17日,中共中央、国务院印发《关于构建开放型经济新体制的若干意见》,提出构建开放型经济新体制的总体目标。

9月24日,国务院印发《关于国有企业发展混合所有制经济的意见》,明确了国有企业发展混合所有制经济的总体要求、配套措施,并提出了组织实施的工作要求。

10月12日,中共中央、国务院印发《关于推进价格机制改革的若干意见》，提出到 2017 年，竞争性领域和环节价格基本放开，政府定价范围主要限定在重要公用事业、公益性服务、网络型自然垄断环节。

10 月 19 日，国务院印发《关于实行市场准入负面清单制度的意见》，指出市场准入负面清单制度是指国务院以清单方式明确列出在中华人民共和国境内禁止和限制投资经营的行业、领域、业务等，各级政府依法采取相应管理措施的一系列制度安排。

11 月 9 日，中央全面深化改革领导小组第十八次会议审议通过《全国总工会改革试点方案》《关于加快实施自由贸易区战略的若干意见》《推进普惠金融发展规划（2016—2020 年）》等改革文件。

2016 年

4 月 22 日，国务院印发《关于印发盐业体制改革方案的通知》。《盐业体制改革方案》提出，在完善食盐专营制度的基础上，重点推进四项改革：改革食盐生产批发区域限制、改革食盐政府定价机制、改革工业盐运销管理、改革食盐储备体系。

5 月 1 日，在全国范围内全面推开营业税改征增值税试点，建筑业、房地产业、金融业、生活服务业等全部营业税纳税人，纳入试点范围，由缴纳营业税改为缴纳增值税。

7 月 5 日，中共中央、国务院印发《关于深化投融资体制改革的意见》，围绕改善企业投资管理、完善政府投资体制、创新融资机制、切实转变政府职能、强化保障措施等方面提出十九条重点改革举措。

8 月 24 日，国务院印发《关于推进中央与地方财政事权和支出责任划分改革的指导意见》，提出推进划分中央与地方财政事权和支出责任划分改革的总体要求和划分原则。

8月31日,党中央、国务院决定,在辽宁省、浙江省、河南省、湖北省、重庆市、四川省、陕西省新设立七个自贸试验区。

11月27日,中共中央、国务院印发《关于完善产权保护制度依法保护产权的意见》,明确了产权保护的任务。

12月26日,中共中央、国务院印发《关于稳步推进农村集体产权制度改革的意见》,提出改革的目标是:逐步构建归属清晰、权能完整、流转顺畅、保护严格的中国特色社会主义农村集体产权制度,保护和发展农民作为农村集体经济组织成员的合法权益。

2017 年

1月11日,中共中央办公厅、国务院办公厅印发《关于创新政府配置资源方式的指导意见》,指出要从广度和深度上推进市场化改革,大幅减少政府对资源的直接配置,创新配置方式,更多引入市场机制和市场化手段,提高资源配置的效率和效益。

1月19日,国务院办公厅印发《关于促进开发区改革和创新发展的若干意见》,全面深化开发区体制改革。

2月6日,国务院办公厅印发《关于创新农村基础设施投融资体制机制的指导意见》,将农村基础设施投融资体制机制创新的重点集中在农村水电路信和污水垃圾处理等五大领域。

10月12日,中共中央、国务院印发《关于完善主体功能区战略和制度的若干意见》,指出完善主体功能区战略和制度,关键要在严格执行主体功能区规划基础上,将国家和省级层面主体功能区战略格局在市县层面落地。

10月18—24日,党的十九大在北京举行。大会报告指出,着力构建市场机制有效、微观主体有活力、宏观调控有度的经济体制，不断增强我国经济创新力和竞争力。

2018 年

2月26—28日，党的十九届三中全会在北京举行。全会审议通过《中共中央关于深化党和国家机构改革的决定》和《深化党和国家机构改革方案》，同意把《深化党和国家机构改革方案》的部分内容按照法定程序提交十三届全国人大一次会议审议。

3月11日，十三届全国人大一次会议通过《中华人民共和国宪法修正案》，把"推动物质文明、政治文明和精神文明协调发展，把我国建设成为富强、民主、文明的社会主义国家"修改为"推动物质文明、政治文明、精神文明、社会文明、生态文明协调发展，把我国建设成为富强民主文明和谐美丽的社会主义现代化强国，实现中华民族伟大复兴"。

4月11日，中共中央、国务院印发《关于支持海南全面深化改革开放的指导意见》，明确以现有自由贸易试验区试点内容为主体，结合海南特点，建设中国（海南）自由贸易试验区，实施范围为海南岛全岛。

5月4日，国务院印发《进一步深化中国（广东）自由贸易试验区改革开放方案》《进一步深化中国（天津）自由贸易试验区改革开放方案》《进一步深化中国（福建）自由贸易试验区改革开放方案》。

5月11日，中央全面深化改革委员会第二次会议审议通过《关于地方机构改革有关问题的指导意见》《关于加强国有企业资产负债约束的指导意见》《党的十九大报告重要改革举措实施规划

（2018—2022年）》等改革文件。

11月23日，国务院下发《关于支持自由贸易试验区深化改革创新若干措施的通知》，指出建设自由贸易试验区是党中央、国务院在新形势下全面深化改革和扩大开放的战略举措。

12月29日，十三届全国人大常委会第七次会议通过《关于修改〈中华人民共和国农村土地承包法〉的决定》，自2019年1月1日起施行。新修改的农村土地承包法明确，承包方承包土地后，享有土地承包经营权，可以自己经营，也可以保留土地承包权，流转其承包地的土地经营权。

2019年

3月15日，十三届全国人大二次会议通过《中华人民共和国外商投资法》。该法自2020年1月起施行。

4月5日，中共中央、国务院印发《关于建立健全城乡融合发展体制机制和政策体系的意见》，提出到2022年，城乡融合发展体制机制初步建立。到2035年，城乡融合发展体制机制更加完善。到21世纪中叶，城乡融合发展体制机制成熟定型。

7月21日，国务院办公厅印发《关于进一步优化营商环境更好服务市场主体的实施意见》，要求各地区、各部门要认真贯彻落实本意见提出的各项任务和要求，围绕市场主体需求，研究推出更多务实管用的改革举措。

8月9日，中共中央、国务院印发《关于支持深圳建设中国特色社会主义先行示范区的意见》，支持深圳建设中国特色社会主义先行示范区。

8月26日，国务院印发《关于同意新设6个自由贸易试验区的批复》，同意设立中国（山东）自由贸易试验区、中国（江苏）自由贸易试验区、中国（广西）自由贸易试验区、中国（河北）自由贸易试验区、中国（云南）自由贸易试验区、中国（黑龙江）自由贸易试验区。

10月28—31日，党的十九届四中全会在北京举行。全会审议通过《中共中央关于坚持和完善中国特色社会主义制度 推进国家治理体系和治理能力现代化若干重大问题的决定》。

12月4日，中共中央、国务院印发《关于营造更好发展环境支持民营企业改革发展的意见》，充分发挥民营经济在推进供给侧结构性改革、推动高质量发展、建设现代化经济体系中的重要作用。

12月31日，国务院办公厅印发《关于支持国家级新区深化改革创新加快推动高质量发展的指导意见》，要求新区建设发展要以实体为本，持续增强竞争优势；刀刃向内，加快完善体制机制；主动对标，全面提升开放水平；尊重规律，合理把握开发节奏。

2020年

2月14日，中央全面深化改革委员会第十二次会议审议通过《关于新时代加快完善社会主义市场经济体制的意见》《关于深入推进国家高端智库建设试点工作的意见》等改革文件。

3月30日，中共中央、国务院印发《关于构建更加完善的要素市场化配置体制机制的意见》，部署推进土地要素市场化配置、引导劳动力要素合理畅通有序流动、推进资本要素市场化配置、加快发展技术要素市场、加快培育数据要素市场、加快要素价格市场化改革、健全要素市场运行机制等七个方面重点任务。

5月11日，中共中央、国务院印发《关于新时代加快完善社会主义市场经济体制的意见》，提出加快完善社会主义市场经济体制的重点任务。

5月28日，十三届全国人大三次全体会议表决通过了《中华人民共和国民法典》，自2021年1月1日起施行。

6月1日，中共中央、国务院印发《海南自由贸易港建设总体方案》并发出通知，要求将海南自由贸易港打造成为引领我国新时代对外开放的鲜明旗帜和重要开放门户。

8月30日，国务院下发《关于印发北京、湖南、安徽自由贸易试验区总体方案及浙江自由贸易试验区扩展区域方案的通知》。

9月1日，中央全面深化改革委员会第十五次会议强调加快形成以国内大循环为主体、国内国际双循环相互促进的新发展格局，是根据我国发展阶段、环境、条件变化作出的战略决策，是事关全局的系统性深层次变革。会议审议通过了《关于推进对外贸易创新发展的实施意见》等改革文件。

10月14日，深圳经济特区建立40周年庆祝大会在深圳市举行。习近平指出，党中央经过深入研究，决定以经济特区建立40周年为契机，支持深圳实施综合改革试点，以清单批量授权方式赋予深圳在重要领域和关键环节改革上更多自主权，一揽子推出27条改革举措和40条首批授权事项。

10月26—29日，党的十九届五中全会在北京召开。全会审议通过《中共中央关于制定国民经济和社会发展第十四个五年规划和二〇三五年远景目标的建议》。

11月2日，中央全面深化改革委员会第十六次会议审议通过《关于新时代推进国有经济布局优化和结构调整的意见》等改革文件。

12月30日，中央全面深化改革领导小组第十七次会议审议了党的十八届三中全会以来全面深化改革总结评估报告，审议通过《关于中央企业党的领导融入公司治理的若干意见（试行）》《关于进一步深化预算管理制度改革的意见》等改革文件。

2021年

1月4日，中共中央、国务院发布《关于全面推进乡村振兴加快农业农村现代化的意见》。要求坚持把解决好"三农"问题作为全党工作重中之重，把全面推进乡村振兴作为实现中华民族伟大复兴的一项重大任务，举全党全社会之力加快农业农村现代化，让广大农民过上更加美好的生活。

1月31日，中共中央办公厅、国务院办公厅发布《建设高标准市场体系行动方案》。提出通过5年左右的努力，基本建成统一开放、竞争有序、制度完备、治理完善的高标准市场体系，为推动经济高质量发展、加快构建新发展格局、推进国家治理体系和治理能力现代化打下坚实基础。

2月22日，国务院发布《关于加快建立健全绿色低碳循环发展经济体系的指导意见》，要求坚定不移贯彻新发展理念，全方位全过程推行绿色规划、绿色设计、绿色投资、绿色建设、绿色生产、绿色流通、绿色生活、绿色消费，使发展建立在高效利用资源、严格保护生态环境、有效控制温室气体排放的基础上，统筹推进高质量发展和高水平保护，建立健全绿色低碳循环发展的经济体系，确保实现碳达峰、碳中和目标，推动我国绿色发展迈上新台阶。

4月7日，国务院办公厅发布《关于服务"六稳""六保"进一步做好"放管服"改革有关工作的意见》。提出认真落实党中央、国务院决策部署，立足新发展阶段、贯彻新发展理念、构建新发展格局，围绕"六稳"、"六保"，加快转变政府职能，深化"放管服"改革，促进要素资源高效配置，切实维护公平竞争，建设国际一流营商环境，推进政府治理体系和治理能力现代化，推动经济社会持续健康发展。

5月18日，国家发改委发出《关于"十四五"时期深化价格机制改革行动方案的通知》。明确了"十四五"时期深化价格机制改革的总体目标，即到2025年，竞争性领域和环节价格主要由市场决定，网络型自然垄断环节科学定价机制全面确立，能源资源价格形成机制进一步完善，重要民生商品价格调控机制更加健全，公共服务价格政策基本完善，适应高质量发展要求的价格政策体系基本建立。

7月1日，习近平总书记在庆祝中国共产党成立100周年大会上宣告，经过全党全国各族人民持续奋斗，我们实现了第一个百年奋斗目标，在中华大地上全面建成了小康社会，历史性地解决了绝对贫困问题，正在意气风发向着全面建成社会主义现代化强国的第二个百年奋斗目标迈进。

7月9日，中央全面深化改革委员会第二十次会议，审议通过《关于加快构建新发展格局的指导意见》《关于推进自由贸易试验区贸易投资便利化改革创新的若干措施》等改革文件。

7月15日，中共中央、国务院发布《关于支持浦东新区高水平改革开放打造社会主义现代化建设引领区的意见》。提出推动浦东高水平改革开放，为更好利用国内国际两个市场两种资源提供重要通道，构建国内大循环的中心节点和国内国际双循环的战略链接，在长三角一体化发展中更好发挥龙头辐射作用，打造全面建设社会主义现代化国家窗口。

10月24日，中共中央、国务院发布《关于完整准确全面贯彻新发展理念做好碳达峰碳中和工作的意见》。明确了我国实现碳达峰碳中和的时间表、路线图，围绕"十四五"时期以及2030年前、2060年前两个重要时间节点，提出了构建绿色低碳循环经济体系、提升能源利用效率、提高非化石能源消费比重、降低二氧化碳排放水平、提升生态系统碳汇能力等5个方面主要目标。

11月8—11日，党的十九届六中全会在北京举行，习近平代表中央政治局向全会报告工作并发表讲话，全会审议通过《中共中央关于党的百年奋斗重大成就和历史经验的决议》，全面总结党的百年奋斗重大成就和历史经验，重点总结新时代党和国家事业取得的历史性成就、发生的历史性变革和积累的新鲜经验。

11月24日，中央全面深化改革委员会第二十二次会议审议通过《科技体制改革三年攻坚方案（2021—2023年）》《关于加快建设全国统一电力市场体系的指导意见》《关于支持中关村国家自主创新示范区开展高水平科技自立自强先行先试改革的若干措施》等改革文件。

12月14日，国务院印发《"十四五"市场监管现代化规划》。提出围绕"大市场、大质量、大监管"一体推进市场监管体系完善和效能提升，推进市场监管现代化，着力营造市场化法治化国际化营商环境、激发市场活力，强化公平竞争政策基础地位、维护市场秩序，坚守安全底线、增强人民群众获得感幸福感安全感，完善质量政策和技术体系、全面提升质量水平，维护和优化高效、有序、统一、安全的超大规模市场，切实推动高质量发展，为全面建设社会主义现代化国家开好局、起好步提供有力支撑。

12月21日，国务院办公厅印发《要素市场化配置综合改革试点总体方案》。指出要充分发挥市场在资源配置中的决定性作用，更好发挥政府作用，着力破除阻碍要素自主有序流动的体制机制障碍，全面提高要素协同配置效率，以综合改革试点为牵引，更好统筹发展和安全，为完善要素市场制度、建设高标准市场体系积极探索新路径，为推动经济社会高质量发展提供强劲动力。

2022年

3月25日，中共中央、国务院发布《关于加快建设全国统一大市场的意见》。指出要加快建立全国统一的市场制度规则，打破地方保护和市场分割，打通制约经济循环的关键堵点，促进商品要素资源在更大范围内畅通流动，加快建设高效规范、公平竞争、充分开放的全国统一大市场，全面推动我国市场由大到强转变，为建设高标准市场体系、构建高水平社会主义市场经济体制提供坚强支撑。

4月19日，中央全面深化改革委员会第二十五次会议审议通过《关于加强数字政府建设的指导意见》《关于进一步推进省以下财政体制改革工作的指导意见》等改革文件。

9月7日，国务院办公厅发布《关于进一步优化营商环境降低市场主体制度性交易成本的意见》，指出当前经济运行面临一些突出矛盾和问题，市场主体特别是中小微企业、个体工商户生产经营困难依然较多，要积极运用改革创新办法，帮助市场主体解难题、渡难关、复元气、增活力。

10月16—22日，党的二十大在北京召开，大会报告提出全面建成社会主义现代化强国，总的战略安排是分两步走：从二〇二〇年到二〇三五年基本实现社会主义现代化；从二〇三五年到本世纪中叶把我国建成富强民主文明和谐美丽的社会主义现代化强国。

12月14日，中共中央、国务院印发《扩大内需战略规划纲要（2022—2035年）》。指出要坚定实施扩大内需战略、培育完整内需体系是加快构建以国内大循环为主体、国内国际双循环相互促进的新发展格局的必然选择，是促进我国长远发展和长治久安的战略决策。

12月15—16日，中央经济工作会议在北京举行。会议对2023年经济工作提出要求，坚持稳中求进工作总基调，完整、准确、全面贯彻新发展理念，加快构建新发展格局，着力推动高质量发展，更好统筹疫情防控和经济社会发展，更好统筹发展和安全，全面深化改革开放，大力提振市场信心，把实施扩大内需战略同深化供给侧结构性改革有机结合起来，突出做好稳增长、稳就业、稳物价工作，有效防范化解重大风险，推动经济运行整体好转，实现质的有效提升和量的合理增长，为全面建设社会主义现代化国家开好局起好步。

图书在版编目（CIP）数据

中国社会主义市场经济体制形成与发展 / 彭森主编. --
北京：中国工人出版社, 2024.6. -- ISBN 978-7-5008-
8353-1

Ⅰ. F123.9

中国国家版本馆CIP数据核字第2024JB9237号

中国社会主义市场经济体制形成与发展

出 版 人	董　宽
责任编辑	王晨轩　孟　阳
责任校对	张　彦
责任印制	栾征宇
出版发行	中国工人出版社
地　　址	北京市东城区鼓楼外大街45号　邮编：100120
网　　址	http://www.wp-china.com
电　　话	（010）62005043（总编室）
	（010）62005039（印制管理中心）
	（010）62382916（工会与劳动关系分社）
发行热线	（010）82029051　62383056
经　　销	各地书店
印　　刷	北京印刷集团有限责任公司
开　　本	710毫米×1000毫米　1/16
印　　张	41.5
字　　数	470千字
版　　次	2024年9月第1版　2024年9月第1次印刷
定　　价	122.00元

本书如有破损、缺页、装订错误，请与本社印制管理中心联系更换
版权所有　侵权必究